U0655781

千面宋人

传世书信里的士大夫

仇春霞 ▲ 著

GUANGXI NORMAL UNIVERSITY PRESS
广西师范大学出版社
·桂林·

图书在版编目（CIP）数据

千面宋人：传世书信里的士大夫 / 仇春霞著. --
桂林：广西师范大学出版社，2023.3（2023.11 重印）
ISBN 978-7-5598-5317-2

Ⅰ. ①千… Ⅱ. ①仇… Ⅲ. ①知识分子－研究－
中国－宋代 Ⅳ. ①D691.71

中国版本图书馆 CIP 数据核字（2022）第 151450 号

广西师范大学出版社出版发行
（广西桂林市五里店路 9 号　邮政编码：541004
网址：http://www.bbtpress.com）
出版人：黄轩庄
全国新华书店经销
广西广大印务有限责任公司印刷
（桂林市临桂区秧塘工业园西城大道北侧广西师范大学出版社
集团有限公司创意产业园内　邮政编码：541199）
开本：880 mm × 1 240 mm　1/32
印张：17.5　　字数：415 千
2023 年 3 月第 1 版　　2023 年 11 月第 4 次印刷
定价：108.00 元

目 录

了生死

自序

一本夹有私货的宋人命运浮沉录

我想在《千面宋人》里讲述许多故事，让我们看尽宋人百态，人世浮沉。归根结底，就是让我们看清我们是谁。

不过说实话，在开始撰写之前，我就准备在它身上夹私货。事情是这样的，我想做一个与我专业有关的专题研究，却又不想写成一本学术论著。我就想，能不能借助《千面宋人》来实现我这个想法呢？因为我曾经花了几年时间参与编写过一本《书论备要（古代）》，积累了很多不错的“边角料”，它们是我在考察古人传世书法作品时积累的材料。这些边角料相对于艰深晦涩的《书论备要》来说，趣味性和可读性强多了，尤其是古人的传世书信，于是我将它们“整编”到《千面宋人》这个队伍里来，讲述那些与它们有关的帝王将相、忠臣贼子、贩夫走卒的故事。

书中提到的书信，现在大多静静地躺在北京故宫博物院和台北故宫博物院，少部分散藏于其他博物馆，其中又属台北故宫博物院的馆藏多而精。

博物馆里的书信是孤立的历史碎片，比起枯燥的论证过程，我更想将碎片的历史以可爱的方式讲给大家听，但是说实话，要转变这种写作方式真的很“烤”人，尤其是改写，改写，再改写。由此，很多文献就需要反复精读，我像福尔摩斯一样“侦查”了四年，那些与信息碎片有关的证据链被一条一条地建立起来。所以，一部厚厚的《千面宋人》就自然而然顺理成章了。

面对一封新的信札或一个新的人物时，我最先查阅的是这个人的列传，列传会提供他的主要事迹。然后再看别人给他写的墓志铭，列传多半是根据墓志铭删减而来，在墓志铭里我可以找到墓主人更丰富的信息和错综复杂的社会关系。接下来，我会在《续资治通鉴长编》里寻找他在某年某个事件中扮演的角色。再下来就是细读他的个人文集，了解他的内心世界。文集中重点是看他写的公文，在公文里我可以看到他的政治倾向。排在第二的则是诗歌，在这里，我可以看到他的情感世界，以及诗文才华的品级。第三部分是看他的私人信件，一般来说，文集中的信件都是经过挑选后才刊行的，没什么见不得人的私事。最后一部分，是他为别人写的哀诔墓志铭。

上述各种史料，只有非常重要、有名的人物才众体皆备，大部分人甚至连列传也没有。我特别关注人物的生卒年，重要的人物我会从原始资料里查出他准确的生卒年，再根据各种史料给他做大事记年表。我何以如此魔障了呢？大概是我对人类有限的生命怀有敬畏之心，对流光易逝怀有悲悯之心，同时也对命运无常充满了困惑。每当我写完一个人，便喜欢在后面加一句“享年 ×× 岁”。这对我来说，就像一种仪式，我给他重新树碑立传，最后一句，就是奠基仪式。

经过四年“纸醉金迷”的生活，我终于把私心巧妙地安插在《千面宋人》里。

写书就是写自己，读史就是照自己。

要窥探一个人的秘密，私信无疑是个好东西；要了解人性的复杂、社会的利害，私信更是个好东西。翻开这本书，看到的是“千面宋人”，照见的是千疮百孔的自己。

宋代存世最早的信札大概算是南唐降臣徐铉的。徐铉文采好，更富辩才。南唐成为北宋附庸之后，据说只要是徐铉进开封进行外交活动，北宋官员都借故开溜。太祖赵匡胤势必要吞并南唐，徐铉口才再好也无用，赵匡胤那句“卧榻之侧，岂容他人鼾睡”就是回击徐铉的。59 岁那年，徐铉陪同 39 岁的南唐后主李煜北迁开封。徐铉精通文字学、玄学、围棋，篆书写得好。不过这些在几乎每天都在打仗的北宋来说，都没什么用，赵匡胤研究的是还有没有可能将床弩的射程从 1000 米增加到 1500 米。好在太宗赵光义重视文化，徐铉帮忙建立各种急需的台面上的礼仪制度。徐铉存世的《私诚帖》写于宋灭南唐以后，是写给潭州知州的，托他带信给另外一个人。70 多岁时，徐铉被贬往大西北，不屑于穿动物皮袄的大学问家冻死了。恰好他的学生任钦差大臣，帮老师料理了后事，又有名扬四海的华林书院掌门人感于徐铉的学养和成就，出资将徐铉的遗体运回老家江西，才使他免于裹尸西北的悲惨命运。

徐铉未能善终，挺遗憾的。让人想不通的是，南唐灭亡之后，他为何不隐居？凭他一身学问，哪儿没有他的容身之所？难道是为了陪伴与他情同父子的李煜？

同是亡国降宋之人，李建中的命运则完全不一样。李建中是宋代早期有名的书法家，他 21 岁以前都生活在四川后蜀。北宋灭了后蜀后，李建中第一时间迁居到了当时最繁华的洛阳，自己开私塾，当了一名小学教师。38 岁考了科举，成为一名“公务员”。李建中存世有三封信札《土母帖》《同年帖》《贵宅帖》。大约都写于晚年，内容不是帮人求官，就是帮人买房子卖东西，全是经营。“梅妻鹤子”的林逋曾经笑话李建中为名利而困住自己，李建中笑而不答。

李建中为名为利而左右盘算，只要不伤害别人，也无可厚非。然而对于一个国家来说，范仲淹式的人物才是栋梁。

范仲淹一生波澜壮阔，50 岁以前主要干两件事：一是抨击朝政中不得人心者，把为官不仁、升官无道者拉黑名单；二是卷起裤腿在基层摸索惠民措施。51 岁时他响应朝廷征调，顶着一头白发从贬谪地奔赴延安抗击西夏侵略者，几年后回到朝廷推行庆历新政，63 岁时病逝于徐州。范仲淹传世三封信札都写于 50 岁以后，一封写于延安战区，两封写于庆历新政失败后，是三个孤立的碎片。《范仲淹在战场的那些年》和《逢君莫说当年事》展示了这三个碎片在历史连续剧中的卡点，向读者展示了一位杰出士大夫朴素的中国式爱人之心，这种如三月春风般的爱与他对黑暗现象疾风暴雨式的激愤形成鲜明对比。也许正是这火与冰的交融，范仲淹才不会在贬谪与打击中沉沦，反而在暮年站在了历史舞台的正中央，并永远为后人所铭记。

曾布是曾巩的弟弟，名入“奸臣传”，他有一封《致质夫学士》是写给章楶的。要不是为了查阅这封信的来龙去脉，我可能会错过一位“男神”。原来章楶就是苏轼诗文中的“章质夫”——未能进入苏轼核心朋友圈的朋友。在苏轼的诗文里，章楶似乎和很多普通士大夫一样，是因为仰慕苏轼的文采而与他往来，所以不乏调笑章楶的诗文。细读章楶史料，他前半生真是一个并不特别出彩的人，也一直在普通岗位上转悠。可是他后半生却完全转变了画风，从一名在琴棋书画中优游度日的士大夫变身为在狼烟滚滚的大西北与西夏人鏖战的大将军，古稀之年仍然披坚执锐，令敌人闻风丧胆，为北宋的安宁立下汗马功劳。是谁慧眼识英雄，给了章楶舞台？是苏轼的死敌——章惇。

苏轼的名帖《归安丘园帖》是写给章惇的，是两人从挚友变为敌人的转折帖。将章惇和苏轼放在当时的背景下看，章惇是一名合格的政治家，而苏轼只是一个文人。章惇一定非常了解苏轼巨大的社会影响力及特殊的破坏能力，所以要对他“痛打落水狗”。

然而，无论是章楶还是章惇，都没有苏轼的影响大，这就是文学艺术的力量在起作用。

蔡京比章惇小 17 岁，蔡京进入朝廷干跑腿工作时，章惇已经是开始左右朝政的人物。蔡京很怕章惇，因为章惇是个“死脑筋”，碰到原则问题，绝不允许讨价还价，所以蔡京经常回避章惇而向弹性比较大的曾布汇报和请示工作。蔡京天生具有侍奉他人的本领，曾被派去接待辽国特殊使团，忙得痔疾都复发了。他的好朋友蒋之奇还专门去信问候他的痔疾，这就是藏于北京故宫博物院的《北客帖》，这“北客”指的就是辽国使者。

蒋之奇就是告发欧阳修乱伦的人，他夫人姓沈，沈夫人有个堂兄名叫沈括，就是《梦溪笔谈》的作者。沈夫人有两个亲兄弟，名叫沈遘和沈辽，沈遘非常有政治才能，官运亨通，曾经为保护杭州的生态环境而禁止过度捞捕，可惜他英年早逝。沈辽的字写得好，非常文气而潇洒，有《动止帖》保存于上海博物馆。有一回沈辽将一首诗题在一条女性裙带上，裙带辗转被送到了一位妃子手中，神宗勃然大怒，沈辽被发配湖南永州，永世不得录用。沈辽久染释道，以赎罪之心坦然接受自己的命运。蒋之奇后来混得挺不错的，与大舅哥沈辽的关系很好，沈辽有一封《致颖叔制置大夫》就是写给蒋之奇的信，现藏于台北故宫博物院。沈辽结束永州之贬后，并未回到家乡杭州，而是定居安徽池州，在有些神秘的宗教玄学中辞世，蒋之奇为他撰写了墓志铭。

裙带事件之前，沈辽曾经在宁波工作过，他的手下有个名叫李之仪的年轻人，温文尔雅，喜欢书法。李之仪向沈辽请教如何写好书法，沈辽倾囊相授，李之仪遂将沈辽认作自己的启蒙老师。李之仪有一封《汴堤帖》是写给一位久不谋面的老熟人，我怀疑是沈辽，但是无法考证。李之仪不仅书法好，而且很有文学天赋，他的“我住长江头，君住长江尾。日日思君不见君，共饮长江水”一直被人吟唱到现在。李之仪是苏轼最爱的学生之一，苏轼在发配岭南之前先是在地处宋朝边境的河北定州过渡了一下，在他钦点的极少随从中就有李之仪，由他负责担任秘书工作。李之仪带着夫人胡氏一同前往。李之仪的这位夫人可是极不平凡，沈括说如果胡氏是男性，他一定要跟她做好朋友。苏轼贬往岭南之后，李之仪受牵连，又因为给范仲淹之子范纯仁写人物传记时出现过错而被发配到了安徽太平州。李之仪的朋友们得知他要去那边后，都纷纷邀请他去做客，李之仪非常高兴，他有一封《别纸帖》就是给朋友们的回信，信中提到了苏轼的三公子苏过。李之仪到达太平州前后，黄庭坚也结束贬谪抵达太平州接受新的工作任务。他们在酒席上遇到了一位色艺双全的美女杨姝，两人同时爱上了她，结果黄庭坚旋即又被贬，天公玉成了李之仪。

在所有的书信中，最难读懂的应该是叶清臣的《近追大旆帖》，这倒不是信中讲了一件什么事而闹不明白，而是他将日常用语写得非常古奥晦涩。由于我们对古文普遍有点隔膜，不容易发现它们的特别之处。其实宋人在写信时，大部分还是相当通俗的，并不难懂。《近追大旆帖》何以佶屈聱牙了呢？因为它巧妙运用了《诗经》学里的知识。说到这里，就要提到一个小集团——“天圣四友”，成员包括宋庠、叶清臣、郑戬、宋祁，他们是天圣二年（1024）科考中的前三名（详见第 244 页），在当时是王炸级别的人物。“天圣四友”以才情为纽带，建立了深厚的感情，他们分享才学，乐在其中，外人难以插足。《近追大旆帖》就是叶清臣写给刚刚贬往杭州的郑戬的。

宋祁很早就开始编写《新唐书》，文风古雅，但欧阳修很不喜欢。最早欧阳修只是在办公室门上嘲讽老大哥宋祁，到后来他成为文坛盟主，尤其是成了科举大考官之后，就大规模推行古文运动，彻底否定了小集团的学术爱好。

欧阳修在英宗朝攀上了权力高峰，作为英宗登基的抬轿人，欧阳修本来可以有一个无忧无虑的晚年，可惜英宗早早归天，欧阳修在神宗朝的改革浪潮中渐渐被甩在沙滩上。他以身体不好为理由申请退休。欧阳修长期伏案工作，积累了很多职业病，为了锻炼身体，他开始研习道家修身方法，结果反而误伤了身体。他有时会用艾灸来调养身体，他的《灼艾帖》就是向人推荐这一传统养身法的。欧阳修退休后并未回归故里，而是迁居颍州。欧阳修看中了那里优美的风景，却未曾料到友朋稀少，“一饮千钟”[1]的他日子过得有点寂寞。在他辞世前半年左右，远在洛阳的司马光托人带去了新书稿，请欧阳修提意见。欧阳修回了封信给司马光，即传世之《端明帖》。

司马光比欧阳修正好小一轮（12 岁），他是个有原则的人，很难

1　语出〔宋〕欧阳修《朝中措·送刘仲原甫出守维扬》：“文章太守，挥毫万字，一饮千钟。行乐直须年少，尊前看取衰翁。”

以某种利益撼动他的决定，老而弥坚，苏轼称他为“司马牛”。司马光身上一些很好的品质都继承于他的父亲司马池，司马池有个好朋友名叫庞籍，他后来成为仁宗朝的宰相。庞籍有个很优秀的儿子，比司马光略长几岁，是司马光少年时代的好伙伴兼偶像，不幸的是，这位哥哥英年早逝。庞籍视司马光如己出，后来成为司马光仕途上的保护神。司马池还有一个朋友名叫陈洎，在宋史上没什么名气，但他有个孙子在文学史上很有名，他就是“苏门六君子”之一的陈师道，他与李清照的公公是连襟。司马光 60 岁的时候，陈师道的哥哥陈师仲将爷爷陈洎生前作品整理出来，请当时的一些大人物写几句东西，苏轼和司马光都在被请之列。司马光说文学不是他的特长，他不能点评，他的回信《天圣帖》、苏轼的点评《跋吏部陈公诗帖》，以及陈洎部分遗稿都保存在北京故宫博物院。司马光与他的哥哥感情非常好，他哥哥晚年退休后回到家乡山西夏县居住，司马光基本上每年都要回去看望。司马光的孩子早逝后，从哥哥那里领养了一个，实际上他对侄儿也充满了父爱。司马光有个侄儿想去西北边境工作，司马光急坏了，上下打通关系，让他取消申请，结果这熊孩子还是私自跑了去。司马光气坏了，写了封信批了他一顿，然后又各种铺垫，要他以父母年纪大了得在近处工作为由赶紧回家，这就是他的《宁州帖》。

司马光不愿意侄儿去边境，可能还有一个原因是他对战争充满了恐惧，因为他曾经遭遇过西夏兵，近 1000 宋人被打死，司马光按理负有重大责任。

赵匡胤咆哮徐铉“卧榻之侧，岂容他人鼾睡”，殊不知，自从他归天后，宋朝床边从来都睡着几只大老虎、血吸虫。他的“杯酒释兵权”策略多半是秦始皇的思想在作祟，以为这样就可以皇位稳固，却不想未及传位就被自己的弟弟夺了权。

宋代轻视武将，或者说害怕武将“黄袍加身”，所以可以传颂的武将非常少。这不是因为武将少，而是他们没有被书写。宋代的和平年代极少，绝大多数时候是战事不宁，涌现了很多杰出的武将，可惜没有人为他们树碑立传，我们只能从零星历史碎片中得知他们一鳞半爪的消息。在《“游击战”名将》《名将落魄之后》《岳飞的最后一个春天》《一个拯救了南宋的小文官》等篇章中，读者能读到一些令人心潮澎湃的往事。不过，即使少有的著名武将，如狄青、杨家将、岳家军，都是充满了无法直视的悲剧故事。

看不见血淋淋的战场，天下就太平，所以宋代给人的印象是精致的典雅，平日里消遣的是“四般闲事”。其实宋代文人的日子也不是很好过，或者可以说相当“内卷”。即使像仕途相对平稳的司马光，最后也被神宗“软禁”了15年。

“15”对于古人来说是个神秘的数字。古代读书人家的孩子，5岁发蒙；第一个15年以学习古人经典著作为主，读、抄、默、宣讲、点评；20岁左右开始参加各种国家级选拔赛，完成第一个阶段竞赛。如果前20年蓄电充足，第一个阶段很快就结束，比如像蔡襄、苏轼等，都是一“举”成名，顺利结束第一个阶段。而有些人的这个测试过程要持续多年，甚至熬到白发苍苍，这当然深深影响了人生第二个阶段。

第二个15年，也就是20—35岁，是命运的分水岭，绝大部分青史留名的人基本上都会在30岁左右通过国家考核，进入仕宦阶段，并且在工作和社交活动中检阅特殊的才学、个人品德、性格习惯等。有人天生如鱼得水，有人在打磨中调整自己，有人就此死水微澜。

所谓检阅“特殊的才学”，就是胜任某项工作的能力。比如国家图书馆的编撰人员、国子监的教员，除了学问好，多半也要求写得一手好字。大书法家黄庭坚就干过这两个职业，李建中、杜衍、范仲淹字都写得好，都当过教员。另外，在宋代，字写得好也是社交润滑剂，像蔡襄、苏轼、黄庭坚等，都是借助书法实现社交自由的人。

文笔好要比书法好重要得多。文笔好大致分两种，一是公文写得好，逻辑清晰、语言优美。这种特长生往往是领导的最爱，因为他们经常要汇报工作，还要述职，有笔杆子代劳是最欢喜的事。二是诗文辞赋好，苏轼便是最好的例子。据说他中年以后成为元祐红人，就与高太后喜欢他的文采有密切关系。

在宋代，无论是公文还是诗词文赋，都要求博览经史，融会贯通，这些用的都是第一个 15 年的存货。

第二个 15 年是职场塑型阶段，这与人的性情、习惯以及家风家教有关，它们的重要性甚至胜过早先知识的储备，司马光便是例子。司马光早年在人群中并不发光，但是他刻苦踏实、诚实孝悌，在父辈朋友中有影响，深得庞籍厚爱。司马光在一次事件中差点被严重处罚，身为宰相的庞籍不惜牺牲自己的政治生命而保全司马光的政治清白，这是一个人的道德修养在保驾护航。

另一个反面例子是苏轼。苏轼是在 20 年之前就把自己修炼成一个永不断电的太阳能蓄电池，他第一次科举考试就名扬天下，可是为什么他第一个工作（外放）居然被分配到了大西北？一般来讲，宋代的前十名、甚至一甲几十名都是国家干部的重点培养对象，当然也是朝中要员笼络的对象。赫赫有名的苏子瞻，背后还有文坛盟主、朝中要员欧阳修老师撑腰，怎么第一次轮岗（外出）就像是被发配了一样？苏轼文集里没有对这件事进行过分析，但是从他跌宕起伏的人生轨迹来看，基本上可以判断与他的性格缺陷有关。他傲慢的态度和刻薄唇舌使他在大西北被罚了八斤铜，还写了检讨书，留下了不可磨灭的政治污点。苏轼恨死了在西北的领导陈希亮，他和他的弟弟一有机会就报复陈。直到 20 年后，苏轼被发配到长江边上去反省，才觉悟到自己的过错。可是人的天性很难改，苏轼血管里流淌着苏洵的血液，那是一个非常倔强、古怪、傲慢、沉默寡言的老头。苏轼有时清醒，有时糊涂，所以经常是积极认错、死不悔改，这个很难被塑型的文曲星在凡间也是吃尽了苦头。

一个人在 50 岁时是否能够有所成就并且继续扬帆出海，主要看他在第三个 15 年间是否继续充电。这里得说欧阳修。欧阳修早年学业不算顶级优秀，是个复读生。但他八面玲珑，有特长、有爱好，是个活得很明白的人，他是游进深海里的大鱼。欧阳修最令人佩服的地方，是他持之以恒地热爱史学，风雨无阻地收集、整理各种史料，数十年如一日地坚持写学术笔记。他即使在攀登副宰相的高地时，也从未忘记自己是一名历史学者，但凡有一点点工作闲隙，身体还能支撑得住，就一定会伏案研究。所以，我们会忘记他的政治成就，忘记他的过错，却记住了他是一位伟大而杰出的文学家、史学家。

宋人的命运千人千面，没有人能如愿以偿地善始善终。可是，终究还是有人在命运的滚滚洪流中抓住了一块木板，不仅免于沉沦暗流，还有机会看到满天的星斗。

请　战

范仲淹在战场的那些年

庆历二年（1042）春，正在西北地区修筑堡垒的范仲淹（989—1052）收到一封信，是他的朋友富严寄来的，富严一年前刚调到范仲淹的老家苏州任知州。范仲淹在百忙之中给家乡的父母官回了一封信（即《边事帖》，图1），文字如下：

仲淹再拜，知府刑部仁兄：

伏惟起居万福。施乡曲之惠，占江山之胜，优哉乐乎。

此间边事夙夜劳苦。仗朝廷威灵，即目宁息，亦渐有伦序。乡中交亲，俱荷大庇，幸甚。师道之奇，尤近教育。乞自重自重。不宣。

仲淹拜上，知府刑部仁兄左右。三月十日。

信的大意是：知府刑部仁兄万福。您在苏州为老百姓做好事，那里山美水美，您应该过得很快乐。我这里的边防之事虽日夜劳苦，但仰仗朝廷威严，到处都很安宁，也越来越有秩序。我老家的亲朋

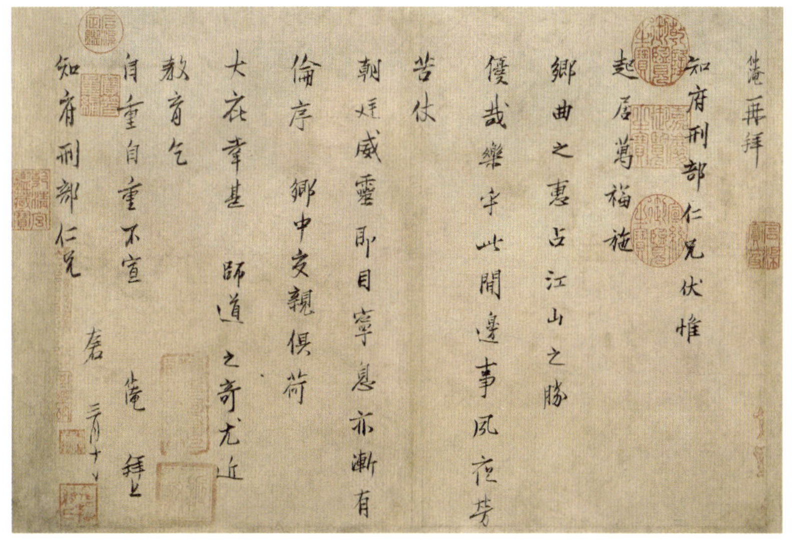
淹再拜
知府刑部仁兄伏惟
起居萬福旋
鄉曲之惠占江山之勝
優哉樂乎此間邊事夙夜勞
皆伏
朝廷威靈即目寧息亦漸有
倫序　鄉中交親俱荷
大庇幸甚　師道之奇尤近
教育乞
自重自重不宣　淹　拜上
知府刑部仁兄　三月十八日

图 1 〔宋〕范仲淹《边事帖》，故宫博物院藏

好友都托付给您照顾，真是万分有幸！“师道”最独特的地方，是与教书育人关系密切。希望您多多保重。不多说了。

富严当时是知州，范仲淹在信中称他为“知府”是一种雅称，称“刑部”是因为富严的官衔是刑部郎中。富严和范仲淹及其门生的关系都很好，范仲淹见富严的侄子富弼非常有才华，就对他多番提携，还撮合了他和晏殊女儿的婚事。

别看范仲淹在信里把边防之事说得风轻云淡，其实当时战场形势相当严峻，宋军接连大败，敌人的大军不知何时何地会冒出来，身在西北战区的人，谁也不知道自己还能不能活着回去。哪里有“即目宁息”“渐有伦序”的样子啊！

范仲淹前史

范仲淹（图 2）幼年丧父，2 岁时跟着改嫁的母亲去了山东，长大后知道了自己的身世，就带着母亲回归了苏州祖籍。景祐元年（1034）时，苏州洪水泛滥，45 岁的范仲淹由睦州（今浙江建德）急调至苏州，因为他有在海州治水成功的经验。在家乡当父母官期间，范仲淹除了治水，还开办学校。据说当时他买了一块不错的地，想盖一座房子给自己养老，有位风水先生说这是块宝地，谁得了这块地，就会世代出公卿。范仲淹想了想，就把它改建为学校，希望这个地方多出人才，为国效力。还别说，苏州历年考上进士的数量确实比较多。

图 2 〔明〕佚名《范仲淹像轴》，南京博物院藏

此时还有一个人物穿插在这片时空中，他就是北宋著名词人柳永（约 987—约 1053）。柳永精于填词，但不擅长经学文章，所以屡试不第，他的前半生都在流离浪荡中度过。幸运的是，在景祐元年（1034），仁宗见很多人考到须发皆白还在考，于是开恩让考了很多年的老先生特许赐第，年过半百的柳永便是受恩者之一。柳永的第一任官职是睦州团练推官，此时范仲淹刚刚调离睦州，去苏州治水。柳永上任途中路过苏州，还专门去拜访了范仲淹。算起来，富严应该是在范仲淹离开苏州后的第三任知州。

因在苏州治水有功，范仲淹升任开封知府，相当于首都的市长了。景祐三年（1036），范仲淹发现宰相吕夷简（978—1044）有结党营私、任人唯亲的行为，就做了一个全面的调查，把受宰相吕夷简提拔的官员都罗列出来，制作了一张“百官图”报给仁宗皇帝。吕夷简不甘示弱，反污蔑范仲淹“越职言事，勾结朋党，离间君臣”。这件事情的结果是：吕夷简继续当他的宰相，而范仲淹和他的支持者欧阳修、余靖、尹洙等人却落得个“朋党”的罪名，被下放到各地“反省”去了。

不过，四年之后，范仲淹再次被起用，因为西北地区出大事了。

宋夏战争爆发

在西北的灵州（今宁夏灵武地区），30 岁出头的党项族首领招兵买马，频繁抢劫，不断吞并周围的小部族。北宋的皇帝和大臣都没太在意这个附属少数民族政权的活动，只是把他的行为理解成“家族事业”，因为他的父辈们经常干这种事。殊不知这个年轻人很有野心，随着势力越来越强大，他在宋景祐五年（1038）宣布称帝，建立大夏国，定都兴庆府（今宁夏银川），史称西夏。

这个西夏皇帝名叫李元昊（1003—1048），他的爷爷李继迁（963—1004）和父亲李德明（981—1032）都接受宋朝的册封，不敢称帝，可到了李元昊这里，他却一反祖训，不仅以各种手段侵犯北宋边境，还称帝建国了。麻烦来了！

李元昊把“称帝通知书”送到北宋朝廷，北宋的官员们都高呼着要讨伐西夏，但仁宗皇帝却没有这么激动。仁宗一向谨慎，他知道自己的拳头没有那么硬。此时离宋朝建国已经七十多年，宋太祖赵匡胤留下的那些能征善战的兵将早就消磨尽了，几十年的和平环境让军队战斗力严重下滑，所以一时还真不敢对李元昊动兵。此外，李元昊还有北方强大的辽国做靠山，一旦开战，如果辽国趁机发兵，北宋就会两边受敌，那日子可就难熬了。所以宋朝方面并未发兵，只是对西夏进行经济制裁，关闭了与西夏进行边境贸易的榷场[1]。

宋朝方面没有动静，那李元昊是不是该乐呵呵地当他的皇帝了呢？不，他又写了一封态度傲慢的信给仁宗皇帝。这是故意找打吗？没错，因为他知道自己这个皇位不稳固，所以想发动对外战争，以借此煽动自己的臣民同仇敌忾，从而实现自己的政治野心。但北宋方面就是不接招，始终只备战不主动发兵。李元昊耐不住了，他必须要找人打一架，于是在仁宗宝元三年（1040）发兵侵入宋境，宋夏战争开始了。（图 3）

三川口惨败

在李元昊称帝之后，朝廷就急派有相关经验的人前往西北备战。即将年满 60 岁的范雍（979—1048）被派往与西夏接壤的永兴军路。范雍曾任军界高官，而且以前在永兴军待过，这次的职位是延州知州。延州的区域大致与现在的延安相当，与西夏接壤，战略位置非

1　榷（què）场：宋、辽、金、元时在边境所设的同邻国互市的市场。场内贸易由官吏主持，除官营外，商人需纳税、交牙钱，领得证明文件方能交易。《金史 · 食货志五》：“榷场，与敌国互市之所也。”

图 3 〔宋〕李公麟《临韦偃牧放图》局部，故宫博物院藏。河西走廊的甘肃天水一带水草肥美，自古以来就是重要的天然马场。在唐朝的版图里很不起眼。李家建立唐朝时，马的数量也很少，但是他们非常重视马政。到唐玄宗李隆基继位时，国营马是 24 万匹，后来经营到 42 万匹。玄宗东封时，就从牧场挑了几万匹马，毛色相同的编成一组，不同的颜色“一”字排开，十分壮观。

常重要，而李元昊入侵的第一个目标果然就落在了延州。但很快他们就被狄青、许怀德等名将迎头痛击，加之游牧民族不善攻城，对宋朝的军寨堡垒毫无办法，所以李元昊就派人跟范雍说，还是你们厉害，咱不打了，和好吧。

范雍信了。当时，很多西夏人纷纷跨过边境投靠宋朝，范雍喜不自胜，不顾部下质疑，下令让延州城附近的金明寨大开寨门，收留前来投靠的西夏人。结果，大量装扮成老百姓的西夏兵跟城外的西夏军里应外合，将金明寨的宋兵包了饺子。范雍所在的延州城眼看就要被李元昊围攻，范雍惊恐万分，立即下令让驻守边境的宋兵火速前来救援，而这又正中了李元昊的围城打援之计。外围的属将刘平等人率一万余疲兵死战李元昊十余万大军，怎奈实力悬殊寡不敌众，在三川口被李元昊围剿。刘平的队伍虽然人少，但勇猛无比，竟与李元昊大军缠斗三天，宁死不降，全军覆没。

后来有从西夏逃回的人说刘平并没有死，而是被虏往西夏，所以刘平本人也成为历史的一个疑点，但无论如何，刘平英勇抗敌的功绩是不可抹杀的。

战后论罪，范雍没有被重罚，只是被贬官，不久又调任洛阳。后人在论范雍时，觉得他罪不可赦，居然还能继续当官。可是范雍真的是十恶不赦吗？他就是一个文官，为什么非要让他上前线统兵打仗呢？这当然要归因于宋朝的最高统治者。为了防止武将叛乱，宋朝皇帝不让武将统兵，而要以文官治武将，还严令不许杀文官。

组建新队伍

范雍退场以后，仁宗重整队伍，又派出了一个将官团抗击李元昊，这个团队的领导是 55 岁的夏竦（985—1051），副手是 51 岁的范仲淹和 32 岁的韩琦（1008—1075）。他们三人又各自组建自己的小班子，一时之间西北战场名士云集，其中夏竦任用了田况，韩琦招聘了尹洙（1001—1047），范仲淹举荐了滕宗谅。从名单来看，仁宗皇帝也是尽力把能干实事的人都派过去了。

当时西北战区的宋军并不比李元昊的军队人数少，但李元昊可以集中兵力攻打一个点，而宋军却分布于漫长的边境线上，这就让防守变得很困难。所以韩琦的指导思想是“攻”，他认为应该集结大军深入敌境，一举歼敌。而范仲淹的指导思想是“守”，他认为应该利用西夏军不擅攻城的弱点，坚筑堡垒，以守为攻，逐步蚕食西夏地盘。

韩琦向总指挥夏竦请战，要求全军出击。油滑的夏竦两边都不得罪，他转而把球踢给了仁宗皇帝，让韩琦亲自去首都开封找皇帝请示。韩琦热血沸腾，快马加鞭直奔首都，向皇帝慷慨陈词。仁宗皇帝先是满口答应，但又接到范仲淹上奏说不赞成主动出击，这就不好办了。为了争取范仲淹一起出兵，韩琦就派自己的副手尹洙去做说客。韩琦派尹洙去找范仲淹是明智的，因为尹洙是范仲淹的铁粉，二人的关系亦师亦友。可韩琦的如意算盘还是落空了，无论尹洙怎么劝，范仲淹就是不为所动。

好水川又惨败

康定二年（1041），李元昊南侵到甘肃平凉，这一带是韩琦的辖区。韩琦精心安排了一个陷阱，自己正面应敌，属将任福隐藏在西夏军之后，等西夏兵战疲之后，任福再出击灭敌。所以韩琦命任福率兵直奔作战目的地，中途不可与敌交战，不可暴露自己。结果任福被路上的一股西夏兵所吸引，这股西夏兵逃跑的方向与自己要去的方向一致，于是任福抄家伙就追过去。（图 4）到达好水川一带

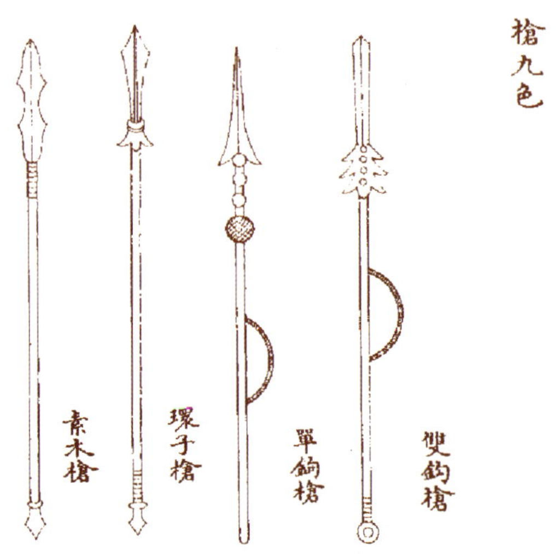

图 4　宋代武器。引自〔宋〕曾公亮等编《武经总要》，北宋官修兵书。枪是常备武器，其款式多种多样，用途也不一样。在三川口之战中，有一位被载入史册的人物叫郭遵，与范仲淹、韩琦都是战友，他使的是一杆铁杵枪，史称有九十斤重，在战场所向披靡，金兵闻之丧胆。后被金兵围攻而战死沙场，他的铁枪也跌落于殒身之处，后来被一位耕地的农民捡到，被朝廷收回，与郭遵的衣冠一起安葬于他的家乡河南。

时，任福等人看到路上有几个箱子，打开一看，里面飞出了一群鸽子。鸽子暴露了任福队伍的地点，也向李元昊发出了进攻信号，李元昊近十万伏兵立即收拢来围攻他们。这个地点几乎是李元昊为自己量身定制的野外战场，西夏骑兵放开来碾压不过区区万余人的宋兵，任福等人本就长途奔波，此时任是英勇不屈，也无法挽回败势，最终全军覆没，任福和儿子任怀亮双双战死。

好水川之战涌现英烈无数，比如行营都监王珪，他当时在距战场五里之外驻守，本不必战死于此，但见任福军被困，在明知寡不敌众的情况下，依然率四千余人从外围攻杀救援。当士兵死伤严重

图 5 〔宋〕佚名《游骑图》局部，故宫博物院藏。在宋代，天水是边疆，尤其到北宋中期以后，天水更是战场。河西走廊就更别说了，那是宋朝版图之外的地方，它在边陲少数民族手里。宋朝失去了西北边的天然牧场，就只能在河北、两淮地区找地方养马，可是地方有限，只能占用耕地。这样一来，马就与人类在争夺口粮。这倒也罢，还有一点是，生产出来的东西未必是马喜欢吃的。所以宋朝的马越养越不好，越养越贵。

不敢再上前时，王珪单骑冲入敌军，杀敌数百，先后换了三匹战马，最后下马而战，终以身殉国。

“好水川之战”共有一万余名将士身亡，很长一段时间里，当地人都不敢去那一带。二十世纪七十年代好水川旧址发掘出大量尸骨和兵器，据说就是当年的宋兵。（图 5）

《边事帖》里无边事

西北又是惨败，朝廷再次震惊，夏竦被调回内地，范仲淹和韩琦都被降职。出征西北的文官们心情异常沉重，他们终于清醒地认识到了李元昊的实力，谁也不知道这家伙的下一个攻击目标在哪里。范仲淹却是看清了李元昊的软肋，即李元昊不擅长攻城，所以无论如何都不能被他拖到野外去，故而范仲淹这段时间的主要工作内容就是监修堡垒，现在延安地区还保存有范仲淹修筑的堡垒遗迹。

秋天又到来了，大雁又南归了，出征的将士却不知何时才能归乡。一个黄昏，看着夕阳、听着号角的范仲淹不禁在心头涌起一阵思乡之情，他提笔写下了一首《渔家傲·秋思》：

塞下秋来风景异，衡阳雁去无留意。
四面边声连角起，千嶂里，长烟落日孤城闭。
浊酒一杯家万里，燕然未勒归无计。
羌管悠悠霜满地，人不寐，将军白发征夫泪。

这首词成为宋代豪放词的代表作。

正是在这段时间里，范仲淹写下了开篇提到的与富严的通信。再细读这封信，联系范仲淹当时的情况，可以想象信中所说的“优哉乐乎”另有深意。其实富严当时也正忙于治水，焦头烂额，但是相比在西北边疆打仗，他还是幸福多了。范仲淹交代自己的状况时也只是一句“夙夜劳苦”，随后说的“即目宁息”，则应是不想让后方的朋友和家人担心而说的善意的谎言。

就在当年九月下旬，李元昊再次进攻，定川寨之战打响，宋军还是惨败。由于范仲淹的防区堡垒坚固，李元昊无处下口，所以战斗没有在他的防区展开，但在定川寨之战打响之后，范仲淹还是率兵六千驰援，所幸李元昊打完定川寨就撤了，没有去跟范仲淹交手，否则范仲淹这点兵力要是真跟李元昊的大军碰上，很大可能也会被消灭，那历史上也就少了一位书写《岳阳楼记》的千古名臣。

逢君莫说当年事

庆历六年（1046），任邓州（今河南邓州市）知州的范仲淹给被贬随州（今湖北随县）的尹洙写了一封信（即《师鲁帖》，图6）。信中有些字迹已经脱落，所存字迹如下：

仲淹顿首：

李寺丞行，曾□□□□递中，亦领来教。承动止休胜，仲淹此中无□□，儿子病未得全愈，亦渐退减。田元均书来，专送上。近得□扬州书，甚问师鲁，亦已报他贫且安也。

暑中且得未动亦佳，惟君子为能乐□，正在此日矣。

加爱加爱不宣。仲淹□师鲁舍人左右。四月二十七日。

根据所存字迹推测此信大意是：李仲昌去你那里，我曾让他带了一封信给你，后来又收到你的回信。我这里没什么事，儿子的病还没有完全好，不过已经好转。田况给你写了一封信，托我转给你。最近收到韩琦从扬州寄来的信，他询问你的状况，我已经告诉他你

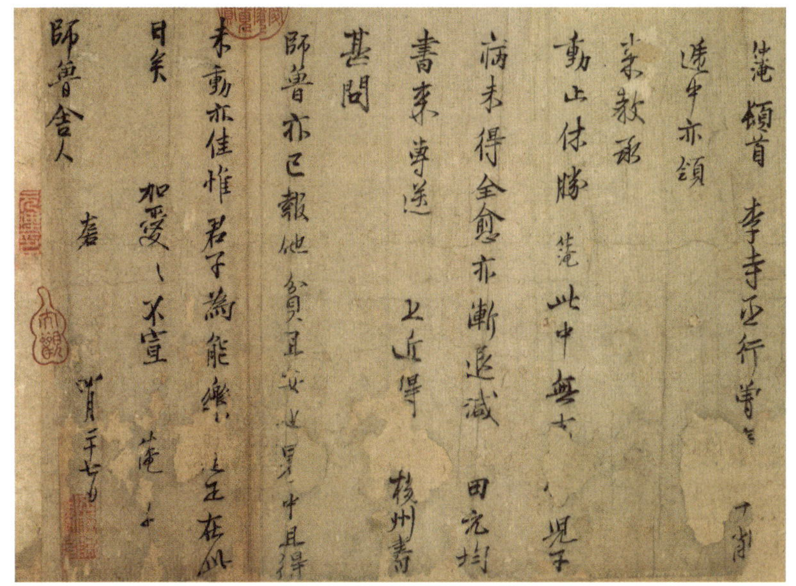

图 6 〔宋〕范仲淹《师鲁帖》，台北故宫博物院藏。

目前虽然贫困但还比较安心。天气热了，不动最好，这样的时候正适合君子以道为乐。保重，不多说了。

信中提到了范仲淹儿子生病的事。范仲淹有四个儿子，长子范纯祐，次子范纯仁，三子范纯礼，四子范纯粹。这几个儿子仕途发展都不错，其中次子范纯仁后来在神宗朝官至宰相。此处有病的儿子是指长子范纯祐，他喜欢修炼道家功法，有一天他正练功入境之时，他的妹夫不知何故突然砸到房门，范纯祐受到惊吓，从此心智失迷，再也没有恢复正常。

范仲淹提到的“田元均”指田况，“扬州”代指任扬州知州的韩琦，都是当年一起驰骋战场的老战友，所以现在关系都很好。但就在两年前，他们这群战友之间却发生了一次严重的内斗，而尹洙被贬随州，落得如今贫困的状态，也与这次内斗有关。为什么这些好朋友之间会发生内斗？这就要回到宋夏战争的战场上。

停战议和

宋夏战争爆发后，李元昊虽经历三川口、好水川、定川寨三次大胜，但大军四方征战消耗严重，也快扛不住了。宋朝的经济制裁也起了效果，关闭榷场这个举措对西夏还是很有杀伤力的，因为当时的宋朝物资丰富，商业发达，而周边少数民族都还比较落后，需要购买大量宋朝的物资来维持生活和补充军需。（图 7）自从被掐断边境贸易之后，西夏物资缺乏，物价上涨严重，百姓怨声载道。

辽国本想趁火打劫，敲诈宋朝一大笔，宋朝不敢两面树敌，就派富弼出使辽国斡旋。富弼据理力争，稳住了辽国，解决了两线作战的隐患。李元昊却在此时与辽国产生了矛盾，丧失了靠山，无奈之下只好向北宋低头，于是庆历三年（1043）两国开始停战议和。

停战之后，仁宗皇帝为了修复深受重创的经济和民生，就开始着手实施“庆历新政”，范仲淹和韩琦都被调回朝廷主持新政改革。主帅们回朝之后，西北战场剩余将帅之间的矛盾就开始暴露。

矛盾双方

在宋夏战争期间，范仲淹的连襟郑戬（992—1053）升任枢密副使（类似于国防部副部长），郑戬想去西北前线领兵打仗，但遭宰相吕

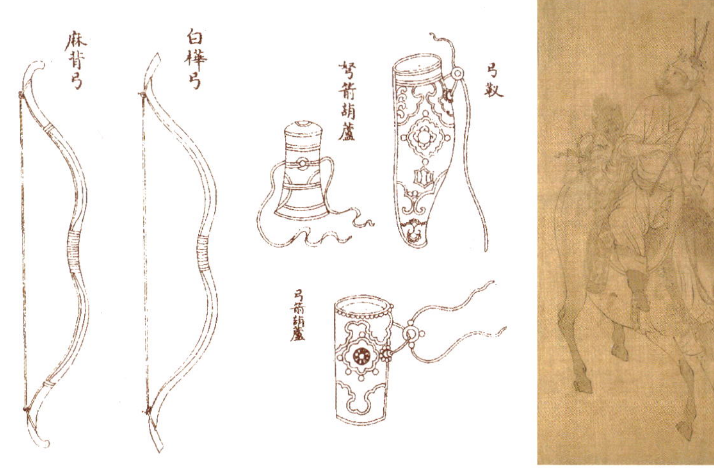

图 7 （左）《武经总要》武器。宋神宗元丰元年（1078）曾命制造黄桦阔闪弓，并对一些弓箭的标准进行了调整。由于西北战事频繁，弓箭的需求量也大增。另外，神宗皇帝改革中有一项是保甲法，练兵时用到的弓似乎也以黄桦弓为主，由政府统一发放。
（右）〔宋〕李公麟《西岳降灵图》局部。画中几位猎手均手持弓和箭。宋人所使用的弓大概有黄桦弓、黑漆弓、白桦弓、麻背弓等，宋太祖赵匡胤立国之初一直南征北战，他尤其重视武器的制造。伐南唐时，仅国字号的弓弩院就打造了各种武器约 1650 万件。

夷简暗算而被贬杭州，可是他在杭州并没待多久，好水川之战失败后，还是被调到了西北战区。

由于此前郑戬任过三司使（相当于财政部部长），所以特别在意战区的账目，并开始清查。郑戬在边区的工作细致到位，得到了仁宗皇帝的认可，范仲淹和韩琦被调回朝廷后，郑戬接任他们的职位，成为西北战区最高军事负责人。

当时的军费腐败问题很多，这些账是很难查得非常明白的，或者说有些时候没必要查得太明白。因为朝廷给的钱不够花，而想让将士们在战场上卖命可是需要很多钱的，甚至有时会出现将士们在战场激战进行中就开始向长官请赏的状况，所以很多长官就拿着军费以钱生钱，或放贷，或经商，再把多得的钱用于打仗，所以军费问题就是一笔糊涂账。至于查与不查经常是看需要，郑戬后来扳倒尹洙，就是通过查账来进行的。

尹洙，字师鲁，河南洛阳人，他出生在上一个新千年的第一年。此后十余年间还陆续出生了另外几位人物，如梅尧臣、石介、欧阳修、苏舜钦等，他们一起成为北宋古文运动的先驱。尹洙又与年长12岁的范仲淹、年长1岁的余靖（1000—1064）、小3岁的富弼、小7岁的韩琦、小11岁的蔡襄等一起成为政治上的盟友。可以说，尹洙在北宋前期与中期交界时代的文学与政治上都是很有地位的。

尹洙与范仲淹的关系尤其好，在尹洙眼里，范仲淹是一名真正的实干家，而且几乎可以说是儒家思想最完美的代表。当年范仲淹弹劾宰相吕夷简，反被吕夷简以"朋党"之名反讼于仁宗皇帝，仁宗很忌讳"朋党"二字，就处理了范仲淹等人。时年35岁的尹洙不顾自己的仕途，公开申明自己就是范仲淹的"朋党"，并且主动要求贬官，后来在郢（yǐng）州（今湖北钟祥）当了三年的小官。此种义气与情谊，令范仲淹极为感动，终生不忘。

尹洙喜谈兵事，还写过一些军事类书籍，于是在康定元年（1040），39岁的尹洙被任命为泾原、秦凤经略安抚司判官，成为韩琦的副手。尹洙为人很仗义，经常出面为一些账目不清的人说情。不久，麻烦事降临到尹洙自己头上了，即著名的水洛城事件，此事直接导致了尹洙政治命运的终结。

君子内斗

水洛城位于今甘肃省庄浪县，当时这个地方一直生活着十多万无所归依的少数民族，这些少数民族想要献上废弃的水洛城以归附宋朝，同时希望朝廷重修水洛城。宋初著名的武将曹玮（973—1030）一直想收复这片领地都未能如愿，如今他们自愿内附，当然是一等一的好事。

图 8 〔宋〕佚名《八相图》之韩琦，故宫博物院藏。

范仲淹在此地监修堡垒期间，就曾上书朝廷请修水洛城，因韩琦（图 8）的反对没有被批准。庆历三年（1043）十月，成为战区最高长官的郑戬再次上书朝廷汇报情况，这次朝廷批准了，郑戬就派静边戍长刘沪前往修筑水洛城。

被调回朝廷的韩琦仍然反对重修水洛城，他认为当务之急应是用有限的人力财力修复现有城寨，不宜新盖城堡，于是就向朝廷上书请求水洛城停工。为达到自己的目的，韩琦还动用了政治手段，他见此时战事已停，于是向皇帝建议应撤销郑戬所担任的陕西四路都部署兼经略安抚招讨使这个“军区总司令”职位，因为这个职位权力太大了，时间久了容易形成威胁。

庆历四年（1044）正月，朝廷依韩琦之请下旨罢修水洛城，接着又罢了郑戬的职位，将他换了个地方，调到了永兴军路。朝廷如此安排，估计是想让极力支持修城的郑戬离开这里，从而避免再继续争执。毕竟对于朝廷来说，战事已经停息，修不修这个水洛城没什么太大影响。此时水洛城已经动工了，郑戬自然是不愿意停工的，而且此时停工也没法跟当地的少数民族交代，所以他命刘沪继续修城，还请节度推官董士廉派兵协助，同时继续上书朝廷请求修建水洛城。

郑戬调走之后，接管水洛城的人是尹洙，尹洙曾是韩琦的助手，他当然要执行韩琦的策略——反对修建水洛城。双方各执己见，朝野上下也跟着爆发了大规模的辩论。无奈之下，朝廷只好派出“中央调查团”前往水洛城查看是否需要停工。

就在调查团还在路上的时候，水洛城出事了。反对修城的尹洙多次让刘沪和董士廉停工未果，就派狄青以违抗军令的罪名将此二人抓进军事监狱，还要择日问斩。调查团到了之后发现监狱里的董士廉满身伤痕，而刘沪已奄奄一息，但尹洙不承认有故意虐待之事，只说刘、董二人违抗军令才把他们抓起来。

这件事看似不大，但牵扯很广，一边是范仲淹、郑戬、刘沪、董士廉，一边是韩琦、尹洙、狄青。当时“庆历新政”已经开始，范仲淹和韩琦都是新政实施的核心人物，仁宗皇帝很难处理。最后的结果是欧阳修等人给仁宗皇帝出了个主意，两边平衡一下，都不重罚，免除刘沪和董士廉违抗军令的死罪，再让他们戴罪立功把水洛城修完，同时尹洙虐待大将的问题也不追究。

虽然此事闹得水火不容，但其实双方之间本来都是朋友。先说两边的领头羊范仲淹和韩琦，在景祐三年（1036）范仲淹弹劾宰相吕夷简时，韩琦就力挺范仲淹，还一起被贬。在宋夏战争开始后，范仲淹能被重新起用，还要多亏韩琦以全家性命力保。在战场上韩、范二人虽然战略指导思想不同，但并未出现大的矛盾。朝廷初设陕西四路都部署兼经略安抚招讨使这个“军区总司令”职位时，准备交由范仲淹担任，但范仲淹并未独享此权，而是主动与韩琦分权共任。在“庆历新政”开始后，韩、范二人同属新政的坚定支持者，按此时欧阳修所写《朋党论》的观点，他们可都是“君子党”。

再说直接冲突者尹洙和刘沪，尹洙与范仲淹、欧阳修关系很铁，而范仲淹、欧阳修与刘沪之兄刘涣是好朋友，所以其实大家都是朋友。再说郑戬和尹洙，他们之间既没有争夺官位，也没有实质性的利害关系，从私人关系上说，两人也是很近的。首先，二人是同一年的进士，算是老同学；其次，尹洙视范仲淹为偶像，而郑戬又是范仲淹的嫡系。双方关系恶化仅仅是因为对事情有不同意见而没有沟通处理好，尹洙又一时冲动处事欠妥才结下了梁子，结果把自己卷进了斗争漩涡。

水洛城事件实质是“君子党”内部政治斗争的结果。这场君子内斗在“庆历新政”期间展开，没有胜也没有负，倒是内耗不少，让新政的反对派们看了笑话。

何必当初

水洛城事件结束后，郑戬等人用军费账目不清这个屡试不爽的手段搞掉了尹洙。尹洙的部将孙用曾经用军费放高利贷，后来没法补齐亏空，尹洙帮忙补了缺，但还是不够，最后孙用被查办，43 岁的尹洙也被贬到随州当了一名小官。

在尹洙被水洛城事件和军费案件困扰的时候，范仲淹也因为新政实施不顺而焦头烂额。最后，新政只实施了一年多就以失败告终，范仲淹、韩琦、富弼、欧阳修等一干人马全部被下放，其中韩琦被贬扬州，范仲淹先是被调往西北战区，又被调往邠州（今陕西彬州），后因身体原因，于庆历五年（1045）十一月调任邓州（今河南邓州市）知州。

范仲淹到达邓州之前，在宁州（今甘肃宁县）监酒税的李仲昌的母亲去逝了，李仲昌扶柩南归，将他母亲与父亲合葬在一起。李仲昌的父亲李垂生前是一位有学问的人物，早在十二年前就去世了，但没有写墓志铭，李仲昌就希望利用这次机会，请尹洙替他父亲写墓志铭。尹洙现在虽然落职了，但却是当时极有声望的人物，李仲昌决定去两百多公里外的随州拜见尹洙。

李仲昌大约是在第二年春天启程前往随州的，他也是范仲淹的门生，在出发前拜访了范仲淹。范仲淹对尹洙被贬很同情，但也无能为力，就托李仲昌给尹洙带了一封信以示安慰。尹洙自被贬以来，心情一直不佳，几乎不与老友们往来，但范仲淹的信他是必须要回的。尹洙在信中祝贺范仲淹解除边任，回到中原地区，并询问范仲淹儿子的病情。范仲淹接到信后，又给尹洙回了一封信，即开篇提到的《师鲁帖》。

范仲淹在信中提到韩琦曾来信，可见即便经历了水洛城事件，他们之间仍是好友，公私分明，这就是当时的君子吧。南宋诗人杨万里曾读过这封信，他题了一首诗《跋范文公与尹师鲁帖》：

佳客千山得得来，主人双眼为渠开。

逢人莫说当时事，且泊南亭把一杯。[1]

此诗真是道尽范、尹二人心境。从这一年夏天开始，尹洙也陆续回复了朋友们写的信。虽然信中都没有谈到尖锐的问题，但往事一直压在他的心头。他并非因被贬而郁闷，而是看为什么被贬。试想以道德节操自许的尹洙，被人揭发用酷刑虐待大将，与下属私吞公款，而被贬则意味着朝廷和仁宗皇帝也认定了这些事，所以他非常郁闷。可是一直好说好写的尹洙，什么也没说，什么也没写。

很快，本来身体就不好的尹洙病了，落难之际又逢体病，可谓贫病交加。他给范仲淹写了信，范仲淹很着急，派人给他送了食物和药。当年 8 月，尹洙迁为汉东节度副使，治所在均州（今湖北武当县），这个地方离范仲淹所在的邓州只有一百多公里。

尹洙的病情越来越严重，第二年春夏之交的某一天，他似乎预感到了什么，收拾了一下，起程前往邓州找范仲淹。尹洙将后事托付于这位令他尊敬的师友，然后安然辞世，享年 46 岁，好朋友欧阳修为尹洙撰写了墓志铭。

1　于北山著，于蕴生整理《杨万里年谱》，上海古籍出版社，2006，362 页。

没有无数个余靖，哪有北宋文人的风雅

至和二年（1055）二月，余靖正在广源州（今越南高平省平渊县）一带搜寻少数民族首领侬智高（1025—1055）的下落，这时他收到了好友蔡襄（1012—1067）的一封信（即《安道帖》，图 9），文字如下：

襄再拜：

自安道领桂管，日以因循，不得时通记牍，愧咏无极。中闲辱书，颇知动靖。近闻侬寇西南夷，有生致之请，固佳事耳。

永叔、之翰已留都下，王仲仪亦将来矣。襄已请泉麾，旦夕当遂。智短虑昏，无益时事，且奉亲还乡，馀非所及也。

春暄，饮食加爱，不一一。襄再拜，安道侍郎左右。谨空。二月廿四日。

这封信的大意是：自你奉命去平叛，日子一天天过去，无法经常给你写信，深感抱歉。之前你给我写了信，使我对你的情况有所

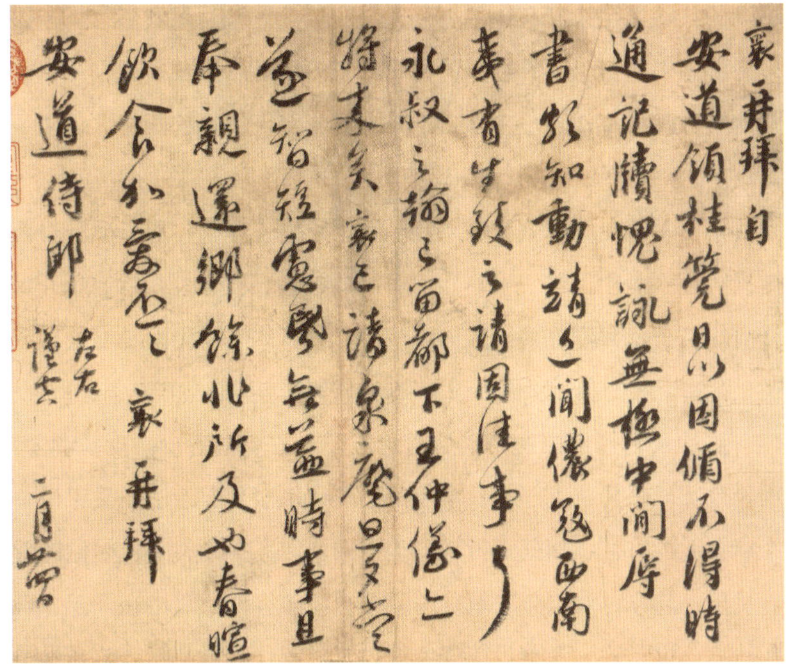

图 9 〔宋〕蔡襄《安道帖》，台北故宫博物院藏。

了解。最近听说侬智高在西南起兵，你上书朝廷请求抓捕侬智高，这真是一件好事。欧阳修、孙甫都已经留在京城了，王素很快也要来了。我已经请求去泉州就职，很快就要离京了。现在才智枯竭，头脑发昏，也处理不了国事了，就打算回家奉养老母亲，其他也做不了什么了。春天来了，注意饮食，照顾好自己，不多说了。

余靖和蔡襄都曾在“庆历新政”期间任谏官，是多年的同事和好朋友。北宋庆历年间著名的“四谏”包括余靖、王素、欧阳修、蔡襄，他们年龄相近，其中余靖年纪最长，也是被打磨得最狠和生命力最顽强的一位。与风雅的欧阳修和蔡襄不同，余靖的生活是很单调的，除了谏言时声色俱厉外，一般情况下都是沉默寡言，工作之余偶尔喝喝茶，不好行乐。他文集里的诗歌基本都是送别诗，所写的文章除了工作还是工作，千年之后的今天读来仍能感觉他像一头负重的耕牛。

蔡襄写此信时，侬智高事件已经平息两三年了，看来蔡襄对西南局势还不是很了解。蔡襄在信中说要到泉州就职，是指他从开封知府的位子上辞职，并请求调回福建老家。辞职的原因是他处理涉及皇帝和宰相的案子不力而被御史赵抃弹劾。

估计余靖接到蔡襄的信后对这位小老弟惋惜者少，羡慕者多，因为余靖早就想告老还乡。十年前，蔡襄以奉养双亲的名义申请一个离家近的官职，朝廷不批，只给他准假回家探亲，并希望他能带着父母一起来，余靖当时就很羡慕蔡襄有机会与父母待在一起。现在他自己则是连父孝也没能守完就披孝上阵，连续几年奔波在形势非常复杂的少数民族聚居区。

因学外语而被贬的“外交官”

余靖，字安道，祖籍福建。他的父亲余庆调任广东以后，举家迁居广东韶关。余靖是著名的天圣二年（1024）进士团学员，与宋庠、宋祁、郑戬、叶清臣、尹洙等北宋名臣是同学。

余靖做过几件有名的事，一是在景祐三年（1036）声援范仲淹，抨击权相吕夷简，位列“四贤”；二是名列“四谏”，积极支持“庆历新政”，还曾在谏言时过于激动，把唾沫星子喷到仁宗皇帝脸上；三是前往两广地区平叛。

图 10（左） 河北张家口市宣化区下八里村韩师训墓壁画局部，宣化博物馆藏。
图 11（右） 契丹文“敕宜速”金牌，河北省文物保护中心藏。“敕宜速”的意思就是“快快去办，不得延误”。余靖以朝廷命官的身份学习少数民族的契丹语，被认为有丧国家尊严。其实在对辽活动中，宋廷必须要用到懂契丹语的人。

余靖 24 岁考中进士之后，陆续做过县尉、知县、司理参军等地方小官，34 岁时终于混到京城当了个文书类的京官，结果两年后因声援范仲淹被贬到筠州（今江西高安市）当酒税官。后又陆续迁往泰州（江苏省泰州市）、英州（今广东英德市）。从前半生的简历来看，余靖干的都是苦差事。

到庆历二年（1042），42 岁的余靖才又回到朝廷，第二年被擢升为谏官，他直言敢谏，积极为新政出力。接着两次出使辽国，却因为学习契丹语被人举报，谪贬吉州（今江西省吉安市）。在长达 6 年的时间里，他闭门谢客，不言人事。在今天看来，余靖是无罪的，“外交官”必须要精通所在国的语言才能做好工作，所以余靖学习契丹语应该受到鼓励而非惩罚，但当时的一些士大夫认为余靖作为大宋帝国的使臣，学习虏语有损国体（图 10、11）。如果将这件事情结合当时的政治背景来看，其实这不过就是一个驱除余靖的借口。余靖在“庆历新政”中是改革派，新政失败，他自然要被打压。

南方起乱

自宋朝建立之初，广南西路（约今广西地区）少数民族之间的矛盾就一直存在，主要集中于今中越边境地区，当地的少数民族之间为争夺利益而拼杀的事时有发生。因此处天高地远、语言不通、地形复杂，并且事态还没有危及中央政权，所以北宋朝廷只是睁一只眼闭一只眼。

后来有一支侬姓少数民族势力越来越强大，他们盘踞在中越边境线上的广源州，开采这里丰富的金矿。首领侬全福在各种兼并与扩张后，自封“昭圣皇帝”，拒绝再向大宋的藩属国交趾（今越南北部地区）奉土称臣。交趾于北宋宝元二年（1039）派兵捕杀了侬全福。侬全福的妻子阿侬带着14岁的儿子侬智高逃回故乡安德州（今广西靖西市），并重振旗鼓。两年后，阿侬母子建立“大历国”政权。

侬智高在中越边境攒集力量的时候，宋廷根本无暇顾及，因为此时西夏李元昊正率领大军侵犯宋境。西北战事刚一结束，“庆历新政”就轰轰烈烈地展开，持续一年多宣告失败，政坛连续大洗牌。在这期间，侬智高一边与交趾对抗，一边向宋廷请求归附以对抗交趾，但他的申请书都被边境地区的宋朝官员给扣压了，根本没传到朝廷里去，所以与交趾交恶又得不到宋廷接纳的侬智高最终心生怨恨，铤而走险，他决定搞一些大事情。

皇祐四年（1052），侬智高举兵反宋，攻下了广南西路的首府邕州（今广西南宁），称“大南国”。然后沿当地重要的河流郁水、浔江、西江顺流东下。侬军所向披靡，宋朝的官员和守将根本就没想到侬智高会起兵，所以没做任何应敌准备，这些官员大多不是投降就是弃城逃跑，侬智高目标直指广南东路（约今广东地区）的首府广州城。余靖就在这样的背景下登场了。

南下平叛

朝廷任命余靖南下潭州（今湖南长沙）任知州，因为侬智高一旦攻陷两广，就必定会北上荆湖，潭州首当其冲。但余靖此时正在老家守父孝，他想推脱，朝廷不许。余靖只好身披重孝快马加鞭驰赴潭州。还在路上的时候，皇帝又来信了，任命他为桂州（今桂林）知州，并统管广西兵马，侬智高动作太快，已经快打到广州去了，于是仁宗皇帝又诏令余靖经制广东，剿灭侬智高。52 岁的余靖之前根本没打过仗啊，但皇命在身，他也只好奔赴战争前沿。在诸多身负王命的溃逃官员中，他像是一位逆行者。

余靖节制的两广兵马有近百年不打仗了，早就没了战斗力，根本压不住侬智高的兵锋。当时的宰相庞籍建议仁宗皇帝派狄青（1008—1057）率军出征，于是中国历史上赫赫有名的刺面将军狄青再一次出场了。他以杨家将传人杨文广为先锋，一路急行军至广西，很快平定了侬智高势力。狄青北归后，余靖继续去桂州上任，他请求辞去工作，回家守父孝，但仁宗皇帝不许，余靖只得留在广西继续处理后续事务。

侬智高势力虽然被平息了，但南边的事情却还没完，因为侬智高本人还没有被抓到，所以余靖的工作任务还很重，他只能在茫茫的山野丛林里进行艰苦的侦查与清剿。皇祐五年（1053）十二月，余靖抓到了侬智高的母亲、弟弟和儿子，并将他们囚送京城，但侬智高本人依然不知所踪。据后来的证据显示，侬智高很可能死于大理。

事态平息之后，余靖继续给朝廷上书，说自己在南方多瘴区待得太久了，请求内迁。这次朝廷批准了，把他派往潭州，后来又调往山东青州。

再次南下

嘉祐五年（1060），交趾北侵广西，血流成河，而此时最能打的狄青将军已经不在人世了。在平定侬智高后，已经成为枢密副使的狄青被皇帝从副转正，坐上了枢密使的位子，掌管全国军务，地位仅次于宰相，成为有宋以来唯一一位坐到这个位置的武将，但他从此也成为文官集团的眼中钉、肉中刺，后来到底是被文彦博、韩琦、欧阳修等文官们谗夺枢密使一职，并在三年前含恨而终。

余靖之前有过两广平叛的经验，他成了最合适的人选，所以年逾花甲的余靖老骥伏枥，再度出征广西，战后论功，余靖被授尚书左丞，到广州任知州。这个职务虽然不高，但离他的家乡韶关比较近。不久仁宗病逝，英宗即位。余靖被诏拜工部尚书，在他北上至江宁府（今南京）时，病逝于驿馆，享年 64 岁。

余靖一生名列“四贤”和“四谏”，两次出使契丹，两次出征当时被称为蛮荒之地的国境最南端，直到老死也没能回乡奉养双亲，颐养天年。他并没有特别高超的才能，也没有太显著的文治武功，只是一个默默无闻的耕耘者。他不是风雅之人，也没有享受繁华，相比那些身居内地，住豪宅大院，拥妻妾成群，为官时风花雪月，退休后雪月风花，吟诗作赋，点茶赏画的宋代士大夫们，余靖一生只如耕牛，老死犁旁。但正是这无数个余靖，才成就了北宋玩家们的“风雅”。

“游击战”名将

宋英宗治平二年（1065），一名在京城开封准备参加科考的考生突然得知他的父亲被捕了，正在魏县（今河北魏县一带）接受审讯，魏县距开封约有两百公里。考生立即向主考官请假，要去营救父亲。此时马上就要开考了，他这一去就意味着赶不上考试了。主考官感到非常遗憾，这位考生很优秀，而且还是一名38岁的大龄考生，如果错过这次考试真的很可惜。但考生说他必须去救父亲，主考官只好祝他一切顺利。这位考生一路快马加鞭，抵达魏县后，帮助父亲申辩，很快就还父亲以清白，然后又飞奔南下，竟然赶上了考试，还获得了礼部试的第一名（礼部试的第一名是省元，参加皇帝主持的殿试获得第一名才是状元）。这位考生的壮举轰动了京城，他的名字叫章楶（jié）。

章楶（1027—1102），字质夫，福建蒲城人，出生于官宦世家，祖父和父亲分别在真宗朝和仁宗朝为官，族叔章得象（978—1048）是仁宗庆历年间的宰相，堂弟章惇（1036—1105）是哲宗朝的宰相。章楶在22岁那年就通过宰相叔叔的恩荫进入仕途，但在这种情况下，

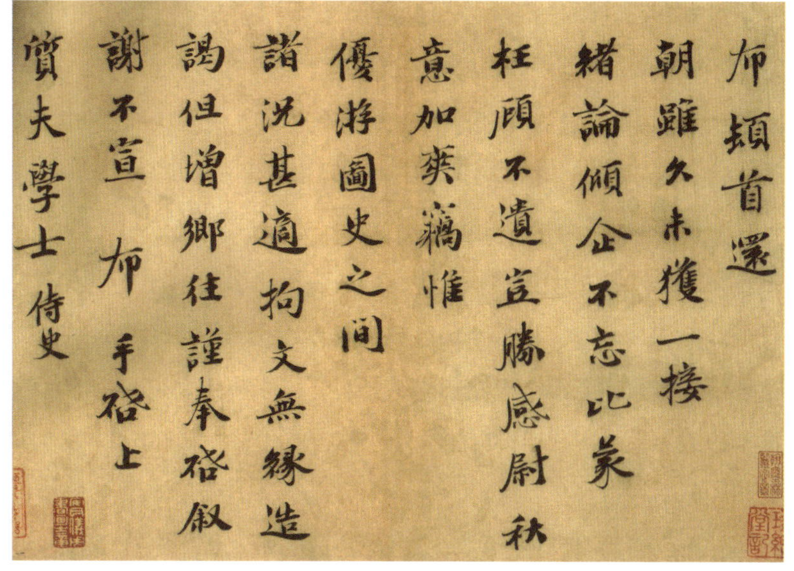
布頓首還
朝雖久未獲一接
緒論傾企不忘比蒙
枉顧不遺豈勝感慰秋
意加爽竊惟
優游圖史之間
諸況甚適拘文無緣造
謁但增鄉往謹奉啓叙
謝不宣　布　手啓上
質夫學士侍史

图 12 〔宋〕曾布《致质夫学士》，台北故宫博物院藏。

只能做一些基层工作，要想有更大的发展，还得考进士。考取进士才能受到朝廷的重视，还会结识很多进士同学，这些都是仕途晋升的政治资本，所以很多有追求的官宦子弟都会放弃恩荫而选择科考。章楶在基层工作 16 年后，也终于决定参加科考来求取更大的发展。

获得进士身份后的章楶先是到京城开封附近的陈留县任知县，三年任期满了之后又调任秘府（国家藏书馆）掌管经籍图书。章楶任“图书管理员”的三年间，正是神宗和王安石筹备变法改革的关键时期，章楶在此时接触到了神宗朝变法派的人物，其中就有曾布（1036—1107）。曾布在这段时间给章楶写过一封信（即《致质夫学士》，图 12），文字如下：

布顿首：

还朝虽久，未获一接绪论，倾企不忘，比蒙枉顾不遗，岂胜感尉。秋意加爽，窃惟优游图史之间，诸况甚适。拘文无缘造谒，但增乡往，谨奉启叙。谢不宣。布手启上，质夫学士侍史。

大意是：我回朝虽然很久了，但一直没机会和你好好聊聊。一直很仰慕和挂念你，也承蒙你来看望我，让我非常感激和欣慰。现在秋高气爽，你能够在经籍图书中畅游，想来应该是很舒心的。我被琐事缠身，无法登门拜访你，徒增向往之心，只好给你写信聊几句。

曾布的哥哥是“唐宋八大家”之一的曾巩。曾布一开始是王安石的得力干将，但后来他批评新法当中的市易法，王安石就认为他背叛了新法，把他贬谪外放了。

在后续的时间里，章楶也成为一名新法执行者，他还被派回陈留县去推行新法。48 岁那年，章楶被派往陕西负责钱粮救济等民生工作，这是他第一次前往陕西。陕西在神宗朝是非常重要的地区，因为陕西与西夏接壤，而神宗有意在西北开战，吞并西夏。章楶被调往陕西，说明章楶得到了神宗的信任和认可。

陕西的任期结束后，章楶又被调往山东、河北、湖北、四川。这期间，一直想收服西夏的神宗在西北打了几次大仗，最后一败涂地，但这些与章楶没有什么关系，一直到年过花甲，他干的也都是文臣的工作，跟打仗不沾边。

宋哲宗元祐四年（1089），62 岁的章楶被调往陕西路任转运使。这是他第二次到陕西工作，也是改写他命运的一次工作调动，风云变幻的局势一步步地将他推上了新的历史舞台，也成就了他晚年辉煌的功绩，而这一切要从毗邻大宋西北边境的西夏说起。

西夏的两个女强人

西夏建国皇帝李元昊与北宋和辽国打了一辈子，建立了三足鼎立的局面，可是他骄奢淫逸，竟然把自己的儿媳妇，也就是次子宁令哥的妻子没移氏立为自己的皇后。没藏氏的兄长没藏讹庞（？—1061）撺掇宁令哥杀死了李元昊，然后又以弑父的罪名杀死了宁令哥，最后扶持李元昊1岁的小儿子李谅祚（1047—1067）即位。没藏讹庞家族成了西夏国的实际掌权人，他们家的人进皇宫就像进自家门一样。到了李谅祚13岁的时候，没藏讹庞发现自己的儿媳妇大梁氏（？—1085）竟然经常偷偷溜进皇宫跟李谅祚“两情相悦”，就想杀了这两人。大梁氏为求生偷偷跑出王府向李谅祚告密，两人联手反攻，灭了没藏氏全族，大梁氏当上了皇后。

这一年是宋仁宗嘉祐六年（1061），两年后仁宗皇帝就去世了，在随后的英宗朝和宋神宗朝共二十多年时间里，西夏的军事基本都由大梁氏主宰。宋夏之间的战争耗费了无数财力和人命，宋神宗利用王安石变法赚来的钱，数次发大军征讨西夏，试图一雪先辈几代皇帝被西夏人欺负的耻辱，结果一败涂地。被打出阴影的宋神宗38岁就郁郁而终，而大梁氏也于同一年病死。

小梁氏（？—1099）是大梁氏的侄女，她嫁给了李谅祚和大梁氏的儿子李秉常，李秉常即位以后，小梁氏成为皇后，生下了儿子李乾顺（1083—1139）。等大梁氏和李秉常去世以后，3岁的幼主李乾顺即位，小梁氏接掌了大权，她掌权的时间与宋哲宗在位的时间基本相当。小梁氏继续任用外戚，穷兵黩武，而北宋方面以太皇太后高滔滔为首，以司马光、苏辙等人为中坚的元祐旧党采取不抵抗的求和政策，使得宋军在西北战事上连连失利。旧党为了求和，竟将神宗时期将领们用生命换来的几座重要城池奉送给西夏，致使西夏益发骄蛮，入侵宋境更加肆无忌惮。

宋代的游击战法

就在此时，章楶到了陕西，他目睹西北形势，精心钻研宋夏战争史，逐渐有了自己的想法。两年后还朝述职，他给宰相吕大防（1027—1097）写了一封问候信，并把想法告诉了宰相吕大防，吕大防马上回了信（即《示问帖》，图 13）：

大防启：亟辱示问，欣承临部以还。动止佳福。陕于诸道为剧，利害之形，有不可遽悉者，必烦精思而后辨。未缘款晤，倍冀珍厚。不宣。大防顿首。运使质夫使君，九月十六日。

这封信大意如下：感谢你写信问候我，你从陕西回京，真是件令人高兴的事，祝你一切安好。陕西现在是特殊地区，利害关系重大，那里的形势不是短时间就能搞明白的，一定要精思而后行。没能见面聊，非常挂念你，珍重。

从信的内容可以推知，章楶应该是在信里提到了对陕西时事的看法和准备采取的行动，看样子是触及当时的敏感问题了，吕大防

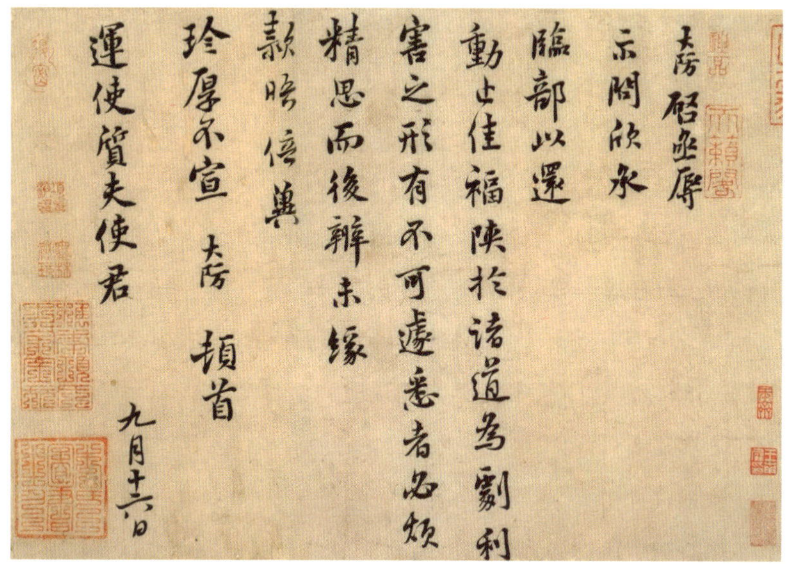
大防啓承
示問欣承
臨部以還
動止佳福陝於諸道為劇利
害之形有不可遽悉者必煩
精思而後辨未緣
款晤倍冀
珍厚不宣 大防 頓首
運使質夫使君
九月十六日

图 13 〔宋〕吕大防《示问帖》，故宫博物院藏。

在回信中叮嘱章楶不要轻举妄动，应该是顾虑当时朝堂上求和思想占主流的结果。

章楶到底在信里说了什么？他准备做什么？吕宰相为何如此谨慎？

元祐六年（1091）二月，64 岁的章楶第三次被派往陕西，出任环庆路经略安抚使，兼庆州（今甘肃庆阳附近）知州，这里是一线战区。四月、六月、八月都有西夏军入侵境内，章楶不想再忍了，他连续给朝廷上书，正式提出了自己的御敌策略，大意如下：

防御策略

1. 小股敌军入侵时，到谁的地盘，谁就消灭他们，或把他们赶出国境去；

2. 敌人举国之兵入侵时，则“坚壁清野”，也就是坚守城池不出战，并清除城外一切物资和百姓，让敌人什么都抢不到。同时派一部分精锐部队分散在城外与敌军隔空纠缠，只威慑不接触。敌人若追，我们就跑；敌人攻城，我们就与城内守军里外夹击。敌人抢不到东西，没仗可打，又不敢攻城，无奈之下只能撤军，那我们就尾随追击，或在他们撤退的路线上埋伏偷袭。

3. 一个地方被敌人大军攻击，则其他地方都要出兵策应并牵制敌军，这样就可以避免以寡敌众的局面。

进攻策略

1. 浅攻扰耕。

西夏游牧民族没有坚固的城池，也没有固定的军营和军队，打仗时就召集在一起，打完就解散，虽然边境上也有卫兵，但每处不过百人，所以最好的攻击策略就是“浅攻扰耕”，即派出小分队袭扰他们，快去快回不恋战，让他们没法正常耕种和生产。若敌人聚兵出战，就在其聚集过程中趁乱攻击；若敌人解散，则等其解散后掩杀，具体的攻击方法由主将临时应变。一路兵马打完马上回来休息，另一路接着再去，轮番不定期出战，不能让敌人摸出规律，就这样一年到头不停袭扰。

2. 进筑堡寨。

西夏与北宋的边界上有绵延千里的横山山脉，地势险要，土地肥沃，西夏占据着横山，防守和耕种都要倚仗它，那我们就把堡寨逐步修到横山上去，招募一些弓箭手驻守，再招募归降的百姓耕种田地，这样就不用朝廷专门派兵和送粮。西夏兵彪悍勇猛，长于弓马，尤善野战，所以经常能打赢宋兵，但攻城拔寨他们不行。我们就把堡寨修到他们家门口，让他们无法安居和耕种，他们自然就乱了。

章楶的御敌策略与我国近代革命战争中的游击战法颇有相似之处，其中不难看到“敌进我退，敌驻我扰，敌疲我打，敌退我追”这十六字口诀的影子，而“浅攻扰耕”的策略又与“麻雀战”很类似。章楶的这些策略并不全是他自己的创造，而是综合五六十年间宋夏战争所有经验的结果，比如坚修堡垒、逐步蚕食的策略就与当年范仲淹对付西夏的策略类似。

一直任打任骂的宋军突然开始反抗和进攻了，西夏方面很生气，小梁氏集结大军入侵环州，章楶就按上述的御敌策略应对，西夏军攻城七日不下，又被佯装败退的宋军引到河边喝了有毒的水，无奈之下只好撤退，退到洪德寨时被埋伏于此的宋军偷袭，西夏军的精锐部队“铁鹞子”虽然勇猛，但也禁不住宋军铁蒺藜、神臂弓、虎踞炮等武器一齐上阵，最后西夏军大败，小梁氏差点命丧战场，连衣服首饰都丢了，最后从小道逃走。

章楶一战成名，但战场上的胜利抵不过政治这只怪手。章楶的战果显然与朝堂上求和的主流倾向不符，而且还有很多朝臣怀疑章楶是在虚报战功，这个一辈子没打过仗的老头子怎么忽然在垂暮之年变得这么会打仗了呢？这不科学呀！结果就是，“不安分”的章楶被调离前线到内地任职。

平夏城里果然平了西夏

绍圣三年（1096），69 岁的章楶第四次调任陕西，任泾源路经略使，再次成为前线的军事长官。这个调动的背景是：太皇太后高滔滔已经去世，哲宗亲政，章楶的堂弟章惇被任命为宰相，新党被起用，旧党被清理，西北前线的主将也都换成了主战派，宋军开始从被动走向主动。

章楶上任后就有了大动作，他沿着葫芦河川跑到西夏境内的石门峡修了一座城，命名为平夏城。从名字“平夏”也能看出修城的目的所在，这显然是章楶“进筑堡寨”思想的延续。那为什么这座城要修在这里呢？葫芦河川就是现在宁夏境内的清水河，它的上游在北宋境内，下游在西夏境内，是连接西夏与北宋的门户。石门峡就在两国交界的西夏一侧，在这里修城就意味着把城修在了通往西夏的大路口，随时可以沿河谷而下开进西夏的中心地带。为了不让西夏人发现修城这件事，章楶让边界上其他地方的守将都派兵“浅攻”西夏，唯独石门峡附近静悄悄，没有引起西夏人注意，章楶就派人以最快的速度修城，只用了22天。

章楶修完平夏城之后，又沿着河川继续往前修了几个堡寨，西夏人按捺不住了。葫芦河川丰饶的土地是西夏人重要的粮食产地，西夏人称为“唱歌作乐”之地，现在宋军在家门口筑城修寨，这不是抢饭碗吗？皇室贵族们都给小梁氏施压，让她除掉这颗家门口的大钉子。小梁氏为了稳住自己的地位只能全力出战，她花费了一年时间整军备战，然后聚集倾国之兵三十万，带着小皇帝乾顺一齐上阵，杀向了平夏城。

西夏军填平护城河，用楼车、挖地道等方式展开攻击。章楶早有准备，他派了西北战场上最优秀的将领郭成和折可适坚守平夏城，他们顽强守城，用各种方法回击，比如用神臂弓射击敌军，又派小分队夜间出城袭扰，让敌军不能安睡。外围的宋军也没闲着，他们跑到西夏大后方断了他们的粮草。西夏军十几天都没攻下平夏城，又没了粮草，逐渐恐慌，而他们的楼车又被强风摧毁，军心动乱，小梁氏号啕痛哭，只能撤军。这时埋伏在他们退路上的宋军开始接连攻击，西夏军损失惨重，又赶上天降大雪，西夏军冻死无数，最后小梁氏带着十五万败军撤回，损失了一半兵力。

图 14　榆林窟第 29 窟南壁东侧。在宋代，甘肃榆林地区也是胡汉杂居地，从这幅画在榆林窟壁画上的世俗子弟来看，其装束与内地区别不大，但发束有风格特征。

章楶并没有结束战斗，他不仅要防御，还要反攻。不久之后，他通过间谍探查到西夏统军主将嵬名阿埋、妹勒都逋和仁多保忠都在天都山。天都山曾是李元昊的行宫所在地，距边境上的平夏城有一百多里。章楶派郭成和折可适率一万多轻骑兵，攻上了天都山，直接活捉目标。西夏的主将们正在举行篝火宴会，怎么也没料到宋兵会攻到这里，因为雪天出兵是一般游牧民族的专长，汉人一般不会这样做。而且宋兵之前都是“浅攻”，怎么忽然就深入内地来攻击了呢？仁多保忠侥幸逃脱，宋军押着嵬名阿埋和妹勒都逋，突出重围，成功返回境内，还顺便带回了三千俘虏和十万只牛羊。此次战绩堪称奇迹！（图 14）

尾声

这一战之后，西夏再也没有能力与北宋对抗，从此开始走下坡路，并开始向北宋求和。哲宗皇帝大喜，接受百官朝贺，重赏章楶和其他有功将士。辽国不想看到西夏被宋朝吞并，就派使者来帮西夏说话。北宋接受了西夏的求和，同时全面占据了横山、天都山一带，将国境线向前扩张。辽国看宋夏两国和好，也就不再说话了，三方之间又恢复了和平。

73 岁的章楶反复请求退休，哲宗一直不同意，让他在边境继续修筑堡寨。徽宗即位以后，章楶得以回内地养老。不久，徽宗又任命章楶坐镇枢密院，掌管全国军务，但章楶还是反复请求退休，一年后，徽宗终于同意他退休。不过，无官一身轻的章楶还没来得及安享晚年就去世了，享年 75 岁。

宋辽谈判与蔡京的痔疾

小梁氏是一名战争狂热分子，自把持朝政以来，她仗着有辽国撑腰，在宋夏边境上不断滋事，弄得宋夏关系极其紧张，西夏国内也民怨鼎沸。她挑出事情后又以附属国的身份要求辽国出面帮她解决。在平夏城之战中，西夏军被北宋 70 岁的老将章楶打得满地找牙，大败而归。小梁氏气急败坏，三番五次请求辽国军事介入，辽道宗（1032—1101）耶律洪基拒绝军事介入，小梁氏就当着辽国使臣大骂。辽道宗被这个喜欢惹事的女人给惹烦了，干脆派人毒杀了她，小梁氏 16 岁的儿子李乾顺亲政，开始向北宋求和。

战事转外交

面对李乾顺提出的求和申请，23 岁的哲宗皇帝一方面挺高兴，另一方面又不解恨。朝中也有一批人想要借此机会一举灭了西夏，洗刷多年的耻辱。李乾顺也深知这么多年来对宋朝伤害不小，担心求和不成，反被宋朝灭国，于是请求辽国出面帮忙讲和。辽道宗虽然不会军事介入，但外交上的和平关系他还是要维持，毕竟他也不想看到西夏被宋朝吞并。

既然辽国要来当和事佬，宋朝方面就得加倍重视，并仔细制订外交方案。辽道宗虽然在本国内名声不好，但多年来信守宋辽和平条约，两国多年无战事，宋朝也不希望因此事得罪辽国而引起争端。一旦宋辽交恶，西夏肯定会重新爬起来趁火打劫，西南的少数民族也会火上浇油，所以宋朝必须认真对待辽国的调停，尽量避免擦枪走火。（图 15）

事关重大，由谁来负责接待辽国使团就非常关键了，这个接待的人有个专门的名称“馆伴使”。馆伴使要由相关部门和大臣共同拟定，呈交给皇帝审批过后才能确定。辽国使团的负责人萧德崇的身份是“左金吾卫上将军、签书枢密院事”，宋朝方面也应当派与之身份对等的人担任馆伴使。经过仔细筛选，52 岁的蔡京（1047—1126）被选中了。蔡京此时的职位是翰林学士承旨，兼修国史，正三品。

蔡京的接待工作

辽国这次派出的使者是泛使，也就是因为重大国事而专门派来的使者，不同于日常因节日、寿诞等派遣的使者。由于宋辽两国近些年一直和平无事，已经有二十多年未互派泛使了，双方使者都没有实战经验，都挺紧张。外交无小事，很多细节都要仔细地协商确定，平时很多可以变通处理的事，此时都必须讲原则，讲规矩，否则就可能出现外交事故。

为了能够应对辽国泛使的突发要求或各种突然状况，蔡京要提

图 15 〔宋〕陈居中（传）《胡骑春猎图》局部，大都会艺术博物馆藏。在北宋太平时期，境内也经常可见辽国人，也有汉人去辽国境内，他们的身份多数是商人。有些是真商人，有些则可能是伪装成商人间谍。这幅《胡骑春猎图》据说是以画家身份作掩饰的间谍所描绘的胡人信息。

前想到多种可能性。比如，如果泛使请求一同上殿面见皇帝谈国事，该怎么办？蔡京拿不准，就去找大领导询问。蔡京与宰相章惇关系不好，他便找枢密使曾布拿对策。曾布说："你就跟他讲，皇帝不会回你话的。"蔡京还是觉得有点悬，于是上书请示皇帝。皇帝又转而问曾布，曾布答："那就不理他。"皇帝又问："要是他再三要求怎么办？"曾布说："不接他的话，让他回馆驿跟馆伴使讲。"蔡京就按曾布的意思去办。

但还是有些事预料不及，比如，当辽国的泛使到达两国边境的白沟时，按规矩就得换乘宋朝邮差用的车马，没有任务在身的随行人员则一律止步。但是辽使萧德崇不仅不肯换乘车马，还要把随从都带到雄州州府所在地。这件事就在朝廷里引起一番争论，宰相章惇坚决不同意，而枢密使曾布则说如果他们态度还不错，那就随他们的意。哲宗皇帝是听完左边听右边，拿不定主意。又比如，在交割礼物时，蔡京发现辽国皇帝赠送给哲宗皇帝的玉带和腰饰居然没有包装和封印，这显然是无礼的行为。蔡京责问辽使，辽使说这是临时置办的礼物，没来得及封印。章惇很生气，而一些大臣就说：算了算了，不要因小失大。此事就不了了之。

当然，蔡京要忙的最主要的大事还是如何处理西夏问题。辽国要求宋朝放过西夏，而宋朝觉得辽国不应当干涉此事。宰相章惇是坚定的主战派，又极其讲原则，一直不同意辽使的要求，双方就这样不停地反复沟通。本来按规矩辽使在开封最多只能待十天，这次却拖延了一个多月，辽国泛使着急得不行了。有一天用餐时，辽国副使李俨看见盘中有杏子，颇为感慨，就随口吟了一句：“来未花开，如今多幸（杏）”。蔡京自然明白李俨的意思，他对了一句“去虽叶落，未可轻离（梨）。”

忙到痔疾复发

从正月接到任务就开始做准备工作，二月底泛使到达，四月才离宋，蔡京要天天陪着，上下沟通，左右衔接，忙得便秘的老毛病又犯了，接着痔疾也发了，真是有苦难言。这时他的同事蒋之奇送来一封慰问信（即《北客帖》，图 16），文字如下：

之奇顿首启：

改朔，伏惟台候万福。北客少留，方此甚热，又房室隘窄，良

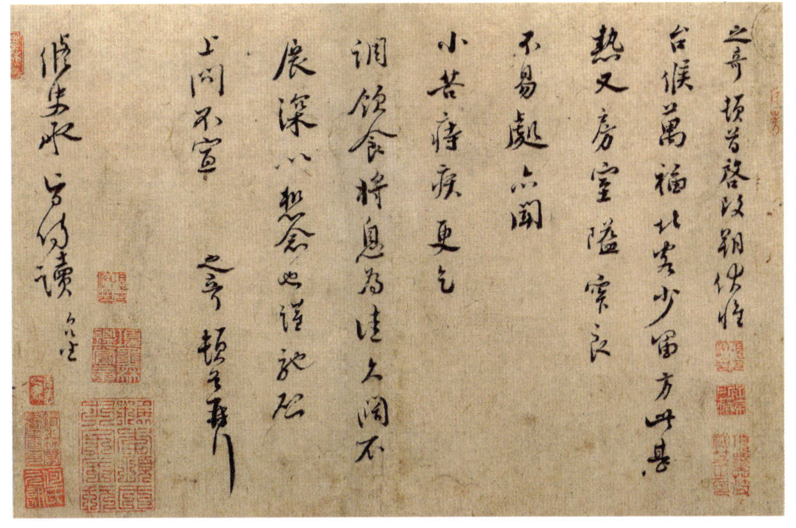

图 16 〔宋〕蒋之奇《北客帖》，故宫博物馆藏。

不易处。亦闻小苦痔疾，更乞调饮食将息为佳。

久阔不展，深以想念也。谨驰启上问，不宣。

之奇顿首再拜，修史承旨侍读台坐。

此信大意是：时间都过去一个月了，希望你一切安好。辽国使者在京城停留的时间比以往久，此时天气已经很热了，馆驿的房子又小，实在不好住。我听说你的痔疾犯了，希望你好好调节饮食，多多休息。咱们好久没见面了，很是想念，所以写信问候一下。

蔡京的便秘是旧疾，而且似乎不是什么秘密。南宋初年的施德操记录了蔡京便秘的故事：蔡京苦于便秘，但又不肯就医。因为医生多半会用一味名叫大黄的药，用了这味药就会拉肚子。蔡京认为拉肚子会让人元气大伤，所以拒绝用大黄。可是如果不用大黄泻去肠热，便秘就治不好。有个没什么名气的大夫听说此事后，就想给蔡京看看。蔡京的家人觉得可笑：咱家老爷是你想治就能治的吗？这位医生反复请求，家人便同意让他试一试。这位大夫把完脉后伸出两根手指头，蔡京以为这人要讹钱了。结果大夫说："给我二十钱，我去买一味药。"蔡京问："什么药？"大夫说："紫菀。"蔡京以往用的药里还真没有这味药，于是半信半疑给了钱让大夫去买。大夫将自己配的药给蔡京服下，结果还真好了。蔡京就开始纳闷了，为啥不用泻药也能治便秘。大夫就说："便秘的根源在肺气瘀塞，紫菀通肺气，病自然就好了。"

有人认为蒋之奇的《北客帖》是写给司马光的，其实各种信息证明是写给蔡京的。这封信也证明了蔡京不仅便秘，还有痔疾。便秘与痔疾虽然是两种病，但两者之间是有内在联系的。痔疾是常见病，多半与饮食和作息不当有关，蔡京这次痔疾复发，却是和国家大事有关。

私下拉拢岳飞管用吗？

绍兴三年（1133）初夏时节，岳飞（1103—1142）正在虔州（今江西赣州）平定贼寇，在川陕抵抗金军的张浚（1097—1164，图 17）悄悄给岳飞写了一封信（即《谈笑措置帖》，图 18），内容如下：

浚再拜：

虔贼陆梁，出于州郡，养成端倪，渐以滋蔓。

左右谈笑措置，招抚剿除，惬当事会。朝廷倚重巨镇，一听规谋，切望颐旨，早为之所，庶民获安居，为惠甚大。僭率，僭率。浚再拜。

“谈笑措置”是谈笑间就处置掉的意思。这封信的大概意思是：虔州那帮贼寇太猖狂了，一帮本地人结成团伙，逐渐蔓延成势。不过你谈笑之间就可以把他们给解决了，或招抚，或剿除，都是大快人心的事。朝廷如此倚重你，虔州剿匪事宜都听由你来规划谋略，盼望你下个指令，早点把他们灭了，让百姓能安居乐业，这真是一

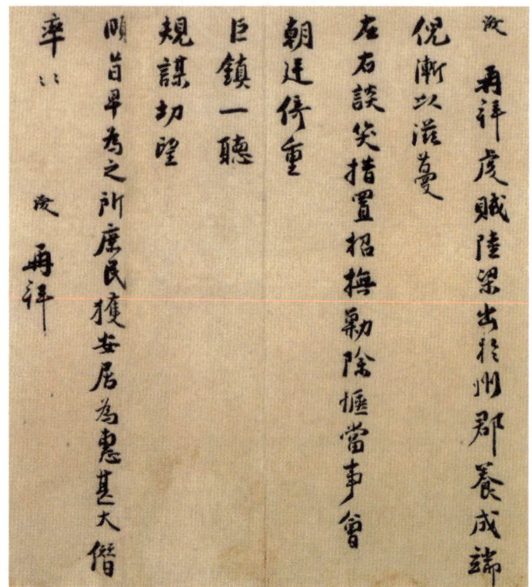
浚
再拜虔賊陸梁出於州郡養成端
倪漸以滋蔓
左右談笑措置招撫勦除極當事會
朝廷倚重
巨鎮一聽
規謨切望
順旨早為之所庶民獲安居為惠甚大偕
幸以
浚
再拜

图 17（左） 清道光修《浙江山阴张氏宗谱》“魏国公忠献公像”张俊。
图 18（右）〔宋〕张浚《谈笑措置帖》，故宫博物院藏。

件大好事。我这话说得有点多余啊，请多多担待！

这封信里没什么重要的事，只是鼓励和赞扬岳飞为国平寇，但如果仔细推敲一下，这封信就很值得思考了。此时张浚的职位是川陕宣抚处置使，这是高宗为他量身定制的官名，拥有军、政、财等各项大权，是坐镇一方的大人物，甚至被认为是与高宗在东南方的朝廷实力相当的另一个小朝廷。岳飞虽然很能打仗，但此时的官阶在所有武将中也只算得上是中上，手下部众不过万人，与张浚差了很多级。此外，张浚在川陕，岳飞在江西，平时也没什么私交，那为什么张浚明知不太合适却还是要写一封没有实质内容的信给岳飞？言辞还那么温暖？难道只是一位老大哥送来的初夏的问候？

皇帝的私仇

靖康之变（1127）后，宋朝皇室成员基本都被掳往金国，但是康王赵构成了漏网之鱼，因为金兵围困开封城时他没在城里，而是作为兵马大元帅驻守河北，朝廷命他率兵救援，他没有听从，而是躲到山东避战。金兵撤走之后，赵构在南京应天府（今河南商丘）即位，成为南宋第一位皇帝，是为高宗。

在靖康之变中还有一位重要的皇室人员也逃脱了，她就是哲宗皇帝的第一任皇后孟氏（1073—1131），也就是宋徽宗的嫂子。惨剧发生时，她正在一所道观里反省，没人想起她，她便逃过一劫。高宗继位后没有皇太后，因为高宗的亲生母亲已经跟着徽宗到金国去了，高宗就把这位伯母接到身边，尊为皇太后。

金人见宋朝复活，自然要赶尽杀绝，所以高宗即位之初基本处于被金人追得四处逃窜的状态。建炎四年（1130），金人又追来了，情急之下，高宗往东跑，孟氏往南跑，孟氏一直被金人追到江西的虔州。正值兵荒马乱，虔州治安非常不好，孟氏先是被盗贼抢劫，后又被乱兵围攻住所，57 岁的老太太着实吓得不轻，好在高宗及时派人把她救走了。据说高宗从此就记了仇，被外敌欺负我也就认了，一帮草民也敢欺负我们孤儿寡母，此仇必定要报。

国事家仇一起解决

三年以后，在大将吴玠（1093—1139）、韩世忠（1090—1151）、岳飞等人的英勇抗击下，北方局势暂时稳定，高宗终于能分出兵力来收拾江西那个烂摊子了。

翻开地图，虔州位于北宋旧都开封的正南方一千多公里处，这差不多是一级政治犯的流放距离，但是虔州却与其他流放地不同，多条河流汇集于此，再一起流进南方的大动脉——赣江。虔州就卡在这片四通八达的水域中，广西、广东、江西等地的绝大部分物资都要通过水路汇集在这里，然后由纵贯南北的赣江一路向北偏东航行五百多公里，输送到长江码头九江市，再沿长江继续向东北方向航行五百多公里，到达扬州。在北宋，扬州是个中转站，财富会在扬州进入运河，继续往西北航行六百多公里，送往首都开封。

虔州如此重要，高宗是无论如何也要把它抓在自己手心里的，但是盘踞在那里的盗贼时间已久，成分复杂，既有当地豪强势力，也有兵匪流寇，更有流离失所的难民，加之地形也很复杂，所以之前的剿匪行动收效甚微，换了几茬人也没能解决这个问题。现在，高宗要出动大军去治了这颗“毒瘤”，军界大人物一致推举 30 岁的岳飞去执行这次军事任务，因为之前两湖、两广地区的游寇就是岳飞平掉的。高宗也暗自心许岳飞，他对这个比自己年长 4 岁的年轻“老将”很感兴趣，这个没有家庭背景却像鹰隼一样能“捕猎”的年轻人很值得培养成自己的心腹，高宗很希望岳飞成长为北宋开国元勋曹彬（931—999）那样的将军。

岳飞很爽快地接受了任务，但他有一个条件，那就是只杀匪首和一些重要人物，普通盗贼一律保全。高宗坚决不干，他要报仇，所以命岳飞屠了贼窝。岳飞也是个倔人，要他出兵的话，就这条件。高宗想了想，退了一步，让岳飞便宜行事。

私下拉拢岳飞管用吗

当岳飞在虔州收拾贼寇时，张浚也在川陕一带忙着堵金兵。张浚在南宋乃至整个中国历史上都是一位值得书写的人物。南宋建国伊始，正是由他带领一众英雄人物在川陕一带抵挡金兵，才使南宋渡过了最危险的时刻。

张浚此时为什么要给岳飞写一封问候信呢？联系张浚之后的言行和他升任宰相后的战略主张就可明白，他是坚定的主战派，需要手握重兵的武将们的支持，张浚低姿态向岳飞示好，就是在拉拢关系，扩大自己在军队中的影响力。应该说，张浚是非常聪明的，他看出来岳飞是个“潜力股”，如果能跟岳飞搞好关系，将来北伐必定如虎添翼。

岳飞果然没有让人失望，他用三个月的时间荡平了贼寇，胜利班师。高宗给岳飞各种升官、加恩、赏赐，岳飞的儿子岳云和部下也都得到各种厚奖。此外，高宗还把另外一些部队交给岳飞统管，岳家军扩充到两万余人。

那张浚对岳飞的私下拉拢到底有没有作用呢？在岳飞的心里，效忠的永远只是国家，而不是某个人。高宗赵构对他百般恩宠，一直想让他做个听话的乖宝宝，最后都没有实现，一个大臣的私下拉拢又怎能让岳飞心动呢？张浚和岳飞此后并不和睦，四年之后的“淮西兵变”前夕，他们还因为一支军队的指挥权而闹僵。所以，岳飞看到这封信时，也只会“谈笑措置”，呵呵一笑就扔开了吧。

岳将军，请警惕皇帝的低姿态

绍兴七年（1137），宋高宗赵构（1107—1187）30岁，岳飞34岁。这一年离岳飞被害还有四年，赵构还没有萌生害死岳飞的想法。不过，这年发生的事却能让人隐隐看出岳飞命运的转折。这一年的秋天，赵构给岳飞写了一封信（即《付岳飞书》，图19），内容如下：

卿盛秋之际，提兵按边，风霜已寒，征驭良苦。如是别有事宜，可密奏来。

朝廷以淮西军叛之后，每加过虑。长江上流一带，缓急之际，全藉卿军照管。可更戒饬所留军马，训练整齐，常若寇至，蕲阳、江州两处水军，亦宜遣发，以防意外。如卿体国，岂待多言。付岳飞。

这封信的大意是：你在盛秋之际带兵防守边境，天气已经变冷了，出征防御实在是很辛苦的事。如果有什么特别的事情，你可以直接向我密奏。朝廷自淮西兵变之后，更加忧虑。在这特殊时期，长江上游一带的安全就全靠你的部队来照管了。你可以给留守那里

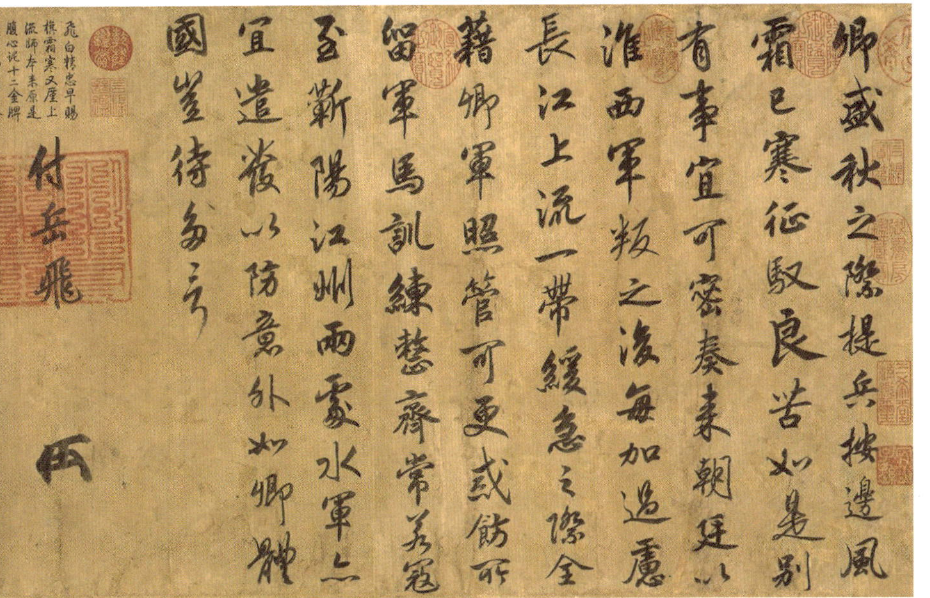

卿盛秋之際提兵按邊風
霜已寒征馭良苦如是別
有事宜可密奏來朝廷以
淮西軍叛之後每加過慮
長江上流一帶緩急之際全
藉卿軍照管可更戒飭所
留軍馬訓練整齊常若寇
至蘄陽江州兩處水軍亦
宜遣發以防意外如卿體
國豈待多言

付岳飛

图 19 〔宋〕赵构《付岳飞书》，台北故宫博物院藏。

的兵马下令，让他们平时认真训练，就好像敌人已经到来一样。蕲阳、江州两地的水军，最好也要多调遣他们，以防意外。像你这么体谅国家的人，哪里还需要我再多说呀！

从内容来看，这封信倒也没什么特别，也没有下达什么重大指令，不过就是皇帝写给在外将帅的一封慰问和叮嘱的信。但是从语气态度上来看，就有点意思了，赵构把姿态放得这么低，全然没有帝王的威仪，普普通通的话语之外仿佛是有什么话想说又没有说。皇帝给将军写信需要这么谨慎小心吗？这是什么原因呢？（图 20）

要知赵构写这封信的心态，就得从信里所提到的“淮西兵变”说起。

“跑得快”将军

图 20 宋高宗赵构像

金灭北宋后，在长江以北、黄河以南的占领区建立了一个傀儡政权——伪齐。在赵构写这封信的前一年，伪齐南侵，南宋将领刘光世（1089—1142，图 21）率军迎敌，却怯懦避战。刘光世出生将门，他的老父亲是北宋名将刘延庆（1068—1127），老刘大部分岁月都在西北和西夏、辽国打仗，以军功升至鄜延路总管、马军副都指挥使，相当于延安地区的军事主管。老刘在徽宗末年时曾随童贯（1054—1126）前往浙江镇压方腊起义，靖康之变时，老刘负责守城，城破后带兵开溜，被人抓住砍了头。

老刘的儿子刘光世是典型的将门子弟，但成年后的刘光世没有考武举，而是考了进士，这对他未来的仕途有重要影响，因为宋代文官的地位高于武官，也更容易得到皇帝的信任。刘光世在历史上最广为人知的特点是“跑得快”，一打仗就开溜。靖康之变时，刘光世也曾带领部队勤王，可是他的表现跟他老父亲一样，一看情况不对，掉头就跑。不过他没有乱窜，而是朝着赵构的方向追过去，后来竟成为南宋新政府最重要的武装部队，从此成为高宗赵构的嫡系，还得了个“中兴四将”的头衔。此后的多次战争中，刘光世基本都是逢战必跑，甚至差点把太皇太后孟氏都给跑丢了。赵构在扬州落下病根，也与刘光世临战脱逃有关。

图 21 〔宋〕刘松年《中兴四将图》，中国国家博物馆藏。
左：刘光世　右：韩世忠

伪齐这次南侵，刘光世仍然是一贯地逃得快，惹得群情激愤，赵构终于也忍无可忍了，刘光世只好被迫辞职，赵构没有任何挽留地同意了。接下来要处理的问题就是找谁来接手刘光世原来所率领的军队，这件事本来应该引起赵构的重视，但以谨慎著称的赵构还是大意了，从而引爆了一系列重大事故。

淮西兵变埋隐患

当时南宋主要有五路大军，岳飞、韩世忠（图 21）、张俊、刘光世、吴玠各领一路，刘光世下台后，赵构就想让岳飞来接管刘光世的部队，因为岳飞太能打了，他相信 34 岁的岳飞一定会把刘光世

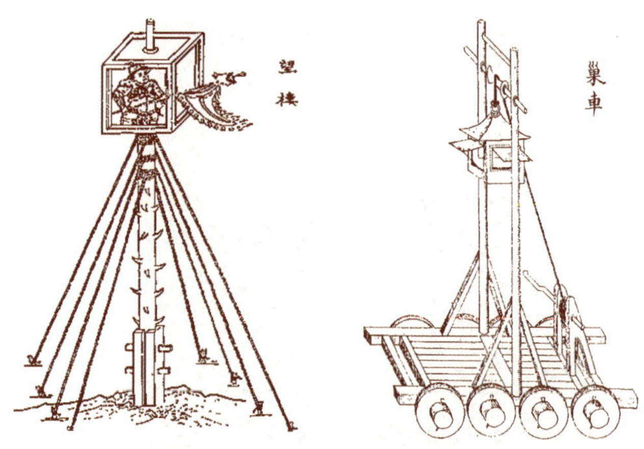

图 22 《武经总要》武器。“望楼”上的人手中拿一面白旗，如果没有敌寇，就将白旗卷起来。有敌寇就打开。旗杆放平，表示敌寇靠近了。旗杆垂下，表示敌寇已经到了。旗杆慢慢举起来，表示敌寇已经退去。“巢车”也是移动的侦察吊楼。韩世忠手下有一名骁勇善战的副手叫解元，征讨福建盗寇刘忠时，韩世忠令解元随征。刘忠盘踞在一个非常险要的地方，他建了一座高高的望楼以俯瞰敌情，并派精兵守在望楼周围，韩世忠一时拿不出办法。解元潜伏到望楼附近考察敌情后，制定了周密的夺楼计划才平定了刘忠之乱。

的部队也变得与岳家军同样优秀。岳飞知道这个消息后那个激动呀，恨不得把皇帝来个举高高！当时每一路军队的主将都希望能吃别人一口，扩大自己的力量，从而在北伐的过程中多立战功。如今皇帝要把刘光世的军队交给岳飞，岳飞当然激动万分，此事如能成功，那他离横扫中原、痛饮黄龙府的梦想就更接近了。（图 22）

但后来不知出于何种原因，这个计划没有执行。有人认为是考虑到岳飞资历尚浅，不想引起其他大将的不满，有人说是主和派的枢密使秦桧从中作梗，总之，刘光世的部队没有跟任何一路合并，而是先放在了宰相张浚的都督府下面管辖，由刘光世原来的部下王德做主将，又派了参谋军事的吕祉去做监军，这样就等于是朝廷把这支军队的兵权先收回去了。

这种安排本来也没有问题，问题就出在选了王德做主将。刘光世手下的另一名大将郦琼与王德资历相当，二人谁也不服谁，还都有匪气，朝廷安排了王德做主将，这两人之间的火药味就更浓了。朝廷觉得郦琼不服从管教，就让监军吕祉收集郦琼的罪状，找机会解除他的兵权。郦琼在吕祉身边安插了一个内线，在得知此事后，郦琼一怒之下杀了吕祉，带领四万将士和十来万百姓浩浩荡荡投奔了伪齐。由于此事发生在淮西境内，所以史称这次事件为“淮西兵变”。

赵构一直认为刘光世的部队是自己的亲信，所以即使刘光世总是一打就跑，赵构也很少责罚他，如今这支部队说叛变就叛变，全国军队忽然就少了五分之一。除了心疼在军队上花费的血本之外，最让赵构焦虑的就是没有了安全感。外有敌兵压境，内有不臣之兵，这皇帝位子要如何才能坐得安稳呢？

岳将军，请小心

淮西兵变跟岳飞没有直接关系，他也不用承担什么责任，但是他的表现却为自己以后的命运埋下了隐患。

岳飞兴高采烈地等着接手刘光世的部队，却听说皇帝食言了，就上书询问怎么回事，赵构回复说这事确实比较复杂，等哪天出兵北伐的时候再考虑这支队伍的归属吧。岳飞感觉自己被耍了，一气之下写了封辞职信，没等朝廷答复就回庐山给母亲守孝去了。宰相张浚一看也来气了，你敢擅自脱岗就别怪我收你兵权，立马派人去接管岳家军，结果岳家军的将领们集体请假，这兵权根本收不回来。

赵构一看坏事了，现在抵抗金军是国家的头等大事，绝不能缺了岳飞，于是他退还了岳飞的辞职信，让他快点回去上班，但岳飞就是不去，一直在家自闭。赵构就派岳飞的心腹部下李若水和张宪上山，并说如果他们请不回岳飞，就按军法处置。这两人苦劝了六天，终于把岳飞说服了。岳飞去见了张浚，化解了矛盾，也跟赵构上书请了罪。

事情平息了，岳飞回到鄂州，继续守护长江中游最重要的堡垒。可是赵构却平静不下来，手下的这些武将都太不听话了，可是想要收服他们，必须要精心筹划，目前要做的，就是先安抚他们，不能让他们激动，要是再来一次兵变，他可就真的连家底都没了。

在这样的背景下细读赵构写给岳飞的信，真可谓耐人寻味。赵构信里的“每加过虑”实在是说得委婉，实际情况是此事让他寝食难安。“可密奏来”是赵构给予岳飞越级汇报工作的特权，如此荣宠，不知岳飞作何感想。“全藉卿军照管”全然不像皇帝对臣子说的话。岳飞当时控守鄂州一带，这里一旦失守，敌兵可沿长江放舟东下，兵锋直抵建康（今南京）、临安（今杭州），其重要性不言而喻，所以赵构必须安抚好岳飞。

面对皇帝的“每加过虑”，不知岳飞有没有想明白皇帝到底“虑”什么？他能为皇帝解忧吗？赵构虽然说“如卿体国，岂待多言”，但还是细心地叮嘱岳飞要像迎敌一样做好日常训练，要多调遣蕲阳、江州两处的水军，对于纪律严明、百战百胜的岳家军统帅岳飞来讲，这种叮嘱难道不是很多余吗？皇帝到底在担心什么，岳将军，您听懂了吗？

名将落魄之后

刘锜（1098—1162）是与岳飞同时代的抗金名将，他比岳飞大五岁。金兵南下时，刘锜与岳飞配合作战，立下汗马功劳。击退金兵后，高宗要与金军和谈，就解了刘锜的兵权，调回内地。

六年后，刘锜的哥哥刘锡病故，50 岁的刘锜情绪很低落，多年的征战与宦游使他几乎没有家的归宿感，于是他申请接替哥哥生前的提举江州太平观官衔，这只是一个安置老病官员的空衔，等于刘锜回家赋闲了。然后刘锜移居至哥哥生前居住的潭州（今湖南长沙），在城东的一个湖边盖了座房子，一直在那里闲居了八年多，其间的生活和心情可以从他写给朋友的一封信里一窥端倪（即《分阃无功帖》，图 23），文字如下：

锜再拜：

锜分阃无功，请闲祠馆，仰荷君相保全，获安林壑。初抵湘中，侨寄萧寺，去邑七里，而屋敝几殆不庇雨风，遂筑居郭东，得旧圃数亩，颇有湖山松竹之胜。朝夕散策其间，殊可乐也。唯是久窃叨

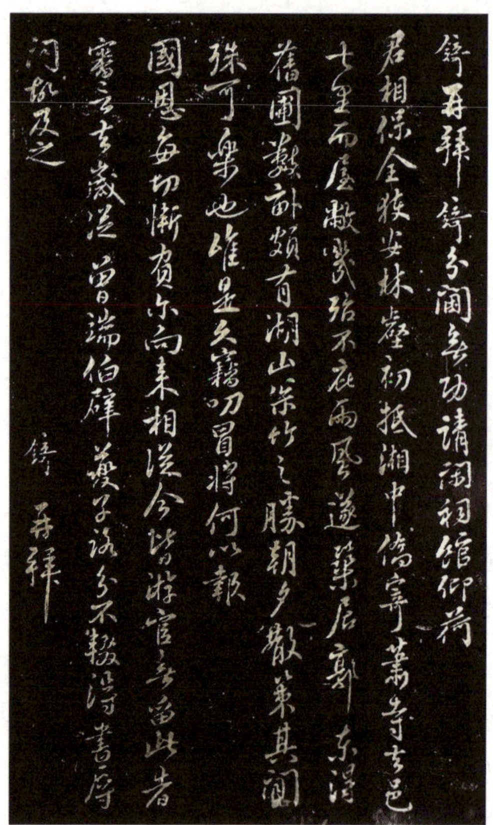
锜再拜　锜分閫無功請閑祠館仰荷
君相保全獲安林壑初抵湘中僑寓蕭寺去邑
七里而屋敝漏殆不庇雨風遂築居郡東得
舊圃數畝頗有湖山脩竹之勝朝夕散策其間
殊可樂也惟是久竊叨冒將何以報
國恩每切慚負尔向來相從今皆游宦無留此者
審言去歲從曾端伯辟夔子路分不輟得書辱
問故及之
锜再拜

图 23 〔宋〕刘锜《分阃无功帖》拓本

冒，将何以报国恩，每切惭负尔。

向来相从，今皆游宦，无留此者。审言去岁从曾端伯辟夔子，路分不辍。得书辱问，故及之。锜再拜。

这封信大意是：我没有什么功劳，于是请求赋闲，多亏了您为我说好话，我才得以在林间丘壑中安身。我刚刚到达湘中时，寄居在距城七里的一座寺院里。寺院太破旧，不能遮风挡雨，就在城东修了房子，置办了几亩地，颇有湖山松竹的美景。我每天在其中拄杖散步，感觉非常开心。我虽久受国恩，却没有什么可以报效国家的，每天都感觉非常愧疚。之前与我一起来的朋友，现在都已经到各地去任职了，谁都没留在这里。叶审言去年被曾端伯征辟到夔州去了，虽然分别了，但交往不断。您的来信里问到他了，所以跟您说一声。

信上没有写收信人的名字，但其中的“仰荷君相保全”是线索，能称得上“君相”的必定是宰相或副宰相级别的人，而且与刘锜的私交还不错。排查一下的话，这个人很有可能是对刘锜极为看重的张浚，张浚曾担任宰相，虽然后来落了职，但刘锜终生都得尊称张浚为相。在刘锜到潭州的第三年，张浚被贬往永州闲居。秦桧死后，他们才一起被重新起用。信中提到跟随刘锜一起来的人迫于生计都走了，但多年以后他们还会再团聚在刘锜身边，团聚的原因当然是金兵又打来了，刘锜再次被起用。不过，金兵被打退后，刘锜又再遭抛弃。

武将之后，天赋英才

西北战场。军营前走来一位相貌堂堂的年轻军官，他远远地看到营门口有一个装满水的水缸，搭箭就朝水缸射去，一箭射中。然后他上前拔出箭矢，缸里的水呼地涌了出来。旁边的士兵们倒也不觉得惊讶，毕竟战场上箭术高超的人很多，能射中水缸不算什么。只见这个年轻军官又回到刚才射箭的地方，拔出一根箭又朝水缸射了过去，这一箭正好射中刚才的箭孔。众人惊呼，连连赞叹。

这个年轻人就是刘锜，是泸川军节度使刘仲武的（1048—1120）第九个儿子。刘锜，德顺军（今甘肃天水）人，两宋时期的天水靠近边境，每到秋冬时节，西夏人和金国人就组团来抢劫，所以那里的男子从小就十分彪悍，长大后也以当兵为主要谋生手段。

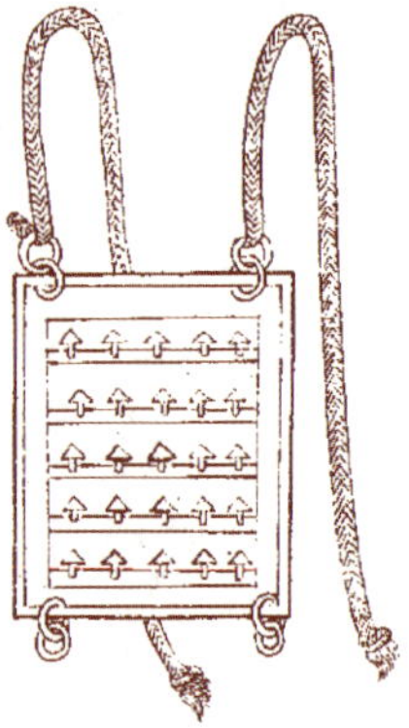

狼牙拍

图 24 《武经总要》武器“狼牙拍”。是吊在城墙顶上的制敌武器，它像一把“灭蚊拍”，拍身钉满了尖锐长铁钉，当敌人进到区域内的时候，按下“狼牙拍”，“狼牙拍”会突然坠落，砸在敌人头上。可以钉倒一片敌人。

刘仲武是徽宗时期西北的主要干将之一，当年企图从西北捞取政治资本的人很多都是刘仲武的部下，比如赫赫有名的高太尉高俅（？—1126）就曾经效力于刘仲武麾下。刘锜少年时就开始跟着父亲四处征战，但是战争太残酷了，刘仲武并不希望自己晚年所生的这个小儿子像自己一样把一生都消耗在战场，所以颇有文才的刘锜早年基本都是在老父亲的指挥所里做一些文字工作。

刘锜 23 岁那年，刘仲武去世，宋徽宗向高俅询问刘仲武子嗣的情况，高俅立即向他推荐了刘锜，于是刘锜被召到京城，并被授予閤门祗候的职位。这个职位属于武官，负责皇帝朝会、宴享时的礼仪工作，刘锜在这个职位上一干就是七年。

北宋灭亡，南宋建立，刘锜作为名将之后得以被宋高宗召见。高宗很喜欢这个年轻人，就让他回老家任岷州（今甘肃岷县）知州和陇右都护，负责监管陇右地区的军事活动。刘锜从此开始带兵打仗，他的军事才能很快得到凸显，多次战胜西夏军。两年后，比刘锜大 1 岁却已声名卓著的张浚巡视陕西，张浚对刘锜的军事才能非常惊讶，就把他提升为泾原路经略使，32 岁的刘锜成为泾源地区统管军民的最高长官。（图 24）

战功卓著，皇帝爱将

33 岁那年，刘锜迎来了人生第一场大战，即张浚领导的富平之战。这是宋金之间一次著名的大军团对战，最终以宋军失败而收场，但刘锜是战争中动作最快、表现最优秀的一位，所以，一同作战的几位将官不是就地正法，就是关禁闭，而刘锜只是被贬官。刘锜的工作很出色，三年后复职，并被授予川陕宣抚司统制，相当于川陕地区的“副总司令”。

第二年，金国四太子金兀术（？—1148）率军进攻仙人关（今陕西略阳西北），想打开进入四川的关卡。这个仙人关与杜甫著名组诗《同谷七歌》的写作地点非常近，安史之乱爆发后，杜甫携家从天水过同谷，被势利的同谷县令放了鸽子，一家人在那里饥寒交迫。杜甫悲从中来，模拟《胡笳十八拍》的形成创作了组诗，在宋代文人中广为传抄。驻守仙人关的将领是川陕地区的“总司令”——赫赫有名的吴玠，吴玠同时向刘锜等三个人求救，另外两人没有反应，只有刘锜迅速驰援，最后宋军大败金军，取得仙人关大捷。巡视的官员把刘锜的功劳汇报给了高宗，高宗再也按捺不住了，他亲自给刘锜写了一封信，让他赶紧到自己身边来。川陕宣抚使王似再三上

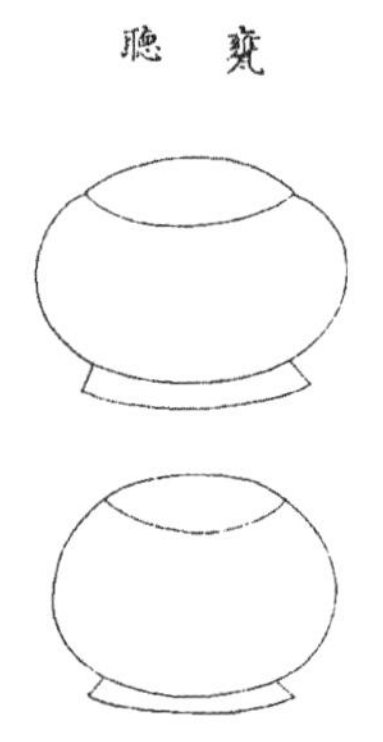

图 25 《武经总要》武器“瓮听”。一种古代特殊的窃听器，它类似瓦缸，内可容人，埋于通往城内外的秘道中，以窃听是否有敌人利用地道搞破坏。

书高宗，请求不要将刘锜调走，因为边境地区太需要他了，高宗只好让他缓行。（图 25）

第二年春节一过，高宗就继续写信催刘锜出发。七月，刘锜走到岳阳时，被在那里担任领导的张浚“扣留”了。张浚给高宗上书，说如果朝廷还没有委任刘锜，那就让他任岳州知州。高宗一看急了，马上敦促张浚放人，还给他哥哥刘锡升了职。十二月，刘锜到达皇帝身边，成为守护高宗身家性命的禁军将领。后来，在张浚的举荐下，刘锜升任侍卫马军司并殿前步军司公事，成为禁军的副总指挥，这一年刘锜 40 岁。

大胜之时——被弃之时

刘锜一生中最重要的事件发生在他 43 岁那年。宋金两国签订和议，金国答应归还包括开封（当时被金人改名为汴京）在内的几座重要城池和一些故地给南宋，南宋于是派刘锜为开封的副留守。可是，金国很快就毁约了，派兵大举南下，此时刘锜还没到达开封，开封就被金兀术重新占领，成了金国南侵的桥头堡。当时刘锜刚到达顺昌（今安徽阜阳），守卫顺昌城的是 68 岁的老将陈规（1072—1141），此人也是名垂青史的人物，在南宋那么多弃逃的将士中，他与刘锜一样，也是极少数愿意与金军干到底的汉子。顺昌的城墙虽

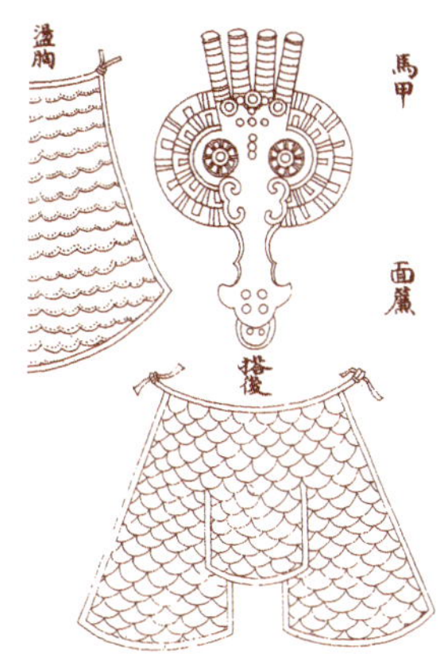

图 26 《武经总要》武器。战马是冷兵器时代的重要物资，有条件的军方一般也会给战马披上铠甲。宋代马甲最早有铁质和皮质两种，后来以皮质为主。士兵逢饥饿无食可吃时，就煮马甲。

然不够牢固，但数万斛军粮让刘锜激动不已。他和陈规一拍即合，立即号令将士加固城墙，设计各种机关，布置攻守计划。

从兵力看，宋军是没有什么优势的，敌方首领是名将金兀术，领兵十三万，有纵横沙场的精锐骑兵铁浮屠和拐子马。铁浮屠就是铁塔的意思，这种士兵和他们的战马全部由金属铠甲包裹，只有马腿露在外面，所以看起来就像一座铁塔，刀箭极难伤到他们，他们主要负责正面进攻。（图 26）拐子马就是左右两翼的轻型骑兵，主要负责迂回包抄。

刘锜带来的人只有两万，还包括几千家属，这批人就是南宋历史上有名的“八字军”，他们脸上都刻有“赤心报国，誓杀金贼”几个字。为激发斗志，刘锜把自己的家属封在一座寺院里，周围堆好柴火，一旦战败，他就先烧死家属。所有士兵无不动容，连妇女们都分工合作，有的做后勤，有的磨刀霍霍，准备与金人决一死战。

图 27 《武经总要》武器“火牛”。在动物身上绑火源是一把双刃剑，它们是困兽，在战场上没有纪律和秩序，它们有可能冲向敌阵，也可能掉头狂奔。仁宗年间，王则在山东恩州起兵造反，庆历七年（1047）文彦博和明镐领命平反，在贝州（今河北清河县）与王则决战时，文彦博从地道入城中，王则用了火牛计攻城，城中将士以枪掷牛鼻子，火牛溃退。

一万多宋兵对抗十三万金兵，刘锜似乎只有败局，但战争从来都不是人多必胜。刘锜充分利用了天时、地利、人和等各种条件。他先派人在周围的河流、水塘、井渠里投毒，令金兵不战而死伤惨重。这一招北宋的章楶也用过，刘锜应该熟知章楶，因为刘锜的父亲只比章楶小 20 岁，当年他们一起在西北抗击西夏军。

当时正值六月天，刘锜选择在接近中午的时候出城攻击，金人厚重的铠甲在烈日下变成了蒸气炉，战斗力大减。在对付铁浮屠和拐子马时，宋军先是洒熟豆子引诱马来吃，使金兵自乱阵脚，然后就实施小团队作战，一个小团队对付一组铁浮屠，先是一人砍马腿，马倒下后，另一人迅速勾住敌人的头盔，第三个人拿长枪对准脖子就刺过去。此外，宋军还有很多制胜招数，比如“火枪”“鹿砦”等。（图 27）刘锜精心计算和安排自己的兵力，每次只派出 5000 人，等他们打累了，再换第二拨上去，退下来的士兵能吃到热腾腾的饭菜，得到最充足的补养，宋军就这样和金兵进行车轱辘战。金兀术终于被打怕了，他之前扬言用靴子尖就能踢倒顺昌城，结果连城门都没挨着就一口气狂退三百公里，龟缩在开封城里不敢出来。刘锜从此在金人心中投下了一块巨大的阴影，刘锜的旗号被称为“顺昌旗帜”，威名远扬。

金兀术东线进兵受阻，转向中路进攻，但是他没想到还有一个更厉害的人物已经等了他很久了，那就是岳飞。岳飞在郾城大败金兀术，还准备围歼金军，然后直捣黄龙府（今吉林长春市农安县），救出被掳走的徽、钦二帝，但是被高宗十二道金牌召回。高宗并不打算与金人死磕到底，战场上的胜利对他来说，最大的意义就在于终于可以强迫金人回到谈判桌上来了。

绍兴十一年（1141），趁两国正在和谈，金兀术再次率军南下，占领庐州（今安徽合肥），刘锜奉命驰援，在庐州东南的柘皋（安徽合肥市巢湖市柘皋镇）与友军合力大败金兀术，金兀术再次北撤。

金军撤走之后，高宗终于又可以继续和谈，岳飞、刘锜等名将已经没有价值了，他们被解除了兵权，调回朝廷任职，刘锜被派到荆南府（今湖北荆州）任知府。

六年后，刘锜的哥哥刘锡病故，50岁的刘锜移至哥哥生前居住的潭州，在此地闲居了八年多。除了《分阃无功帖》，此时刘锜还写过另一封信（即《湘中帖》，图28），从中可以看出刘锜在这里的生活窘况，这封信文字如下：

锜再拜：

湘中今岁气候，夏中人多苦痁疾，举室亦病。锜三作写（泻）热，呼医治药，更无虚日。幸而皆愈。相去不远，无从瞻款，但切驰

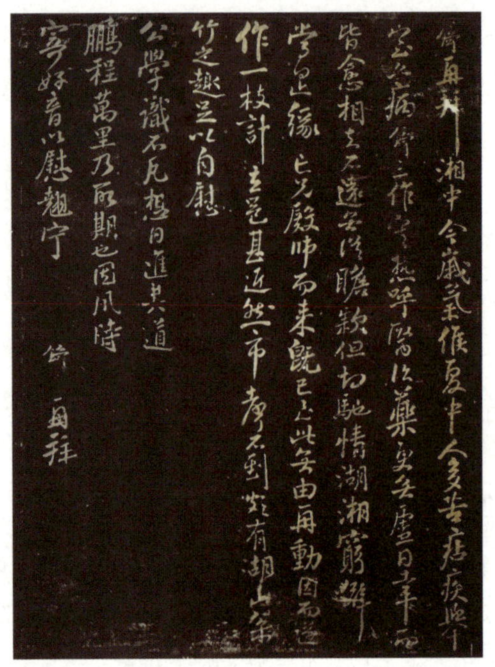
锜再拜 湘中今歲氣候夏中人多苦痁疾與
宗人皆病锜三作寒熱呼醫作藥無虛日幸而
皆愈相去不遠無從瞻款但切馳情湖湘窮僻
當日止緣亡兄殿師而來既已至此無由再動因而遂
作一枝計去邑甚近然市聲不到頗有湖山松
竹之趣足以自慰
公學識不凡想日進其道
鵬程萬里乃所期也因風時
寄好音以慰翹宁 锜再拜

图28 〔宋〕刘锜《湘中帖》拓本

情。湖湘穷僻，当日止缘亡兄殿师而来。既已至此，无由再动，因而遂作一枝计。去邑甚近，然市声不到，颇有湖山松竹之趣，足以自慰。

公学识不凡，想日进其道，鹏程万里，乃所期也。因风时寄好音，以慰翘宁（伫）。锜再拜。

这封信的意思是：湘中今年的气候真令人难受，很多人在夏天得了痁疾，我们全家人都被感染了。我时冷时热，发作了三次，天天看病吃药，几乎没有停过，不过幸好都痊愈了。咱们离得不远，却无从见面，只能想念。湖湘之地是穷乡僻壤，当时是因为我那亡去的哥哥我才到这里来的。既然已经来了，也没理由再迁走，就打算在这里住下去。这里离城很近，但却没有城里的喧闹，四处都是湖山松竹的美景，也足以自娱自乐。你学识不凡，想来每天都会进步，鹏程万里是指日可待了。希望能经常得到你的好消息。

老骥伏枥，再被抛弃

刘锜 58 岁时，朝廷见他贫病不堪，就拨了百顷官田给他，还送了牛与田具，结果当地官府截留了几乎所有的良田，刘锜只得了一些荒田。好在这一年秦桧终于是死了，新的当政者顾念刘锜是战功卓著的名将，就任命他为潭州知州，接着又晋升他为荆南府知府。62 岁那年，刘锜因病请求退休，高宗不许，主要原因是金兵又快要打来了。两年后，金国皇帝完颜亮领军南下，朝廷任命刘锜为淮南、江南、浙西制置使，节制诸路军马。身体老病不堪的刘锜被人抬着上阵指挥，后来病情加剧，刘锜只能派部下代为督战，结果战败。不久，完颜亮因暴虐过度被部下杀死，新皇帝完颜雍主动跟南宋议和。仗打完了，64 岁的刘锜再次被抛弃了，朝廷给了他一个提举万寿观的空衔。

身患重病的刘锜不能远行，就暂时借住在临安城的政府招待所里。三个月后，工作人员让刘锜搬到别院去住，因为金国的和谈使者要来了，招待所要给金国使者住。刘锜来到别院后，发现满院都是污秽粪堆，气愤填膺，呕血而亡。

刘锜去世后，被运回潭州安葬。宋孝宗继位以后，加封刘锜的谥号为“武穆”，跟岳飞的谥号一样。

岳飞的最后一个春天

绍兴十一年（1141）正月，金人突然单方面中断和谈进程，派兵越过淮河，并占领庐州（今安徽合肥）。在宋军的拦截和反击之下，金军接连败退，宋军开始对金军形成合围之势。高宗赵构希望岳飞能从庐州西南方向围击金军，于是给岳飞去了一封长信催促（即《赐岳飞批札卷》，图 29），全文如下：

得卿九日奏，已择定十一日起发往□黄舒州界。闻卿见苦寒嗽，乃能勉为朕行，国尔忘身，谁如卿者。

览奏再三，嘉叹无斁。以卿素志殄虏，常苦诸军难合，今兀术与诸头领尽在庐州，接连南侵，张俊、杨沂中、刘锜等，共力破其营，退却百里之外。

韩世忠已至濠上，出锐师要其归路，刘光世悉其兵力，委李显忠、吴锡、张琦等，夺回老小孳蓄。若得卿出自舒州，与韩世忠、张俊等相应，可望如卿素志。惟贵神速，恐彼已为遁计，一失机会，徒有后时之悔。

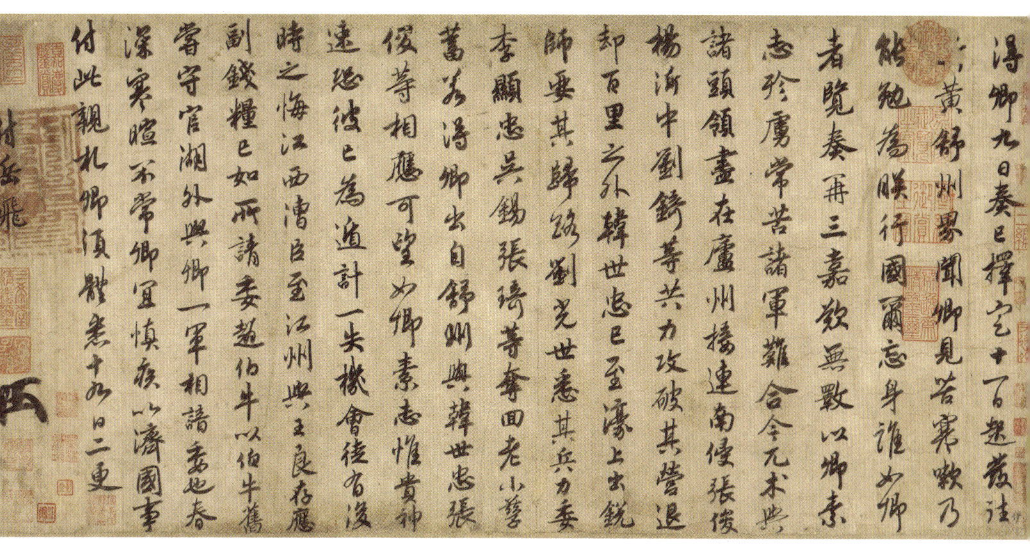

图 29 〔宋〕赵构《赐岳飞批札卷》，兰千山馆藏。

江西漕臣至江州，与王良存应副钱粮，已如所请委赵伯牛，以伯牛旧尝守官湖外，与卿一军相谙委也。

春深，寒暄不常，卿宜慎疾以济国事。付此亲札，卿须体悉。十九日二更，付岳飞。

信的大意是：我收到你初九写的奏章，得知你会在十一日启程前往□州、黄州、舒州交界处。听说你因为受寒气而咳嗽得很厉害，却仍然为朕和国家效力，像你这般忘我无私的，再找不出第二个人了。我反复读你写的奏章，很是感叹，你向来以消灭金兵为己任，却苦于很难整合各路兵马。现在金兀术和他的将领们都在庐州，接连南侵。张俊、杨沂中、刘锜等共同努力破坏了他的军营，使金兀术往后退了一百多里。韩世忠已到濠州，率领他的精锐部队截断了金兀术的归路，刘光世也出动全部兵力，派李显忠、吴锡、张琦等夺回金兀术抢走的人口、牲畜和财物。如果你能够从舒州出击，与韩世忠、张俊等相应，那你多年的夙愿就可以实现了。希望你兵贵神速，恐怕金兀术已经在寻找退路了，机会一旦失去，就只有后悔莫及了。江西负责运输物资的官员已经到了江州，与王良存一起筹备钱粮之事，已按你的请求将此事委托给了赵伯牛，赵伯牛以前曾经在官湖外驻守，与你的部队非常熟悉。春晚时节，冷暖无常，你应当快速出兵，以助国家成就大事。我亲自给你写这封信，希望你能知悉和理解。十九日二更时分，付岳飞。

这篇墨迹里缺了一个字，猜测应该是“蕲”，因为黄州（今湖北黄冈黄州区）、蕲州（今湖北蕲春）、舒州（今安徽潜山）是长江中游从西到东排列的三个地区。落款没有月份，但由于信中有“春深”二字，再结合当时战况，可以推定写信时间应是三月十九日。

赵构在信中说金兀术已经被前后夹击，所以让岳飞从舒州北上，与其他几路军马配合出击。应该说赵构的战术谋划还是比较周全的，从后来战事的发展看，让岳飞参与合围也是必要的，只是赵构没有用对人，所以最后还是让金兀术跑了。这次战斗成为岳飞一生中最后一次出征。

直捣黄龙一场梦

前一年（1140）夏天，金兵南下，赵构吓得又要准备逃亡，不料前方传来刘锜顺昌大捷的消息，金兀术狂退六百里，躲进了开封城。接下来的一个月几乎每天都是捷报频传，岳家军像雄鹰追兔子一样翱翔在河南的上空，金军抱头鼠窜，鬼哭狼嚎。

岳飞满怀雄心壮志，他不仅要把以金兀术为主的南侵金人收拾干净，还要直抵金人老巢，把被金人掳走的皇室成员接回来。他从湖北往北进发，驻扎在郾城，准备将这里作为北伐的第一个桥头堡。岳家军以雷霆万钧之势收复了古都开封以南的好几个州县，又在北方秘密联络义军，策划砍断金军归路，这样一来，金国几乎所有的兵力都被岳飞锁在囊中，这是妥妥的“关门打狗”！

可是宋高宗赵构很不愿意部分皇室成员回来，尤其是他那依旧活着的哥哥宋钦宗及其他皇兄们，因为他们回来后，自己的皇位和性命都有可能保不住了，所以皇兄们比金人更可怕。要实现自己的私心，就不能把金人彻底打翻了，最好的方案就是议和。只不过之前这种想法仅是一厢情愿，金人才不想议和，他们要像捉徽宗、钦宗那样捉住高宗这只皇室的漏网之鱼，完全控制宋朝。现在战场上的胜利使得议和成为可能，所以，就在岳飞准备北定中原，实现苦心经营多年的北伐大计之时，被赵构召回，同时被召回的还有取得顺昌大捷的刘锜及其他大将。万般不情愿却不得不服从命令的岳飞含泪班师，驻守鄂州（今湖北武汉江夏区）。

最后一次出征

议和进程迅速推进，金人在第二年正月就修改了宋徽宗的谥号和宋钦宗的头衔，去掉了侮辱成分，这是好兆头。但是金兀术并没有撤退，因为这次败得太难看了，回去没法交差。趁岳飞、韩世忠、刘锜等能打的将军都被赵构钳制住了，金兀术要干一票大的，于是

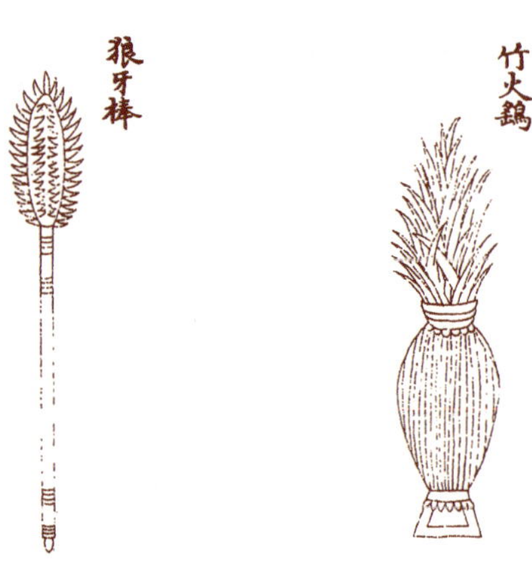

图 30 《武经总要》武器。“狼牙棒”是宋代常见的击打型手持兵器，木柄有长短之分，棒头像枣核，上面布满了铁钉，像锋利的牙齿，所以称之为“狼牙棒”。
“竹火鹞”是北宋初研发出来的一款燃烧性火器。其构造与形状有点像灯笼，外边是竹编器，器内放置有火药和石头，器尾有引燃草，形状像鸟尾巴。

他继续南侵，这次真的是一路毫无阻力，所向披靡，顺利突破淮河，直逼庐州。本来驻守庐州的是前一年与刘锜联手取得顺昌大捷的 69 岁老将陈规，陈规是主战派硬汉，可惜很不幸的是，他在这危急关头去世了。（图 30）

赵构原本以为和谈已成，金人不会大动干戈，抢点东西就回去了，结果没想到他们快要打到长江了，于是赶紧令手握军事大权的张俊（此张俊非彼张浚）组织抗战。这个张俊就是后来伙同秦桧害死岳飞的人，他没有亲自出马，而是派驻扎在长江南岸的刘锜驰援庐州。需要卖命的时候就拿看不惯的对手来当“炮灰”，这很符合张俊这种兵痞的本性。

刘锜此时心情很郁闷，但他仍然毫不犹豫地带兵前往庐州。他绕庐州城墙仔细考察了一番，发现城墙破败，根本无法抵御金兵，只好冒雨南撤，结果被金兵追上，金兵一看是“顺昌旗帜”就不敢再追了，刘锜南撤至长江北岸的东关（今安徽含山县西南的濡须山上）驻守。

金兵占领了庐州，然后以庐州为中心打劫周边地区。二月，刘锜自东关出兵北上，在庐州东南的松皋镇遭遇十万金军，在友军的配合下击退金军，取得了松皋之战的胜利。

阻拦金军的宋军多在庐州东南方向，而庐州西南方向较为空虚，赵构于是命驻守鄂州的岳飞向东进发，防守长江北岸。岳飞并不认同赵构的方案，他觉得自己从淮河以北去断金兀术的后路，会让金军立刻退兵，还能再次“关门打狗”，可是经不住赵构一道道诏令，岳飞只好答应三月十一日出发东进。然后赵构又希望岳飞能从西南方向围击金军，于是又给岳飞去信催促，即本文开篇提到的《赐岳飞批札卷》。

从赵构的谋划来看，他是想围歼金军的，这就很有意思了。前一年岳飞准备围歼金军时，赵构坚决命他班师，现在同一拨金军再来，赵构怎么会想着围歼他们了呢？看一下当时南宋和金国的地图就可大体明白赵构的心思了。当时两国以淮河一线为界，岳飞准备围歼金军那次是在淮河以北的“沦陷区”，而赵构这次围歼金军是在淮河以南。可见，赵构已经认定了两国以淮河为界，他根本就没想着收复淮河以北的故土，更不想直捣金人的老窝，只想在东南地区安安稳稳地做自己的皇帝。

赵构坐镇都城，亲自谋划指挥，但还是失算了，因为战场形势瞬息万变，而他离前线太远了。就在赵构写这封信的前一天，战场情况已经发生了很大变化。三月十七，张俊、杨沂中轻敌冒进，被金兀术打得落花流水，三月十八就回到了自己的驻地当涂。刘锜孤

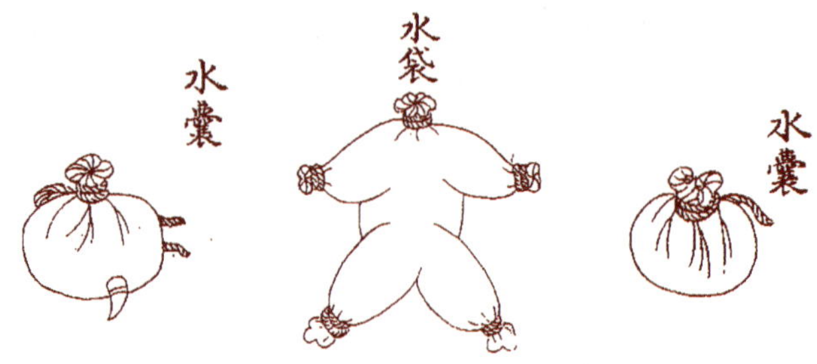

图 31 《武经总要》武器。敌人以火攻城时，以水浇之是根本，图中即是运水的工具，多由动物的胃或皮制成，体积适中，便于人工运输。

力难支，也已经退回长江南岸。（图 31）负责劫金军退路的韩世忠也只是跟金兵打了个照面就掉头撤了，还差点被金兀术给断了归路。也就是说，在赵构写这封信的前一天，一切都已经尘埃落定，金兀术已经跳出包围圈，安然北归了，而赵构却没有及时得到最新战报。（图 32）

不得不背的锅

战斗失败了，张俊将锅甩给岳飞和刘锜，说岳飞不发兵救援，而刘锜又迎战不力。这就奇怪了，虽然赵构这封催兵的信写晚了，但岳飞不是已经定了三月十一出兵的吗？如果他准时出发，应该赶得上十七号的战斗。难道他没有准时发兵？不，岳飞确实准时发兵，但是他被张俊命令驻扎在外围远观，因为张俊觉得这次赢定了，不希望岳飞来抢军功。刘锜的待遇跟岳飞类似，张俊一开始也没让他参战，后来发现打不过才让他出战，战败后又甩锅给岳飞和刘锜。如果了解张俊，那么见他如此甩锅也就不奇怪了。

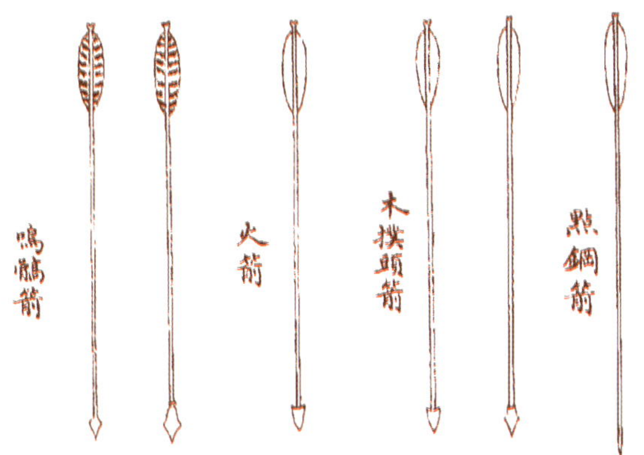

图 32 《武经总要》武器。“点钢箭”用的是上等精铁，箭镞非常尖锐，是战场上杀敌的重要武器，打猎用的箭也多半是这一种。“木扑头箭”的箭镞却是用木头做的，并不特别尖锐，这种箭主要用于教场训练。“鸣镝箭”是信号箭。“火箭”是在箭头系火药，用于远程火攻。金兀术曾饮马长江，上山下海捉赵构的时候，被名将韩世忠的部队堵住，熬了很多天，金兀术差点投降，结果被人授计，用火箭射中韩世忠的船队，船队瞬间成为火海，韩世忠败回镇江，金兀术得以金蝉脱壳。

赵构是怎么处理的呢？他接了张俊的锅，趁机夺去了韩世忠、岳飞、张俊、刘锜的兵权，让他们回朝廷任高官或到地方上任官，因为金兵已经走了，他要赶紧卸磨杀驴。这么多年来，赵构一直被金人追着打，而兵权多在大将手上，尤其岳飞这种将军，动不动就想着北伐，还要直捣黄龙府，让他很是头疼。每次调兵，他都要放低身段说各种好话，现在逮住机会，他当然要把兵权收回。

岳飞没了兵权，应该可以令人放心了吧。不，北边还有一群人在盯着他，金国人面对整个宋朝，谁都不怕，就怕岳飞。他们必须除掉这个心腹大患，解除军权还不算，必须让他死，这样才能彻底安心。金国人摸透了赵构想和谈不想打仗的心思，就用岳飞的死作为和谈条件，没了兵权的岳飞只能任人宰割，赵构终于不用再低声下气了。

岳飞没有再看到第二年的春天，这一年的除夕夜就发生了众所周知的那件事。

一个拯救了南宋的小文官

绍兴三十二年（1162），52 岁的虞允文（1110—1174）被任命为川陕宣谕使，他在川陕地区考察了一圈之后，写了一篇详细的考察报告呈送给高宗，并附上了自己的安邦定国之计。不久之后，虞允文收到张浚寄来的一封信（即《彬父帖》，图 33），“彬父”是虞允文的字，此信文字如下：

浚顿首再拜：

今日早，上封示彬父回御前递论事札子，圣意喜甚。伟哉！深切著明之论也。今士大夫才识学皆不到，而又重于为己，轻于谟国，尚焉足与图事哉。

幸公留意川陕上流近事，及人才之可用，事机之可为，措置之可行者，归以告上。至望。二十日午。不宣。

浚顿首再拜。彬父制置尚书友契台坐。

这封信大概意思是：今天早上，皇上把彬父你写的报告封好并

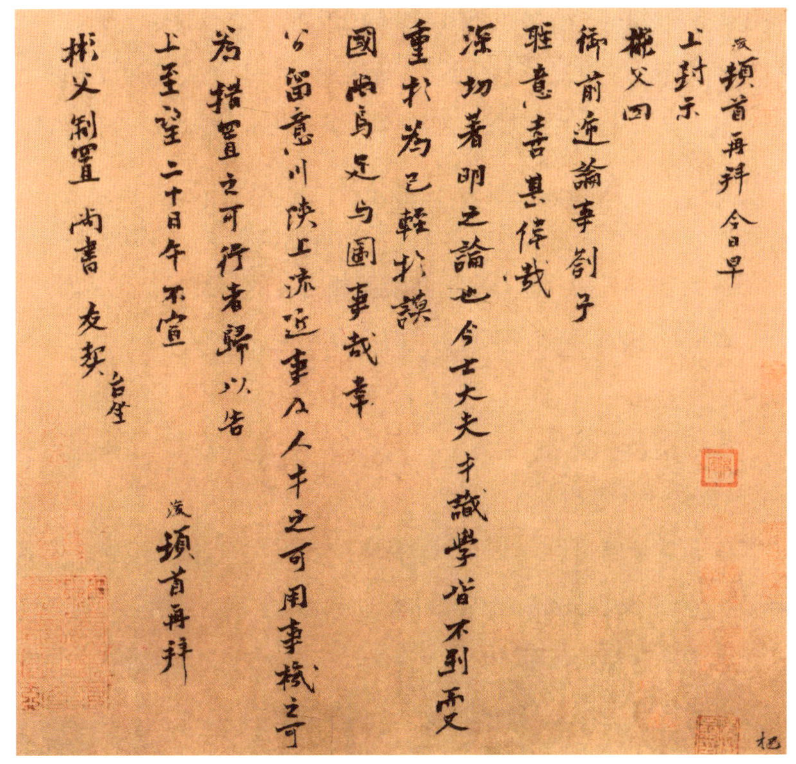
浚頓首再拜。今日早
上封示
彬父因
御前近論事劄子，
聖意喜甚，偉哉！
深切著明之論也。今士大夫才識學皆不到，更
重於為己，輕於謀
國，安與圖事哉！幸
公留意川陝上流近事及人才之可用、事機之可
為、措置之可行者，歸以告
上，至望。二十日午。不宣。
浚頓首再拜
彬父制置尚書友契台坐

图 33 〔宋〕张浚《彬父帖》，故宫博物院藏。

派人送给我看了，皇上非常高兴。真了不起！你说的都是切中要点的话。现在很多士大夫才气不够，见识不广，学问不精，私心又重，不肯为国效力，哪能与他们共图大计！希望你能留意川陕上层人事，发掘可用的人才，趁此机会解决一些重要而又紧要的事，回来以后再汇报给皇上。向你致以最恳切的希望！

张浚曾多年在川陕地区任职，后来官至宰相。跟金人和谈成功之后，高宗的国策是以和为主，再加上秦桧的钳制，主战派的张浚被闲置了十几年，幽居在湖南永州的山区里。如今秦桧已死，狼烟再起，高宗迫于战况，不得不重新启用张浚，让他主管两淮军政要务。高宗把虞允文的考察报告给他看，就是因为他曾多年经营川陕，有发言权。

就在一年前，虞允文还是一个默默无闻的小官，为何一年之后就能成为地方大员并深得皇上和前宰相张浚的高赞呢？这是因为，一个历史的意外让虞允文成了拯救南宋的功臣。

默默无闻大半生

虞允文是四川仁寿人，少年聪慧，7 岁就能写作。靖康之变那年他 17 岁，正是准备科考求取功名的年纪。宋室南迁后，边逃亡边平乱，一晃就是好几年，安稳下来之后又遇上奸臣秦桧当权，蜀中名士普遍禁用，所以虞允文的前半生都在老家读书。

44 岁那年，虞允文终于考中进士，先在西南地区当了个基层官员，后来进入朝廷任职。50 岁那年，虞允文获得了一个面见高宗的机会，他口才好，头脑清晰，高宗对他很满意，就派他出使金国。在和金国贵族娱乐放松的时候，大家一起玩射箭游戏，这明显是要看虞允文这个南宋文人的笑话。没想到虞允文一箭射了个靶心，把在场所有人都惊到了。虞允文细心观察金国的情况，回来后向朝廷汇报，说金国最近很有可能会南侵，建议朝廷加强防御，不过他人微言轻，没引起重视。

到了这个年龄，虞允文这个中年才步入仕途的普通小文官，一般来说也不会有太大的发展了，很快他就会像众多小官员一样无声

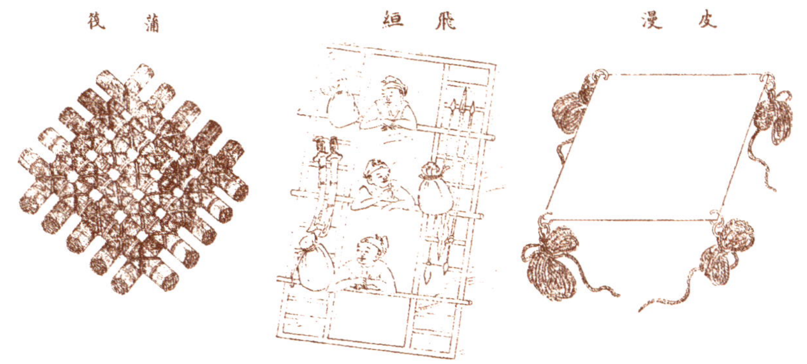

图 34 《武经总要》武器。在没有船只的情形下，古代士兵如何渡水作战呢？他们有很多种渡水方式，比如蒲筏、飞絙、浮囊、皮筏、皮漫、械筏等。“蒲筏”就是将蒲草扎紧，渡河时依着蒲筏，身子就不会下沉。“飞絙”是派善泅水的人将大绳子提前固定在两岸，士兵抓着绳子过河。看《武经总要》所绘，似乎还有一种是用竹木为骨，辅之以浮囊，扎成一个可以浮在水面上的东西，士兵手扶飞絙游过去。

地消逝在历史长河中。但是金兵果然南下了，在抵抗金兵的过程中，虞允文因为一个意外而在历史上闪亮登场。

一战救国成名

绍兴三十一年（1161），金国著名的暴君完颜亮（1122—1161）靠一柄屠刀登上皇位，迁都开封府，想以此为中心吞并整个南宋。完颜亮率领倾国之兵数十万南下，所向披靡。由于南宋抵抗将领的怯懦避战，仅一个月，完颜亮就穿过淮河，抵达长江，准备在采石矶（今安徽马鞍山）渡江，饮马江南。（图 34）

长江是南宋最后一道屏障，如果真的被完颜亮冲过来，那广袤而富饶的江南地区就会任由金军的铁蹄碾压。宋高宗的第一反应是

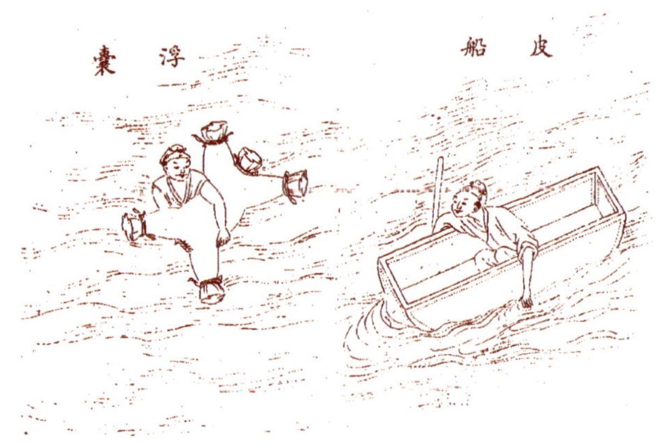

图 35 《武经总要》武器。“浮囊”是将动物皮捆扎好，吹成气囊。但是使用浮囊的人身体在水中，为了避免身体弄湿，就必须将动物皮固定在一个龙骨上，这个龙骨可以是船形，也可以只是一个方形。

跑，南宋的都城就在靠海的临安（今浙江杭州），他要漂到海上去避难。（图 35）在宰相陈康伯等人的苦劝下，高宗才勉强留下督战。朝廷派了枢密院的领导叶义问去前线督战，同时派虞允文参谋军事。

采石矶一带的原守将王权不战而逃，朝廷就改派李显忠（1109—1177）任主将。在李显忠到任之前，采石矶的士兵群龙无首，必须有人去安抚，叶义问待在三十公里外的建康（今江苏南京）不敢上前线，就派了虞允文前往。到达前线后，虞允文着实吓了一跳，对岸的敌人已经战鼓隆隆，自己这边的士兵却还在晒太阳、唠家常，随时准备逃跑。情况紧急，虞允文只好亲自组织迎战。有人悄悄跟他说：您是来劳军的，不是指挥打仗的，这样做是越权行事，万一败了，可是要受重罚的。虞允文厉声说：国难当头，我岂能躲避！于是当场来了一番激动人心的演讲，再把他劳军所带的各种钱、物、

图 36 《武经总要》武器。“蒙冲”是一种轻型快船，船身有多种机关设施，像一座可移动小型战斗堡垒。船顶用生牛皮蒙覆，船舷两侧安装很多桨叶，宋代有诗“丝纶三千丈，蒙冲百万棹”就是形容桨叶多。南宋时，战场南移至江淮地区，蒙冲常见于江面。文天祥的“蒙冲两岸夹长川”描述的就是这种船。

“斗舰”是一种大船，可装多种战斗器械。比蒙冲略大，有时会因为船身太高而容易倾覆。

委任状一齐摆出来，士兵们的斗志都被鼓舞起来了，然后虞允文又组织民兵和百姓协助。就这样，从未指挥过战斗的老书生虞允文硬是靠着一万多士兵和五艘战船把完颜亮的渡江部队给挡了回去。（图 36）

虞允文胜后前往镇江看望病重的刘锜，刘锜再次出山后身体难以支撑，打了败仗。他握着虞允文的手说：“朝廷养兵三十年，我们面对敌人却没有任何办法，今天大功出在一个书生身上，我当真要羞愧死了。”

采石矶之战对整个战局有决定性意义。就在完颜亮强攻采石矶之前，金国后院发生政变，完颜雍登基做了皇帝。完颜亮本该立即回去收拾后院，可是他没有这么干，而是期望从采石矶渡江，扫平南宋，再凭着灭国之功回去收拾完颜雍。应该说完颜亮的想法是很

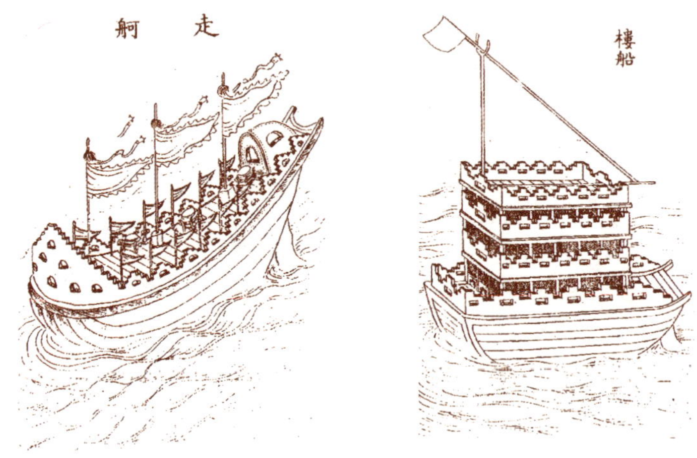

图 37 《武经总要》武器。“楼船”就像现在的航空母舰。而“舸”是一种轻型小船，作为水上快速机动运输，它不只用于水上作战，也可用于货运。宋代蔡抗在广东番禺任职时，要将海盐从番禺运到英州和韶关，路途遥远，经常遇到盗贼，或者是偷偷将次品换走上等品。蔡抗命人将每十条舸连成一排，每一排挑选得力官员监管，如此一番操作，一年增收了十五万缗钱。

好的，但是他没想过万一过不了江会怎么样。采石矶之战失败，火爆的完颜亮急火攻心，下令所有人必须三天内渡江，没有足够的船就游过去，违令者全军连坐。金军将士早就对严苛的完颜亮不满了，现在又被他这样逼迫，众怒纷纷，再加上他们听说完颜雍已经当上了新皇帝，所以干脆一不做二不休，趁完颜亮睡觉时把他射成了刺猬。以杀戮自己人登上皇位的完颜亮最终也被自己人杀戮，他的死终止了金兵对南宋的入侵，新上任的完颜雍是金国难得的好皇帝，他派人跟南宋讲和，局势终于又安稳了。（图 37）

一介书生虞允文在采石矶之战中表现出来的爱国、沉着、勇敢精神，为他赢得了极大的荣誉，他也因此而成为南宋史上的一个传奇人物。

偶然还是必然？

宋高宗对虞允文非常满意，给了他很多奖励。第二年，高宗把他任命为川陕宣谕使，让他去考察川陕地区的政治民情，按察官吏，并安抚当地百姓。在虞允文出发之前，高宗找他和65岁的张浚一起面谈。张浚多年担任川陕一把手，对当地了如指掌，虞允文此行巡视川陕，找他前来座谈，是最合适的人选。虞允文本来就是四川人，张浚在川陕一带抗击金兵、创造很多传奇的时候，虞允文已经快30岁了，他对张浚应该是非常熟悉的。

虞允文出使川陕后，考察那里的兵马、财赋等情况，听取工作汇报，沿途还会见了很多军政要员，收集了很多信息，在馆驿中写了一篇详细的考察报告呈送给高宗，深得高宗和张浚的赞誉。

五十多岁的虞允文由于一次意外而成为传奇，这是偶然还是厚积薄发？他身为文官，却能在出使金国时一箭射中靶心，一上任川陕就能写出令人赞叹的调查报告，虞允文后来的经历更证明了他的成名不是偶然。主战的孝宗即位后，张浚和虞允文都得到了重用，虞允文后来掌管全国军务，最后官至宰相，为国家做出了更多的贡献。

虞允文死后葬在他的老家，即今天的四川省仁寿县虞丞乡丞相村，其墓地仍在。宋孝宗指派宋氏家族为虞允文守墓，这一守就守了八百多年，现在的守墓人是第十三代。

为官

一位有政治觉悟的书法家

“庆历新政”只存续了一年多就以失败告终，“庆历君子”陆续被外放。庆历四年（1044）十月，33岁的谏官蔡襄被贬往福州任知州。蔡襄奔波数月，到福州安顿下来以后，收到了韩琦写来的一封信。新政失败后，韩琦被贬往扬州，他们好久没联系了，于是蔡襄给韩琦回了一封信（即《海隅帖》，又称《资政谏议明公帖》，图38），此信文字如下：

襄再拜：

襄，海隅陇亩之人，不通当世之务，唯是信书，备官谏列，无所裨补。得请乡邦，以奉二亲，天恩之厚，私门之幸，实公大赐。

自闻明公解枢宥之重，出临藩宣，不得通名。下史齐生来郡，伏蒙教敕，拜赐已还，感愧无极。

扬州，天下之冲，赖公镇之。然使客盈前，一语一默，皆即传著，愿从者慎之！瞻望门阑，卑情无任感激倾依之至。

襄上，资政谏议明公阁下。谨空。

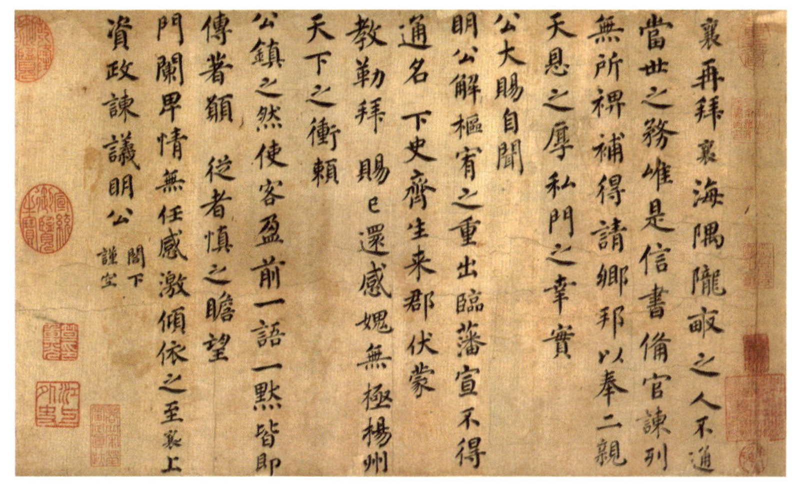

襄再拜。襄海隅隴畝之人，不通當世之務，惟是信書，備官諫列，無所裨補。得請鄉邦，以奉二親，天恩之厚，私門之幸，實公大賜。自聞明公解樞宥之重，出臨藩宣，不得通名。下吏齊生來郡，伏蒙教勒，拜賜已還，感愧無極。揚州天下之衝，賴公鎮之，然使客盈前，一語一默，皆即傳著，願從者慎之。瞻望門闌，卑情無任感激傾依之至。襄上資政諫議明公閣下。謹空。

图 38 〔宋〕蔡襄《海隅帖》，台北故宫博物院藏。

此信大意是：我是在海边农村长大的，不通世务，只会读点书，让我当谏官，真是对国家没有半点帮助。我能够回到福建任职，并奉养双亲，这真是天恩浩荡。我们家族的幸事，都有赖于你的帮助。自从你出任扬州，我还没有给你写过信。姓齐的人来福州，带来了你的书信，非常感谢你的关心和照顾，我深感惭愧。扬州是重镇，全靠你的管理了。那里往来人员比较多，你的一言一行很快就会传到别人耳朵里，一定要小心。我对你的尊敬、仰慕和感激之情无以言表。

蔡襄这次被贬福建以后，他充分利用自己的特长，化被动为主动，在工作上和私人关系上都得到皇帝的认可，并成功调回京城，回到皇帝身边。此后，蔡襄也都能在做好工作的同时，处理好与皇帝的关系，所以，即便他又犯了错离开京城，仍然会再回到朝廷，最后一直做到三司使的职位。那么，蔡襄是如何处理与皇帝的关系呢？

一枚来自农村的学霸

蔡襄是兴化军仙游县人，生于农村，没有任何官方背景，母亲生他时已经38岁。他在19岁那年就考取了进士。当然蔡襄也是受过很好的教育的，他的启蒙得益于他的外祖父，外祖父虽然屡试不第，但他知道对于农村孩子来说，科举是改变命运的唯一途径，所以蔡襄和弟弟蔡高很早就被外祖父按考进士的标准来严格要求。当老人无法教授他们时，便将他们送到正规的教育机构去求学。

在12岁时，蔡襄遇到人生中第一个贵人凌景阳。这个人在宋史上寂寂无名，只是一名负责治安的县尉，就是他指点了蔡襄的求学之路。在后人研究蔡襄时，凌景阳几乎是一个可以忽略不计的人物。在宋代有无数个这样的基层小官员，他们很多都是进士出身，虽然没有机会参与国家大事，但具有传统儒学思想的他们一直努力为国家培养人才，创办学校，为穷困孩子提供改变命运的机会。

19岁那年，蔡襄荣登进士甲科第十名，进士分为几个等级，甲科是最优级，所以蔡襄的成绩应该是全国前十了。蔡襄的外祖父考了一辈子都没考上的进士，他三试均高分通过。

蔡襄从此脱去布衣，成为一名政府官员。他第一个职务是漳州军事判官，类似于市检察长或公安局局长。漳州在福建，离蔡襄的老家仙游很近，20岁就进入仕途的蔡襄算是衣锦还乡了。在回漳州任职的途中要路过无锡，蔡襄在那里娶了一位姓葛的女孩。“金榜题名时”“洞房花烛夜”，人生四大喜事，蔡襄同时占了两件。

葛姑娘出身耕读人家，家族富有田产，是当地有名的大地主，同时也是当时的进士“专业户”，家族里的男性成员考中进士当官的不在少数。蔡襄作为贫苦人家的孩子，能娶上无锡这位小姐，似乎是挺不错的。但在榜下择婿的宋代，像他这样甲科前十名的进士，又如此年轻，是可以选到一门政治背景更好的婚姻的，而婚姻关系在北宋政治中有非常重要的作用。范仲淹直到28岁都不结婚，最后成了参知政事李昌龄的女婿。后来官至枢密副使的郑戬也娶了李昌龄的女儿，跟范仲淹成了连襟，郑戬的女婿王珪和范仲淹的儿子后来都成为宰相。而蔡襄岳父家在当时就已经开始衰败了，蔡襄晚年回到福建后，子孙后代都没有什么起色。不过，蔡襄从不认为男人一定得找一门有实力的婚姻，反而认为找个小户人家的女儿最妥当。

顺利的青年仕途

蔡襄的政治命运总体说来还是不错的，他正好赶上了一个称得上是奋发有为的时代，宋史上最为人称道的一些大人物几乎都出现在这个时代。

参加工作五年后，也就是景祐三年（1036），25岁的蔡襄完成了第一份基层工作，然后前往京城参加吏部的人事调动。当时正赶上范仲淹绘制“百官图”弹劾权相吕夷简失败被贬，年轻的蔡襄看不下去了，写了《四贤一不肖》长诗，高度赞扬范仲淹、余靖、尹洙、欧阳修，批判高若讷。此诗一出，朝野轰动，连辽国使者都将这首诗抄回去张贴，蔡襄的名字一时间传诵南北，他政治生涯中的第一大票就这样完成了。

按“四贤”的遭遇，蔡襄应该是马上被扫出京城了，可幸运的是，另一位政坛新星、28岁的韩琦救了他。结果蔡襄非但没有被贬，反而在这次人事调动中分到了一个不错的职位，即西京洛阳留守推官，主管推案判案，跟之前在漳州的职务类似，而且洛阳是陪都，地位比漳州高多了，蔡襄因此也与韩琦成为终身的朋友及政治盟友。

蔡襄在洛阳的第一位领导是张士逊（964—1049），这位老领导当时已经72岁，他在真宗朝和仁宗朝都当过宰相，是一位很文雅的老相公。蔡襄在他的幕下任推官真是有福，张士逊还专门向朝廷写信表扬蔡襄。第二位领导是后来在西北战场上惨败的范雍。第三位领导是宋绶（991—1040），宋绶精通书法，与蔡襄有共同爱好，宋绶赠送了一些文房名品给蔡襄，开启了他的文房收藏之旅。

有领导爱护和栽培，有朋友们纵情山水，蔡襄的日子过得非常滋润。多年以后，蔡襄还于病中回忆起在洛阳的幸福生活，写下了《梦游洛中十首》，其中第一首为：

天际乌云含雨重，楼前红日照山明。
嵩阳居士今安否？青眼看人万里情。[1]

这首诗的前两句是蔡襄于梦中所得，后两句是醒后续写的，此诗后来被苏轼抄录（即《天际乌云帖》，图39）。

蔡襄另有一篇手札（即《门屏帖》，图40）大约写于此时：

襄颛诣门屏，陈谢推官吕君。九月日，襄上谒。

这不像一封正式书信，更像是一张小便条，应该是蔡襄登门拜

1 〔宋〕蔡襄撰，陈庆元等校注《蔡襄全集》，福建人民出版社，1999，189页。

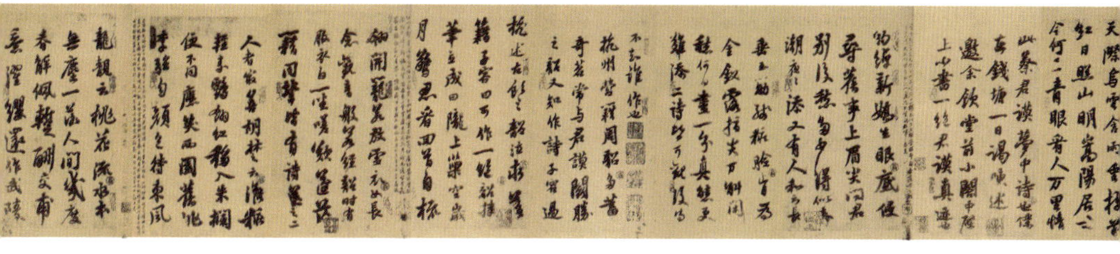

图 39 〔宋〕苏轼（传）《天际乌云帖》，藏地不详。

访吕推官，结果没遇上，所以留了张便条。如果蔡襄的官职更大一点，则不会用“门屏”二字，因为这个词有权贵之门的意思。

三年期满后，29 岁的蔡襄调入京城，任秘书省著作佐郎和馆阁校勘，与欧阳修成为同事。这一年是庆历元年（1041），从这一年到庆历五年是北宋历史上非常重要的五年，主要有两件大事发生：一是西夏李元昊攻打西北边境，此时蔡襄请假回福建探亲去了；二是以范仲淹为首的改革派实施新政。庆历三年三月，吕夷简罢相，蔡襄与欧阳修共同的老师晏殊升任宰相，范仲淹任参知政事，即副宰相，杜衍（978—1057）任枢密使，韩琦和富弼任枢密副使，余靖、欧阳修、王素、蔡襄供职谏院，历史上有名的“四谏”诞生了，“庆历新政”也开始了。

图 40 〔宋〕蔡襄《门屏帖》，故宫博物院藏。

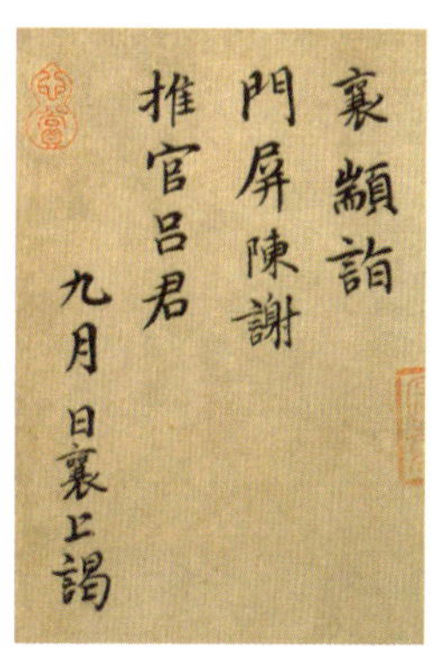

襄頓首
門屏陳謝
推官呂君
九月 日襄上謁

一场夜宴引发的大案

新政的实施得罪了很多人，所以朝中出现了很多反对的官员，这其中的领头的就是夏竦。油滑的夏竦本来被任命为枢密使，掌管全国军务，但还没进京城就被谏官们集体上书阻拦，于是仁宗就把他改派到其他地方。夏竦怀恨在心，就开始不断寻找改革派的麻烦，甚至伪造证据说改革派要谋反。仁宗皇帝虽然不相信范仲淹等人会谋反，但改革派确实政治经验不足，竟然仗着自己大公无私，以“君子党”自居，这就又犯了仁宗皇帝的大忌——“朋党”，所以也注定了新政不会长久，“进奏院事件”就是新政的一个转折点。

进奏院是一个文件传达机构，其主要功能是汇集京外各地区的公文呈送给皇帝，同时印发朝廷的公文下发给各地。这个机构虽然权力不大，但它的作用不可小觑，因为它掌控着中央和地方文件的传递。范仲淹上台后，就推荐了支持新政的苏舜钦（1008—1049）进入进奏院。

苏舜钦，字子美，他的祖父是太宗朝的副宰相和大收藏家苏易简（958—997），外祖父是真宗朝有名的宰相王旦（957—1017），岳父杜衍在“庆历新政”初期担任枢密使，后来也成了宰相。家世如此显赫的苏舜钦本来前途无限光明，但是却因为一场夜宴被彻底击毁。

庆历四年（1044）秋天的赛神会结束后，36岁的苏舜钦约了一帮志同道合的朋友在进奏院里办了个夜场，参加宴会的主要是一帮年轻人，他们越玩越嗨，还叫来了两个官伎。于是少不了要作诗助兴，你唱我和，玩到很晚才散去。（图41）但是他们谁都没想到，这场夜宴竟然会造成巨大的官场震动。

第二天他们就被人告发了，罪名是公款吃喝、招伎、对皇帝大不敬。怎么还冒出个对皇帝大不敬的罪名？原来，那天晚上他们当中有一个叫王益柔的人玩得太嗨了，竟然写了这样两句诗：“醉卧北

图 41 〔宋〕佚名《十八学士图》局部。在古代，皇家层面的宴饮以“以训恭俭，示惠慈”为目的。宋代皇帝宴请群臣的时间多在春秋一些重大的国家礼仪活动之后。士大夫之间的宴饮有些以雅集的名义进行，则少不了作诗、填词、听曲、斗茶等娱乐活动。而小范围的宴饮又是分享各种消息的场所，要不然，宋代笔记体小说如此兴盛，素材从何而出？

极遣帝扶，周公孔子驱为奴。”[1]意思很好理解：喝醉了就差遣天帝来搀扶，再驱使周公和孔子当奴仆。这还了得！

第二天，这首诗就被送到了一个人手里，就是御史中丞王拱辰。王拱辰是御史台的老大，御史台类似于中央的监察机关，专门负责给皇帝和官员挑毛病。王拱辰看到这首诗后喜出望外，不仅是因为他又可以立功了，更重要的是，他正在四处寻找改革派的麻烦，想把他们扳倒，这次夜宴的参与人员虽然官职都不高，却都是改革派，尤其宴会发起人苏舜钦，他是由范仲淹举荐上来的，而且苏舜钦的岳父杜衍在“庆历新政”期间当上了宰相，是反对派的大敌。

王拱辰想要扳倒改革派是因为改革派很快就要改到他头上了。新政中很重要的一条政策就是裁撤无能的官员，举荐有能力的，而

1 〔宋〕徐自明《宋宰辅编年录》卷（5）“庆历五年（1045）”，见《景印文渊阁四库全书》史部（12）职官类（1）。

改革派认为御史台的这帮人太差劲了。比如欧阳修就给皇帝上书说，御史台里这些年就没有一个有能力的人，都得换掉，这就等于把王拱辰推到了悬崖边上。但王拱辰能做到御史台的老大，自然也不是吃素的，他早就在偷偷搜集改革派的不良记录了。这次他们自己送上门去了，所以一首狂诗和一张夜宴参与人员的名单就摆在了仁宗皇帝的面前。最后，苏舜钦被革职为民，其他人也都或革职，或贬官。

苏舜钦这枚棋子引发的连锁反应也是惊人的。本来在此之前保守派就已经污蔑改革派有谋反之意，范仲淹为自证清白已经主动调出核心领导层到地方任职，现在又发生这种事，范仲淹的地位更不稳了。苏舜钦的岳父杜衍也在相位上待不下去了，这位爱惜羽毛的老领导很自觉地辞去了相位，不久即退休隐居。另外，进奏院也不再由改革派掌管了。

除了人事变动外，最重要的是，这件事传递出皇帝的一个态度：要打压改革派。这也就预示了新政的失败，改革派成员陆续被外放各地，王拱辰在事后得意地说："吾一举网，尽矣！"[1]

被贬福建制新茶

庆历七年（1047）三月，被贬福州的蔡襄任知州的工作已近三年，由于政绩良好，得以升任福建路转运使。这个职位类似现在的省

1〔元〕脱脱、阿鲁图等撰《苏舜钦传》，见《景印文渊阁四库全书》史部（1）正史类《宋史》卷（442）列传（第201）文苑（4）。

图 42 〔宋〕熊蕃《宣和北苑贡茶录》龙凤团茶银模图案（引自《景印文渊阁四库全书》，台湾商务印书馆）。在蔡襄之前，将福建茶叶由一般贡茶推高一个等级的是奸相丁谓。而蔡襄则是将之推上顶级品牌的重要人物，这是因为他亲自参与了整套流程，改进了茶叶制作方式、选用了特殊的煮茶水，并且亲自设计了茶叶的形制，最后又有仁宗皇帝的高度认可而使其获得极为利好的市场。可以说蔡襄不仅是品牌创立者，也是一位优秀的带货员。

长，但并不完全等同，转运使一职设立之初的职责就是统筹一方物资与财赋的运输，后来扩大至人事监察等。福建虽不如江淮某些地区富裕，却盛产茶叶，早在唐代这里就是贡茶产地。到了宋代，经过宰相丁谓（966—1037）的开发，福建的茶叶更是成为贡品中的极品。

庆历七年初夏的一个拂晓，刚刚升任福建路转运使的蔡襄带着病体前往建安北苑监制贡茶。到了北苑后，他像一个茶农一样亲自考察和参与制茶的每一道工序，操劳了近两个月才返回衙署。他待这么久并不只是视察工作，他要研制一款新茶，亲自选摘，监管整个工艺，包括泉水的选择，最终成功研制出了自己满意的新茶，即后世有名的“小龙团”或“小团茶”。（图 42）之所以这样叫，是与之前体积较大的龙凤团茶比较而言的。龙凤团茶一斤有 8 饼，而蔡襄制作的小龙团一斤有 20 饼，每一饼只有伍铢钱大小，直径三四厘米。

蔡襄为什么要研制一款新茶呢？因为他爱茶，而且是一位品茶大师，茶就如同他的书法、文房一样，都是他生命里的清供之物。

现在他主持贡茶工作，自然就想利用便利条件研制一款好茶，而且这也将成为他的一个重要政绩。

首批“小龙团”数量极少，一共只有10斤，也就是200饼，数量有限，蔡襄只能先送给那位最大的领导——皇帝，但蔡襄也拿不准仁宗皇帝是否有机会喝上这款茶，又是否会喜欢喝这款茶。皇祐二年（1050），39岁的蔡襄调回京城修撰《起居注》，负责记录皇帝的言行。由于能近距离接触皇帝，君臣聊私话就很方便了。有一天仁宗皇帝问起小龙团的事，蔡襄就有点小激动，这说明仁宗皇帝喝过他研制的茶叶，而且喜欢喝，要不然那么多贡茶，怎么就能记住他做的茶并且特意询问呢？既然皇帝喜欢，小龙团自然就成为岁贡精品茶，而且由于数量非常有限，无比珍贵。

有过亲手研制茶叶的经历后，蔡襄的茶艺更精深了。仁宗多次向他问起建安贡茶制茶、试茶的情况，他于皇祐四年（1052）精心撰写了一部《茶录》（图43），用非常简洁明了的文字介绍了如何鉴定茶的色香味，如何使用茶具，以及如何收藏茶叶等，然后用楷书工工整整抄录了一份献给仁宗皇帝，成为皇帝喝茶的教科书。

图43 〔宋〕蔡襄《茶录》清拓本，载〔明〕宋钰集《古香斋宝藏蔡帖》卷二。

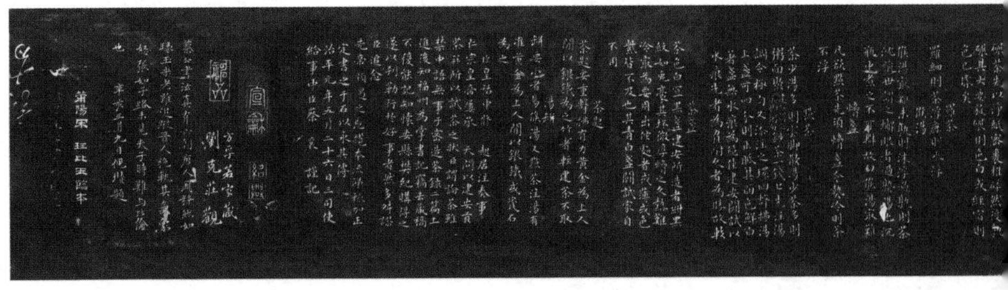

品茶大师

蔡襄的品茶水平颇有些典故。据说北苑附近有一座寺院名能仁院，院中的石头缝里长着一些茶树。寺院的僧人将茶叶做成茶饼后，给蔡襄送了 4 饼，给王珪（1019—1085，后为神宗朝宰相）送了 4 饼。蔡襄从福建调回京城后，有一天去拜访王珪。王珪让仆人挑上好的茶叶招待蔡襄。蔡襄边喝边说：“这很像能仁院的茶。”王珪找来茶包上的签条一看，果然是能仁院的茶。

还有一回，福唐县（今福建福清市）县丞邀请蔡襄喝小团茶。两人聊了一会儿，又来了一位客人，蔡襄品着侍童端上来的茶说：“这不只是小团茶，还有大团茶杂在里面。”县丞赶紧问侍童，侍童说：“我只碾了两个人的茶叶，没想到多了一位客人，来不及，所以加了一点大团茶。”在当时，茶叶都做成茶饼，喝茶前要先用茶碾（图 44）碾碎。

由于蔡襄识茶，所以制茶人多将他视为知己，他曾经写过一个感人的故事，名为《茶记》。建安的王家白茶闻名天下，主人名叫大诏。大诏家有一株极品白茶，产茶数量极少，一年只能做 5—7 个伍

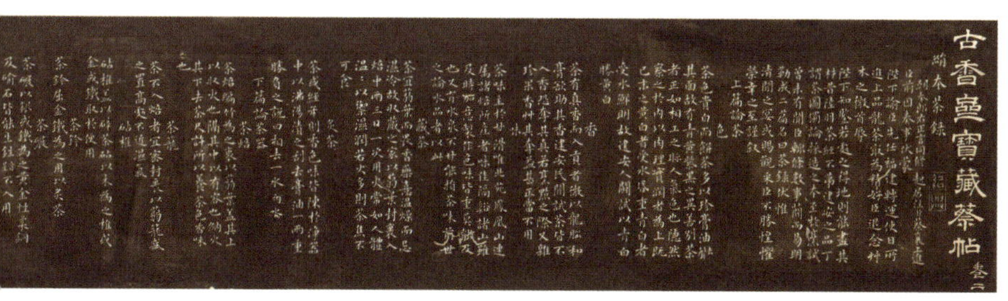

图 44　宋代红陶茶碾，镇江博物馆藏。古人将茶制成饼状，称为茶饼。喝茶前，需要将茶饼碾成细粉，再煮水喝，茶碾就是将茶饼碾成粉的工具。茶碾的材质有多种，碾茶饼的工具也不只碾子，还有茶臼、茶椎。

铢钱大小的茶饼。一饼价值一千钱，而且只有亲朋好友才能买到。有人心生嫉妒，便设法残害了那株白茶。蔡襄经过建安的时候，大诏流着眼泪跟他讲了这件事。不久，枯萎的白茶树竟然长出了一根新枝。大诏欣喜万分，他小心翼翼地摘下新长出来的茶叶，做成一个比五铢钱还小的茶饼。大诏带着这个茶饼从福建出发，跋涉几千里到开封，专门拿给蔡襄看。在大诏看来，这个世界上只有蔡襄才配得上与他分享这株绝处逢生的白茶所带来的快乐。蔡襄十分感动，他写道：

予之好茶固深矣，而大诏不远数千里之役，其勤如此，意谓非予莫之省也，可怜哉！[1]

这里的"可怜"是赞叹大诏的行为纯真、可爱。

大坏蛋在"邀宠"？

据说苏轼晚年被贬广东惠州时，尝到了新鲜的荔枝，觉得味道

1 〔宋〕蔡襄撰，陈庆元等校注《蔡襄全集》，福建人民出版社，1999，569 页。

非常好，可转念又深恶痛绝，因为他联想到了杨贵妃吃荔枝，想起了杜牧的那句“一骑红尘妃子笑，无人知是荔枝来”。东西是好吃，可是为了吃就劳民伤财，这怎么可以！于是东坡先生开骂了，他挥笔写了一首比杜牧的诗长五倍的《荔枝叹》，其中有这样几句：

武夷溪边粟粒芽，前丁后蔡相笼加。

争新买宠各出意，今年斗品充官茶。

吾君所乏岂此物，致养口体何陋耶！

“前丁”是指宋朝的大奸臣丁谓，“后蔡”是指蔡襄，苏轼在批判古代贡荔枝的行为时，笔锋一转，剑指当朝的贡茶，把丁谓、蔡襄笔伐一通，说他们“争新买宠”。从诗歌水平来看，这根本排不进苏轼的优秀作品行列，但是那句“前丁后蔡”却被人记住了，被骂的两个人都很有名，而且一忠一奸，朗朗上口，蔡襄就这样沦为丁谓的同伙。那么苏轼骂得对吗？要回答这个问题，就要先了解一下“前丁后蔡”到底做了什么。

丁谓是真宗朝有名的奸相。他有两宗大罪：一是无底线地逢迎真宗皇帝，致使真宗晚年沉迷道教，他趁机专权；二是他害死了寇准。这是历史的定论，无须为他翻案。但是，用一张恶人的面具盖住丁谓的一切行为是不客观的，坏蛋也不是一天炼成的。

丁谓27岁时考中进士，得了甲科第四名，如此优异的成绩和美好的年龄，多数都有光明的仕途。丁谓的第一份工作是饶州（今江西鄱阳县）通判，相当于副市长，四年后被派往福建任采访使，到福建监察官吏民情，有点类似钦差大臣，为官四年就能做到这个职位，说明丁谓能力是很强的。关键词来了，那就是“福建”。

福建的一项重要产业就是贡茶。在丁谓出使福建期间，宋太宗驾崩，30 岁的真宗皇帝即位。丁谓出差回朝后，写了一份详细的报告，深入分析了福建的茶和盐之于国家的利害关系。相信这份报告一定是打动了此时正想有所作为的新皇帝，所以 33 岁的丁谓直接升任福建路转运使。在福建，茶叶是特产，也是国家的重要物资之一，所以丁谓的工作重点自然就放在茶叶上。

丁谓到福建任职以后，也是有忧国忧民之心的，这从他此时所作的一首诗《咏泉州刺桐》中可以看出：“闻得乡人说刺桐，叶先花发始年丰。我今到此忧民切，只爱青青不爱红。”[1]

在后人看来，这首诗不配被传诵，因为丁谓是坏人，这么忧国忧民的诗，肯定不是内心的真实想法。同样，丁谓在福建的工作成就，也被曲解为以茶博取领导的欢心。

事实上，福建的贡茶由来已久。在宋代以前，由于地理原因，被群山阻断的福建茶并不为北方人所熟知。即使是唐代的“茶博士”陆羽，也只是偶尔品尝过，他虽觉得好喝，却也没把它排进名茶的榜单里。但是很幸运，建茶遇到了新主人，即南唐李氏。南唐皇帝李璟原来一直非阳羡茶不喝，自从尝过建茶，就果断抛弃了阳羡茶，将建茶升级为贡茶，还设置了“龙焙”“官焙”等机构专门掌管采制贡品，采制贡茶的地方被称为“北苑”，建茶从此步入显赫时代。宋统一南方以后，建茶也成为宋代的贡品，其生产完全由官方控制，销售也进行管制，不允许私售。太平兴国三年（978），宋太宗赵光

1　李之亮、张玉枝、贾滨选注《咏物诗精华》，京华出版社，2002，179 页。

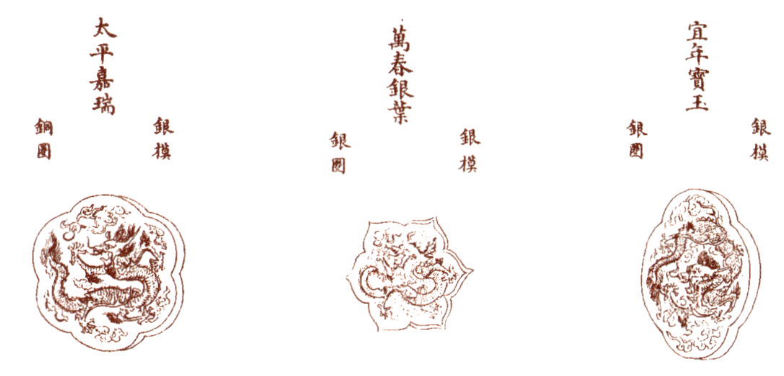

图 45 〔宋〕熊蕃《宣和北苑贡茶录》，引自《景印文渊阁四库全书》，台湾商务印书馆。
左：太平嘉瑞银模　中：万春银叶银模　右：宜年宝玉银模

义专门派人到福建监制龙凤茶，以供皇室成员及王公贵族享用。

作为转运使，关注茶业是丁谓的本职工作。从现有史料来看，丁谓在贡茶上的成就，主要表现在加强北苑茶场的管理和包装改造上。在他的监督下，各道工序都按质按量高效率地完成，京师显贵能在第一时间喝上新茶。在包装上，丁谓设计了多种几何形茶饼（图 45），突破了早先圆形茶饼的单一性。从销售的角度来看，让人印象深刻的包装和不同的茶饼形状都有利于销售，这些改进使得建茶在所有贡茶中脱颖而出，成为极珍贵的礼品。

除此之外，丁谓还将福建贡茶的采摘、生产等具体情况写成了一本书，名为《建阳茶录》。这本书虽然已经亡佚，但从当时士大夫的诗文记录中可以看出，就是这本书的出现，使很多没听说过建茶的人和没有到过福建的人知晓了福建贡茶的情况。

丁谓做的这些工作，使得建茶销售量剧增，物资流通更顺畅了，国库收入当然也更多了。皇帝当然很高兴，不只是因为喝到了好茶，更因为他准备和辽国人打仗，正急需军费呢！丁谓在福建的工作证明了他是一把抓钱的好手，于是真宗皇帝将他提拔为三司户部判官，成为财政部门的一名官员。

从上述事实看来，丁谓在贡茶上的心思和成就不能只看作“邀宠”，倒也可以理解为一项政绩了。

苏轼是不是“毒舌”？

蔡襄的职务和工作任务与丁谓是相同的，但他更进了一步，为自己的辖区制造了一个顶级品牌。同一时期的贡品中，极少有经过转运使的改造而成为品牌的，比如宣州的贡品银杏，其实是一味很好的药材，还是护肤品的加工原料，可进贡的自始至终都是原味果子，没有任何技术含量，最多只是外面包裹着锦缎而已。所以等银杏成功移植到北方以后，它作为贡品的尊贵身份就丧失了，这样的例子太多了。（图 46）

蔡襄在福建并不是只做了研发新茶这一件事，他对茶场的管理和茶叶运输都进行了改善。如经过实地考察后，蔡襄向朝廷提了一条建议，请求朝廷选一名录事参军监管茶场，以便使茶叶及时转运到别的地方，不至于使国家每年在官办茶场上花费大量钱财而得不到回报。蔡襄后来调入三司工作，又结合自己任转运使时的经验，建议商税院不要任用有背景没能力的权贵家属，而要用清廉有能力的人。从这些来看，蔡襄在福建贡茶的管理上是花了心思的。所以，研制“小龙团”只是他工作的一小部分，或者说，他只是利用有利条件把自己的爱好做成了一款产品。

一种东西一旦成为特贡，也就成了一把“双刃剑”。一方面，人

图 46 〔宋〕马世昌《银杏翠鸟图》，台北故宫博物院藏。杏树在宋朝初期以前，多生长于长江以南地区。到北宋中期，开封的达官富商开始以庭中植杏树为新奇之事，到北宋末年，京城中便随处可见杏树了。

人都想得到一份；另一方面，也容易背负骂名。被万人敬仰且自带传播加速器的东坡先生编成“前丁后蔡”，蔡襄的人设瞬间就崩塌了。北宋末年著名的太学生陈东（1086—1127）在蔡襄《茶录》的拓片后写了一段题跋，大意是：我小时候听年老的人说，蔡襄在福建为官时，设法制作了小团茶，将它作为贡品献给皇帝。富弼听说后惊叹：“这是仆妾为讨好主子而干的事，没想到蔡襄居然做出这种事！”我作为小孩子听到这种话也有所感悟。现在见到《茶录》的拓本，真替蔡襄可惜，他为什么不抄一篇《旅獒》献给皇帝呢？

《旅獒》是《尚书》中的名篇，“獒”是当时西方远邦献上来的一种大犬。当时的太保写了一篇《旅獒》劝诫武王不要沉湎于玩乐。陈东这种观点显然也是苏轼观点的“后遗症”，还把富弼拉上做垫背。

不过，也还是有明白事理的人。《四库全书》编修官在校对蔡襄的《茶录》时，就发现了“前丁后蔡”论调的不合理处，他写了一段评论，大概意思是：

一、贡茶久已有之，非始于蔡襄；

二、蔡襄作为福建路转运使，研制精品茶是他的本职工作；

三、史传富弼和欧阳修惊讶于蔡襄作为士人却干小人献媚之事，这很可能是后人依托富弼、欧阳修之名抹黑蔡襄；

四、这种谣言都是附会苏轼“前丁后蔡”“致养口体”的说法。

那么苏轼为何要将“前丁后蔡”编排在一起进行抨击呢？不能说苏轼就是想刻意抹黑蔡襄，事实上，他在很多地方都对这位老前辈有极高的评价。但无论是对丁谓还是蔡襄，要考察他们在贡茶上的工作，首先必须要对他们工作的时间点、具体内容和业绩有清晰的了解，这在苏轼时代还做不到，因为那时还无法对“前丁后蔡”的事迹编年。或者说苏轼本人还做不到，因为苏轼一生都没有担任过转运使的工作，对福建贡茶的了解也不深。可是苏轼有文人的清高和习性，同当时的很多文人士大夫一样，他更习惯于站在道德制高点上进行评判，对这种拿奢侈品“邀宠献媚”的行为，他看着不顺眼，性情一来，就那么写了。

蔡襄的“书法政治”

皇祐五年（1053）正月十六日，北宋皇宫里的会灵观着火，一个存在了半个世纪且非常神圣的地方突然消失了，这给仁宗皇帝带来了麻烦。要不要重修呢？仁宗的心情是复杂的，会灵观重修与否，其本质是如何评价他的父亲真宗赵恒，这位已故三十多年的先帝因过分崇信道教而饱受诟病。

经过慎重考虑，仁宗下令重修，于是原址上又起了一座全新的宫殿，但是没有用原来的名字，而是取名“集禧观”，意思是集长寿、富贵、康宁、好德、善终于一体的地方，这就不再是原来的道观。那这不是悖逆了先皇吗？仁宗又在“集禧观”的西边新修了一座殿，取名为“奉神殿”，此名来源于真宗写的《奉神述》，这篇文章的内容是给各位神仙定等级和敕封爵位。宋朝皇帝姓赵，宋朝的皇统和道教皇统是一脉相承的，只不过一个在地，一个在天，所以仁宗修奉神殿只不过是家事家办，而不是突出老父亲佞道，这样就把事情给圆上了。

修奉神殿，自然得将真宗写的《奉神述》刻石，仁宗决定亲自书写碑额，内文则交由书法名手蔡襄来抄写。蔡襄将真宗书写的正文和仁宗书写的碑额都勾勒于碑石上，然后把摹本送给仁宗，仁宗肃然站好之后才恭敬地接过去。过后，亲自写了“君谟”二字赐给蔡襄。蔡襄手捧皇帝亲书的“君谟”二字，内心非常激动。仁宗赐字是很平常的事，他也是书法家，爱写字，给很多大臣都赐过字，但是这次赐给蔡襄的这两个字却别有含义。

“君谟”是蔡襄的字，而这两个字是有特殊含义的，“谟”是计谋、策略的意思，“君谟”就是为皇帝献计献策的意思，蔡襄的字取得真是“别有用心”啊。而皇帝写这两个字赐给他，显然也是看出了它的含义，并表示赞赏。蔡襄很敏感，他立即给皇帝写了一封感谢信（即《谢赐御书诗表》，图 47）。这封感谢信分两部分，第一部分先说明写信的缘由，然后又说自己来自偏远地区，出身孤寒，没有什么才能，皇帝亲手书字，激励他多为国家出谋划策，真是对他

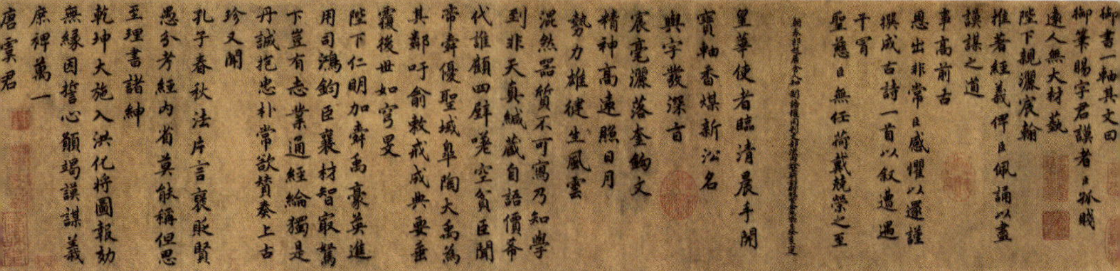

图 47 〔宋〕蔡襄《谢赐御书诗表》，台北故宫博物院藏。

无比地荣宠，他感谢不尽，于是特地作了一首诗献给皇帝。第二部分就是他作的那首长诗，这是一首典型的歌功颂德诗，用词规格很高，感情激昂澎湃，有些词还是专为皇帝量身订制的，比如称送字的公公为“皇华使者”，称仁宗赐的手卷为“宝轴”，卷上的墨汁为“香煤”。且看蔡襄在诗中是怎样歌颂皇帝的：

“精神高远照日月，势力雄健生风云。混然器质不可写，乃知学到非天真。”这是在夸赞皇帝和他的书法。

“缄藏自语价希代，谁顾四壁嗟空贫。”皇帝的赐书，必将是蔡家传于后代的珍稀宝物，有了这个，谁还会在乎家徒四壁呢？

“臣闻帝舜优圣域，皋陶大禹为其邻。吁俞敕戒成典要，垂覆后世如穹旻。陛下仁明加舜禹，豪英进用司鸿钧。”舜帝这样杰出的人与同样杰出的皋陶、大禹为伴，他们所说的很多话成为后世的典范，泽被苍生。皇帝之仁明超过了舜和禹，所用之人均为一时豪杰。

“臣襄材智最驽下，岂有志业通经纶。独是丹诚抱忠朴，常欲赞奏上古珍。”我蔡襄愚笨，没有帮皇帝治国的经纬大才，但我有一颗忠诚的心，希望能将古代非常好的治国经验呈献给陛下。

“又闻孔子春秋法，片言褒贬贤愚分。考经内省莫能称，但思至理书诸绅”，我知道孔子的“春秋法”是用最简单的语言来褒贬贤和愚，但我遍查古书，思索许久，仍找不到合适的语言来表达我的心情，只好将最重要的道理写在自己的衣带上。

“乾坤大施入洪化，将图报效无缘因。誓心愿竭谟谋义，庶裨万一唐虞君。”我虽有抱负，但还没有机会报效皇帝。我发誓愿尽己所学，为皇帝出谋划策，成就一番伟业。

仁宗收到这封感谢信后很高兴，他很欣慰蔡襄看懂了他赐字的用意，于是又回了一封信，大意如下：我不上朝的时候，喜欢看古代经史和书法类的典籍，发现唐高宗给他的大臣戴至德、郝处俊、李敬玄、崔知悌所赐的字都有特别的涵义。你文笔温厚，笔力深妙，你名中的“襄”字表明了你的取向是“辅佐”，而字“君谟”进一步说明是用谋略来辅佐，我便写了“君谟”这两个字送给你，是想用其中深义来表达对你的特别宠遇。你将我的这层意思铺开演绎，写在长诗里，又以古代圣人为例，把我的意思说得更清楚，真是不错。

这年十一月，皇帝于南郊祭天地，带了蔡襄同行，回来后，蔡襄写了一首《亲祀南郊诗》献给皇帝。很快，皇帝下诏赐蔡襄的母亲卢太夫人为“仁寿郡太君”，赐蔡襄的夫人为“永嘉郡君”。蔡襄是个大孝子，能为 80 岁的老母亲挣得如此殊荣，是比他自己升官还激动的事，于是他将皇帝赐字、自己写的谢诗、皇帝的奖诏、母亲和夫人的封号等写成一篇完整的文章呈送给皇帝，并将其刻石。另外，他还将皇帝的奖诏单独刻石。

仁宗皇帝接信后很开心，又对蔡襄的人品、学术、才能表扬了一番，并再次激励他好好工作，成就了一生美名。

亭台楼阁里的政治情商

宋英宗登基后的第二年，即治平二年（1065），57岁的宰相韩琦于百忙之中想起了十年前在老家建造的昼锦堂。他要请人为昼锦堂写一篇文章，这个任务就落在了当时最有名的大文豪欧阳修身上。

欧阳修自然乐意效劳，他此时身居副宰相之位，与韩琦的提携是分不开的，而且他很清楚韩琦的心思。十年前昼锦堂刚建好时，韩琦自己写过一篇《相州新修园池记》，那篇文章是为了讴歌皇帝，现在韩琦已经成为新皇帝的第一任宰相，他也需要别人讴歌自己。疾病缠身的欧阳修第二天就将一篇《相州昼锦堂记》写好并交给了韩琦，文章以雄博的美言将韩琦盛赞了一番，韩琦读罢大喜，他给欧阳修回复了一封信（即《信宿帖》，图48），文字如下：

琦再拜启：

信宿不奉仪色，共惟兴寝百顺。

琦前者辄以《昼锦堂记》容易上干，退而自谓，眇末之事，不当仰烦大笔。方夙夜愧悔，若无所处。而公遽以记文为示，雄辞浚

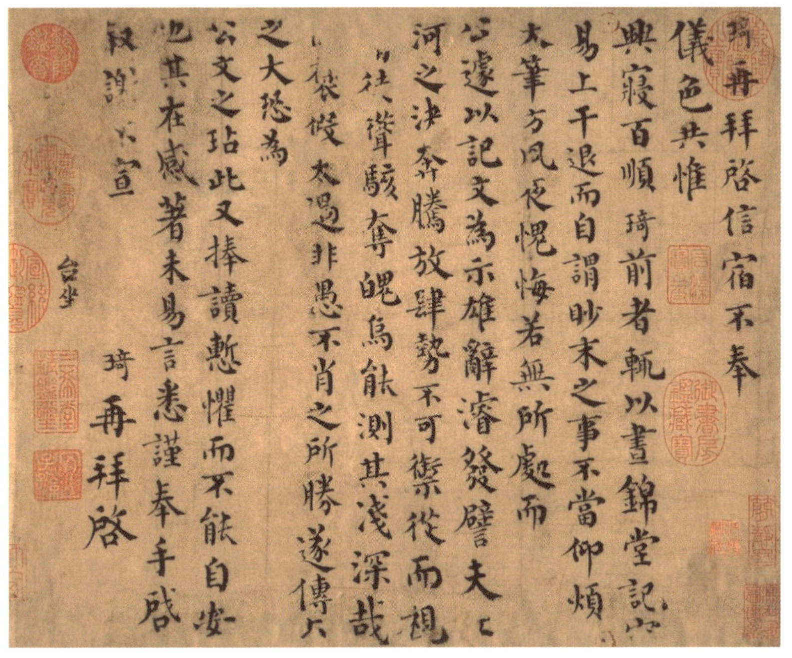
琦再拜啓信宿不奉
儀色共惟
興寢百順 琦前者輒以晝錦堂記容
易上干退而自謂眇末之事不當仰煩
大筆方夙夜愧悔若無所處而
公遽以記文為示雄辭濬發譬夫江
河之決奔騰放肆勢不可禦從而視
者徒聳駭奪魄烏能測其淺深哉
但褒假太過非愚不肖之所勝遂傳布
之大恐為
公文之玷此又捧讀慙懼而不能自安
也其在感著未易言悉謹奉手啓
叙謝不宣
琦再拜啓
台坐

图 48 〔宋〕韩琦《信宿帖》，贵州省博物馆藏。

发，譬夫江河之决，奔腾放肆，势不可御。从而视者，徒耸骇夺魄，乌能测其浅深哉！

但褒假太过，非愚不肖之所胜。遂传布之大，恐为公文之玷，此又捧读惭惧，而不能自安也。

其在感著，未易言悉，谨奉手启叙谢，不宣。琦再拜启，□□□□台坐。

这封信的大意是：两个晚上没有见到你了，祝你起居百顺。我之前很草率地请你帮我写《昼锦堂记》，回头仔细想了想，这么一点点小事，不应该麻烦你这位大文豪。我这两天一直感到惭愧后悔，不知所措，没想到你突然就将写好的文章送给我了。你的文章雄词濬发，就像江河决堤，奔腾汹涌，势不可挡。我一口气读下来，只觉得魂魄耸骇，哪里还能感知它的深浅呢！只是你对我的褒奖太过了，我资质浅陋，没有你说的那么好。要是这篇文章流传太广，只怕对你的名声不利。这让我读文章的时候感觉非常惭愧和害怕，深感不安。我内心的感激之情不能用言语表达，特地写封信来表达我的谢意。

为什么韩琦一边夸欧阳修文章写得好，一边又说会对欧阳修的名声不利呢？因为韩琦知道欧阳修是在拍他的“马屁”，所以替欧阳修担心：你如此恭维我，被人耻笑怎么办呀？

无论如何，韩琦被夸得很舒服，他太喜欢欧阳修这篇赞文了，为了让它更有价值，他又请当时最有名的大书法家蔡襄誊抄一遍。蔡襄此时位居三司使，掌管全国财政，他也是韩琦力推上来的，当然也愿为恩公效犬马之劳，于是在蔡襄的书迹中有了一份楷书版的《相州昼锦堂记》（图 49），我们今天还能看到其拓本。

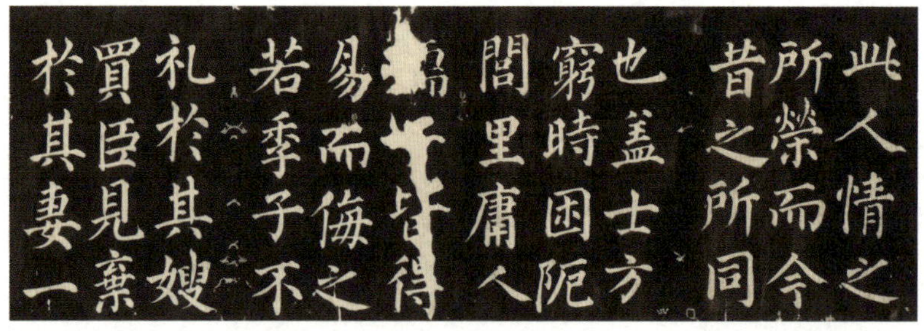

图 49 〔宋〕蔡襄《相州昼锦堂记》清拓本局部，载〔明〕宋钰集《古香斋宝藏蔡帖》卷四。

虽然欧阳修也被后人称为政治家，但他的政绩并不突出，他的成果主要在文学和史学，但不得不说他是文人群体中政治情商极高的一位。他一路紧跟韩琦，帮韩琦登上宰相之位，也成就了自己的副宰相之位。

困顿之际遇贵人

欧阳修（1007—1072）4 岁丧父，母亲带着他投奔了叔叔，他发奋读书，可是两度落榜，很是郁闷。天圣六年（1028），22 岁的欧阳修迎来了命运的第一个转折，因为他遇见了一个人——胥偃。

胥偃是潭州（今湖南长沙）人，在和欧阳修相遇之前，曾担任过开封府的考官，他和同事偷拆密封了姓名的考卷，然后录取了熟悉的人，事发后被贬，后来又逐渐被起用。欧阳修第二次落第回家后，带着自己的诗文去拜见了正在汉阳军（今湖北武汉市汉阳区）任知军的胥偃。胥偃被欧阳修的文采震服了，觉得奇货可居，于是果断将欧阳修收入门下，并决定将他“捧红”。这年冬天，胥偃回京述职，就带着欧阳修一同前往，欧阳修的人生从此开了挂。

在胥偃的推荐下，欧阳修用自己的诗文做“药引子”，迅速进入了京城有活力的青年文学圈，并结识了苏舜元、苏舜钦、尹洙等“官二代”和“富二代”。接下来的科举考试，欧阳修获得了进士甲科第十四名的好成绩，接着成为胥偃的东床快婿。不久，欧阳修就到洛阳担任西京留守推官，负责查案。

他的上司是大名鼎鼎的钱惟演（977—1034）。钱惟演是吴越王钱俶的儿子，雅好文艺，很喜欢和欧阳修这帮年轻人在一起玩。据说有一回欧阳修和朋友们外出爬山，途中遇雪，钱惟演就派了厨师和歌伎去伺候他们，还安慰他们不着急回来，府里的公事慢慢处理没关系。还有一回，钱惟演宴请宾客，欧阳修姗姗来迟，另一位官伎也迟到了。钱惟演问官伎是什么原因，官伎推说是因为自己的钗钿不见了。钱惟演就说："如果欧阳推官愿意为你作一首词，那我就赔你的玉钗。"欧阳修深解风情，当场谱词一首。除了遇上好领导，欧阳修还结识了一群好朋友，如大诗人梅尧臣、古文家尹洙、书法家蔡襄等，洛阳的生活是欧阳修一生最美好的回忆，以至于他在诗中称自己是"洛阳花下客"。

名列"四贤"与"四谏"

洛阳任期满了之后，欧阳修参加了馆阁考试，并顺利当上馆阁校勘，成为一名"京官"。景祐三年（1036），47 岁的开封知府范仲淹为弹劾宰相吕夷简而向朝廷递交"百官图"，一石激起千重浪。负责纠察刑监的胥偃不断纠察范仲淹，欧阳修很生气，翁婿关系开始出现裂痕。最后吕夷简反咬一口，范仲淹、欧阳修、余靖、尹洙等都因"朋党"的罪名被贬，朝野哗然，欧阳修被贬为夷陵（今湖北宜昌）知县，瞬间又被打回起跑线了。25 岁的蔡襄心中不平，便作了《四贤一不肖》长诗，将范仲淹、余靖、尹洙、欧阳修称为"四贤"，将趋炎附势的高若讷称为不肖之徒，此诗在当时影响巨大。

欧阳修五月二十八日从京城沿水路出发，十月二十六日抵达，路上整整用了五个月时间。出于文学家的本能，他将旅途中发生的事情都记载下来了，还编成了一本文人旅行日记《于役志》。他还在旅行途中留下了一句深有含义的话，“昨日因转运作庭趋，始觉身是县令矣”[1]。意思是最近在转运使那里接受教诲,才觉得自己现在是县令了。看样子是转运使给欧阳修上“政治课”了，欧阳修虽内心不服气，可自己眼下不过是小小知县，与身为地方大员的转运使差了好几个官阶，只能默然不语。

宋夏战争爆发后，欧阳修的很多朋友如范仲淹、韩琦、尹洙等都到西北战区打仗建功。范仲淹邀请欧阳修一起去，并请他担任军队里的秘书，欧阳修拒绝了。战事结束后，国库空了，各地治安也越来越差，各种矛盾都开始暴露。仁宗皇帝将范仲淹、韩琦等召回朝廷，请他们说说解决国家问题的办法。范仲淹列了一个单子，陈述了十条对策，皇帝很满意，就让范仲淹等人按这十条对策来实施新政。为加强对官员的监督，仁宗决定增设谏官。宰相晏殊是欧阳修的老师，在晏殊的推荐下，36 岁的欧阳修得以回京担任谏官。与他同为谏官的还有余靖、王素、蔡襄。当时舆论环境比较宽松，又有皇帝撑腰，所以这四个人火力特别猛，被时人称为“四谏”，欧阳修第二次在北宋政坛放射出耀眼的光芒。

一篇宏文祸上身

“庆历新政”实施没多久就遭到了强烈反对，撕开口子的人是一个名叫蓝元震的太监，他给范仲淹、富弼、欧阳修、蔡襄等人扣上了“朋党”的帽子，这种罪名显然不可能是一个太监自作主张的，

---

1 刘德清《欧阳修纪年录》，上海古籍出版社，2006，84 页。

但年轻的改革派没有意识到这背后的危机。博学多才的欧阳修就顺着蓝元震的意思认认真真把“朋党”的帽子戴好，然后写了一篇千古名文《朋党论》呈送给皇帝。欧阳修在文中说自古就有朋党，皇帝要做的只是区分这朋党是“君子党”还是“小人党”，只要驱除“小人党”而任用“君子党”就是明君。能言善辩的欧阳修以为把自己这帮人纳入“君子党”就没事了，他似乎忘记了七年前他们这些君子因为“朋党”之罪而齐遭贬黜的往事。果然，仁宗皇帝的友谊小船说翻就翻，虽然改革是他发起并大力推行的，但他更忌讳“朋党”，不管是“小人党”还是“君子党”，只要结党就不行，他要果断掐死这棵“毒草”，于是改革派成员陆续被外放。

欧阳修被派往河北路担任都转运按察使。其实这个职位并不低，相当于现在省的一把手，还兼任监察领导，这说明仁宗皇帝将他外放只是因为他结党，并没有否认他的才能和功绩。对欧阳修的轻微惩戒显然不能让有些人满意。不久，就有人揭发欧阳修与外甥女有染，虽然没有证据，但人设崩塌的欧阳修还是被罢免了河北都转运使一职，被贬往滁州（今安徽滁州市）。

醉翁亭里翁不醉

什么是宋代文人的风雅？看看欧阳修在滁州的生活吧。他纵情游览境内的好山好水，乘兴吟诗，援笔作文，再将这些诗文散布于四方的新朋旧友，一州之长成为妥妥的滁州旅游形象大使。

欧阳修在滁州修了一座“丰乐亭”和一座“醒心亭”，被贬扬州的韩琦派人送来了细芍药，欧阳修将它们种在“丰乐亭”旁边，他在亭子里宴请朋友，请通判杜彬弹琵琶助兴。他又将一座无名小亭取名为“醉翁亭”，并写了一篇流传千古的《醉翁亭记》。其实欧阳修在滁州的佳作并不止这一篇，但其他诗文都不如《醉翁亭记》有名，不仅是因为这篇文章文笔好，还与文中传达出来的觉悟有关。欧阳修在文章里描述了他的“乐民之乐”：

然而禽鸟知山林之乐，而不知人之乐；人知从太守游而乐，而不知太守之乐其乐也。醉能同其乐，醒能述以文者，太守也。

太守醉了，他不是贪杯，而是高兴国泰民安。一方父母官能够游山玩水，又能与民同乐，说明治下太平无事，这既是知州工作有方，更是皇帝治理有效。如此贴心的臣子，皇帝当然是喜欢的。滁州任满之后，欧阳修被移往东南重镇扬州，明显是减轻处罚了，后来又被任命为南京应天府（今河南商丘）知府兼留守司事，官职越来越高，离京城也越来越近。

不知是有意为之还是不约而同，“庆历君子”们在被贬各地之后都开始拿亭台楼阁做文章，除了欧阳修写《醉翁亭记》之外，还有滕子京修岳阳楼，范仲淹为他写《岳阳楼记》，韩琦修昼锦堂，然后自写《相州新修园池记》。更有意思的是，这些文章竟然都是同一个套路。

岳阳楼记

“庆历四年春，滕子京谪守巴陵郡……”这是范仲淹名篇《岳阳楼记》的开篇。滕子京（约 991—1047）名宗谅，河南府（今洛阳）人，是范仲淹的终生挚友。他们两人相差一岁，在同一个考场上竞赛过，成了同学；一起挽起裤腿筑过海堤，成了同事；又一起抗击过西夏侵略者，成了战友。

滕宗谅与范仲淹是两种性格的人，他们处理事情的方式有很大的差别。简单来说，范仲淹中规中矩，而滕宗谅就比较会设计。例如，范仲淹想要扳倒宰相吕夷简，他就把这件事情当一个课题来研究，先收集各种铁证，写成条理清晰的论文，然后有理有据地论证和攻击。滕宗谅却不爱做这种“实心眼”的事，比如他为了敦促皇太后刘娥还政给宋仁宗，就把宫里发生火灾这种事归结到太后干政上，一次不管用就两次。好吧，天都怒了，烧了那么多房子，毁了那么多先帝们的遗物，都怪你刘娥。刘娥即使心理素质再好，怕也不能无动于衷。不过，不管是“实心锤子”范仲淹，还是“虚心萝卜”滕宗谅，他们都不讨当权者的喜欢，所以他们大部分时间都在地方上做基层工作。宋夏战争爆发时，范仲淹和滕宗谅都处于被贬官反省的状态。西北传来战败的消息，急需人才上前线，有人就想起了范仲淹，年过半百的范仲淹二话没说就上前线了，顺便带上老同学滕宗谅。

在西北战场上，钱最不值钱，因为那里是一个无底深坑，扔多少钱进去都填不满；可是那里的钱又最值钱，因为钱能招募到愿意上战场打仗的士兵，更能让士兵卖命。所以，要想做好领兵打仗的工作，首先要懂得怎么弄钱。钱从哪里来？朝廷自然是有军费拨过来，但是不要指望这些钱够用，不够的就要自己想办法。办事不那么循规蹈矩的滕宗谅就开始拿着军费以钱生钱，比如放高利贷，搞边境走私等。他做得很成功，当别的知州为缺钱而抓破头皮的时候，滕宗谅却有大把的钱修堡垒和招募士兵。他一边抗击入侵的西夏兵，一边安抚境内百姓，效果非常好。

“庆历新政”开始后，范仲淹主持改革工作，滕宗谅自然也成为他的得力干将。在暗处窥伺的反对派势力不断寻找突破口，“雷点”很多的滕宗谅就被抓做了反面典型，他被光明正大地查账了。滕宗谅对自己的问题很清楚，当然也知道这件事不止查账这么简单，所以一气之下干脆一把火将账本烧了，这等于不打自招了。于是，“庆历四年春，滕子京谪守巴陵郡”。“巴陵郡”是个旧称，在宋代，这个地方的名称是“岳州”，也就是现在的湖南省岳阳地区。

54 岁的滕宗谅在岳州干了一年多后，各方面工作基本都理顺了，就抽空重修了洞庭湖边的岳阳楼，并挑选了一些古人的好诗刻上去。然后，他给被贬邓州的范仲淹写了一封信，请他写一篇文章纪念此事。年近花甲的范仲淹虽因新政失败而被贬，但家国情怀却从未消解，于是便写下了千古名篇《岳阳楼记》。尤其是篇尾那几句话：

居庙堂之高则忧其民；处江湖之远则忧其君。是进亦忧，退亦忧。然则何时而乐耶？其必曰“先天下之忧而忧，后天下之乐而乐乎！”噫！微斯人，吾谁与归？

这几句光耀千古的名言，是中国士大夫的精神标杆。《醉翁亭记》乐民之乐，《岳阳楼记》忧其民、忧其君。对于皇帝来说，这些都是美好的礼物。

锦衣昼行

韩琦被贬后，在外地兜兜转转十余年，大部分时间都守卫在宋夏和宋辽边境线上。后来，46 岁的韩琦感觉仕途无望了，就申请调回了老家相州任父母官。不久，韩琦将衙署的后园改造成一座园林，园中修筑了一座大堂，起名为“昼锦堂”。

“昼锦堂”这个名字听上去很嚣张，“昼锦”就是“锦衣昼行”。锦衣夜行是为了掩人耳目，锦衣昼行自然就是故意要让人们都看到。如此露骨，就不怕被人告发吗？园成之后，韩琦亲自撰写了《相州新修园池记》，他在文中写道：

> 既成，而遇寒食节。州之士女，无老幼，皆摩肩蹑武来游吾园。或遇乐而留，或择胜而饮，叹赏歌呼，至徘徊忘归。而知天子圣仁，致时之康。太守能宣布上恩，使我属有此一时之乐，则吾名园之意，为不诬矣。[1]

这段话的意思是说：园林修成之时，正赶上寒食节。相州的男女老幼都来我的园林里游玩，游人摩肩接踵。有的人遇上好玩的，就逗留许久；有的人则找个风景美的地方喝酒唱歌，大家都流连忘返。从而也就都知道是天子的睿圣和仁德让这个时代安康太平。我是相州知州，将天子的圣恩传递给这里的百姓，让百姓得享这些快

1 〔宋〕韩琦撰，李之亮、徐正英笺注《安阳集编年笺注》(上)，巴蜀书社，2000，109 页。

乐，那我为这个园子取名为“昼锦堂”就不负初心了。

原来，他修园林不是为了自己享乐，而是为了与民同乐，这种做法简直是《醉翁亭记》的翻版。千年后的今天来看，不禁让人怀疑他们几个好朋友是不是都商量好了的。

再攀权力顶峰

不知皇帝是不是看到了他们的文章，总之，欧阳修开始一路升迁，在回乡守完母丧之后，欧阳修终于又回到了朝廷。他主管科考，大改文风，录取了苏轼、苏辙、曾巩、曾布、程颢、张载、吕惠卿等一批“金榜”，又任开封知府，还在政事之余编修《新唐书》，可谓成果卓著。

在写完《相州新修园池记》后四个月，48 岁的韩琦也重新回到朝廷，并担任三司使，掌管全国财政和重要物资，再一次进入权力核心。战场上的韩琦喜欢不断进攻，他在官场上也一样，又盯上了枢密使的位子。此时的枢密使是狄青，在宋夏战争中，狄青凭借战功从一个脸上刺青的“贼配军”成长为一代名将，还担任了枢密副使。后来狄青又领兵南下，数千里奔袭平息侬智高。仁宗皇帝心存感激，破例将狄青提拔为枢密使，成为掌管全国军务的一把手。按宋朝老祖宗的规矩，武将是不能担任一把手的，但是狄青功劳太大了，仁宗皇帝实在没法埋没他，就把枢密使的位子给了他。

论功劳，韩琦没法跟狄青比，但是政治较量可不全看功劳，韩琦拉上欧阳修等人开始给狄青扣帽子，说他要造反，欧阳修也积极配合。欧阳修很早之前就成为韩琦的坚定追随者，比如他调任扬州之后，就写信给前任知州韩琦说：我保留你在这里的所有施政行为。这做法就有点类似“萧规曹随”了。“萧规曹随”这个典故讲的是西汉两代宰相的故事，萧何卸任后曹参继任，有人批判曹参没有作为，曹参说：你们觉得萧何更有能力，还是我更有能力呢？既然萧何比我更有能力，那我按他计划好的事情执行就好了。欧阳修仿效这个典故，自然让韩琦很受用。

一众文官不断上书，要求罢免狄青的枢密使一职。仁宗不相信狄青会谋反，一直压着不理，后来实在扛不住了，就将狄青罢免了，不久狄青就悲愤而终，享年50岁。

韩琦接任了枢密使，成功坐上中央权力的第二把交椅。两年后，文彦博罢相，韩琦与富弼同为宰相。韩琦还没有满足，他还想独自一人掌控宰相之位，于是又把欧阳修推为副宰相，把蔡襄推到三司使的位置上，等于在重要位置上都换成了自己人。不久之后，富弼就回家守母丧了，两三年不能回朝，而仁宗皇帝也得了重病，时而清醒时而糊涂，韩琦就独揽了大权。韩琦还和欧阳修共同完成了当时最重要的一件大事，那就是为身体非常糟糕却没有儿子的仁宗皇帝确立继承人，他们准备将宗室之子赵曙推为皇太子。此事成则功勋卓著，败则永无翻身之日，但欧阳修一直紧跟着韩琦。后来，赵曙顺利成为皇太子，这证明了韩琦的能力，也证明了欧阳修没有站错队。有了这些政治资本，韩琦和欧阳修在未来新皇帝的庇佑下自然会仕途安稳。

重修岳阳楼的滕宗谅和写《岳阳楼记》的范仲淹都没能等到这一天。在韩琦和欧阳修重回朝廷的几年前，滕宗谅就去世了，享年57岁，不久范仲淹也病逝，享年64岁。如果他们能多活几年，是否

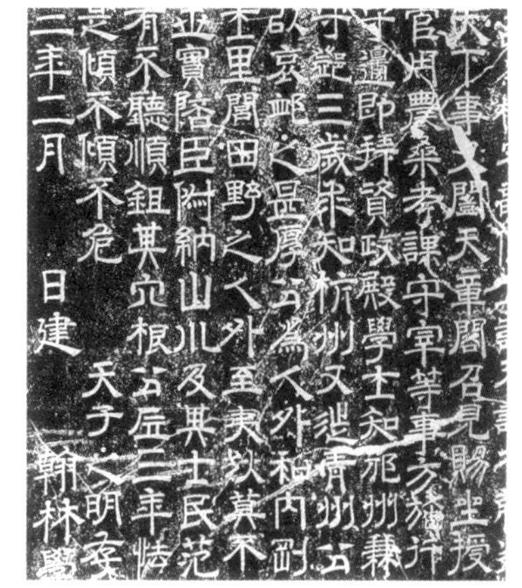

图 50（左）〔宋〕赵祯《范仲淹神道碑》篆额。
图 51（右）〔宋〕王洙《范仲淹神道碑》局部，现存于河南省伊川县彭婆镇许营村范仲淹墓。

能像韩琦、欧阳修那样再次回朝并登上权力顶峰呢？这个问题已经不可能有答案了。范仲淹一生风骨凛然，德高望重，是有宋一代士大夫的楷模，却一直不被朝廷所容纳，所以如何给范仲淹的一生盖棺定论成了一件非常棘手的事。仁宗诏令欧阳修为范仲淹撰写神道碑铭，欧阳修迟迟不知如何下笔，拖了两年才写完，又按韩琦的意思进行了修改，但还是引来各种争议。《范仲淹神道碑》（图 50、51）由王洙书丹，这座碑今天还矗立在河南省伊川县的范仲淹墓园。

副宰相的烦恼

到嘉祐八年（1063），欧阳修 57 岁了，晚年到来之际能官居高位，仕途无忧，按说他的心情应该是愉快的。仁宗皇帝的身体是真的不行了，二月二十九日，他毫无悬念地崩于寝宫，享年 54 岁。接下来，禁宫内外都忙成一片，先皇要安葬，新皇要继位，里里外外都是事，一堆重要文件都要由欧阳修来写。主事的人自然是宰相韩琦，欧阳修是韩相公的左膀右臂。四月一日，皇太子赵曙顺利即位，是为英宗。

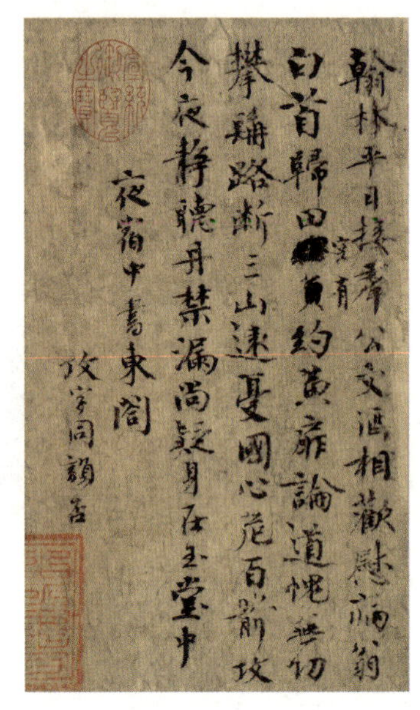

图 52 〔宋〕欧阳修《夜宿中书东阁》，辽宁省博物馆藏。

十月二十七日，仁宗皇帝终于是入土为安了，但是新皇帝即位后性情大变，一改温良恭顺的模样，变得乖张多疑，跟皇族的关系也搞得很紧张，尤其是跟皇太后（仁宗曹后）水火不容。韩琦与欧阳修就两边做工作，腿都跑细了。有一天晚上，欧阳修值夜班，他想起这段时间所发生的一些事，感慨良多，于是写了一首诗（即《夜宿中书东阁》，图 52），文字如下：

翰林平日接群公，文酒相欢慰病翁。
白首归田空有约，黄扉论道愧无功。
攀髯路断三山远，忧国心危百箭攻。
今夜静听丹禁漏，尚疑身在玉堂中。

这首诗大意如下：当年我任翰林学士时主要负责文书工作，不负责国家大事的谋断，平时相交的也都是一群文人朋友，大家以文会友，诗酒度华年，那时多开心呀。原本我计划工作到一定时候就归田隐居，可这都成了空想。如今在东府任参知政事，每天讨论的都是国家大事，虽位极人臣，却身无寸功，深感愧疚。仁宗皇帝您老人家一个人升天了，而我们这些没能跟您一起上天的臣子们则继续处理一大堆的军国大事，想起来就百箭穿心，忧不能寐。我今夜在禁宫值班，朱红色的大门紧闭，静静地听着漏壶的声音，恍惚觉得自己仍在学士院。

学士院相当于皇帝的私人秘书或顾问，主要负责重要诏书的起草和咨询，是宰相的储备机构。宋代的学士院正厅是“玉堂”，玉堂正中摆有一张案台，学士在起草诏书时，都要穿戴官服，坐姿端正，非常严肃地书写。据说太宗皇帝一直对玉堂深感好奇和敬仰，一天夜里突然想起这个地方，就想去看看，于是悄悄走了过去。当天值班的人是后来官至副宰相的苏易简，当时他已经入睡了，听到皇帝来了，大吃一惊，连滚带爬地找衣服。皇帝让他别急，还命人用烛灯从窗口给他照亮，从此窗格上就留下了一块被烧过的痕迹。

从这首诗也可看出欧阳修在内心深处更多的是一个文人，而不是一位政治家。

被压制的宰相

宋仁宗嘉祐六年（1061）三月，57 岁的富弼（1004—1083）突然中止了宰相之职，因为他的母亲去世了，他得回乡守孝三年。

富弼的父亲在他 28 岁时就去世了，当时他才刚刚考取功名，现在已经贵为宰相，父母的地位和头衔自然也都高了，于是他为父母之墓修建了“功德院”——也就是在墓地上建一座宅院，彰显死者的功德，同时让死者继续享受世间应有的地位和生活。一般来说，进入院门后，有一条通道通往墓塚，通道上有一座石碑，碑上的文字分为碑额和碑身两部分，碑额由地位较高的人以篆书题写，碑身后刻墓志铭，主要记述死者的生平和功德。

碑额和碑文是关乎家族体面的大问题，必须谋定而后动。富弼请仁宗皇帝敕写了“奉亲”二字作为碑额，规格如此之高，那碑文的撰写者也必然要有相当的地位，还要文笔好，而且与自己家族的关系也要好，那么最合适的人应该就是欧阳修了。欧阳修是文坛盟主，官衔也很高，经常给大人物写墓志铭，但是富弼最终没有选择欧阳修，而是请另一位好朋友蔡襄来写的。富弼专门就此事给蔡襄

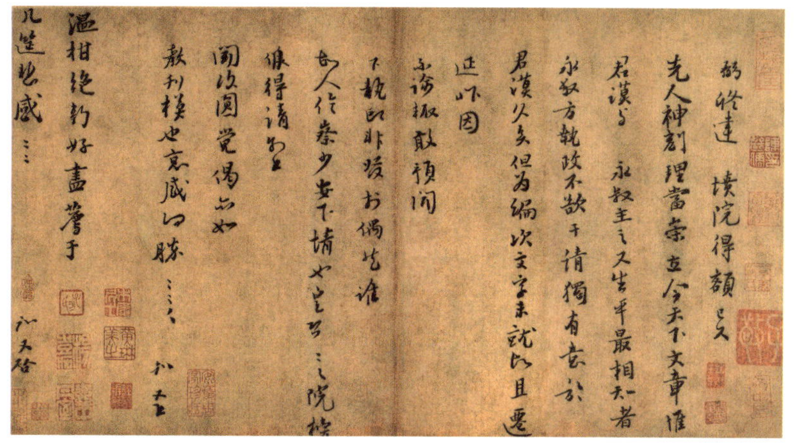

图 53 〔宋〕富弼《温柑帖》，台北故宫博物院藏。

写过一封信（即《温柑帖》，图 53），文字如下：

弼修建坟院，得额已久，先人神刻，理当崇立。

今天下文章，惟君谟与永叔主之，又生平最相知者。永叔方执政，不欲干请，独有意于君谟久矣。但为编次文字未就，故且迁延。昨因示谕，辄敢预闻下执，即非发于偶然，惟故人伦察，少安下情也。皇恐皇恐！院榜候得请，别上闻，复《圆觉偈》亦如教刊模也。哀感何胜，哀感何胜！

弼又上。（温柑绝新好，尽荐于几筵。悲感悲感。弼又启。）

大意是：我正在修建坟院，碑额早就写好了，先人的神刻理当重视，一定要找有水平的人来写碑文。我觉得当今天下就属你和欧阳修的文章最好，又跟我最交心，但欧阳修刚担任重要职务，应该很忙，不便打扰，所以就想请你来写，只是由于生平资料还没有准备好，所以一直拖到现在。最近收到你的慰问信，我才敢和你说起这件事，这不是一时兴起，而是替逝者多方考虑，也让我自己于心有所安。等坟院榜文拟好我再给你写信。另外，还想请你抄一份《圆觉经》的偈颂，一起刻石。悲哀的心情实在难以忍受啊！另外，你送的温柑非常新鲜，品质绝好，都供在灵座上了。

信中提到的“坟院”就是富弼为父母修建的“功德院”，“院榜”是院子正门两边的榜文，也就是我们常见的对联。蔡襄送的“温柑”应该是温州的一种柑橘，因为富弼祖籍是浙江温州的文成县，富弼父母按理应葬于此。

富弼为什么没有请更适合的欧阳修来写，而是请的蔡襄呢？真的是像信中说的那样，因为欧阳修刚上任，比较忙吗？另外，为什么身为宰相的富弼选定了蔡襄却一直拖着不敢说，而要等到蔡襄主动送来慰问信和礼品之后才提起此来？

王佐之才

在一次私人宴会上，几位长者互相酬唱雅集，二十多岁的富弼规矩地坐在一旁观看。他不知道，有个人已经暗中关注他很久了，这个人就是晏殊。晏殊之前就听范仲淹说富弼有“王佐之才”，现在当面见到，确证范仲淹所言不虚，于是悄悄问旁边的范仲淹：“此人是否婚配？”范仲淹说：“尚未婚配。”晏殊听了心中一阵窃喜，因为他有一个女儿正待字闺中。范仲淹见晏殊有意，就和朋友们从中撮合，成就了富弼和晏殊女儿的这桩美事。当时晏殊已经是省一级的高官了，后又官至宰相。富弼后来位极人臣，晏殊的力量应是不可忽视的。

宋夏战争爆发后，北方的辽国趁火打劫，向宋朝要钱要土地，还说若不满足要求就兴兵讨伐。宋辽自“澶渊之盟”后数十年无战事，若此时闹出事来，宋朝将两面受敌，难以招架，于是赶紧派人与辽国谈判。由于事关重大，很多人不敢接这个差事，一旦出了什么差池，使者不仅将被治罪，甚至有性命之忧。最后，宰相吕夷简推荐了富弼。这并非因为吕夷简赏识富弼，而是因为富弼在一次秉公执法时得罪过他，他就故意把富弼往火坑里推。

时任谏官的欧阳修和富弼是好友，他赶紧给皇帝上书，请求不让富弼出使辽国，并以唐朝大臣颜真卿遇害的故事做类比。颜真卿被宰相卢杞排挤，被安排出使淮宁节度使李希烈，后被李希烈扣押并杀害。吕夷简看到欧阳修这篇奏章后扣押了下来，没有上报给仁宗。

富弼却毫无畏惧之心，勇敢接下了这趟差使。在这次艰难的多轮谈判中，富弼表现出了卓越的胆识和政治才能：不仅回绝了辽国提出的各种不合理要求，还拆解了自己人设置的陷阱，最后解除了两国开战的危机，还没有丧权辱国，可谓一战成名。回朝后，富弼升任枢密副使，主管北部边境之事，并与范仲淹一起推行“庆历新政”。

新政失败后，富弼被贬到地方上工作。在地方上的十年间，富弼政绩卓越，于至和二年（1055）与文彦博一起被任命为宰相。任命公示那天，百官庆贺。三年后，文彦博下台，韩琦与富弼共任宰相。富弼为相期间，秉公办事，守礼守法，百官各安其职，天下太平无事。

政治形势的微妙变化

在宰相位子上安稳任职六年之后，富弼回乡守母孝，然后事情就发生了微妙的变化。富弼发现韩琦开始频繁地在重要位置上安插自己人，比如他把蔡襄推上三司使的位置，然后又将欧阳修推到副宰相的位置上，这很明显是趁自己回乡守孝，开始逐步地孤立自己，以便独霸宰相之位。

韩琦这种做法符合他一贯强势的作风，富弼虽然很不悦，但自己不在其位，也无能为力。其实富弼是有机会提前回朝的，因为出于工作需要，高级别官员的服丧期是可以随时结束的，而且皇帝已经有意让富弼提前回朝上班。但富弼是个原则性很强的人，他觉得不到万不得已，不能改变礼节，所以就坚持在家服丧。

如此一来，该找谁为母亲写碑文成了一个难题。本来欧阳修是最佳人选，但现在韩琦和自己成了一山不容二虎的竞争者，欧阳修和蔡襄都已经被韩琦拉了过去，特别是欧阳修已经成了韩琦的左膀右臂，现在再找他们帮这个忙，还合适吗？即便自己不介意，他们二人现在对自己会是什么态度呢？

正当富弼犹豫不决之际，蔡襄送慰问信来了，还顺便送了一些温柑。富弼感觉很宽慰，这说明蔡襄并没有因为韩琦和自己的争斗而疏远自己，就请蔡襄来写吧，富弼下定了决心。虽然这个问题解决了，但不难想象，富弼在信里说蔡襄和欧阳修是“生平最相知者”时，内心是多么凄凉和无奈了。

两年后，富弼服丧完毕，回朝后没有按惯例复任宰相，而是担任枢密使，这显然是韩琦捣的鬼。此时英宗已经即位，韩琦有拥立之功，大权在握，自然不肯再与富弼分享宰相之位。富弼无可奈何，他不想再与韩琦共事，就不停地给英宗皇帝上书请求辞职，后来英宗允许他到河阳（今河南孟州西）任职。直到神宗上台，韩琦辞去宰相之位，富弼才重新回朝，并再次担任宰相。

受连累的女婿

富弼在政治上受压制，也影响到了他的家里人。受影响的倒不是他的儿子们，因为他的几个儿子都没什么大出息，真正受影响的是他的女婿。富弼的两个女儿先后嫁给了同一个丈夫，那就是宋代“连中三元”（即州试、省试、殿试都是第一名）的超级大学霸冯京，此后的宋朝二百余年再没出现过这种状元。

冯京（1021—1094），字当世，鄂州江夏（约今武汉一带）人。冯京的父亲是商人，去世得早，他也没有官场故旧可以帮衬，所以中进士之前比较落魄，经常处于流浪状态。流浪久了，故事也就多了。

有一次冯京在余杭因拖欠房租被抓进官府，他用一句“吁嗟天下苍生眼，不识男儿未济中”打动了抓捕他的人，就这么把自己给救了。在安徽霍山时，饥饿的冯京偷了寺院里的一只狗煮来充饥，又被抓进官府。他说自己是穷读书人，实在饿得没办法了才偷狗，知县不信，让他写《偷狗赋》。冯京挥笔立就，精彩的文笔让知县大人击节叹赏，于是他又把自己给救了。

28岁时，冯京终于结束了自己的流浪生涯，因为他中状元了，而且是罕见的“连中三元”。他的同科进士有著名画家文同、范仲淹的儿子范纯仁、黄庭坚的舅父李常、黄庭坚的第一任岳父孙莘老，还有后来成为哲宗朝宰相的吕大防等，基本都是北宋中后期的大人物。

冯京瞬间从流浪青年变成了征婚圈里抢手的香饽饽，令开封城里多少富贵人家蠢蠢欲动。议论的人多了，自然就有了各种传闻。据说放榜以后，仁宗皇帝宠妃张贵妃的伯父张尧佐听说冯京还没有婚配，就强行把他拉到张府，要将自己的女儿嫁给他，并且说这是皇帝的意思，还拿出丰厚的嫁妆。冯京淡然一笑，坚定地拒绝了。如果真有这回事，那冯京这么做当然是有理由的，他并非故作清高，而是因为张尧佐的名声太差了。冯京后来娶了王丝之女王文淑，不久王文淑去世，又续娶了富弼的长女，可是不久她也去世，于是冯京又娶了富弼的次女。此时富弼还没有当宰相，但在政界的口碑是极好的。在北宋，同一人娶两姐妹的并不少见，比如王拱辰就先后娶了薛奎的三女儿和五女儿，而他的连襟欧阳修娶的是薛奎的四女儿，欧阳修还因此开王拱辰的玩笑，说他从姐夫变妹夫。

进入仕途后，冯京先在两湖地区任官，后来被调入京城。冯京在皇帝身边工作了三年，正该提升的时候，富弼拜相了，冯京作为富弼的女婿得回避，于是他又被外放了。

冯京在江宁府（今南京）待了一段时间，这期间给在京城的欧阳修寄了很多碑拓，令欧阳老先生开怀不已。不久他又被调回京城来了，此事在蔡襄写给唐询的信中有反映。其中有这样一句："近丽正之拜，禁林有嫌冯当世独以金华召，亦不须，玉堂唯此之望。"（见399页《远蒙帖》）这句话意思是：最近翰林院有新任命，冯京被授为翰林侍读学士，似乎翰林院并不乐意这次任命，是皇帝诏他回来的。其实没必要反对的，冯京还是很能胜任这个职位的。

"翰林侍读学士"是皇帝的后备顾问。冯京是连中三元的状元，担任这个工作绰绰有余，然而这个职位并不是有能力就可以担任的，还得由皇帝或重要大臣推荐才行。看样子，冯京出任这个职务并非出自翰林院的安排，而是仁宗的需要。这样一来，就有问题了。

翰林院的首领一般由宰相兼任，此时的宰相是韩琦，所以应该是他掌管翰林院。此时的翰林院成员如蔡襄、欧阳修、刘敞等，都是韩系成员，而冯京却是富弼的女婿，他不被翰林院欢迎也就可以理解了。不过，作为韩系成员的蔡襄还是认为没有必要反对冯京入职翰林院，这也看出蔡襄在政派与友情之间的立场并不是那么坚定的，也就可以理解为什么会是他为富弼的母亲写碑文。

回到京城的冯京过得并不如意，这不难理解，后来他权知开封府后也没有拜访宰相韩琦。韩大人不高兴了，就对富弼说："你这女婿有点傲慢啊，几个月都不来丞相府。"富弼赶紧让冯京去拜见，冯京对韩琦解释说："您是宰相，我是从官，不能随便登门拜访的。"以这种理由解释，不难想象韩琦是多么不爽了。不久，冯京请求外放，新上任的英宗询问韩琦如何处理，韩琦顺水推舟，冯京就被外放陕西任安抚使，那里正是北宋与西夏交界的地区。

翁婿共进退

一个流浪青年经过努力成为状元，又成为宰相的女婿，按理应该是前途无量的，但冯京却因为是宰相的女婿而受牵连，不能得到应有的仕途发展。但金子终究要发光的，神宗即位后欲改弦更张，韩琦被迫辞相，富弼重回宰相之位，冯京也重回翰林院，并担任御史中丞，相当于监察系统的一把手。

图 54 宋代《富弼墓志盖》，此墓志的志盖“宋开府仪同三司守司徒致仕韩国公赠太尉谥文忠富公墓铭”为司马光亲笔篆书，是司马光极其罕见的篆书书迹。

后来，神宗任用王安石为副宰相，开始变法，富弼因反对变法而辞去宰相之位，到地方任职，后来他在地方上也拒绝执行新法，屡次被变法派刁难，只好告老还乡。（图 54、55）冯京的政见与岳父一致，也反对变法，所以王安石也想把他赶出京城。但神宗信任冯京，不仅没有外放，还将他升为枢密副使，后又升为参知政事（即副宰相）。变法派见正常手段无法撼动冯京的地位，就动起了歪心思，他们污蔑冯京想夺取王安石的宰相之位，神宗就把冯京外放了。后来神宗发现他是被冤枉的，非常后悔，还在梦里梦到他，就想召他回来，但冯京称病未归。

哲宗即位时，很多朝廷重臣又推荐冯京担任枢密使，但他已年至古稀，到了该退休的年龄，所以就以太子少师的头衔退休了。四年后冯京去世，享年 74 岁。

如果时光倒回九百多年前，那富弼的墓地之上应该也有一座“功德院”，院内也会有一座神道碑，碑额是哲宗皇帝御篆的“显忠尚德之碑”，碑文则由苏轼以楷书撰写。

图 55　宋代《富弼墓志》及局部，墓志全文 7000 多字，由当时的资政殿学士通仪大夫韩维撰文，端明殿学士兼翰林孙永书丹。这是中原地区迄今出土的一方尺寸最大、志文最多的墓志。这座墓葬的发掘为研究北宋仁宗时期政治、经济、历史、文化和丧葬制度等，提供了重要的实物资料。

司马光与恩师庞籍

司马光（1027—1097）只有一位亲兄弟，即哥哥司马旦。司马旦比司马光年长14岁，他靠父亲的恩荫进入仕途，一生做的都是小官。司马旦待司马光非常好，司马光的儿子早亡之后，司马旦还把幼子司马康过继给他，两人“友爱始终”，司马光每年都会回去看望。

司马旦有个儿子名司马富，司马富被朝廷录用，并被派往宁州（今甘肃宁县）守边。司马光考虑到哥哥和嫂子都已经七八十岁了，需要人照顾，就劝他留在家中，不要去宁州上任，还帮他向朝廷写了申请，朝廷也同意了。可没想到司马富不想这样做，他自己偷偷跑去宁州赴任了。这不仅忤逆了司马光的意思，还把司马光置于尴尬的境地。司马光火了，写信把司马富臭骂一顿，并命他赶紧辞官回家孝养父母，此信（即《宁州帖》，图56）文字如下：

十月五日，宁州兵士来，知汝决须赴任。十二日程暹父来，方知汝竟不曾下侍养文字，彼交代催汝赴任是何意？岂非要交割大虫尾？我书书令汝更下一状，汝终不肯，父母年七八十岁，又多疾，

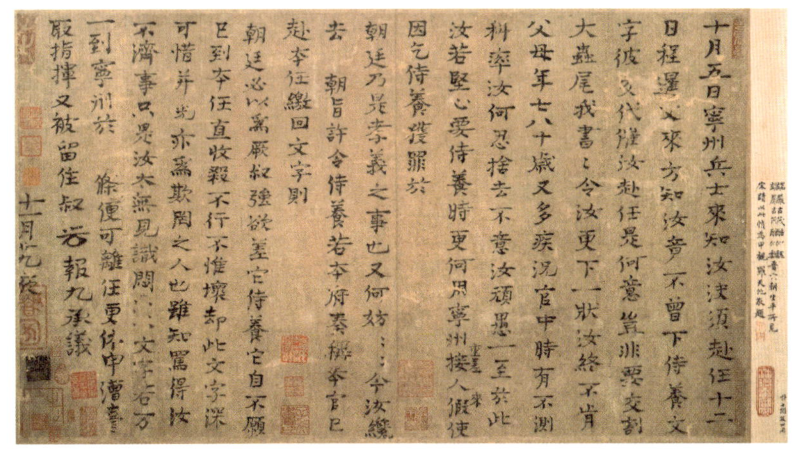
十月五日寧州兵士來知汝決須赴任十二
日程暹父來方知汝竟不曾下侍養文
字彼又催汝赴任是何意豈非要交割
大蟲尾我書之令汝更下一狀汝終不肯
父母年七八十歲又多疾況官中時有不測
料率汝何忍捨去不意汝頑愚一至於此
汝若堅心要侍養時更何用寧州重差接人來假使
因乞侍養獲罪於
朝廷乃是孝義之事也又何妨何妨今汝纔
去朝旨許令侍養若本府奏稱本官已
赴本任繳回文字則
朝廷必以為厥叔強欲差它侍養它自不願
已到本任直收殺不行不惟壞却此文字深
可惜并光亦為欺罔之人也雖知罵得汝
不濟事只是汝太無見識悶悶悶悶悶文字若万
一到寧州於條便可離任更休申漕臺
取指揮又被留住叔光報九承議
十一月廿九夜

图 56 〔宋〕司马光《宁州帖》，上海博物馆藏。

况官中时有不测科率，汝何忍舍去？不意汝顽愚一至于此。汝若坚心要侍养时，更何用宁州重差接人来。假使因乞侍养获罪于朝廷，乃是孝义之事也，又何妨何妨。

今汝才去，朝旨许令侍养，若本府奏称本官已赴本任，缴回文字，则朝廷必以为厥叔强欲差它侍养，它自不愿，已到本任，直收杀不行，不惟坏却此文字深可惜，并光亦为欺罔之人也。

虽知骂得汝不济事，只是汝太无见识，闷闷闷闷闷！文字若万一到宁州于条便可离任，更休申漕台取指挥，又被留住。

叔光报九承议。十一月廿九夜。

信的大意是：十月五日，宁州有兵士来我这里，听说你坚决要去赴任。十二日程暹父来了，我才知道你居然没有向朝廷提交请求回家侍奉父母的申请书。他让我催你赴任是什么意思？岂不是要交割大虫尾这个地方让你守卫？我之前给你写信，让你再写一份奏状，你就是不肯。你父母都七八十岁了，身体又不好，官府还时不时有征缴摊派，你怎么忍心抛下他们不管？想不到你顽固愚蠢到这个地步！假如你坚持要回家侍养父母，宁州又怎么会派人来接你？假如你因为申请回家侍养父母而被朝廷怪罪，那是孝义之事，有什么关系？现在你刚刚离开，朝廷已经下旨同意你回乡侍奉父母。假如你们的知府上奏说你已经到任，把相关文件上报给朝廷，那朝廷一定以为是你叔叔我强迫你回去侍养，而你却不愿意，已经上任了。这样朝廷自然就会收回让你回乡侍亲的批示，那不但我帮你写的申请没用了，就连我也变成欺君罔上之人了。我知道骂你也不管用，但是你太没有见识了，气死我了！若是文字到了宁州，一有机会就离任，不要向领导申请指挥权，免得又被留住。叔司马光致信九承议郎。十一月二十九日夜。

以现代的观点来看，司马光的做法未免太过“粗暴”，但宋代官场特别重视孝道，而司马光又是重视礼节的人，把孝道置于仕途之前是司马光一生的原则，他自己也是这样做的。

司马光 19 岁那年考中进士并留在京城工作，这种待遇很难得，因为一般情况下进士都要先到地方上起步。但是司马光却辞退了这份工作，申请到苏州工作，因为他的父亲司马池在杭州任知州，马上就 60 岁了，司马光想就近侍奉父母。（图 57）

父辈的交情

司马光的祖父大约出生于北宋建立之初，与寇准（961—1023）

图 57 〔明〕仇英《独乐园图》局部，美国克利夫兰艺术博物馆藏。司马光离开京城到洛阳以后，修建了一个私人小园林，名为“独乐园”，仇英将其画成《独乐园图》，其中有一处“读书堂”，是司马光主持编修《资治通鉴》的处所。

年龄差不多，是北宋早期为数不多的进士之一，但由于朝中无人帮衬，他做的最大的官也只是一名县令。司马光的父亲司马池（980—1041）也考中了进士，因为没有人提携，很长一段时间都在地方上轮岗，直到后来他的上司盛度（968—1041）升任宰相，他被盛度推荐为秘书省著作佐郎，成为一名京官，命运才改变了。

后来，群牧判官这个岗位缺人了。群牧判官隶属于群牧司，是管理全国马匹的机构。在宋朝，马匹是当时重要的战略物资，群牧司是军队的重要后勤部门，隶属于枢密院，一把手往往由枢密使或枢密副使兼任。群牧判官虽然不是朝廷大员，却是手里直接掌握重要资源的官员，所以各方势力就开始让自己人去填缺。

当时年幼的仁宗皇帝刚刚即位，实际掌权的人是皇太后刘娥，刘娥就递条子给宰相曹利用，想把自己的人安置进来。曹利用对皇太后很不满，为了挡住她伸过来的手，曹利用想了一个办法，他把条子退还给皇太后，还补写了一张，建议从家世清寒并且人品好、有能力的基层干部中选拔。刘娥知道曹利用的用意，但这个建议没毛病，刘娥也只能同意，于是有两个人被选中了，他们是司马池和庞籍（988—1063）。

其实司马池和庞籍两人的家世本来并不贫寒，他们的父亲去世时都留有家产，但是这两个人在分家产时都没有起贪念，将父亲的遗产让给了兄弟们，俸禄就成了他们唯一的经济来源。而宋代基层官员的工资往往仅够养家糊口，所以这两个人就沦为清贫一族了。

司马池命运的转折不仅仅是升任了群牧判官这个职位，更重要的是收获了一生中最重要的一个朋友，即后来成为宰相的庞籍。

庞籍比司马池小 8 岁，他们两人不仅成为同事和朋友，还成了邻居，他们的孩子也成了朋友。庞籍的长子叫庞之道（1015—1047），比司马池的小儿子司马光年长 4 岁。庞之道很聪明，司马光在他面前总觉得很自卑，但庞籍却看到了司马光身上的优点。这个不到 10 岁的孩子非常稳重，成熟得像个思想深邃的成年人，对史学和经学有非常独到的见解，所以庞籍就将司马光收做自己的学生。

情同父子的师徒

司马光 19 岁那年考中进士甲科，也就是进士的第一档，为未来的仕途赢得了第一个重要的筹码，因为重要官员一般都会在甲科中产生。司马光的第一份工作是奉礼郎，主要负责礼仪工作。这个工作很适合司马光，因为他对古代礼法颇有研究，礼学后来也成为他工作时一个重要的参照系。这个工作还有一个好处是工作地点在京城，但是司马光却辞退了这份工作，申请到苏州工作，以便就近侍奉父母。司马光的这个决定为他赢得了孝义而不贪爵禄的好名声，这在注重口碑的仁宗朝来说，是非常重要的官资。

不久，宋朝三十年无战事的局面被西夏的李元昊打破了，一时之间众多有才能的人都被调往宋夏边境上，庞籍也是其中的一员，与范仲淹、韩琦一样，他也负责防守一个片区。不久，司马池病逝，享年 61 岁。从此，庞籍就把司马光当亲儿子一样教导和爱护。

庞籍因在西北战区功绩卓越，又没有卷入当时的政治斗争，所以从战区回来后得到升迁。“庆历新政”结束后，56 岁的庞籍担任枢密副使，正式步入两府大臣之列。就在此时，庞籍最钟爱的长子庞之道英年早逝，年仅 32 岁。失去儿子的庞籍对司马光更加关爱了。

司马光丁忧满期后，庞籍十分关注他的仕途。在司马光担任了几任小官作为过渡之后，庞籍就想办法推荐他担任馆阁校勘，同时在太常礼院任职，这份工作既能发挥司马光的专业特长，也是官阶晋升的重要通道。

替司马光“背锅”

皇祐三年（1051），63 岁的庞籍升任宰相，不久却因为道士赵清贶事件受牵连而离开权力中心。至和二年（1055），67 岁的庞籍被外放到河东路担任经略安抚使，坐镇并州。司马光毅然舍弃自己的前程，追随恩师去了并州。

在庞籍辖区内的麟州，有一片与西夏接壤的荒地被西夏人耕种了，西夏还派了三万守军镇守此地，宋朝方面为了不起冲突，一直没管。有一回，庞籍派司马光去巡边，司马光巡到麟州时，当地守将跟他报告说西夏的三万守军撤了，应该趁机把那片地收回来，然后修筑堡垒，派兵驻扎。司马光也支持这个想法，就回并州跟庞籍汇报，庞籍也同意了。公文下发给麟州守将时，西夏的三万守军又回来了，按说此时就该停止收复失地的计划，但麟州守将还是率一千多宋兵跟西夏兵交战，结果惨败。

虽然这场战事不大，但是牵扯到政治斗争的话，事情就会变得很严重。庞籍作为河东路最高长官，自然难辞其咎，但他已经年过七十了，仕途已经走到了尽头，没什么好在乎的，可司马光还年轻，他不想让司马光的履历上留下任何污点。为了保持司马光政治生命的清白，庞籍把他参与这件事的相关证据都销毁得干干净净，把所有过错都揽到自己头上。庞籍的舐犊深情令司马光终生难忘。庞籍去世以后，司马光一直把庞籍的夫人当作母亲来看待，他在庞籍的墓志铭中说："光受公恩如此其大，灭身不足以报。"[1] 能感觉出这是肺腑之言。

不负恩师厚望

司马光在未来的政治生涯中没有辜负恩师庞籍的苦心。嘉祐三年（1058），39 岁的司马光被任命为起居舍人，负责记录皇帝的言行，同时还兼任谏官，这两项工作都直接跟皇帝打交道，是晋升的重要通道。做谏官很容易得罪人，但是司马光秉公直言，甚至还大胆论及敏感的皇位继承人问题。

仁宗逝世，英宗即位，宰相韩琦独揽大权，司马光的谏言经常

1 〔宋〕司马光撰《司马文正公传家集（下）》卷七十六，商务印书馆，1937，936 页。

不被理睬，无奈之下辞去谏官职位，在洛阳专心研究自己的学问，不久就将自己编的八卷本《通志》呈送给英宗皇帝。这套书的内容基本上来自《史记》，但降低了故事性，增加了史料，而且以时间为线索，以事件为单位，条理非常清晰，还总结出许多经验教训供统治者借鉴。英宗大为赞赏，觉得这套书可以成为执政的参考书，于是命令司马光继续往下编。

神宗即位后，宰相韩琦退位，欧阳修极力向神宗推荐司马光。于是神宗任司马光为翰林学士，不久又任命他为御史中丞，让他担任中央监察部门的大领导。神宗任用王安石变法图强，也希望司马光能助自己一臂之力，还将他升任枢密副使。司马光并不反对变法，但是他不赞同王安石的新法，也不想参与新法实施，就拒绝上任，而是申请到西北的永兴军守边。临行前，执拗的司马光请求神宗免除永兴军的青苗法，还是要跟变法唱对台戏，神宗没有同意。

在永兴军，司马光不想被迫执行新法，可是自己的理念又行不通，在勉强支撑了一段时间后，他索性退出政坛，到洛阳专心编书。

元丰二年（1079）八月的最后一天，一个叫陈师仲的年轻人来到洛阳，找到了在这里“隐居”的司马光。陈师仲拿着爷爷陈洎的诗稿请司马光题跋，陈洎是司马光父辈中人，与司马光的老师庞籍是好朋友。司马光见到这幅诗卷非常感慨，就题了一段跋（即《天圣帖》，图58），文字如下：

天圣中，先太尉与故相国庞公同为群牧判官，故省副陈公与庞公善，光以孺子得拜陈公于榻下。

元丰二年八月乙丑晦。陈公之孙法曹过洛，以公手书诗稿相示，

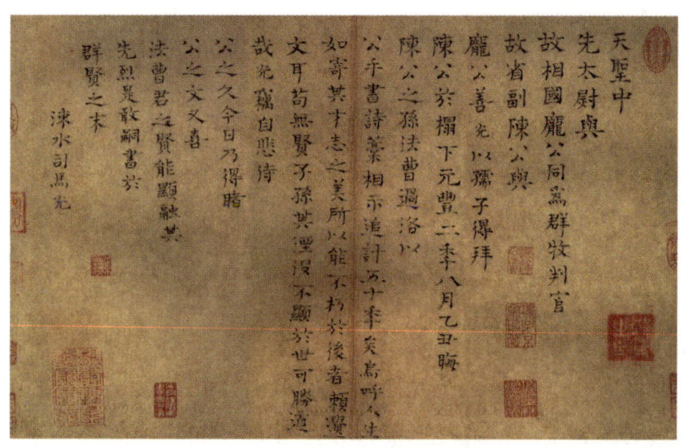

图 58 〔宋〕司马光《天圣帖》，台北故宫博物院藏。

追计五十年矣。

乌呼！人生如寄，其才志之美，所以能不朽于后者，赖遗文耳。苟无贤子孙，其湮没不显于世，可胜道哉！光窃自悲侍公之久，今日乃得睹公之文，又喜法曹君之贤，能显融其先烈，是敢嗣书于群贤之末。涑水司马光。

这段话意思是：在仁宗天圣年间，我的父亲和前宰相庞籍都担任群牧判官一职。已经去世的三司副使陈洎与庞公是好朋友，我小的时候也曾拜见过陈公。元丰二年（1079）八月的最后一天，陈公担任法曹的孙子路过洛阳，将陈公的亲笔诗稿拿给我看。想来（距我拜见陈公）已经有五十年了。唉！人的一生需要寄托于某样东西才能长存，一个人美好的才志之所以能传诵于后世，都是靠他留下的文章。如果没有孝子贤孙保存这些文章，那他们的人生就被淹没在尘世中了，这样的事太多了。我很难过，认识陈公这么久，今日

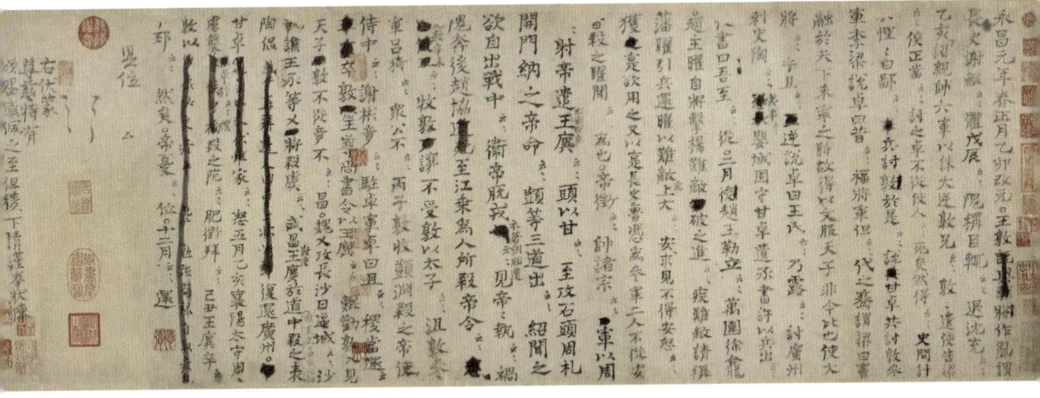

图 59 〔宋〕司马光《资治通鉴》残稿，中国国家图书馆藏。世界上仅留的司马光手稿。

才见到陈公的诗文；我又很开心，法曹君这么贤能，能显扬其祖辈。这就是我为什么胆敢在群贤的题跋后面再题跋的原因。

司马光在洛阳一待就是十五年。元丰七年，65 岁的司马光终于完成了自己的著作，神宗觉得这套书“有鉴于往事，以资于治道”，赐书名《资治通鉴》（图 59），司马光因此而与司马迁并称为“史学两司马”。

多年伏案编书的生活已经让司马光的身体衰朽不堪，但他的生命并未终于学术。在完成《资治通鉴》的第二年，神宗去世，年仅十岁的哲宗即位，太皇太后高滔滔掌权，起用 67 岁的司马光为相，司马光在生命的最后时刻登上了仕途巅峰。他知道自己时日不多，用最短的时间废除了各项新法，然后与世长辞，享年 68 岁。对于他晚年在政治上的作为，后世有各种不同甚至截然对立的评价，但对司马光来说，他终于完成了自己的政治夙愿，为自己的一生画上了圆满的句号。

宰相世家里的家贼

北宋口碑最好的皇帝当属仁宗了，仁宗朝最有名的宰相是吕夷简。吕夷简家族在有宋一代可谓鼎盛不衰，吕夷简的祖辈即在朝为官，他的叔父吕蒙正（944—1011）是真宗朝有名的宰相。在吕蒙正的帮助下，吕夷简的仕途在真宗朝稳步上升，到了仁宗朝又深得刘娥皇太后和仁宗皇帝的信任，前前后后在宰相的位置上待了十几年，这在频繁换相的宋朝实属难得。吕夷简的长子吕公绰（999—1055）、次子吕公弼（1007—1073）和三子吕公著（1018—1089）都是名臣，其中吕公著在哲宗朝时又官拜宰相，吕氏家族真可谓宰相世家了。

多年身居宰相之位的吕夷简掌控了很多官员的升迁，所以很多人都想办法跟他的儿子们求官或咨询仕途发展之事，以至于吕公绰和吕公弼流传至今的墨迹都和仕途咨询有关，如吕公绰帮人分析仕途的一封信（即《致邃卿学士尺牍》，图 60），文字如下：

公绰再拜：人事匆匆，日不暇给。两辱真诲，久阙报章。思咏之怀，愧觋之极，非一二可殚也。

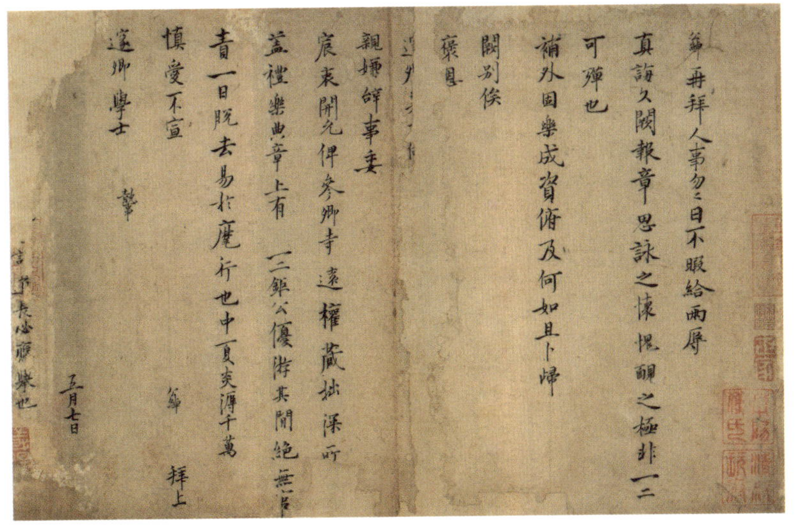

公綽再拜人事匆匆日不暇給兩辱
真誨久闕報章思詠之懷悒悒之極非一二
可殫也
補外固樂成資俯及何如且卜歸
闕別俟
褒恩
親嫌辭事委
宸衷開允俾參卿寺遠權藏拙深所
蓋禮樂典章上有一二鉅公優游其間絕無官
責一日脫去易於麾行也中夏炎溽千萬
慎愛不宣
公綽 拜上
邃卿學士 執事
五月七日
道長必應舉也

图 60 〔宋〕吕公绰《致邃卿学士尺牍》，台北故宫博物院藏。

补外固乐成资，俯及何如？且卜归阙，别俟褒恩。邃卿□□□亲嫌，辞事委，宸衷开允，俾参卿寺，远权藏拙，深所□□。盖礼乐典章，上有一二钜公，优游其间，绝无官责。一日脱去，易于麾行也。中夏炎溽，千万慎爱，不宣。

公绰拜上，邃卿学士执事。五月七日。□□道长必应举也。

信中有些字迹已脱落，根据所存字迹推测大意是：我最近人事繁杂，每天匆匆忙忙。收到你两封来信，都没顾上回复，其实非常想念你，真是深感抱歉。总之，一言难尽啊！在外任官固然可以积累资历，但还能带来别的什么吗？还是择日回京吧，再等待朝廷其他的褒奖和恩赐。邃卿你一向为官不徇私，做事有担当，所以皇上才同意你在太常寺任职，远离权力核心，藏愚守拙，其实是对你非

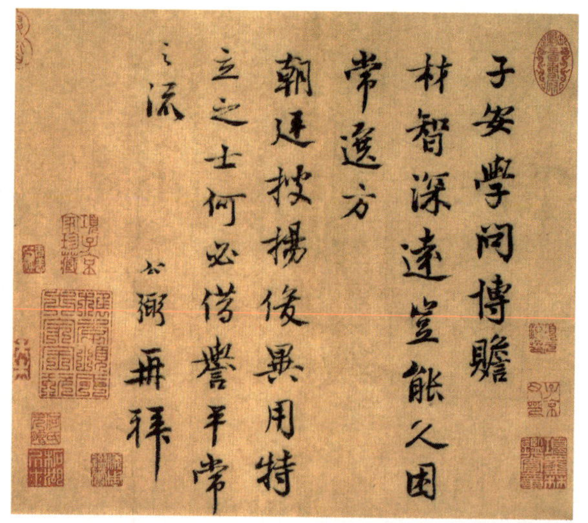
子安學問博贍
材智深遠豈能久困
常選方
朝廷搜揚俊異用特
立之士何必借譽平常
之流 公弼再拜

图 61 〔宋〕吕公弼《子安帖》，台北故宫博物院藏。

常爱护。从事礼乐典章方面的工作，上面有主事的大领导，你乐得清闲，又不用承担重要责任。任满之后，还很容易升任重要官职。正值仲夏，天气炎热，一定要多多保重。公绰拜上，邃卿学士执事。五月七日。……长大后一定会考中进士的。

另外还有一封是吕公弼和人谈及仕途发展的信（即《子安帖》，图 61），文字如下：

子安学问博赡，材智深远，岂能久困常选？方朝廷搜扬俊异，用特立之士，何必借誉平常之流。公弼再拜。

这封信大意是：子安你学问渊博，才智深远，岂能长久困于官员选拔制度？现在朝廷搜寻选拔杰出的年轻人，重用有特殊才能的

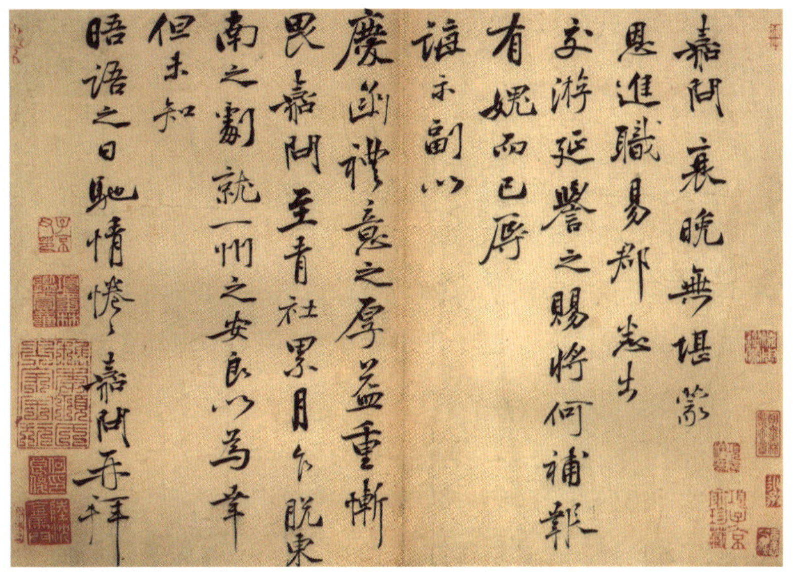

图 62 〔宋〕吕嘉问《蒙恩帖》，台北故宫博物院藏。

人，你又何必非要借助我这个平常人的赞誉来获得提升呢？

吕公弼也是一位有宰辅之器的大臣，仁宗皇帝曾将他的名字刻在石柱上，意指他可为国之栋梁，而吕公弼果然不负众望，在神宗朝做到了枢密使，地位仅次于宰相。本来他也有机会晋升宰相，但是却被一位家贼给断送了前程，这位家贼就是吕公弼的从孙吕嘉问。

吕嘉问也有一封谈及仕途的信（即《蒙恩帖》，又称《衰晚帖》，图 62），不过谈的是吕嘉问自己的仕途，文字如下：

嘉问衰晚无堪，蒙恩进职易郡，悉出交游延誉之赐，将何补报。有愧而已。辱诲示，副以庆函，礼意之厚，益重惭畏。

嘉问至青社累月，乍脱东南之剧，就一州之安，良以为幸，但未知晤语之日。驰情惓惓，嘉问再拜。

这封信的大意是：我已经衰老不堪，蒙朝廷恩典，给我升职并换了地方。你在朋友们当中夸奖我，我该拿什么来回报你呢？真是惭愧。谢谢你来信祝贺我，这么深厚的情意让我更加惭愧。我到青州已经几个月了，突然脱离东南地区繁忙的工作，来到这个地方享受安逸，实在是很幸运，只是不知道咱们何时还能再见面聊天。对你的思念绵绵不断，嘉问再拜！

吕嘉问提到的工作变动是指他从江淮荆浙路发运使调任青州知州，此时他已经比较年老，经历了朝堂几代当权者的党争和大起大落后，变得平和多了，但他的命运却不掌握在自己手中，即便到了晚年仍在浮浮沉沉。吕嘉问在很年轻的时候为了仕途出卖了叔爷爷吕公弼，投奔王安石，这恐怕是他一生中唯一一次为自己的命运做主，之后，就被彻底裹挟在当时浮沉变幻的政治旋涡中。

背叛家族，谋取政治资本

63 岁的枢密使吕公弼在书房里奋笔疾书，他要起草一份奏章，然后偷偷交给神宗皇帝。枢密使是掌管全国军务的大臣，地位仅次于宰相，为什么给皇帝上书还要偷偷地呢？因为他要避开一个人，那就是正在大张旗鼓搞变法的宰相王安石。

吕公弼不同意王安石的变法主张，但也知道自己说服不了这位“拗相公”，没准还会被看作变法的反对派给搞掉，就决定绕过他，

图 63　宋代“交子”。仁宗皇帝的养母刘娥是真宗皇帝的皇后，她被称为是有武则天之才而无武则天之恶的杰出女性。在她听政期间，发行了世界上最早的纸币“交子”，比西方纸币早了600 多年，解决了货币与物资流通中的许多问题，是货币史上的重大改革。

直接向年轻的神宗皇帝上书，详细阐述变法的各种危害。奏章起草完成后，吕公弼就去睡觉了。夜深之后，吕嘉问偷偷潜入吕公弼的书房，径直来到吕公弼的书桌前拿走了桌上那张纸。

第二天，这张纸就到了王安石手里，王安石又将这张纸交给了神宗皇帝，说吕公弼反对变法，应该治他的罪。神宗是坚定支持王安石变法的，虽然他想保吕公弼，但白纸黑字摆到眼前了，他也不得不采取措施了，所以吕公弼就被定为变法的反对分子，被罢免了枢密使一职，他的政治生涯从此开始走下坡路。因为这件事，吕嘉问激怒了整个家族，被当作家贼给开除出吕氏家族了。

为了自己的政治前途，吕嘉问的确舍得下血本，他那代价巨大的“投名状”获得了王安石的认可，他被任命为负责校定新法条例的官员，接着又被破格提拔为三司的户部判官，协助管理全国的租赋工作。（图 63）为何说是破格提拔呢？一般来讲，像户部判官这样的职位要由在地方上任过大员，比如转运使（类似于省长）或提点刑狱（类似于省级检察院检察长或公安厅厅长）这种官职的人才能担任。吕嘉问没有这样的经历，之前只是在朝廷负责一些比较基层的财政和仓储方面的工作，但是他有坚定的改革意向，能将改革精神最直接地贯彻到工作中去，这令王安石非常满意。

图 64　宋代铜权，故宫博物院藏。铜权是指用铜做的秤砣。在王安石改革的“市易法”中，很多地方要用到秤砣，许多案件也因此而产生。

很快就有人告吕嘉问的状，说他工作态度过于蛮横，还说他手下人暴力执法。这些消息很快就传到神宗皇帝的耳朵里了，神宗就旁敲侧击地问王安石，王安石不仅力保吕嘉问，还推举他负责开封城里的市易务。（图 64）

市易务是为推行新法中的市易法而设置的一个机构，虽然管理经济工作，却不受三司使管辖，主要任务是以朝廷的名义收购滞销商品，到需求旺盛的时候再售卖或赊给商人，商人在一定时间内连本带利还给朝廷，过期不还者要受到一定的处罚。朝廷还拨了一百万缗给市易务做本金，可见王安石对吕嘉问的重视。

不久，负责监察工作的御史台就开始举报吕嘉问工作苛杂，搜刮过多。不过有神宗皇帝和宰相王安石撑腰，弹劾奏章都被压下来了，吕嘉问也一鼓作气将新法执行到底，帮朝廷赚了很多钱。王安石非常高兴，将成功经验推广到全国，在重要城市都设置市易务，然后将开封城里的市易务提升为市易司，管理全国的市易务，负责人仍然是吕嘉问。

变法受挫，遭受旧党攻击

除了帮王安石大刀阔斧地推动经济改革外，吕嘉问还与王安石的儿子王雱结成了儿女亲家，工作起来更加有恃无恐，但同时也更招致守旧派的攻击。一开始，守旧派还只是打打小报告，比如有人跟神宗皇帝说，自从有了市易务，很多东西都变贵了，神宗皇帝就怀疑市易法真的不好，王安石都找理由解释过去了。慢慢地，御史台发出来的弹劾就指名道姓了，到最后，就发展为刑事诉讼了。即便如此，只要有皇帝撑腰，问题就不大，但问题是神宗皇帝对变法不像王安石那样坚决，在变法显现弊病和反对派的各种攻击席卷而来时，神宗对新法的态度就会不明确，甚至前后相悖。这样的话，吕嘉问的麻烦就大了。

熙宁七年（1074），因为旱灾出现大量流民，神宗对变法的态度开始动摇，加之各方势力对变法集体围攻，神宗终于罢了王安石的宰相之位。王安石离京时，吕嘉问与之泣别，王安石说："我已经把你托付给吕惠卿了，你不会有事的。"吕嘉问果然躲过一劫。但是，当王安石第二次被罢相的时候，吕嘉问就没那么幸运了，他被贬往江宁府任知府，后来被迁往润州任知州。吕嘉问没了后台，有人就开始跟他算旧账，他接连不断地应付各种官司和调查，根本没时间管理政务，最后连知州的位子也丢了。

神宗皇帝知道吕嘉问是有功劳的，不想他被人落井下石，所以尽量安排一些与吕嘉问没有私仇的人去办案。此外，变法派并没有被全部驱逐，吕嘉问还经常能从朋友那里得到内线消息，比如一个名叫华甫申（1048—1098）的人就经常给他透露消息，因此，虽然诉讼不断，但吕嘉问还能应付。

吕嘉问真正的艰难始于神宗去世。新皇帝哲宗登基后，太皇太后高滔滔垂帘听政，变法派成员几乎全部被外放，保守派回朝，从此就开始了新旧两党你死我活的斗争。有两个人死死抠住吕嘉问的历史问题不放，后来吕嘉问就被撵到长江边的襄州任知州，没多久又就被撵过长江，到江陵府（今湖北荆州）任知府。吕嘉问是北方人，他在江陵府犯了脚气病，疼痛难忍，于是上书朝廷，请求北迁。也是合该吕嘉问转运，太皇太后高滔滔去世了，哲宗亲政。虽然此时王安石已经去世了，但哲宗继续实行王安石的新法，旧党被驱逐，新党被起用，吕嘉问北迁至河南邓州。

新法恢复，再获提携

吕嘉问从江陵府到邓州后，得知当年曾多次给他透露消息的华甫申从广州回来了。当年吕嘉问被贬之后，31 岁的华甫申也被除名了，后来在蔡京的帮助下被派往广东担任小官。吕嘉问对华甫申的遭遇深感愧疚，可是也无能为力。

华甫申这次北归途中要去一趟唐州（今河南唐河一带），唐州与吕嘉问任职的邓州相邻，吕嘉问很激动，赶紧给华甫申写了一封信（即《与元翰札》，图 65），约他来邓州相见，“元翰”是华甫申的字，这封信文字如下：

嘉问启：

在荆，足疾不可支。易邓，到方逾月。蕲水先再差去，人还，

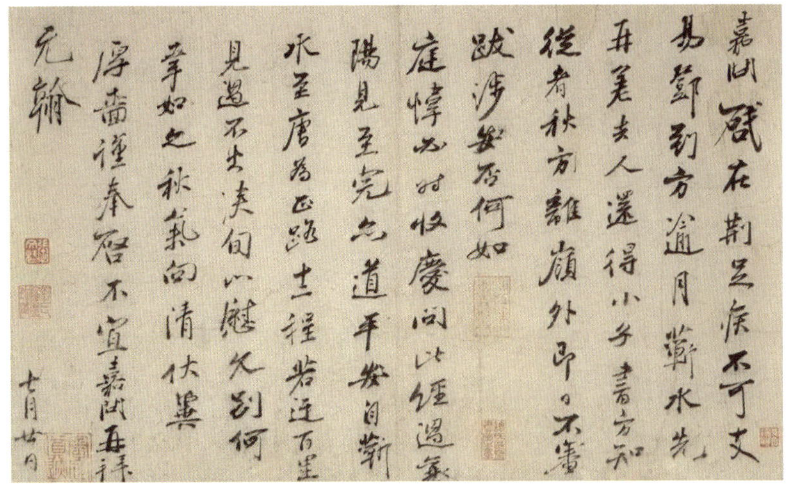

图 65 〔宋〕吕嘉问《与元翰札》，藏地不详。

得小子书，方知从者秋方离岭外。即日，不审跋涉安否？何如？庭帏必时收庆问。

比经过襄阳，见至完亦道平安。自蕲水至唐，为正路十二程。若迂百里见过，不出浃旬，心慰久别，何幸如之！

秋气向清，伏冀厚啬。谨奉启，不宣。嘉问再拜。元翰。七月廿日。

这封信大意是：我在江陵府（今湖北江陵）时，脚痛得不行了，于是朝廷将我改迁到邓州，我到这里才一个多月。我给蕲水的儿子写了信，收到他的回信后才得知你已在入秋时离开岭南。你这些天长途跋涉还好吗？情况怎么样？家里人应该经常收到你的平安信吧？我这次从江陵府到邓州路过襄阳时，见到邹浩了，他也向你道平安。从蕲水到唐州，按正常的走法是十二程（走过一个驿站或住宿地算一程）。你要是绕一百里来看我，那么十天左右咱们就能再次重逢了，真是很幸运啊。秋天越来越清冷了，你要多多保重。

这幅作品近些年在拍卖市场出现，藏处不详。信中提到的邹浩是华甫申的表弟，此人是个才子，诗文好，爱好书画，当吕嘉问被贬襄州时，他也被人弹劾而贬居襄州，吕嘉问北上路过襄州时又去看望了他，后来吕嘉问升官后还推荐了邹浩。华甫申一生都没有做到高官，年仅 50 岁就郁郁终老，好在邹浩为他写了一份详细的墓志铭，他的事迹才为后人所知。

在华甫申去世的前一年，吕嘉问由郓州（今山东东平）知州被起用为江淮荆浙路发运使。这位过气的政治明星又被起用为一方大员，而且是在全国最富裕的地区，这大概与他的政治盟友及亲戚有关，据说他攀附了同属新党的宰相章惇，章惇是王安石新法的坚定支持者。

此外，蔡京的胞弟蔡卞（1058—1117）是他的姻亲，蔡卞是王安石的女婿，而吕嘉问与王安石的儿子又是亲家，他们又都是新党。吕嘉问在这一位置上没待多久就被调到青州任知州，虽然实权降低了，但是官衔却升为宝文阁待制，从四品。到青州后，吕嘉问收到了一位朋友的贺信，就回了一封信，即前面提到的《蒙恩帖》。

第二年，得益于盟友的关照，吕嘉问的官衔继续上升，并升任开封知府，据说他在这个位置上为打击旧党做了不少恶事。不过只过了一年多他就被贬到怀州（今河南沁阳）任知州，因为他推荐的邹浩触怒宰相章惇被贬，他也被牵连。

新旧党争，晚年又遭浮沉

元符三年（1100），哲宗去世，18 岁的徽宗赵佶在向太后的支持下即位，向太后开始掌权。向太后是守旧派，章惇、蔡卞等新党都遭贬黜，吕嘉问也被罢了官。不过他的仕途仍然没有结束，向太后去世后，徽宗掌权，徽宗倾向新法，新党又被起用，徽宗任命的宰相蔡京是蔡卞的哥哥。有了蔡氏兄弟做靠山，加之其他朋友的保护，吕嘉问又被起用，官衔比之前更高，升为龙图阁学士，正三品，最后在 77 岁时去世。

吕嘉问年轻时以背叛家族为代价投入变法的王安石门下，一生共经历了神宗、哲宗、徽宗三个皇帝，中间又夹杂着两个掌权的太后。这五届掌权者，竟然每一届的执政方针都与前一届截然相反，所有人都被裹挟在新旧两党的斗争中。吕嘉问的人生也随着新旧两党的斗争跌宕起伏，新党占上风，他就升，旧党占上风，他就落。他一生被党争所裹挟，这也正是那个时代普通士大夫的一个缩影。

何人朝堂当众怒斥宰相

唐垌（jiōng）的书法始于家学，积于古帖，他的父亲唐询（1005—1064）书法就很好，是蔡襄的好友。唐垌曾写信给苏轼，请他点评古代六位书法家，苏轼从中受到较大的启发。黄庭坚（1045—1105）也认为唐垌深通古人笔意。米芾与唐垌则是亲密藏友，两人经常交流书法和藏品。台北故宫博物院有一幅唐垌名款的信札，名为《致彦远尊兄帖》或《征局冗坐帖》（图 66），文字如下：

垌启：

征局冗坐，忽辱珍翰。意快目明，殊增欣感。昨日纸再纳一番。朝夕躬请左右次，不宣。垌再拜。彦远尊兄侍史。午刻。

这封信大意如下：我在征局里无聊地坐着，忽然收到你的来信，一下子觉得心情好起来，眼睛也亮了，真是开心。麻烦再拿一些昨天那种纸。真希望每天都能见面。

职场上的唐垌却是一位奇葩人物。他靠父亲唐询的恩荫进入官

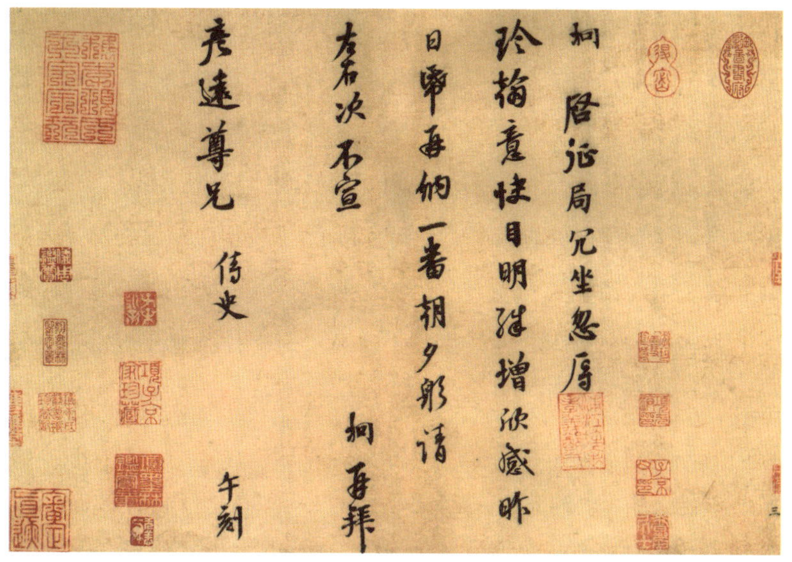

图 66 〔宋〕唐坰《致彦远尊兄帖》，台北故宫博物院藏。

场，又凭惊人的言论博取了王安石和神宗皇帝的好感而成为御史，最后大家才发现他人品堪忧，情商低下，忘恩负义，于是神宗把他贬到岭南，再也没让他回来。

朝堂呵斥王安石

熙宁五年（1072）八月的一天，24 岁的神宗皇帝上朝后不久，有一个人跪在宫殿台阶上不肯起来，请求当众说事。神宗皇帝一看跪着的人是御史唐坰，就知道他要说什么。之前唐坰已经上了二十道奏章，都是抨击新法和臭骂王安石的，神宗皇帝正在大张旗鼓地搞变法，不想听他絮叨，就命中书省把奏章都扣留了，没想到这家伙还不死心，竟然闹到朝堂上来了。神宗对他说：“改天再讲吧。”唐坰以头伏地，死活不起来，他今天是有备而来，一定要趁百官在朝的时候出口恶气。闹成这个样子，神宗皇帝只好妥协，因为他不能让众人觉得自己听不得反对意见，于是让唐坰进殿来讲。

唐坰终于争取到机会了，他对皇帝说：“我现在要讲的都是大臣的不法之事，请让我一条一条讲给您听！”唐坰把发言稿展开，炯炯的眼神射向一个人，就是宰相王安石。王安石被他盯得发毛，不知这小子要搞什么鬼。唐坰忽然大喝一声：“王安石，到御前听报告！”王安石一下子蒙了：我没听错吧？直呼我姓名？王安石正犹豫要不要服从唐坰的命令，唐坰又大喝一声：“在皇帝面前你都这样，在外面那会是什么样子！”这一上纲上线，王安石吓坏了，赶紧向前几步乖乖听讲。唐坰大声宣读奏状，一共60条，几乎牵涉到在朝所有重要官员，如新党中的王安石、曾布、张商英等，旧党中的文彦博、冯京等，甚至还有好好先生王珪，可谓一网打尽。唐坰振振有词，说这些大臣都是王安石的家奴、鹰犬，眼里只有宰相没有皇帝，等等。听着听着，神宗皇帝觉得不对劲了，这小子在胡说些什么呀，就屡次制止唐坰。唐坰竟然装听不见，继续大声诵读自己的“讨伐檄文”，读完后躬了躬身，没等任何人说什么，就潇洒地下殿走人了！

满殿官员一脸错愕，连侍臣和卫士们都惊呆了，上了这么多年班，头一回见到这么劲爆的场面。51岁的王安石作为百官之首，被人这样攻击，感觉面子碎了一地，他请求辞职，神宗当然不允许。最后，唐坰被盛怒的神宗贬到了广东潮州，后半生都沉沦下僚，再也没有起来过。

“真御史”唐介

唐坰这种激烈表现并不是自己的首创，大约二十年前，他的叔叔唐介（1010—1069）也曾有类似的行为。当时宰相文彦博攀附后宫宠妃张贵妃，得到了张贵妃透露的消息，说皇帝为王则叛乱的事忧心如焚，谁能平叛必然会得到重用，所以文彦博主动请战，平了王则，升任宰相。

在当时，私下联络后宫这种事情是士大夫们所不齿的，而且中间传递信息必须通过太监，私下与内侍往来又是皇帝所严禁的事，所以文彦博处理得很谨慎，往往都是派夫人出面。有一次文彦博在四川弄到一些不错的灯笼锦，就以夫人的名义送进了宫里。仁宗见张贵妃穿了这灯笼锦制作的衣服，就问这灯笼锦是哪里来的，张贵妃如实回答。仁宗虽然不高兴，但也没有深究，可消息终究还是走漏出去了，御史唐介就当着满朝文武呵斥文彦博，说他私通内侍，结交贵戚，言辞和态度都相当激烈。文彦博满脸通红，羞愧不已，而后主动辞去相位，而唐介因当众批评文彦博的方式过于粗暴，也被仁宗皇帝一气之下贬到岭南去了。

蔡襄跟唐介的哥哥唐询是非常要好的朋友，就赶紧跟仁宗皇帝求情，说唐介方式虽然粗暴，但揭露文彦博是他本职工作，如果因此而贬谪唐介恐怕不妥，还会有损其他御史工作的积极性。仁宗一听有道理，就赶紧派人护送，不断让他北迁，并逐渐恢复唐介的级别，结果唐介还没走到岭南就一路往北，最后回到京城。唐介这种不畏权贵、直言敢谏的性格为他赢得了“真御史”的美名，并升任谏院领导。后来，唐介又官至御史中丞、三司使、副宰相，成为三朝名臣。

输在何处？

其实像唐坰这样猛烈抨击宰相和重要官员的人物一直都有，赵抃、余靖、欧阳修、蔡襄等，都是谁都不怕的言官，甚至皇帝做错了事他们也照批不误。与唐坰同时代的还有一个小人物郑侠，他画了张《流民图》来攻击王安石和新法，让神宗皇帝都动摇了。这些人的命运都比唐坰好，为什么唐坰会如此“悲惨”呢？

首先，王安石是唐坰的大恩人。唐坰并不是正牌进士，他能获得重用完全是靠王安石的提携。唐坰曾对王安石说：“青苗法实施起来很难，应该杀掉几个干扰新法的大臣。”这么大胆的言论，简直是雷神说的话，要知道宋朝的规矩可是不允许杀文臣的，但此时为变法焦头烂额的王安石听到这话很受用，他把唐坰推荐给了神宗皇帝。唐坰对神宗说：秦二世受制于赵高，不是因为赵高太强了，而是秦二世太弱了。这话击中神宗皇帝的心坎儿，他觉得唐坰是个很有想法的人才，于是赐他进士出身。

可是，神宗跟唐坰近距离接触过后，发现唐坰虽然书法不错，但并无真才实学，最关键的是人品有问题，就想将他调到外地做知县。王安石因为推行新法急需用人，就继续留用他，既然他做不了什么政务，那就让他替自己监察大臣们吧，于是悄悄托人推荐唐坰为御史。几个月后，有人想推荐唐坰为谏官，王安石没同意，因为他觉得唐坰的人品的确有问题，很可能会为了前途背叛自己。唐坰得知这一消息后果然怒了，就决定扳倒王安石，于是发生连上二十道奏章批判王安石，再到朝堂呵斥王安石那一幕。

唐坰以为可以仿效叔叔唐介，从这一事件中博取更大的政治资本，彰显自己的才能和品格，但实际上他既没有政治才能，也没有政治觉悟，倒显得极其幼稚。这倒也不致命，谁年轻时没有幼稚和愚蠢过？他的致命问题是人品，只因为没被升官就背叛自己的恩人王安石，谁还敢再接近他？当年唐介被发配岭南时，很多官员都前去送行，还写诗赞扬他的品格。还有范仲淹当年搏命似地攻击吕夷简，后来还能东山再起，连吕夷简后来也支持他，就是因为他们为政以公，不畏权势，人品高洁，而唐坰为一己私利就怀恨在心，背叛恩人，虽然表面看起来跟叔叔唐介一样不畏权贵，但只能是东施效颦，彻底断送了自己的前程。

书信里的疑点

唐坰这封传世书信的收件人是“彦远”，不知道是哪位。令人奇怪的是，如果真是唐坰亲笔信，为什么唐坰不回避“彦”字？因为他父亲唐询的字是“彦猷”。避讳自古就有，到宋代更为苛刻。陆游曾记载过一个故事，有个名作田登的人担任知州，他很忌讳别人说“登”字，甚至连同音字就不行，所以当地人都不能说“灯”字，只能将“灯”改为“火”。这样一来，老百姓就很不方便。元宵节的时候，州里贴榜文：本州依惯例，放火三日。所以，如果这封信真是唐坰写的，他要么是换一个与“彦”字发音相同的字，如“晏”，或者是“彦”字少写一笔。

唐坰虽称对方为“尊兄”，但收信人不会是他的族兄或关系非常近的亲戚，因为父辈和子侄辈在名字上不会有相同字的。信的末尾落款处有写得偏小的“侍史”二字，这是唐坰对自己的卑称。“侍史”

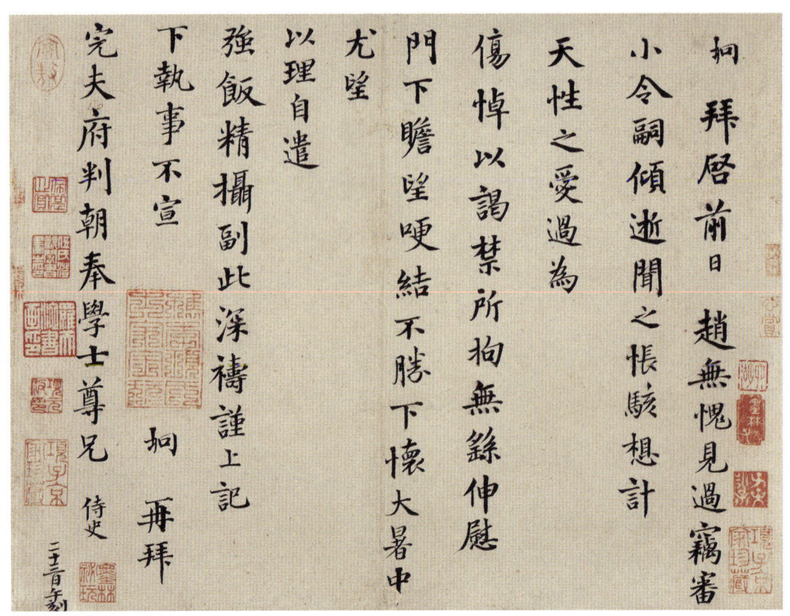
坰拜啓前日趙無愧見過竊審
小令嗣傾逝聞之悵駭想計
天性之愛過為
傷悼以謁禁所拘無繇伸慰
門下瞻望哽結不勝下懷大暑中
尤望
以理自遣
強飯精攝副此深禱謹上記
下執事不宣 坰再拜
完夫府判朝奉學士尊兄 侍史

图 67 〔宋〕唐坰《致胡宗愈伸慰帖》。此帖写唐坰从赵君锡处得知胡宗愈儿子夭折，而致信安慰他的事情。信中落款亦用“侍史”二字。在 2010 年的上海道明拍卖公司 5 周年秋季拍卖会上，该帖以 9128 万元成交，创下当时上海艺术品拍卖有史以来单件作品的最高价，也是在这之前宋人尺牍的第二高价。

也可以称之为“侍使”，在古代有两重意思，一是指没入官府为奴的罪犯家属中那些年少多才的女子，她们被挑出来做些场面上的脑力劳动。二是侍奉官员左右、掌管文书的人员。《史记 · 孟尝君列传》中就记载，孟尝君与客人座谈时，屏风后面就有侍史记录孟尝君与客人的谈话内容。侍史干的也是苦差事，苏轼在《用前韵答西掖诸公见和》中说：“岂惟蹇步困追攀，已觉侍史疲奔送”。宋人的谦称很多，比如“仆”，“侍史”只是其中之一。

苏轼与章惇的恩怨情仇

元祐元年（1086）的某一天，掌管枢密院的章惇与宰相司马光在朝堂上吵起来了。

章惇是新法的坚定支持者，而司马光是新法的坚决反对者。他们的争吵惊到了高太后，太后大怒，就训斥章惇。章惇早就不满意这个女人了，她召回这么多旧党成员都没有走正常程序，还明目张胆地袒护司马光，于是章惇一气之下顶撞了高太后，这下惹祸了。老太太一怒之下将章惇贬出京城，让他去汝州（今河南汝州）反省。52 岁的章惇一再上表请求改配扬州，以便照顾在杭州的八十岁老父亲，但都被拒绝。

章惇离开京城时，苏轼（1037—1101）写了一封信给他，这封信写于大年三十，七年前的这一天苏轼因“乌台诗案”被定罪，从监狱里直接发配黄州，并被勒令立即动身，当时他的背后是章惇充满关切的眼神。现在好友章惇面临类似的遭遇，苏轼应该深有同感，他在信里是怎么写的呢？（即《归安丘园帖》，又称《致子厚宫使正议兄帖》，图 68）

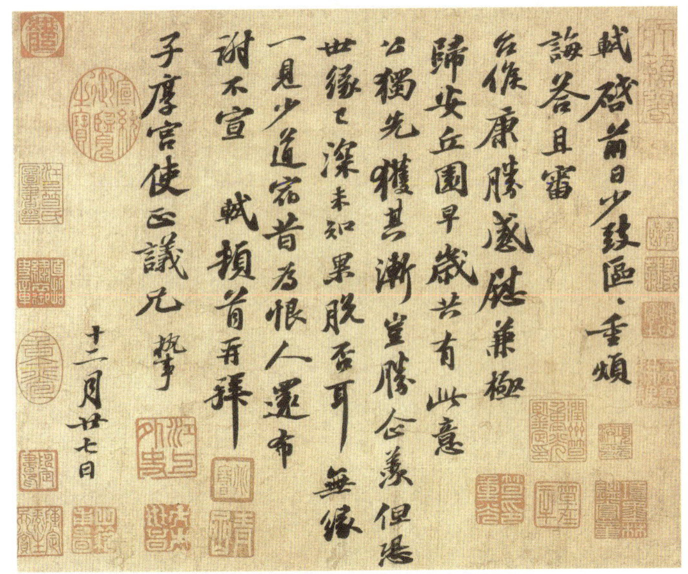

图 68 〔宋〕苏轼《归安丘园帖》，台北故宫博物院藏。

轼启：

前日少致区区，重烦诲答，且审台侯康胜，感慰兼极。

归安丘园，早岁共有此意，公独先获其渐，岂胜企羡。但恐世缘已深，未知果脱否耳？无缘一见，少道宿昔为恨。人还，布谢，不宣。

轼顿首再拜，子厚宫使正议兄执事。十二月廿七日。

信大意是：收到你的信，知道你身体很好，我感到很欣慰。回归山园，安心归隐，这是我们年轻时共同的愿望。现在你先独自实现了这个愿望，我是何等的羡慕你呀！恐怕我与俗世的缘分太深，不知最终能否脱身于尘世呢？可惜没能见上一面，没能好好聊聊往事，真是很遗憾。

苏轼一番话说得云淡风轻，很难不让人感觉到“得了便宜卖乖”的嫌疑。客观来讲，他的性格也确实不适合“混”官场，从黄州释放后，他本想远离朝廷去湖州定居的，但是高太后喜欢他的文才，给了他很高的官位，他便回了朝堂。苏轼在信里这样说，或许确实是真心话，也或许只是想一如既往地幽默一把，可是这种话真的能够安慰到此时的章惇吗？章惇收到这封信会作何感想呢？

坚定的变法派

章惇，字子厚，老家在建宁军浦城（今福建南平市浦城县），后跟随父亲章俞迁居苏州。章惇的族人里有两位重要人物，一位是仁宗庆历年间的宰相章得象，他的叔叔；另一位是哲宗朝威震西北的大帅章楶，他的堂哥。章家这两兄弟都是特别能考试的学霸，又都非常彪悍。章惇第一次考进士时，名次低于他侄儿，本来这是无所谓的事，况且他侄儿本就比他年长，可章惇觉得太没面子，就把很多读书人考了一辈子都考不上的进士给退掉了，第二年又重新参加考试，然后又考上了，就这样与苏轼做了同学。苏轼是个非常自负的人，能让他真心佩服的人不多，但章惇就是其中之一。

在他们进入仕途后不久，神宗任用王安石为宰相，开始实施变法。章惇被选拔为编写变法政策和具体条款的人员，能进入这个编写团队的自然都是支持变法的人，他们多数后来都成为变法派的先锋人物。章惇就是这其中的代表，此后他的一生都坚持新法，并因此而历经浮沉，饱尝荣辱。

章惇的才能随着改革的升温得到了展现，宰相王安石决定将他派往西南地区，让他监察对当地少数民族的平叛和安抚工作。有些少数民族不堪酋长盘剥，想要归附朝廷，章惇就派了两个人去考察，结果这两个人正事没干好，倒先“慰问”了当地的少数民族妇女，酋长杀了这两个败类，然后又进攻朝廷的官兵，局势一下子就乱了。神宗得知消息后很不安，就要王安石告诫章惇不要轻举妄动。章惇可不干，他提着刀带着人就杀到山里去了。当地的酋匪没见过这么不要命的官员，吓得龟缩在丛林里不敢出来，叛乱的苗头就这么灭了。

章惇回朝之后，被任命为知制诰，同时还负责管理军用物资。有一天，三司使的官房着火了，宫里乱成一团，神宗皇帝焦急万分，站在楼台上紧张地查看火情，突然发现楼下有一支队伍有条不紊地开过来，迅速投入灭火行动中。神宗大为宽慰，他打听领军的人是谁，有人说那是章惇，神宗当即任命章惇为三司使，掌管全国财政。

元丰三年（1080）是一个重要的年份，章惇在这一年被任命为副宰相，而他的同学苏轼却因为“乌台诗案”被贬到黄州去了。章惇对整个事件是很清楚的，他知道苏轼是被冤枉的，为了救这位老同学，他下了很多功夫。可惜苏轼的嘴巴太厉害了，文笔那么好，粉丝又那么多，他要是在朝中反对新法，“蛊惑人心”，神宗和王安石的变法就会很有压力，所以苏轼无论如何是要当这个“政治犯”了。

坚持新法而被贬

元丰八年（1085）是一个转折年，神宗皇帝英年早逝，年幼的哲宗登基，由奶奶高太后垂帘听政。高太后开始将旧党成员陆续招回来，并逐步驱逐新党。“闲置”多年的垂暮老人司马光被召回了，苏轼被火线提拔，苏轼的弟弟苏辙也被起用了，而始终追随神宗和王安石的章惇成了高太后最厌恶的人。

司马光一上台就迅速废除了很多变法成果，令新旧两党都不满意。章惇反应最激烈，结果他被苏辙等谏官弹劾了。当时章惇掌管枢密院，苏辙在奏章《乞罢章惇知枢密院状》里说：大臣与小臣不一样，小臣官位轻，只要没有大的过错就可以用，大臣官位重，即使只有很小的过错也不能用。这个说法能不能站住脚先不说，单从苏辙列举章惇的"罪证"来看，几乎找不到令人信服的证据，这就不得不让人怀疑苏辙的居心。结合苏辙在此时所写的其他几篇奏章，就很容易明白他的目的就是要将以章惇为首的"新党"连根拔起，那对章惇的指控就有很明显的"欲加之罪"的意思了。

此时章惇的状况已经岌岌可危，但他没有低头做人，他的性格驱使他继续"冲锋陷阵"，与司马光在朝堂上争论，又顶撞高太后，于是被贬。高太后贬黜章惇显然是出于意气之争，不能服人，所以不止新党不满意，就连旧党成员吕公著、范纯仁（1027—1101）等也积极替章惇求情，却没有见到章惇的好友苏轼求情的文章。当初苏轼落难乌台，章惇曾为他辩白，积极营救，现在章惇落难，苏轼身为高太后面前的大红人却没有发声。

被贬的章惇是不是像苏轼《归安丘园帖》里写的那样，乐于做一个江湖散人呢？他们确实曾一起游历山川，也曾一起写下"归安丘园"之类的诗文，但两人有根本的区别：苏轼是文人，章惇是政治家。苏轼的快意人生是诗词歌赋、琴棋书画，而章惇的人生理想是治国平天下，所以他把一生都奉献给了新法。此时神宗、王安石都已归去，而变法事业未竟，他又如何"散发弄扁舟"？所以苏轼"归安丘园”的说辞恐怕不仅不能安慰落难的章惇，没准还会得罪章惇。

接下来的七八年时间里，章惇在父丧和谪居中饱受弹劾，而弹劾他的人当中就有苏家兄弟的影子。所以，如果说章惇不怨恨苏氏兄弟，是不太可能的。即便只把他们的言行当作公事理解，耿直的章惇见到苏氏兄弟帮着当权者打压新党，也不可能无动于衷。

功业戛然而止

元祐八年（1093），高太后去世，哲宗亲政，章惇被重新起用并担任宰相。从此时一直到哲宗去世，是章惇人生中最重要的时期，也是决定他历史地位的时期。章惇在这段时间里做了三件事：继续推行变法；清算旧党；攻打西夏。他还是一如既往地不圆通、不苟合。

为了打败西夏，章惇起用了年过花甲的堂兄章楶为统帅，朝廷暗处发出一片质疑声。不过章楶确实没辜负这位堂弟，北宋费了半个多世纪没有搞定的西夏很快就被他打残了，宋夏之间的历史从此被改变。章惇很想一鼓作气将西夏消灭，但西夏为了求和，请辽国当和事佬，皇帝和朝中大臣最终也决定接受调停，章惇也只能接受。

为了彻底清除新法的反对者，章惇贬斥了一大群“德高望重”的旧党大臣，其中最有名的是苏轼和苏辙两兄弟。苏氏兄弟在贬谪地广东和海南等地留下了丰富的诗文，他们所写的苦难无疑彰显了章惇的罪恶。章惇还劝说哲宗给去世的高太后定罪，废掉她的头衔，让旧党永无翻身之日，但他失败了。虽然哲宗被高太后压制多年，但到底还是没能做出这“大逆不道”的一步，而不久之后，他就尝到了苦果，甚至可以说，就是他的心软导致了北宋的最终灭亡。

哲宗在小时候就一直有咳血病，但高太后为了不让任何人知道皇帝的病情，一直没给他治，结果哲宗25岁那年就病入膏肓，连皇位继承人都没定下就去世了。在选下一任皇帝时，皇太后向氏扶持了自己喜欢的端王赵佶即位，这赵佶也就是后来葬送了北宋王朝的宋徽宗。向氏并非哲宗生母，她是高太后一派的人，但哲宗没有给高太后定罪，向氏自然也就得以保全。现在哲宗去世，皇太后向氏成了皇家最有话语权的人，朝中大臣也都顺从了她的意思，纷纷表示拥护赵佶即位，但耿直的章惇不答应，他直言端王轻佻不稳重，不堪君临天下，但他一个人怎么敌得过皇太后和其他大臣。

赵佶顺利即位，66岁的章惇被贬雷州，同时，被贬海南的苏轼得赦北归。苏轼得知章惇被贬雷州后，给章惇的外甥写信，让他安慰章惇。苏轼北行到京口时，收到章惇之子章援的来信，请求苏轼放过他的老父亲。历经磨难的苏轼此时已毫无官场斗志，他只想安度晚年。苏轼带病回了一封信，他在信中称章惇为丞相，重申了两人几十年的老交情，还特地写了一个治瘴疠的药方，准备当面交给章援。不幸的是，一个半月后，苏轼病逝。

章惇的妻子临终前曾劝告章惇不要过于耿直，要给自己留后路，但章惇直到人生末尾才明白过来，后悔自己没听妻子的话。章惇后来被迁往睦州（今杭州市淳安县），并病逝于睦州，享年71岁。

若干年后，宋徽宗给章惇平反，追复他为观文殿大学士。宋高宗即位后，某一天翻阅前朝奏章，看到章惇曾想废掉高太后的头衔并给她定罪，宋高宗拍案大怒，于是追贬章惇，他的子孙也不得在朝为官。到了元代，官修《宋史》，章惇被列入“奸臣”行列。

“奸臣”奸在何处？

说到“奸臣”，多是指那些身居高位却祸国殃民、只顾谋私利的人臣，那么章惇是不是这样的人呢？

《宋史》“章惇列传”主要谈了章惇的两件大事，一是章惇鼓动宋哲宗给高太后定罪，这占了很大一部分，二是他在宋夏战争中的作用，这部分占比很小。对于一位深度参与变法，在政治、经济、军事、文化等各方面都有重要业绩的宰相来讲，这种记述肯定是不公正的。《宋史》是元代人写的，但是元代人所选用的史料是宋人写的，略微分析一下，就可以发现一些隐蔽的真相。

章惇是变法派，坚持实行新法是他的主线，其他一切都是围绕这个出发的，包括打压旧党成员，包括劝说哲宗给高太后定罪，当然也包括打压旧党的中坚力量司马光和苏氏兄弟。所以，要想评价章惇，就必须先对神宗和王安石开启的变法做出评价。这个问题很大，后世学者意见不一，但有一点可以肯定，王安石的变法主要是经济改革，经济改革的目的自然是要改善经济状况。那么变法到底有没有达到这个目的呢？神宗皇帝本人是一直支持新法的，即便后来迫于反对派压力罢黜了王安石，但他却一直坚持新法，直到去世，后来的哲宗也继续坚持新法。试想，如果新法没有改善经济，他们会一直坚持吗？无论如何，仅凭章惇劝说哲宗给高太后定罪这点就把章惇定为奸臣，显然不当。

至于章惇支持发动宋夏战争，把经常越境抢劫的西夏彻底打趴下，恢复两国和平相处的局面，这种结果相比于之前旧党所主张的一味求和不抵抗，甚至奉送国土给西夏，到底是忠还是奸呢？

图 69 《仙游潭图》（引自翁连溪、李洪波主编《中国佛教版画全集》第 72 卷，中国书店，2014）

除了大事，还有一些小事，比如“章惇列传”开头先写了章惇和苏轼一起游仙游潭（图 69）的故事。宋仁宗嘉祐六年（1061），26 岁的苏轼考中进士后被分配到陕西凤翔府（府治约今陕西凤翔）担任判官，他的同学章惇被分配到了商洛县（今陕西商洛市）任知县。有一天，这两位同年好友相约一起爬终南山，到仙游潭时，章惇见潭边是悬崖绝壁，只有一根横木搭在上边，要想到潭边就得沿峭壁下去。章惇就对苏轼说：“咱们到下边的崖壁上题字吧！”苏轼害怕，不敢下去。章惇就从横木上走过去，放下一根绳索，抓着绳子沿崖壁下到潭边，题完字之后又顺着绳索爬上来。做完这一番惊险动作，章惇仍然神色淡定。苏轼拍着章惇的后背说：“将来你肯定会杀人”。

章惇好奇地问："为什么这样说？"苏轼说："你对自己的命都不放在心上，当然会杀别人。"用这个故事开头，就给章惇定下了一个天生爱杀人的人设。如果这则故事是真的，那当事人只有苏、章二人，是谁传播给外人的？目的何在？

再比如，列传的结尾部分提到章惇被贬雷州后找房子住，当地人说：当年苏辙被贬到雷州后，你严禁我们接纳苏辙，否则就要拆我们房子，所以现在我们也不敢将房子租给你住。这件事显然是为了说明章惇恶有恶报，那么同样的问题来了，即便这是真事，是谁传出去的？

虽然章惇的很多"罪状"禁不住考证，但就这么写进官方史书里去了，而且细究起来，对章惇的指控中多有苏氏兄弟的影子。当然，不能因此断定就是苏氏兄弟亲力亲为，但后代很多文人却都会将东坡先生遭受的苦难和章惇的罪恶相提并论，似乎给人这样一个感觉：章惇太坏了，你这样折腾我们的偶像，你是奸臣。

说完了公事，我们可以看看私事。宋朝的高官们基本一辈子都在想尽办法为子孙谋官位，比如韩琦和文彦博的后代后来也都身处高位。"奸臣"章惇又是怎样为子孙谋福利的呢？章惇是这样做的：他严令自己的四个儿子都要按吏部的考察程序任职。这就奇怪了，凭章惇的官位，为子孙申请官位易如反掌，也合情合理，他为什么不那样做呢？

沈家三兄弟三种人生

沈家三兄弟中，沈辽（1032—1085）是最小的，他无意于仕途，也不擅为官。可是沈家是官宦世家，两个哥哥也都在官场，沈辽拗不过家里人，也只好走上仕途，于是靠恩荫成为一名遵规守矩的“公务员”。

沈辽喜欢作诗，喜欢书法和音乐，还喜欢跑到寺院里与高僧们参学佛法。按他的理想，只要有饭吃，一辈子玩艺术和参禅修道就好了。由于他性情通达，诸艺俱精，所以深得一帮大人物的赞赏。王安石、曾布都曾学习他的笔法，王安石还曾称他为“风流谢安石，潇洒陶渊明”。曾巩、苏轼、黄庭坚也常与沈辽唱和，沈辽比苏轼大5岁，沈辽成为书法界名人的时候，苏轼的书法还默默无闻呢。

沈辽先后做过国库管理员和人事部门的秘书，后来又到明州（今浙江宁波）市舶司和杭州军资库工作，他在杭州工作期间写过一封信（即《动止帖》，图70），文字如下：

辽启：一二日动止佳否？所苦必已痊损矣。馀介欲辍五十省，

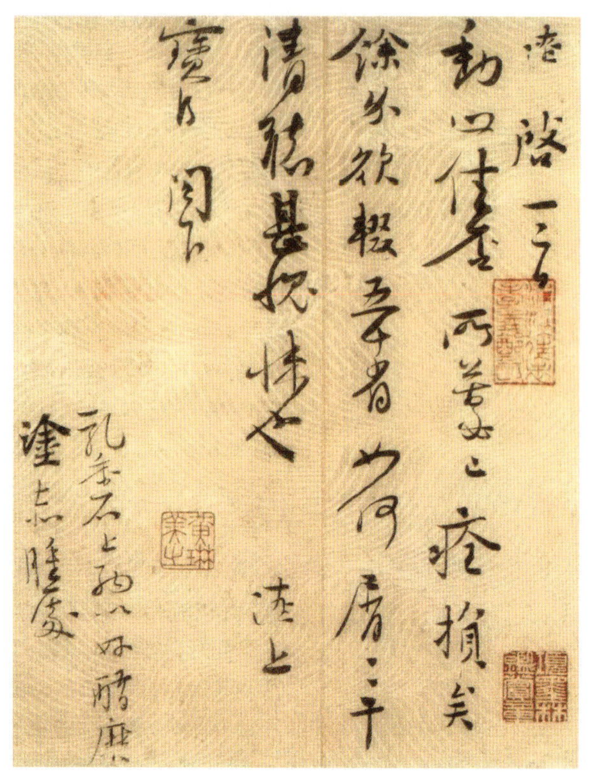

图 70 〔宋〕沈辽《动止帖》，上海博物馆藏。

如何？屑屑，干清听，甚愧悚也。

辽上，宝臣阁下。（乳香石上纳以好醋，磨涂赤肿处。）

信的意思是：这两天你还好吧？令你痛苦的病症想必已经减轻了。余下的部分必须还得再拿五十钱，你觉得如何？我这些琐屑小事扰你清静了，惭愧惭愧。（乳香石上放些好醋，涂抹在红肿的地方。）

从信的内容可知，收信人正在生病，身上有红肿的地方，沈辽便为他开了一个小偏方。小偏方中的“乳香石”是什么东西呢？乳香是原产于波斯国一种香料，是松脂的一种。松树上溢出的油脂滴垂如乳，所以被称为“乳香”，乳香干透了之后很硬，所以又称为“乳香石”。乳香也是一种药材，古代的医书中有用乳香治疗脓疮的方法，所以沈辽开的偏方是有医书做依据的。

杭州任职期满后，沈辽被推荐为华亭县的知县，然后就被罢了官，并被发配到湖南永州。沈辽被罢官的理由是他在一位妃子的裙带上题诗，然后被神宗皇帝发现了。沈辽果真是如此大胆的浪子吗？

无辜“躺枪”

有一天，一位妃子被神宗皇帝翻了牌子，她非常激动，为了给皇帝留下深刻印象，她决定把自己打扮得有特色一点。她想起不久前有位公公送给她一条裙带，裙带上还写了诗，系上它，皇帝应该会喜欢，于是这位妃子就系上它去见皇帝了。神宗看见裙带上这首诗十分生气，读书人在裙带上题字，成何体统？他命监察御史王子韶暗察此事，这一查就查到沈辽头上了。

裙带上的诗确实是沈辽所题，只是没想到这条裙带成了商品，被人辗转卖到相国寺，又被一位公公买下来当礼物送给了皇帝的妃子。其实在女性裙带上题诗这种行为自古有之，在北宋也比较常见。苏轼的门生李之仪有《写裙带》《以裙带求书》等作品，他还在《端午》一诗中写道：“清歌尚记书裙带，旧恨安能吊放臣。”[1]当年夏竦为

1　陈宏宝编著《李白李之仪当涂诗词赏析》，安徽师范大学出版社，2018，155页。

了扳倒文彦博，专门派人去四川收集文彦博的材料，结果被派去的官员一进四川就栽进了文彦博设计的“桃花宴”里——他在陪酒的歌伎裙带上题了首诗，而这条裙带就成了他风流韵事的“罪证”。

48岁的沈辽被发配到湖南永州，对本就厌恶官场的他来说，这反而是一种解脱。原本就偏好佛法的沈辽越发被大自然给清洗了，他没有怨恨，反而更加轻松通达，他在给朋友们的回信中说：“老来无暗亦无明，寄息深山避世情。夫子暗投珠玉惠，我身正似一毫轻。”两年后，沈辽被赦免了，他北上至黄州看望谪居于此的苏轼，然后就迁居于安徽池州，筑居齐山，号“云巢”，在那里度过了人生中的最后时光。

大约在沈辽晚年的时候，曾写过一封信给他的好友蒋之奇（1031—1104）（即《致颖叔制置大夫尺牍》，图71），文字如下：

辽启：近已奉状，计彻左右。秋杪气劲，伏惟体候清胜。

辽于此粗如前，得敦师书，承大旆薄海陵而还，今宜已安治府。东南大计，一出指麾，使权益重，不次之宠，未可量也。

向寒，维希保重以慰卷卷，不宣。辽上颖叔制置大夫阁下。九月廿五日。

大意是：最近收到你的来信，对你的近况有所了解。晚秋寒气重，希望你身体安好。我在这里的情况与之前差不多，从我儿子敦师的信中得知你从海陵回来了，估计现在已经安置得差不多了。你管理东南地区，拿出了许多有效方案，指挥办理了很多好事，朝廷更加重用你了，前途不可限量啊！天气加寒，你要多多保重身体，

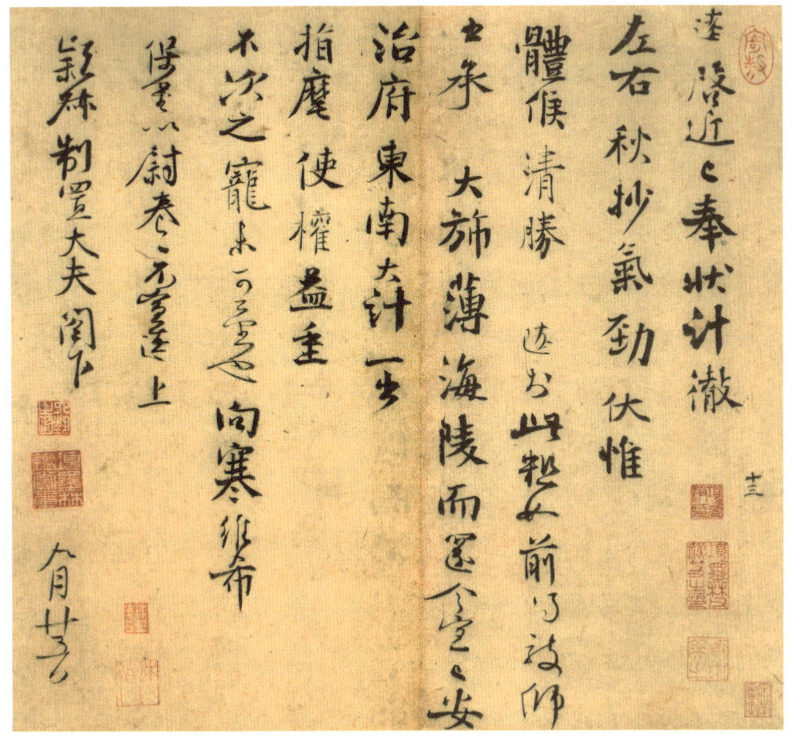

图 71 〔宋〕沈辽《致颖叔制置大夫尺牍》，台北故宫博物院藏。

免得我总是担心。

蒋之奇是王安石变法时的骨干力量，深得神宗皇帝的赏识和重用。在任江淮荆浙发运副使期间，他苦心经营，开凿新河，治理水患，政绩颇为良好，因此升任发运使，官衔加为直龙图阁，沈辽信中所说应该就是此事。

在沈辽的文集中，保存最多的就是与蒋之奇互相唱和的诗。沈辽与蒋之奇不仅是好友，还有双重的姻亲关系，蒋之奇娶了沈辽的妹妹，蒋之奇的儿子又娶了沈辽的女儿，亲上加亲。

晚居池州的沈辽完全脱去华服，摒除一切奢华之物，自耕自作，成了一位佛道俱修的异人。三年后，他预知自己死期已到，由于儿子在京为官，他便将后事托付于知县郑东升。郑东升说："您气色这么好，怎么会死呢？"沈辽说："人命不过是呼吸之间的事，请速帮我准备。"结果沈辽真的就去世了，死后的肌肤颜色与生时无异。

蒋之奇为沈辽写的挽诗中有一句"白玉楼成君作记"，事后有人告诉他，沈辽去世前曾向一位道士卜问生死，道士推演了一番之后对沈辽说：你在天宫上的楼已经修好了，你差不多可以去了。蒋之奇听了大为惊异，这正契合了他写的挽诗。

蒋之奇为沈辽撰写了墓志铭，其文笔相当清爽而生动，从中也可看出他与沈辽感情之深厚。可以说，在有宋一代的墓志铭里，蒋之奇这篇是最富感情者之一。

注重生态保护的士大夫

据说很早以前，杭州人最爱吃的不是螃蟹，而是蛤蟆，他们认为皮越糙、长相越丑的蛤蟆味道越好。有个名叫田彦升的孝子，他的母亲不喜欢吃蛤蟆而喜欢吃螃蟹，田彦升觉得买螃蟹给母亲吃很掉面子，但又想满足母亲的嗜好，就跑到苏州、湖州买螃蟹悄悄带给母亲吃。（图 72）

沈家三兄弟中的老大叫沈遘（gòu）（1028—1067），字文通，他在 34 岁那年调任家乡杭州的知州，到任后颁布了一道法令：禁止捕食蛤蟆。于是，在沈遘任知州的三年间，老百姓就没吃蛤蟆。

图 72 〔宋〕佚名《荷蟹图》局部，故宫博物院藏。宋人有多种方法吃螃蟹，有一种比较生猛的吃法是吃生螃蟹，先用酒泡好，或者调料弄好后直接吃。因为备食所需时间短，也叫“洗手蟹”，意思是手洗好就可以吃了。

沈遘从小就靠父亲的恩荫进入仕途，但很快他就打算参加科举考试，以进士身份重新进入仕途。他在科考中取得了第一名的好成绩，本来状元就要落到他头上了，但有大臣认为他之前已经获得恩荫，不应再与其他考生争夺第一名，于是就被定为第二名。在分配工作时，沈遘被派往江宁府任通判，任满回京述职时，他向仁宗皇帝献了十篇经世治国的文章，这在喜欢献诗赋的士大夫中是一股清流。仁宗很欣赏他的才能，就把他留在身边担任修起居注和知制诰。后来沈遘的父亲出事了，沈遘受牵连，被外放到了越州（今浙江绍兴），后来又调任杭州，也就发生了禁止捕食蛤蟆的事。

沈遘在杭州不仅禁止捕食蛤蟆，还禁止西湖的一切捕捞活动，于是西湖的螃蟹就多了起来。有一天晚上，西湖边的一户人家爬进了不少螃蟹，恰好这户人家来了客人，于是就将螃蟹煮来吃了。吃完之后，主人和客人都很不安，总觉得自己的违法行为会被发现。沈遘为官颇具威严，他发出的命令都是不能打折扣的，而且他对民情掌握得非常透彻，辖区里的违法犯罪行为一般都瞒不了他。如果违法的人动机不良或违法后态度不好，往往会被抓来刺青，然后发配到军营里去。第二天一早，吃螃蟹的两个人就主动去官府自首了，还没等他们开口，沈遘就问："昨晚的蟹好吃吗？"两人目瞪口呆。鉴于两人罪行较轻而且认罪态度好，沈遘就放过他们了。

沈遘有《西溪集》流传于世，其中多是公文，也有几卷诗集。从这些诗集中可以看出他与当时一些有名的文人交往还是比较多的，其中最有名的当属梅尧臣（1002—1060）了。也许正由于此，有人称沈遘的传世书法作品《屯田帖》（图 73）中的"屯田君"是梅尧臣，此帖文字如下：

屯田君，士林之英，方当进用于朝，遽兹弃化，众所叹也。友于之情，奈何奈何！

孔子称"仁者寿"云者，不以年也，谓圣人达死生之理，而若常存云尔，明哲深珍是，庶可不伤于性焉。遘上。

大意如下：屯田君是士大夫中的精英，他正处于被朝廷重用的时候，却突然去世了，大家都为他叹息。你作为他的兄弟一定很难

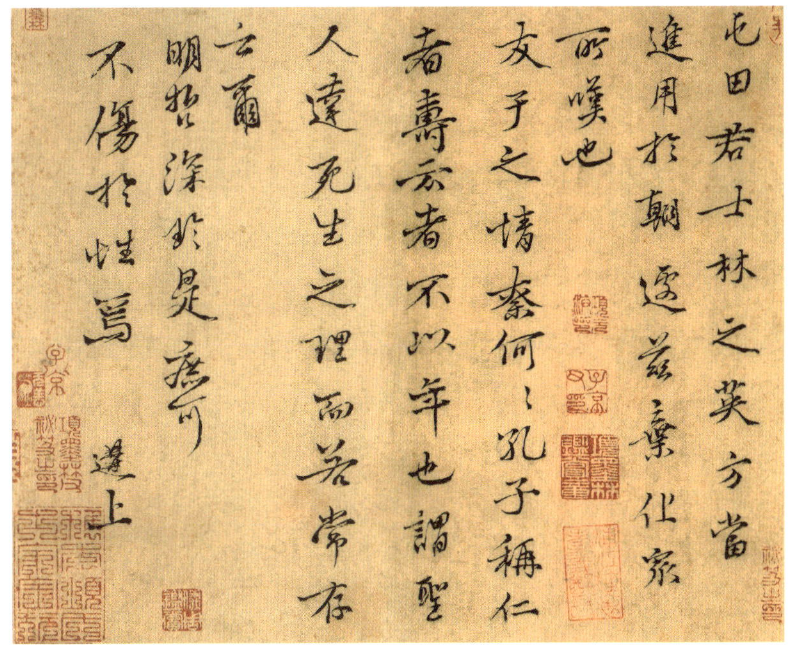
屯田君士林之英方當
進用於朝遽茲棄代衆
所嘆也
友予之情奈何奈何孔子稱仁
者壽云者不以年也謂聖
人達死生之理而若常存
云爾
明哲深於是庶
不傷於性焉
遘上

图 73 〔宋〕沈遘《屯田帖》，台北故宫博物院藏。

过，可是难过又有什么用呢？孔子说“仁者寿”，有人以为这个“寿”不是指年龄，而是指圣人悟透了世间生死之理，所以即使他去世了，也像还活着一样。希望你能明白并重视这个道理，不要让自己伤心过度。

去世的“屯田君”真是梅尧臣吗？首先，“屯田”应是死者生前最高官衔的简称，梅尧臣确实曾被任命为“屯田员外郎”，但后来又升为“尚书都官员外郎”，所以应称其“都官”才对。其次，梅尧臣比沈遘年长 26 岁，完全是长辈，沈遘称之为“君”是不礼貌的，可以称呼他的字“圣俞”。所以，“屯田君”应该不是梅尧臣。那究竟是谁？由于资料缺乏，还真不好确认。

高官中的传奇科学家

沈家三兄弟中最有名的应该就是堂兄老二沈括（1031—1095）了，他成了东西方科学界的传奇。沈括是一位兴趣非常广泛并擅长钻研的官员，在天文、数学、地理、地质、物理、化学、生物、医药学、军事、文学、史学、考古及艺术等方面都取得了重要成就，让人不禁怀疑他是从未来穿越回宋朝的。沈括将他的研究成果和当时重要的生产技术一起收录于《梦溪笔谈》（图 74）《良方》等 22 部著作中。与族兄沈遘类似的是，沈括也注重生态保护，尤其倡导保护山林。

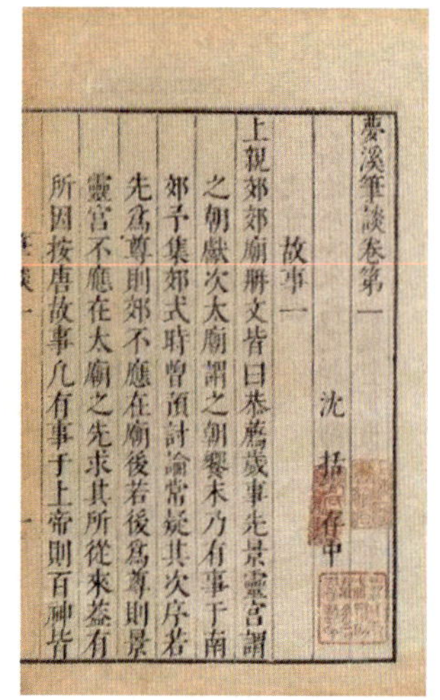

夢溪筆談卷第一　沈括存中

故事一

上親郊郊廟冊文皆曰恭薦歲事先景靈宮謂之朝獻次太廟謂之朝饗末乃有事于南郊予集郊式時曾預討論常疑其次序若先為尊則郊不應在廟後若後為尊則景靈宮不應在太廟之先求其所從來蓋有所因按唐故事凡有事于上帝則百神皆

图 74 〔宋〕沈括《梦溪笔谈》书影。是一部涉及古代中国自然科学、工艺技术及社会历史现象的综合性笔记体著作。

沈括最高官至三司使，掌管全国财政，他在科学上的钻研不仅没有耽误他的仕途，还助益良多。比如，在领导司天监期间，他利用自己的天文知识改革观测设备，修订天文历法；在北宋与辽国的边界谈判中，他利用自己熟悉山川地理的优势使北宋获得胜利，并趁前往辽国谈判的机会把辽国境内重要的山川河流、风俗民情都记录下来；他利用自己的水利知识兴修水利，治理水患，有些方案成为世界水利史上的重要创举；在镇守边疆时，他把先进的科学技术应用于军事上，改良兵器和装备；等等。

与他的官位和成就形成鲜明对比的是，沈括死后竟然无人为他写墓志铭，正史中也没有单独为他立传，他的生平仅附着于沈遘的传记当中，这是为何呢？

除了当时重文轻理的时代观念之外，最主要的原因恐怕就是他在官场得罪了太多人。在王安石变法时，沈括是积极的变法派，而在王安石第一次罢相之后，沈括又对一些新法提出不同意见，导致王安石后来称他为“小人”，等于他把新旧两党都得罪了。后来又有人把苏轼“乌台诗案”始作俑者的帽子扣在他头上，虽不知真假，却让他在后世遭受了无数骂名。

元丰五年（1082），北宋在与西夏的“永乐城之战”中惨败，沈括因指挥失误而被一撸到底，从此对政治失去兴趣，专心于学术研究。即便如此，他也不得安宁，经常被家中悍妻张氏打得鼻青脸肿，甚至有一次他的胡须被连根带皮一起扯下。在张氏的折磨下，沈括身心俱残，可是在张氏去世后，沈括非但没有感到解脱，反而备受打击，精神恍惚，不久也离开人世，享年65岁。

艳福不浅的李之仪

苏轼有个学生名叫李之仪（1048—？），也许很多人不知道他的名字，但一定知道他写的那首词《卜算子·我住长江头》：

我住长江头，君住长江尾。日日思君不见君，共饮长江水。
此水几时休，此恨何时已。只愿君心似我心，定不负相思意。

李之仪是一位优雅的文人，虽然仕途不算通达，但有诗文书法相伴，日子过得颇有味道。李之仪曾遭遇一次牢狱之灾，后来是他那颇具传奇色彩的夫人把他救了出来，然后他被发配到太平州的当涂县。他初到太平州时写过一封信给朋友（即《别纸帖》，图75），文字如下：

之仪再启：

伏读别纸，延予加重，深畏非据。顷自稍远，一向杜门，时到田亩间与村老周旋外，块坐而已。

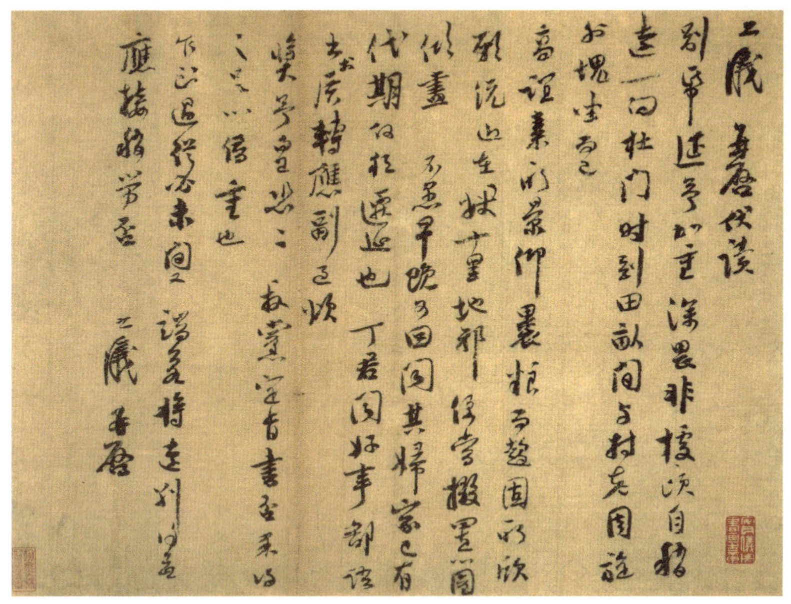

图 75 〔宋〕李之仪《别纸帖》，台北故宫博物院藏。

高谊素所景仰。裹粮而趋，固所欣愿，况近在数十里地邪？便当掇置以图倾尽。不愚早晚可回，闻其妇家已有代期，何犹迁延也？

丁君闻好事鄙语书于质转应副，过烦奖予。皇恐皇恐。叔党定肯书否？果得之，足以借重也。

乍到，过从必未闲。又端若将远别，得无应接稍劳否？之仪再启。

这封信大意是：拜读了您的信，您对我称赞有加，真是过奖了。我刚从稍远的地方来到这里，基本上都是闭门不出，偶尔到田间地头与村里的老头们闲聊几句，其他时间就独自闲坐着。我一向对您十分景仰，能带着干粮去找您当然是我十分乐意的事，何况咱们相距只有数十里地。我尽快收拾行囊出发，到时咱们好好聊聊。不愚很快就可以回来了，听说他岳父的任期已经到了，但不知为何还没有调走。丁君从好事者那里听到些夸奖我的闲话，不过都是应酬之辞，惭愧惭愧。叔党真的肯写吗？若他真愿意写，那这篇书迹就足够有分量了。您初到此地，人情往来必定比较繁忙，端若又要远行，不知您有没有对诸多应酬感到劳累呢？

信中不难看出李之仪初到贬所时的消极颓废。“叔党”是苏轼的第三个儿子苏过（1072—1123），“端若”姓石，与李之仪是老熟人了。无法判定这封信的收信人是谁，但必定是李之仪的老朋友，所以他在信中难掩与老友相聚的期待与兴奋。

李之仪的晚年就在当涂度过，他凭借自己的诗文书法融入了当地的文化圈子。在第一任夫人去世之后，李之仪又娶了一位夫人，还是一位美女，真可谓艳福不浅。

穷书生娶豪门才女

李之仪，字端叔，出生于一个非常普通的诗书之家。李之仪的父亲李颀一生都在基层做小官，但是他为家庭做了两个比较重要的决定：一是将家眷从老家沧州迁到楚州（今江苏淮安），楚州在京杭大运河的淮扬段，交通十分便利，南来北往的士人和商队都要经过此地，这有助于开阔李之仪的视野；二是为李之仪娶了一位传奇的夫人。

说起李之仪的夫人，当时的士林圈中几乎无人不知，无人不晓。李之仪夫人姓胡，名淑修，字文柔，号法喜上人，别名守慧，姓名字号全部齐备的女性在古代是不多见的。胡文柔是江苏常州人，祖父是北宋名儒胡宿（995—1067）。胡文柔天生聪慧，从小就熟读经史子集，在一帮达官贵人中颇有名气。宫中的曹皇后（1016—1079）也听说了她，胡文柔在11岁那年就被奶奶带进宫去拜见曹皇后。有一次元宵节赏灯时，曹皇后又想起胡文柔，便问她在哪里，刚好她在人群中，便被送至皇后身边，还被赏赐了冠帔。

如此有才有背景的女孩，自然是豪门贵族争相下聘礼的对象，但胡文柔是颇有主见的女孩，诸多贵公子她一个也没看上，而家里人居然也不干涉。当时李之仪正跟随父亲李颀在京城游学，父子俩敝车羸马，食仅果腹。有位算命的人对李颀讲，李之仪与胡文柔八字相合，命中注定结为夫妻，李颀觉得这是不可能的。可是，胡文柔还真愿意了，尚未考取功名的穷小子李之仪竟然娶到了传说中的才女胡文柔，两人时年都是18岁。不过，李之仪第二年就金榜题名了，说明胡姑娘没看走眼。

胡文柔嫁给李之仪后，没有像李清照那样日日与丈夫吟诗作画，饮酒作乐，而是转型为一位贤妻良母，每天操持家务。家中大事都是她亲自操办，先是安葬公公，侍奉婆婆，抚养两位年幼的小姑子，将她们风风光光嫁出去，然后又是婆婆去世，安葬婆婆，忙成了一名妥妥的女汉子。

才女更兼侠女

如果胡文柔从此只是做一位贤妻良母，估计也就会在士林中消声匿迹了，但她并没有湮没在无尽的家事中，她的才学一直吸引着很多文人士大夫。传奇科学家沈括就非常喜欢往李之仪家跑，他碰到的学术问题多半都能从胡文柔那里得到答案或受到启发。他说如果胡文柔是个男人，他们一定会成为至交。苏轼也对胡文柔的才学颇感惊奇和欣赏，他后来去定州任职时选择李之仪做幕僚，很有一拖二的嫌疑。

多次经历亲人去世，胡文柔开始信佛。她食素，穿旧衣，到寺院向高僧参悟佛法要义，逐渐成为丛林中的领袖人物，名动京师。北宋中后期的士大夫多好佛禅，如文彦博、苏轼、黄庭坚等，所以胡文柔为士大夫们所知晓也是必然。

崇宁元年（1102），54 岁的李之仪因替范仲淹次子范纯仁写传记而被执政的新党抓捕入狱，从颍昌（今河南许昌市）押送至京城开封。年过半百的胡文柔一路顶着烈日追着丈夫的囚车到达京城，然后在监狱附近租了一所小房子，每天亲自做饭送到监狱里去，风雨无阻，目击者无不感动落泪。

范纯仁的案子在当时是一个大案。哲宗亲政时，旧党遭受打击，范纯仁作为旧党重臣被流放到湖南永州。哲宗去世后，向太后与徽宗同朝听政，他们派宦官蔡克明远赴永州，传达诏令：命范纯仁为光禄卿，分司南京，邓州安置。邓州在河南境内，离开封不远，而且范仲淹也曾谪居于邓州，在此地声誉极好，将年迈的范纯仁安置于邓州自然比让他在永州好。此外，向太后和徽宗还托蔡克明带口谕给范纯仁，对他的忠心表示肯定，并询问他的眼疾情况，想要召他回朝廷任职。范纯仁极为感动，但他身体不行了，于是辞绝朝廷诏命，迁居到了颍昌，不久就病逝了。范纯仁临终前口述了一封给皇帝的奏章，谈了八件大事，请同住颍昌的门人李之仪代笔转录。

范纯仁去世后，他的家人觉得这八件大事涉及国家政治，不能随便呈上去。为避免祸患，他们将遗表呈送给了颍昌所属的河南府，盖上官印，寄放在军资库里。由于信息传递延迟，朝廷还是下达了对范纯仁的任命书，并在范纯仁逝世后送达范府，这对范家来讲本是一件好事，但不曾想却埋下了祸根。

李之仪为范纯仁写了一篇传记，文中提到了范纯仁的遗表和朝廷对他新任命的事，此文被当权者蔡京看到了。蔡京与范纯仁的长子范正平有旧怨，于是借机将范正平、李之仪、蔡克明抓捕入狱，罪名是伪造遗表和诏命，受牵连者达数十人。蔡克明坚称自己无罪，他说向太后和徽宗复用范纯仁是有诏命的，并且盖了印玺。如此一来，诏书就成了关键物证，可是这诏书在哪里呢？

胡文柔经过多方秘密打听，终于确认这份诏书在一个亲戚家里，但这个亲戚与他们家关系不好，不肯将诏书拿出。为了救丈夫，胡文柔悄悄买通了亲戚家的用人，确认了诏书所藏位置，偷偷溜进亲戚家将诏书偷了出来。这一举动可谓惊天动地，旋即被传为女侠。

真相大白，矫诏罪名不成立，按说李之仪应该可以平安回家了，但蔡京不想放过范正平，死罪虽免，活罪难逃，最终结果是范正平被羁管于象州，李之仪被羁管于太平州。胡文柔陪同丈夫前往太平州，一路上经历了很多磨难。到达太平州后，一家人在人生地不熟的谪居地重新开始安家置业。不幸的事再次发生，儿子和儿媳妇先她而逝，受尽磨难的胡文柔终于是挺不住了，她在定居太平州的第 3 年也去世了，享年 57 岁。

李之仪为亡妻写了一篇详细生动、感情深挚的墓志铭。铭文很长，处处可见赞美之词，通篇没有出现“拙荆”“贱内”之类的字眼，而是自始至终都称呼她的字——文柔，可见李之仪对夫人是很深情并尊敬的。

李之仪的文艺人生

相比夫人的传奇人生，李之仪的一生要平淡得多。他 19 岁时考取进士，步入仕途，大约 24 岁时，到四明（今浙江宁波地区）工作，他的上司是比他年长 16 岁的书法家沈辽。是沈辽开启了李之仪的书法人生。

结束四明的工作后，李之仪又做了两任知县。在他 30 岁出头的时候，他的偶像苏轼因“乌台诗案”被贬黄州。李之仪不断地给苏轼写信，可苏轼一封也没回。倒不是苏轼不在意这个粉丝，而是他在禁口禁手，努力消除口业给他带来的灾难。然而苏轼终于还是被坚持不懈的李之仪打动了，就给李之仪回了一封长信，两人从此定交，此年苏轼 43 岁，李之仪 32 岁。

接下来李之仪去了西北边疆，成为北宋著名将领折可适（1050—1110）幕府中的一员，亲身经历了北宋著名的永乐城之战。永乐城之战是北宋与西夏的重大战役之一，以宋军惨败收场。由于在永乐城之战中并不负什么军事责任，李之仪安全回到了朝廷。李之仪有一篇传世书帖《汴堤帖》（图 76）似乎就是作于他从西北回京之后，此帖文字如下：

之仪再拜启：

自汴堤瞻近，遽复累年。一曾□书海上，不辱报。匆匆，不敢

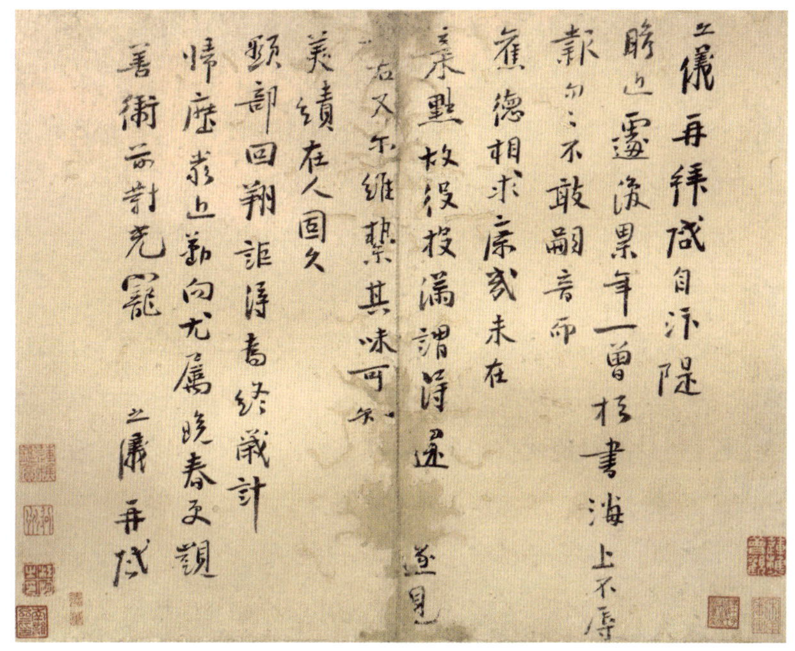

图 76 〔宋〕李之仪《汴堤帖》，故宫博物院藏。

嗣音，而旧德相求，庶几未在弃黜。

故役投满，谓得还□，遂见□右。又尔维絷，其味可知。美绩在人固久，显部回翔，讵得为终岁计？归历严近，勤向尤属。晚春更觊善卫，前对光宠。之仪再启。

信大意是：自从多年前在汴堤上与您分别，转眼间已经过去好几年了。我曾给身在海上的您写信，没能得到回信。时光匆匆过去，我一直感念您往日的恩德，不敢奢望您给我写信，只希望您还记得我。结束戍边的职务之后，我得以回朝任职，终于又再见到您了。

这几年时时牵挂着您，这种滋味真不好受。您美好的政绩久久在人间传诵，您一直身处重要位置，没有哪一年是平平淡淡度过的。回朝后您又屡历重职，工作十分勤勉。正值晚春时节，希望您好好照顾自己。再次感谢您之前对我的恩德。

信中提到的“海上”可能是李之仪之前工作过的四明，由于四明境内多海岛，所以宋人也多称为“海上”。

哲宗登基后，太皇太后高滔滔垂帘听政，旧党迎来了好日子。苏轼得以回朝，他身边聚集了一群文艺才子，其中就有人近中年的李之仪。李之仪此时的官职是枢密院编修官，大约可以理解为国防部编修史料的人员。李之仪虽然没有跻身于“苏门四学士”或“六学士”之列，但也是苏轼身边非常活跃的人物。马远的名画《西园雅集图》描绘了苏轼、黄庭坚、米芾等名流在驸马王诜家聚会的场景，米芾曾写道：“捉椅而视者为李端叔”。（图 77）

李之仪的艺术才能在这几年中得到充分发展。在诗词和书法方面，他与苏轼和黄庭坚有很多共鸣，曾将自己写的一百多首诗拿给苏轼看，苏轼读到半夜都不忍释手。在绘画方面，李之仪是李公麟的玩伴，李公麟曾为李之仪画过《濯足图》，苏轼还题写了像赞，其中写了“须发之拳然，眉宇之渊然，披胸腹之掀然”，看来李之仪长得一脸好胡须呢。

元祐末年，高太后去世，哲宗亲政，不受皇帝待见的苏轼被外放到定州任安抚使。56 岁的苏轼在众多门生中环顾一圈，只选了一个人陪伴自己，就是 45 岁的李之仪。

苏轼为何独选了李之仪呢？这可能与李之仪忠厚的品性有关。在崇尚口诛笔伐、动不动就把“奸邪”的帽子往别人头上扣的北宋

图 77 〔宋〕马远《西园雅集图》局部，美国纳尔逊 - 阿特金斯艺术博物馆藏。“西园”是驸马王诜与宝安公主的私人府邸。宝安公主是英宗皇帝和高滔滔的女儿，与宋神宗是同胞兄妹，两人感情非常好。宝安公主性情温和，侍奉长辈极有孝心，深得皇室宗亲爱戴，但王诜与其感情并不融洽，神宗不满意这个妹夫，每次惩罚他，都被妹妹给救了。“西园”是神宗赐给妹妹的园子，规格和品第非同一般。王诜是一位大才子，著名的山水画家，又喜爱收藏，与苏轼、李公麟、米芾等都过从甚密，所以“西园”经常是宾客满园。苏轼被贬黄州时，王诜受到了牵连。

士大夫里，李之仪是相当斯文的，在他的文集里也几乎看不到诋毁他人的字眼。李之仪的性格还能从一些小事上看出来，比如他从来不会因为别人不回他的信而恼怒。这么淡定的性格正好与容易激动且拥有一条“毒舌”的苏轼互补，所以苏轼就安排他做自己的秘书。

李之仪的定州之行是带了夫人胡文柔同行的，胡文柔对苏轼也钦佩之至。第二年初夏，苏轼被贬往岭南，胡文柔含泪做了一把扇子送给苏轼。

结束定州的工作后，李之仪又在外做了一段时间小官，然后回朝廷监管香药库，后来又到河东管理粮仓。也就是在这段时间里，发生了范纯仁遗表事件，然后李之仪被贬往太平州的当涂县。

李之仪初到当涂的生活还是挺苦闷的，但不久之后就融入了当地文化圈子，日子渐渐好起来。然而短短几年内，他的儿子、儿媳妇、夫人、女儿，相继去世，这么多亲人的棺椁都在当涂，李之仪就决定在此定居。当涂境内有条姑溪河，李之仪于是自称姑溪居士。

晚年再娶美娇妻

李之仪到达当涂那年正好碰上黄庭坚调任太平州的知州，两位年过半百的老友在异乡相遇，自然免不了一番诗酒唱和。其间有位名叫杨姝的官伎陪侍，杨姝色艺俱佳，令在美女前面一向难以自持的黄庭坚词情荡漾，他为这位美人作了《太平州作二首》：

> 欧靓腰支柳一涡，小梅催拍大梅歌。
> 舞余片片梨花雨，奈此当涂风月何。
>
> 千古人心指下传，杨姝烟月过年年。
> 不知心向谁边切，弹尽松风欲断弦。

按黄庭坚的情感逻辑，接下来应该与杨姝有些故事的，然而他才上任九天就被罢免了。黄庭坚黯然离去，也就成全了李之仪。李之仪对杨姝很上心，他那首著名的《卜算子·我住长江头》就是为杨姝填的词。杨姝后来还真被李之仪娶回了家。在经历了至亲相继过世之后，年近花甲的李之仪能再娶意中人当然是好事。更令他开心的是，杨姝还为他添了儿子和女儿，李之仪可谓是老树开花。不久，朝廷大赦，李之仪复官，不久又逢朝廷推恩天下，他按规矩为自己的小儿子求得了恩荫。

李之仪在当涂的文人圈子里越混越好，他品性好，才艺全，朋友和粉丝越来越多，这令一个人很不愉快，这个人名叫郭祥正（1035—1113），字功甫。2013年苏轼的名帖《功甫帖》在民间现身，引起一系列真伪之争，这篇帖就是苏轼写给郭功甫的一封信。

郭功甫是当涂本地人，比李之仪年长13岁，颇有些诗才，经常以李白自诩。他虽然没有李白的天分，却有李白的缺点——不务实，虚浪漫。李之仪初到当涂时，他和郭功甫相处还是挺不错的，但日子久了，矛盾就出现了。郭功甫告发李之仪与杨姝的儿子不是李之仪亲生的，如此，李之仪为儿子求恩荫便犯了欺君之罪，李之仪因此丢了官，还被迫与杨姝分离，儿子也被销夺恩荫。

此事过后不久，郭功甫就去世了，李之仪很快也被平反了，他要回了儿子，并与杨姝重新生活在一起，一直活到了八十多岁。李之仪去世时，杨姝似乎还在世，因为有诗人这么描述杨姝“清歌低唱，小蛮犹在，空湿梨花雨”[1]。

纵观李之仪的一生，财富与权力与他无关，但有了文学与艺术相伴，他的人生还是相当有趣味的。他的前半生有传奇女子胡文柔扶持，后半生有美女杨姝相伴，也算不虚此生了。

1　陶然主编《唐宋词汇评　两宋卷》第2册，浙江教育出版社，2004，1346页。

蝗灾与变法哪个更祸害?

在京城开封的某处宅院里，一名官员看着雪花飘扬，心潮澎湃，他的名字叫蔡卞。蔡卞作为朝中大员，深知下雪对于皇帝的意义，也深知下雪对于来年朝廷工作的意义，他觉得明天早朝时得说点什么。想了想，吩咐秘书写一篇贺雪诗。贺雪诗不久就送到了蔡卞手上，他修改了一下，觉得还应该请宰相大人给把把关，就给宰相写了封信（即《雪意帖》，图 78），文字如下：

卞拜覆：

雪意殊浓，畎亩大洽，殊为可庆。蒙赐答诲，尤以感慰，适行首司呈贺雪笏记，似未稳，试为更定，如可用，即乞令写上也。不备。

卞拜覆。四兄相公坐前。

信的意思是：雪意很浓，老百姓要大丰收了，真是值得庆祝啊！感谢您给我回信，非常开心。刚才领班的官员送来了写好的贺雪诗，我感觉有些韵押得不够好，试着修改了一下。如果您觉得我可以在

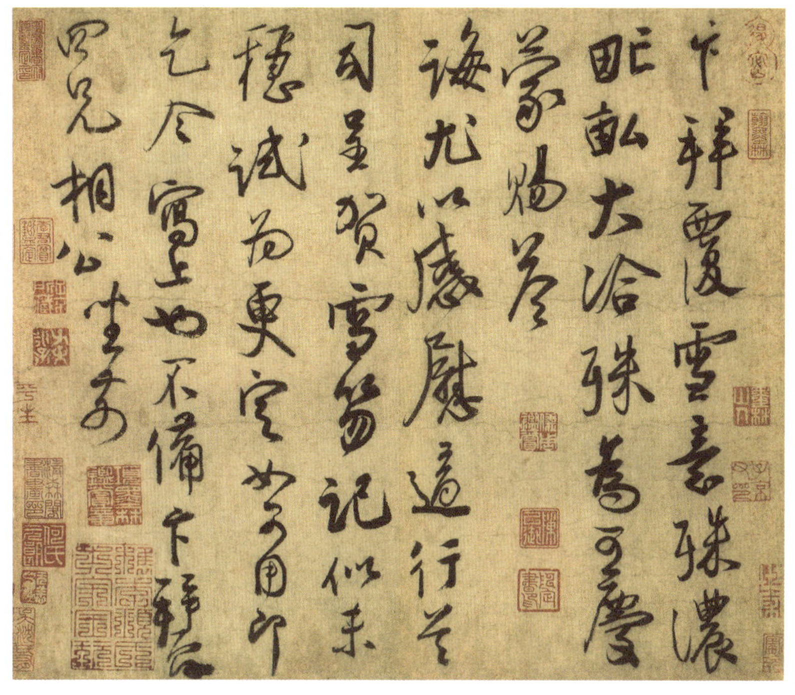

图 78 〔宋〕蔡卞《雪意帖》，台北故宫博物院藏。

朝堂上读，那我就写到笏（hù）板[1]（见图 2）上去。蔡卞为何如此重视下雪这件事？只是因为“瑞雪兆丰年”吗？

蝗灾

连续干旱无雨使深藏于土壤里的蝗虫卵活了下来，宋人仔细地观察这些小东西，并做了记录：

1 笏板是古代官员上朝时拿在手里的一块狭长板子，上面写着当天的发言提纲，也可以用来做会议记录。

蝗虫卵长得和麦门冬很像，它们每天都会长大，过几天就会从卵膜里爬出很多像小黑蚁的小东西，数一数，有 81 只。它们一会儿就爬到地底下去了，如果冬天有雪，雪越深，虫入土也更深，俗话说雪深一尺，虫深一丈。它们要到第二年庄稼长出苗时才开始爬出来，不久就长出翅膀，啮噬庄稼。

在日本人所编写的《酷虫大揭秘》里，蝗虫是一种特别可爱的小生物。宋人观察和记录这些小东西时，没有那种闲情逸致，他们是带着满腔憎恨而又束手无策的心情被迫趴到田间地头研究这些虫卵，然后绞尽脑汁杀灭它们。如果降水量多，这些虫卵就会被淹死，如果遇上旱年，百姓就得遭殃了。在整个北宋时期，蝗灾是困扰朝廷的四大“牛皮癣”之一，其余三癣是西夏、辽国、黄河。

从熙宁五年（1072）开始，雨雪就特别少，黄河以北地区出现了严重的蝗灾，这蝗虫要是灭不干净，来年又颗粒无收，次生灾害也会层出不穷。朝廷一道道公文发下去，命令当地官员与老百姓一同去捉蝗虫，并且随时上报蝗灾和抓捕情况。神宗皇帝焦急万分，他写了好几份手诏，让手下人快马加鞭送到捕蝗一线去。

后来，神宗皇帝又细化了工作指标：凡是有蝗灾的地方，由知县牵头，所有的在职官员都要去捕蝗虫。每抓到五升幼蝗或一升蝗虫，可奖励一升细色谷；挖到蝗卵一升，给粗色谷二升。烧埋蝗虫的情况要详细汇报，如果因为捕蝗而损坏庄稼的，要按情况处罚。

都是变法惹的祸？

熙宁七年（1074）秋天，杭州大旱，蝗虫铺天盖地而来，时任杭州通判的苏轼走出官署，四处考察杭州境内的灾情。沿途数百里，苏轼看到最多的景象是老百姓用蒿蔓裹着蝗虫的尸体堆在路边，然后烧掉，报到官府的已捕杀蝗虫数量有几万斛。苏轼在杭州的主要工作就是捕蝗和祈雨，他内心充满了愤恨，本来就对变法有意见，现在看到这种景象更加有点不满了，写诗抱怨道："新法清平那有此，老身穷苦自招渠。"[1] 他的亲密朋友孔武仲对蝗灾抱有同样的怨恨，认为比蝗灾更严重的就是王安石推行的新法。蝗灾还有消尽的时候，而且只有部分地区受灾，但是新法流布全国，没有尽头，危害比蝗灾严重多了。

有了这样的逻辑推理，旧党中的一些人，尤其是每天要去捕蝗虫的官员，就借机上书神宗皇帝，要他赶紧向老天爷认错，并且废止新法。但是，以王安石为首的新学学派认为这世间事与老天爷没有半毛钱关系，要务实。他们更愿意相信雨多、雪多才是消除蝗灾的根本，捕灭蝗虫卵才是最重要的预防工作。所以雨和雪变得弥足珍贵，它们关系到老百姓的粮食，也关系到新法的推行。

做好"雪"的政治文章

嘉祐二年（1057），来自四川的苏轼和苏辙两兄弟双双考中进士，名动京师。十三年后，福建的一对兄弟也同时金榜题名，这对兄弟的父亲还与苏轼是熟人。这两兄弟中哥哥叫蔡京，弟弟叫蔡卞，他

1 〔宋〕苏轼著，李之亮笺注《苏轼文集编年笺注　诗词附 11》，巴蜀书社，2011，101 页。

们中进士时没有引起苏氏兄弟那样的轰动，但是北宋后期的政坛却因为这兄弟俩而地动山摇。

在历史上，蔡京比弟弟蔡卞更有名，但是在早期，蔡卞比哥哥蔡京亨通多了。蔡卞 22 岁中榜时还没有定亲，他的聪明才智深得宰相王安石的赏识，王宰相就把自己的女儿嫁给了蔡卞。蔡卞于是拜在王安石门下，专注于经学研究和变法改革。蔡卞是王安石忠实的粉丝，两人志同道合，翁婿关系非常好。有老岳父护着，再加上本身就具有超强的政治才能，蔡卞的仕途非常顺利。他和章惇一样，都是新法的坚定实施者，两人是很好的搭档，共荣共辱。

现在，终于下雪了。雪花所到之处，从偏远静谧的乡村，到繁华的开封城，再到神秘的皇宫深处，都涌动着一股欢乐祥和的气氛。淮河以北的每一个人都在感念上天的眷顾，希望雪越下越大，这样，深藏于地下的蝗虫卵就能被雪冻死，即使冻不死，等雪化了之后也要被淹死。没有蝗灾，老百姓的庄稼就有救了，他们就不会饿肚子、当流民，官员们也不用一天到晚辛辛苦苦地到田里捉蝗虫。这样，变法就更有底气，旧党对新法的诘难也就不攻自破。

所以，对蔡卞来说，“雪”的政治文章是必须要做好的。

蔡京书信里的小心机

蔡京虽然后来成为“六贼”之首，但在登上权力顶峰之前，他在很多重要官员眼中是个好下级、好同事，很多人都觉得他聪明勤敏，懂得感恩，为人可靠，所以有不少人愿意推荐他，这与他深通人情世故很有关系。（图 79）台北故宫博物院藏有蔡京写的两封信，从中可以一窥蔡京的为人处世。其中一封信是写给上级的（即《宫使帖》，图 80），文字如下：

京顿首再拜：

晚刻，伏惟钧候动止万福。久违墙宇，伏深倾驰。台光在望，造请未遑。跂引之情，不胜胸臆，谨启讽候动静。不宣。

京顿首再拜。宫使观文台坐。

图 79　蔡京像

此信大意如下：现在是晚上时分，祝您一切万福。多日不见，十分想念。不久

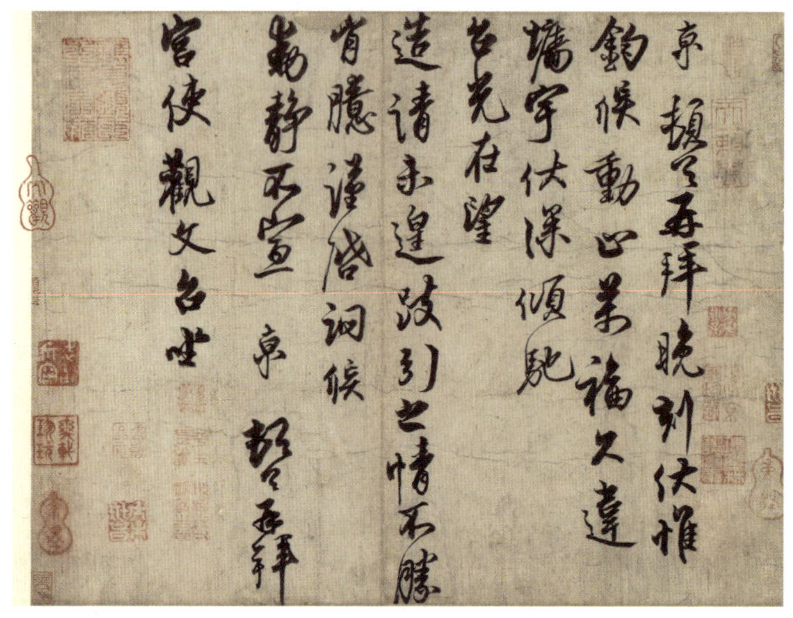

图 80 〔宋〕蔡京《宫使帖》，台北故宫博物院藏。

就能见到您，只是还没来得及登门拜访。您极力推荐我，这份恩情难于言表，谨此写信问候。

从“宫使观文台坐”这个称呼可知收信人应该是前任宰相之一，蔡京对这位推荐他的前宰相十分感谢，除了写感谢信之外，他说不久还将登门拜谢。

另一封信是写给下级的（即《致节夫亲契》，图 81），文字如下：

> 京再拜：
>
> 昨日终日远劳同诣，下情悚感，不可胜言。大暑，不审还馆动静何如？想不失调护也。京缘热极，不能自持，疲顿殊甚，未果前

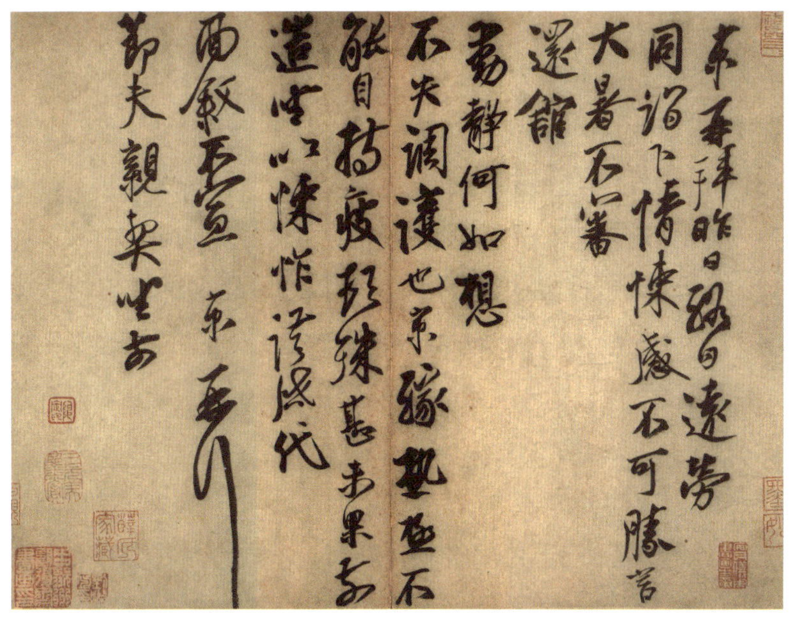

图 81 〔宋〕蔡京《致节夫亲契》，台北故宫博物院藏。

造坐次。悚怍！

谨启代面叙。不宣。京再拜，节夫亲契坐前。

此信大意如下：昨天麻烦你跟我跑了一天，走了那么远的路，我深感惶恐，无法用言语表达。大暑天气，不知道你回馆后感觉如何？想来你会好好调养和爱护自己的。由于天气太热，我实在无法忍受，感到非常疲劳困顿，就没有提前将座次表做出来，深感惶恐。谨此以信代面聊。不多说了。

从这封信的内容看，蔡京和收信人节夫正在一起安排一个有重要领导出席的活动。从蔡京写信的语气来看，节夫的级别应该比他要低，但他语气非常客气，非常有礼貌，为对方陪自己办事而表示感谢，关心对方是否太热或太累，也为自己没有及时排好座次表达歉意，还在末尾的称呼加上“亲契”二字，意思是亲近和默契。节夫看到这封信应该会感到很舒服。

被蔡京伺候得最舒坦的人应该就是宋徽宗赵佶了。徽宗 18 岁登基，19 岁亲政，33 岁开始打理朝政，45 岁被掳往金国，这位没有被制约的年轻皇帝前半生的时间基本都用于游艺、宴乐、修道。作为一位艺术造诣极高的才子，宋徽宗喜欢有知音与自己对玩，而蔡京就是他非常喜欢的知音之一。

事实上，蔡京并不是一位贪玩的权臣，对于他来说，陪好徽宗就是他最重要的工作，徽宗喜欢什么，他就做什么，于是就有了盛大的造园修殿工程，有了不分昼夜的宴游，以及漫长的诗词唱和。蔡京这些行为的回报也是相当可观的，别的不说，北宋御府所藏的蔡京行书作品多达 76 件，这是什么概念？北宋其他书法家入选的行书数量总和还不到 50 件，难道真是因为蔡京的行书写得太好了吗？蔡京的书法确实冠绝当时，有观点认为“宋四家”苏、黄、米、蔡中的“蔡”原本是蔡京，只不过因为他奸臣的身份而被替换成了蔡襄。即便如此，仅凭书法好就能享受如此待遇吗？显然不会这么简单。要弄明白其中原因，不妨对入选的蔡京行书作品进行一番分析。

纪念皇帝宠妃

蔡京这 76 件行书作品按内容大致可以分为四组，其中一组就与两个女人有关，她们是宋徽宗最宠爱的两位妃子：大刘氏和小刘氏。

大刘氏（1087—1113）是太师彦清之女，姿色明艳。崇宁二年（1103），17 岁的大刘氏从侍女进封才人，然后在接下来的六年时间里节节高升，最后被封为贵妃，一共为徽宗皇帝生下了三子三女，大刘氏的女儿康福帝姬后来还嫁给了蔡京的第五个儿子蔡鞗。可惜大刘氏寿命不长，于政和三年（1113）秋薨逝，时年 27 岁，后被追封为皇后，谥曰“明达皇后”。徽宗亲自撰写了大刘氏生平，并付诸乐府以唱诵。蔡京用行书抄了一遍大刘氏的墓志铭，献给徽宗，徽宗命人收入御府库藏。

关于大刘氏的谥号“明达”，还有一个小典故。翰林学士强渊明在哲宗朝时曾拜见过当时著名的方士老志，老志告诉他四个字“四皓明达”，并预言强渊明必将腾达，强渊明一直不明此四字之含义。刘氏薨后追谥为“明达皇后”，徽宗让强渊明草拟制书，他才明白“四皓”乃“赐号”，方士老志说的是“赐号明达”。

小刘氏明节皇后（1088—1121）出身寒微，父亲是一名酒保。小刘氏初为哲宗昭怀皇后的使女，政和三年（1113），昭怀皇后因干预朝政且行为不谨而被逼自尽，小刘氏连同其他宫女一并被遣送回家。但小刘氏不愿回家，藏匿于宦官何忻家中，也有人说是何忻囚禁了刘氏，事后将其献给朝中当权者，总之，最后小刘氏被辗转送到了徽宗跟前。

小刘氏聪明貌美，机灵善应，很快就成为徽宗最宠幸的妃子之一。小刘氏擅于设计和缝制服装，据说她所设计的服装都是别人仿效的对象。不久，徽宗于保和殿宴请蔡京父子等人，蔡京请求见一见新进的安妃，也就是小刘氏，徽宗答应了。一行人游至安妃居住的玉真轩时，徽宗作了两句诗：“雅燕酒酣添逸兴，玉真轩内见安妃”，并命蔡京将其补全，蔡京即兴占了两句：“保和新殿丽秋晖，诏许尘凡到绮闱。”因徽宗亲口说“玉真轩内见安妃”，所以在座诸位都以为能见到小刘氏，谁知进去才发现，徽宗让他们看的只是一幅画像，群臣一时错愕，而蔡京则随即又赋诗一首：

玉真轩槛暖如春，只见丹青未有人。
月里嫦娥终有恨，鉴中姑射未应真。[1]

蔡京很会夸人，将小刘氏比作姑射仙子，美过嫦娥。由于这奉承诗写得好，徽宗还真的让蔡京见了见小刘氏本人。

宣和三年（1121），小刘氏薨，时年34岁。徽宗十分悲恸，将其奉安于宗庙中非常重要的位置，又加封她为明节皇后，还亲自为她撰写了传记。徽宗后来还经常想起小刘氏，并为之赋诗。为了能再见到故去的爱妃，徽宗还让当时的道教首座林灵素作法，带他去见小刘氏，据说徽宗在恍惚间还真的见到小刘氏了。

为了迎合徽宗的情感需求，蔡京用行书誊抄了一遍徽宗撰写的《明节皇后传》，又将自己写的《奉安明节皇后诗》和《观明节皇后像诗》都誊抄了一遍进献给徽宗，徽宗都命人收入御府收藏起来。

与徽宗唱和纸醉金迷的生活

蔡京每次与徽宗宴饮游乐都要写一篇文章呈给徽宗看，北宋御

1　曾枣庄、刘琳主编《全宋文》第109册，上海辞书出版社、安徽教育出版社，2006，173页。

府所藏的蔡京行书作品中有一部分就是这类诗文，所涉及的游玩场所主要是万岁山、延福宫和宣和殿。

万岁山又名艮（gèn）岳，位于开封城东北方。在获得徽宗关注之前，万岁山只是一片不起眼的平地，徽宗即位之后，一位名叫刘混康的道士跟他说，京城的东北方需要堆出一大片高地，这样才能使皇嗣繁盛。徽宗信以为然，于是命人在东北方堆土成山，号“万岁山”。徽宗在开封共生得 32 个儿子和 34 个女儿，果然子嗣繁盛，不知是否与这座山有关。

万岁山是徽宗时期最大的皇家园林，山上有数不清的珍禽异兽、奇花异石、亭台楼阁、湖泊池沼、烟柳小桥，每一处都题有别致的名字，徽宗经常带领朝臣嫔妃游乐其间。此时的蔡京虽然已经年逾古稀，但仍深得徽宗宠幸，故而也经常应约陪徽宗游万岁山。蔡京的儿子蔡絛在《铁围山丛谈》中记载了一些他随父游赏万岁山时的所见所闻，其中特别提到了万岁山正门口那块有名的太湖石。这块太湖石高 46 尺，是“六贼”之一的朱勔于宣和五年（1123）用一艘大船从太湖运到开封的。据说因为石头太大，长途搬运耗费大量人力物力，还拆毁了很多桥梁、屋宇，费时数月才运抵京城开封。徽宗给这块石头赐号“昭功敷庆神运石”，并因此授予朱勔节度使一职。

据坊间传言，宣和七年（1125）八月时，有狐狸在万岁山的宫殿里摆酒对饮，兵士赶都赶不走，九月时，狐狸竟跑到皇城内，坐在皇帝的御榻上。徽宗深感其为不祥之兆，且此时因苑囿甚多，国力难支，徽宗已对万岁山的建设有所厌倦，所以才对其投入有所克制。

延福宫位于宫城之北，原本是一座普通的旧宫殿，用于存储宫中日用物资，也有僧人和士兵在此居住。徽宗即位以后，花石纲工程越来越大，京城的奇花异草也越来越多，于是蔡京建议将延福宫加以改造，以做存储之地。

政和三年（1113）春，蔡京安排童贯、杨戬、贾详、蓝从熙、何欣等每人负责一处建筑，并让他们无须拘于传统，可以充分发挥设计优势，又开凿了水系，两岸种植奇花珍木，殿宇比比对峙。徽宗的大部分时间都在此处度过，经常在此宴请近臣。靖康元年（1126），徽宗内禅之后即与宁德皇后迁居延福宫。

宣和殿始建于宋哲宗时期，殿成五年后，哲宗病逝，宣和殿被拆毁。徽宗即位两年后复建宣和殿，用于收藏历代经典字画、碑拓、古玩等，宣和殿遂成为徽宗个人雅玩之所，同时也逐渐成为存放徽宗个人财产之处。

宣和殿还是一处非常别致的人工苑囿，建筑布局与题名都饶有文意和雅趣，还种植了很多奇花异草，散养了很多珍禽异兽，画工们不需外出就能在宫殿里写生画画。宣和殿前植有荔枝树，有一次荔枝结出了累累果实，一只孔雀正好落在树下。徽宗很开心，令画工画出这个场景，画工各效其能，徽宗看后却说他们画错了。过了几天再问，画工仍未找出错在哪儿，于是徽宗说孔雀升高必先举左脚，但画工所画孔雀先举右脚。

徽宗似乎并不经常邀人去宣和殿赏玩。米芾曾被邀请进入宣和殿，他感到非常自豪，也令周围人很羡慕。政和二年（1112）春，65 岁的蔡京官复太师之职，徽宗于宣和殿内的太清楼赐宴，辅臣亲王都被邀请参加，徽宗就此写了一篇小记，蔡京也写了一篇小记。

逢迎皇帝的道教信仰

北宋拥道教为国教，宋真宗炮制出一位神人先祖赵玄朗，尊其为圣祖天尊大帝，还声称道教始祖轩辕皇帝就是天尊大帝转世。如此，赵家就在天上有了后台，崇道也就顺理成章了，所以之后的北宋皇帝基本都崇信道教，而宋徽宗对道教的崇信更是达到了“佞”的地步。宋徽宗自幼便见到父亲神宗皇帝、兄长哲宗皇帝礼敬道教，耳闻诸多灵验事件，而他自己的即位也颇有戏剧性，导致徽宗相信这是天人授命，因而对道教深信不疑。

在徽宗时期，道教的发展以政和年间为界线，政和以后道教突然变得十分昌盛，主要是因为彼时有几位有名的道士如林灵素等与徽宗密切接触。宋徽宗不但赐予道士各种官职，准许他们于禁宫中行走，徽宗还自称“道君皇帝”，服食仙丹，广建琼楼殿宇，仿建人间仙境，身着道服与朝士游乐其间。

在道教中，甘露是祥瑞之物，它的出现代表着天地相合，国泰民安，因而徽宗对天降甘露之事特别重视，从不怀疑它的真伪。善于逢迎的蔡京自然不会放过这种讨好皇帝的机会，每逢甘露事件，蔡京都拜表称贺，徽宗也乐于接受。

道教在执行礼教仪式时使用的音乐被称为“步虚”，据说曲韵轻缓缥缈，宛如众仙凌波微步。为步虚曲韵而填的词称为“步虚词”，其意境空灵无尘，描述的也都是“水中月，镜中花”之幻境，这成为雅好文艺的徽宗皇帝所关注的对象，而蔡京则与徽宗互相唱和，乐此不疲。

传说宋徽宗的生日原本是五月初五，在传统民俗中有五月初五为“恶月恶日”的说法，徽宗觉得不吉利，就将生日改为十月初十。政和七年（1117）十月，徽宗生日临近，为讨徽宗开心，蔡京命所有府、州、县遍立寺观，并将原有寺观改名为“神霄万寿宫”。蔡京为此赋诗两首呈送给徽宗：

下马神霄第一回，晴空宫殿九秋开。
月中桂子看时落，云外仙軿特地来。

参差碧瓦切昭回，绣户云輀次第开。
仙伯九霄曾付托，得随真主下天来。

徽宗看了之后很高兴，还专门和了一首诗回赐蔡京。真主和仙伯会降居神霄宫？只怕蔡京自己都不会相信，但徽宗相信，所以蔡京必须要写。

蔡京笔底无社稷

杜甫的成就并非一开始就被人关注，在北宋中期以前，欧阳修等人都是崇李白贬杜甫的。直到北宋中期，杜甫的地位才逐渐被人重视，而王安石就是大力宣传杜甫的重要代表之一。

蔡京喜抄杜诗与王安石的诗，除了他自己确实喜爱之外，恐怕与徽宗对这两人的喜爱和肯定也深有关系。王安石是新法运动的发起者，是新党的代表人物，徽宗是新派拥护者，对王安石持肯定态度，比如《宣和书谱》在选宋代书法家时表现出非常狭隘的政治观念，许多元祐党人中的优秀书法家如苏轼、黄庭坚都没有入选，而王安石作为新党代表得以入选。王安石推崇杜甫，蔡京抄录杜诗和王安石的诗自然会讨徽宗的欢心。

中国文学的标杆是“诗言志”“歌咏言”“文以载道”，但蔡京没有像杜甫那样通过诗歌表达自己“致君尧舜上，再使风俗淳”的人生理想，也没有像司马光那样“资治通鉴”。

作为一朝重臣，蔡京的书法和文学作品几乎没有一篇是谈社稷民生的，也没有一篇文章是表达自己理想的，他所掌握的技能几乎都是为皇帝一个人服务的，比较典型地体现了古代利己主义儒臣“学成文与武，货与帝王家”的狭隘人生观和价值观，而他以诗文和书法讨好徽宗，蛊惑徽宗沉迷玩乐，则其诗文书法又罪莫大焉！当金兵铁蹄踏破北宋都城，皇帝都无法自保时，蔡京自然也就只能被众怒吞噬了。

乱世长寿人——孙觌

孙觌（dí，1081—1169）是北宋过度至南宋的一位传奇人物。台北故宫博物院藏有一幅《平江酒毛帖》（图 82），错挂在王觌名下，其实它的作者应该是孙觌，这是孙觌在任杭州知府时为了搜寻经济人才而给领导写的一封信，文字如下：

觌再拜：

平江酒毛汝能，乃觌所辟置，天下之奇材。而汤德广诸人，不以法度御之，多取以供它费，小使臣不敢辄忤其意，至今循习不改。

觌已请于朝，欲自使令。今已得数万缗酒本，方营求数十区屋材，兴治清河一坊。追复其旧，稍待三两月之期，使司必与享此利。欲望一差檄过杭，严戒以即日上道，幸甚，第勿令胡守知此意也。觌再拜。

这封信大意是：平江府监酒税的毛汝能是我之前任平江府知府时招上来的人，他是个难得的人才。汤德广等人花钱都不按规矩，经常挪作他用，下面的人又不敢忤逆他的意思，所以这个弊病到现

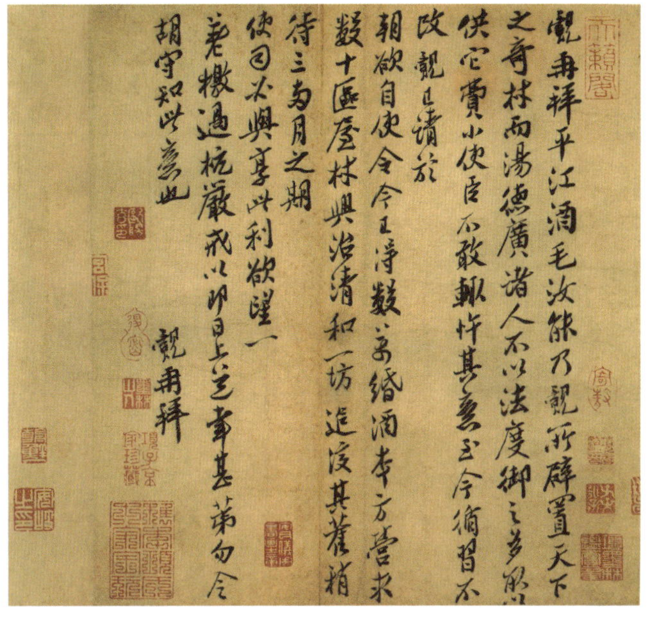
覿再拜平江酒毛汝能乃覿所辟置天下
之奇材而湯德廣諸人不以法度御之多所
供它費小使臣不敢輒忤其意至今循習不
改覿已請於
朝欲自使令今已得數萬緡酒本方營求
數十匹屋材與治清和一坊追復其舊稍
待三兩月之期
便可必與享此利欲望一
差檄遣杭嚴戒以即日上道幸甚第勿令
胡守知此意也
覿再拜

图 82 〔宋〕孙觌《平江酒毛帖》，台北故宫博物院藏。

在都没有改。我已经向朝廷申请自由支配这些钱。我现在得到了数万缗的酒本，正在寻找木材，想重新修治清河街一处坊巷，恢复成原来的样子，大约三两个月后您就可享受到由此带来的利润。希望您下一道命令，将毛汝能调到我这里来，严令他马上出发。如能实现，那真是太好了，麻烦您千万不要让胡松年知道这件事。

孙觌自幼崇拜苏轼，曾为了苏轼的政治身份积极奔走。金兵南下时，他坚决反对抵抗，主张不惜一切代价求和。靖康之变时，他曾两次陪同皇帝到金兵大营，竟然全身而退，没有被掳到金国。到南宋时，他负责帮新政府赚钱，结果遭秦桧迫害，隐居太湖 20 年。秦桧死后，孙觌为自己上诉，又官复原职，最后活了 89 岁。

一份颇有文采的降书

靖康元年（1126）冬，往年的冬天从来没有如此寒冷过，习惯冬天出兵“围猎”的金人再一次兵临开封城下，并轻而易举突破了守城的“六甲神兵”。这些“神兵”由一群从没上过战场的壮丁组成，领头的是一位“法力高强”的道士。据说这位道士是神仙的代言人，只要他一做法，这些神兵就可以天下无敌。勇猛的金兵被这玄幻的阵势给惊呆了，惊讶之余，他们不费吹灰之力就冲散了这群神兵，然后堂而皇之地走进了北宋王朝的都城。

面对开封城很有创意的防御手段，金兵将领完颜宗翰决定也改变一下以往简单粗暴的劫掠方式，他进入外城之后，没有直接杀入内城，而是停住了脚步，从容不迫地对皇城来了个“围而不猎”。

宋朝皇帝和大臣们听说金兵进城了，都快要吓死了，把各种脏话都送给了那位守城的道士。就在这时，突然传来金兵要和谈的消息。哎呀！这一定是神仙显灵了！完颜宗翰让太上皇徽宗到金军的大营和谈，徽宗自然不肯去，他在不久前把皇位传给儿子钦宗就是为了不趟这些浑水。没办法，钦宗只得“替父从军”。他带了一些能说会道的大臣和一些文笔很好的秘书，再拉上许多的金银财宝，惶恐地走进了金兵营。

在完成了一系列屈辱的程序后，完颜宗翰要宋朝皇帝献上降表。钦宗立即让秘书写了一份降表献上去。完颜宗翰看了降表之后很不满意，倒不是觉得条款有问题，而是语言文字不够好。钦宗怎么也没料到会在这个环节上出问题，于是让随行文官加班修改。改完后再送过去，完颜宗翰还是不满意，他甚至有点生气了：怎么回事呀？

人才济济的宋朝，写的降表就这么没水平？他明确提出，降表要写成四六韵文，要写得充满感情，读起来要抑扬顿挫，朗朗上口。

没想到这位金国大将居然会对汉文化中的诗赋情有独钟，可是这种文章并不是谁都能写好的。钦宗的秘书都是写公文的高手，但写赋就不行了。钦宗用眼神一一扫过随行人员，然后定在了一个人身上，这个人就是孙觌。孙觌文采很好，平时没事就喜欢写四六韵文，他没让皇帝失望，新的降表交上去后，完颜宗翰很满意。仔细审阅这份颇有文采的降表：

一统之基，遽失藩篱之守；七世之庙，几为灰烬之馀。既烦汗马之劳，敢缓牵羊之请。

上皇负罪以播迁，微臣捐躯而听命……

社稷不陨，宇宙再安。

钦宗长吁一口气，他对孙觌说："对仗和押韵都非常好，多亏你平时喜欢写这种文章，才能有这个水平啊！"孙觌时年46岁。

成功脱身

钦宗第一次出使金营虽然颇费周折，但终于还是平安回来了。可是他怎么也没料到，金人只是为了让他回来筹措财物和女人。满城的财宝和女人一车车地送进金兵大营，嫔妃和她们压箱底的金银首饰也被拉去凑数，但还是没满足金人的血盆大口。于是宋钦宗又被叫到了金兵大营，并被扣为人质，随行人员中自然少不了文采极好的孙觌。后来为了加重筹码，金人又把宋徽宗也叫到金营做人质，逼着宋朝臣子们想尽一切办法搜刮财物。等开封城被彻底榨干净以后，金兵裹挟着徽、钦二帝及一万四千多名皇室成员和臣民前往遥远的北国，这两位皇帝从此再也没有回过开封城。

然而孙觌却没有被押走，因为在整个过程中，他表现得十分听话。比如金人要剥去徽宗、钦宗的龙袍，随行的三个人中，吏部侍郎李若水对金人破口大骂，宰相何㮚虽不敢骂，但也反复抗议，而孙觌却乖乖地伏在地上，什么也没做。结果是，誓死不从的李若水惨死于金人的屠刀下，何㮚因为反抗而被当场抽鞭子，孙觌啥事也没有，他与何㮚都被放回来了。不过何㮚在得知自己的学生、年仅10岁的太子也将被掳往金国时，不顾金人的阻拦，一路痛哭着护送太子北去。何㮚后来绝食而死，年仅39岁。

孙觌被放走没多久，金人就后悔了，他们火速派人追捕孙觌。孙觌很机灵，一路躲避，竟幸免于难。

乱世扬名的求和派

孙觌出生于一个普通官员家庭，祖上世代生活于南京，到他的父辈时，举家迁往常州的武进。孙觌从小就有文学天赋，后来有两本文集流传于世。他十分推崇苏轼，为推翻宋徽宗和蔡京两人戴在苏轼头上的“元祐党人”帽子，他做了很多努力。另外，他的书法也很有特色，其含蓄中带张扬的气质和峻拔的笔势与东坡先生颇为神似。于是就有人杜撰了一个故事，说东坡先生从海南遇赦北归至无锡时路过孙觌家，当时孙觌还不到10岁，东坡先生问他：“你在学什么？”孙觌说：“学对属”。东坡说：“那我出个上联，你对对看。”于是东坡针对幼年的孙觌出了一句“衡门稚子璠玙器”，年幼的孙觌脱口对上：“翰苑神仙锦绣肠。”不仅对了上，还顺便拍了东坡先生的马屁。东坡很是惊异，摸着他的背说：“你真是有璠玙之器，将来一定成就不凡。”然后就莫名其妙地有了孙觌是东坡先生私生子的传说。

在靖康之变之前，孙觌是个默默无闻的小官，主要做些文字工作。金兵南下时，他突然就冒尖了，被升为侍御史，并很快晋升为吏部尚书和户部尚书。身为言官和大臣，他得对金兵入侵有自己的态度，孙觌的态度相当明确，求和！他将战祸归结为两个原因，一是之前北宋朝廷太高调了，才招来亡国之祸；二是以蔡京为首的“六贼”祸国殃民。至于如何解决眼前的燃眉之急，他给出的方案就是尽一切力量求和，金人要钱给钱，要地给地，要人给人，只要不打仗就行。

金人兵临城下后，孙觌被安排守东城门，他立即上书给宰相何㮚请求辞去这份工作，他的理由是自己是主和派，不适合在一线抗敌，何㮚只好免了他这个任务。孙觌虽躲过了上前线御敌，却没能逃过随同钦宗入金营的命运，这便有了前面提到的写降表一事。写降表自然不是什么光彩的事情，但在钦宗的眼里，孙觌也算是和谈的功臣了，被升了官。

金人围攻开封城、掳走全部皇室成员时，康王赵构正好在外地，就成了漏网之鱼。靖康二年（1127）五月，赵构即位，是为宋高宗，南宋正式建立。亲眼见证了金人掳走徽、钦二帝的孙觌内心是崩溃的，他的求和政策显然一败涂地。但是灵活多变的孙觌很快就投奔了下一任皇帝，成为第一时间拥立赵构的人。赵构因他写降表的事就把他给罢免了，但新政府刚成立，急需办事的人，很快又起用了他。孙觌能在新皇帝面前立足，还有一个非常重要的原因，那就是他跟新皇帝的战略思想一致，都是主和派。

新仕途从搞钱开始

孙觌的职务变动比较频繁，先是户部尚书，然后是温州知州，再是到平江府（今江苏苏州）任知府。孙觌担任这三个职务的时间都不长，但如何搞钱却是每个职务共同的任务，因为新建立的朝廷钱袋子是空的，金人洗劫过后满目疮痍，难民满地，连皇帝也只剩换洗衣裳了。打仗要钱，发工资要钱，皇帝还得过奢侈生活，孙觌便由之前研究押韵和对属变成研究怎么赚钱，为了搞钱，他什么办法都想尽了。

孙觌在任平江府知府的时候，通过查账发现还有很多老百姓欠钱未还，有的甚至连三十多年前的青苗钱都还没有还，这得多大一笔账啊。孙觌就开始催缴陈年老账，结果引起民愤，落下个敛财扰民的罪名而被撤职。

孙觌被罢职一年多以后，在宰相范宗尹（1100—1136）的推荐下又担任了临安府的知府。临安府原名杭州，是新皇帝赵构的行宫所在，后来成了南宋都城。说起宋代的富贵与闲情，哪能少得了杭州城。可是当 51 岁的孙觌到这里上任时，它已经被金兵给糟蹋得不成样子了。库里没钱，仓里没粮，连城墙上的防守设施也只有一些竹篱笆，临安府这种样子要做新皇帝的行宫可是很有难度的。一年之中临安府已经换了四任知府，都搞不定，只好起用头脑灵活的孙觌来救场。

赚钱能手遭陷害

孙觌要做的事情太多了，一座城市要恢复繁华，最需要的就是钱。可是朝廷时时准备打仗，有限的钱主要砸在军队上，是不会拿来治理城市的。孙觌只能自力更生，一方面向州县摊派赋税，一方面寻找赚钱的门道，他想到了酒业。（图 83）

宋代的酿酒业与盐、铁一样，基本都是由政府垄断的，特别是酒曲，绝对由国家控制，原因也很好理解，酒是刚需，赚钱多，在特殊时期，酒业收入可以直接拿去做军费。孙觌非常不赞成将酒业的钱拿去打仗，为此他还专门向朝廷写申请，要求临安府有自由支配财政收入的特权，尤其是酒税。在战乱以前，临安府的酒税收入大约有一百多万缗，而孙觌上任时已不到二十万，他决定要恢复这一块的收入，那就得先把酒业繁荣起来。孙觌筹了点本钱，又买了一些木材，准备在临安府里非常有名的清河街开辟一处官酒坊。硬件倒还好办，最难找的是经营人才，他想起了一个名叫毛汝能的人。

毛汝能是孙觌两年前在平江府任知府时聘来监酒的人，此人很有经济才能，为孙觌赚了不少钱。孙觌被罢官后，接任他的人叫汤东野，字德广，这个人与南宋几位中兴名将的关系很深，是被卷入战争中的人物，他辖区内的钱多数都会被拿去当军费，这点让孙觌很不爽，他认为应该把钱用于城市治理和恢复商业。后来汤东野调走了，现任的平江知府是孙觌的朋友胡松年（1087—1146），这就让

图 83 〔宋〕刘履中《田畯醉归图》，故宫博物院藏。宋代的酒由政府管控，乡民买到的酒一般都是味道特别寡淡，所以看上去都很能喝。“田畯”是管理农事的基层官员，画面描绘田畯与农民共醉，其效果与用意跟欧阳修的《醉翁亭记》类似，无非是想传达国泰民安、与民同乐的观点。

孙觌有些头疼，他想把毛汝能调过来，可是又不好意思直接去挖朋友的墙脚，那怎么办呢？孙觌想了想，就给上级领导写了一封信，即本文开篇提到的《平江酒毛帖》。

就在孙觌准备大干一番的时候，却不小心翻了船。秦桧（1090—1055）升任参知政事，孙觌礼节性地写了封贺信，但向来以文笔自诩的他竟然表达有误，得罪了秦桧，当然也有可能秦桧就是要整他，于是有人告发他盗用军费和官银，私卖官粮，收受百姓贿赂等。孙觌被停工审查，审查他的过程很简单，几乎没有任何正常程序，但处理方案却很快出炉了，53 岁的孙觌以贪赃枉法的罪名被罢职，并发配到广西象州羁管。孙觌不服，开始申诉，第二年时高宗发现其

中真是有不少“莫须有”的罪名，所以就释放了孙觌。

孙觌深知，自己在秦桧当权期间是没有出头之日的，虽然他自己的为政作风比较粗暴，但要他跟着秦桧一起干坏事，他也还是做不到。当年“六贼”当道，他就对这些大奸臣痛恨不已，现在自然也不会跟秦桧同流合污，所以从此隐居太湖马迹山 20 多年。等秦桧死后，孙觌才重新启动自己的申诉程序，他直接给高宗上书，声情并茂地陈述当年的事实，请求给自己平反，于是 76 岁的孙觌官复原职。82 岁时，孝宗即位，孙觌参与编修蔡京等人的史事，回首往事，老人感慨万分。87 岁时孙觌以左朝奉郎龙图阁待制退休，89 岁于晋陵故居寿终正寝。

一生“不欺”的状元王十朋

庆历六年（1046）秋，邓州人贾黯状元及第，回乡后拜见当地的父母官范仲淹，想向宦海浮沉几十年的老前辈求得一点做官的窍门。范仲淹语重心长地对他说：“君不忧不显，惟‘不欺’二字可终身行之。”不知贾黯有没有一生遵循“不欺”二字，但南宋的一名状元却是对这两个字终身行之。

这个状元名叫王十朋（1112—1171），字龟龄，温州乐清人。他一生以北伐为大计，对主和派各种抨击，对主战派极力推荐，不畏权贵，不计后果，只以天下大计为己任，很有范仲淹当年的风采。

张浚为王十朋题写了斋名“不欺室”，并解释说“不欺”的标准就是“合天人”，也就是不欺天地，不欺君民，不欺自己。王十朋非常喜欢“不欺室”这个斋名，因为它既符合当时的理学思潮，又切中了王十朋的为人准则。王十朋给老宰相回了一封信（即《宠示帖》，图84），文字如下：

十朋伏蒙宠示室铭、题跋并和诗，三复钦叹。诗词意俱工，但

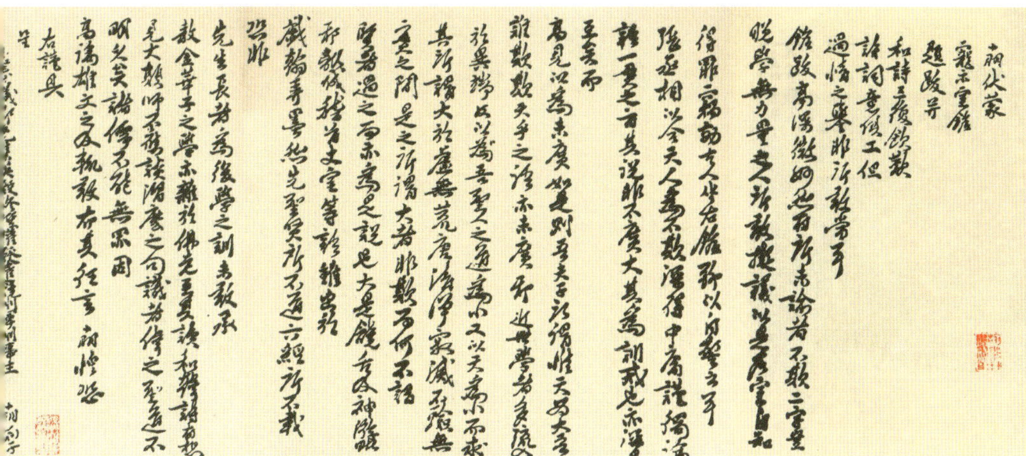

图 84 〔宋〕王十朋《宠示帖》，台北故宫博物院藏。

过情之誉，非所敢当耳。铭跋高深微妙，然有所未谕者。“不欺”二字，岂晚学无力量之人所敢拟议？以是铭室，自知得罪。

窃效古人座右铭，聊以自警云耳。张丞相以合天人为不欺，深得《中庸》谨独、《论语》一贯之旨，其说非不广大，其为训诫也，亦深且至矣。而高见以为未广，如是则吾夫子所谓“惟天为大”“吾谁欺，欺天乎”之语，亦未广耶？近世学者多流入于异端，反以吾圣人之道为小，又以天为小，而求其所谓大于虚无荒唐，清静寂灭，不验无实之间。是之所谓大者，非欺而何？不谓贤者过之而亦为是说也，大是饶舌。及“神游毗邪离城，稽首丈室”等语，虽出于戏翰弄墨，然先圣贤所不道，六经所不载，恐非先生长者为后学之训，未敢承教。

金华子之学，亦杂于佛老，至其《读和韩诗》有“想见大颠师，不应谈溜么”之句，识者伟之。

圣道不明久矣，诸儒不能无罪。因高论雄文之及，辄敢布其狂言。十朋惶恐，右，谨具呈。左奉议郎、充集英殿修撰、权发遣饶州军州事王十朋札子。

王十朋在信中感谢张浚为自己取了一个这么好的斋名，并发表了自己对“不欺”的理解，认为它深得儒学之旨。他批判了释道两家反孔孟圣人之道的虚无思想，其中“圣道不明久矣，诸儒不能无罪”的自我反省又恰好赞扬了老宰相的弘扬圣人之举，同时又成为他们主张北伐的注释，体现了一名儒家学者鸿博的精神力量。

被时代耽误的状元

王十朋少时聪明勤奋，每天要念诵数千字的文章，但生不逢时，正该参加科举考试的年龄却赶上了靖康之变，然后山河破碎，皇室颠沛流离，接着又是奸臣秦桧当道，不但拖延了他参加考试的时间，也让他屡试不第，仕进无门。

在绝望中继续等待机会的王十朋一边继续读书著述，一边在浙江乐清的梅溪开书院授徒，学生百多人，外地慕名前来者络绎不绝，学生中有成就者不在少数，梅溪书院后来成为江浙著名的书院之一。王十朋整个中青年时代都是在家乡度过的，虽然人生不得志，但他从未蹉跎岁月，他的《苏轼诗集注》在当时和后来都很有影响，奠定了他在文学史上的地位。

秦桧倒台后，王十朋终于迎来了命运的转机。45 岁的王十朋终于考中进士，并且在宋高宗亲自主持的廷试中以独特的见解夺得状元，从此进入南宋官场。不久宋高宗退位，35 岁的宋孝宗（1127—1194）赵昚继位，这位年轻皇帝颇有光复祖业的雄心壮志，让主战派的王十朋热血沸腾。

不计后果的主战派

为了支持北伐，王十朋把宋孝宗赵昚的老师史浩（1106—1194）揪出来口诛笔伐一通。这史浩只比王十朋大 6 岁，但精于为官之道，他那不与金人为敌的思想深得宋高宗赵构的欢心，赵构特地把他任命为儿子赵昚的老师。赵昚是个特别孝顺的皇帝，如果不先把主和的史浩拉下来，北伐很有可能就会胎死腹中，所以王十朋连上两道奏章，把史浩骂得狗血淋头：

臣闻人臣之罪，莫大于怀奸误国，植党盗权，忌言蔽贤，欺君讪上，有一于此，罪不容诛，众恶备焉，其何可赦！

臣谨按尚书右仆射史浩，人品凡下，天姿险奸，昔为士人，以榷酤犯罪，身几不免，及试吏州县，奸赃狼藉，恶声播闻。[1]

王十朋这么干是完全不计后果的，因为他不曾考虑北伐会不会失败，到时史浩会不会卷土重来，自己会不会被报复，当然更想不到未来还有一个更厉害的复仇分子会出现，这是连史浩自己也没有

1　王十朋《论史浩札子》，见〔宋〕王十朋著，梅溪集重刊委员会编《王十朋全集》，上海古籍出版社，1998，612 页。

想到的，那就是史浩的儿子、著名奸相史弥远（1164—1233）。

王十朋做的另外一件有名的事情就是极力推荐主战派的张浚（1097—1164）为北伐主帅。张浚的命运与宋金关系休戚与共，需要抗金时，他就会被重用，而当金国同意议和时，皇帝就会将张浚贬到边远的地区，张浚因此而两度被贬湖南永州。

王十朋对张浚仰慕已久，为了推进北伐大计，他极力推荐张浚复出。从客观上来讲，张浚不是最佳人选，他已经被闲置了好长一段时间，年纪大了，身体又不好，可是环顾四周，真正能打仗的人几乎没有，岳飞那个时代的名将都已消逝在历史中了，只剩下一个张浚。于是白发苍苍、浑身是病的老英雄再度戎装上阵、为国效力。

北伐战果并不如意，并不是南宋的兵将太弱，而是以太上皇赵构为首的主和派在战争还没有开始的时候就私通金国，出卖了想要有所作为的年轻皇帝。再加上张浚现在心有余而力不足，北伐最终以失败告终。张浚申请退休，告老还乡。王十朋也写了自我检讨的《自劾》书，被贬往江西饶州。

不欺一生

张浚返乡时要经过饶州，王十朋终于见到了仰慕已久的英雄偶像，两人一见如故。但是很可惜，张浚的人生已经快要走到尽头了。王十朋请张浚帮他题写书斋名，以便时时勉励自己。张浚虽是以带兵打仗闻名，但他本质上是文人和学者。他21岁考中进士，做过朝廷高级文官，有研究《易经》的专著《紫岩易传》传世。研究一本经书是古代儒家学者的标准工作任务，当年苏洵就因为没有写完研究《易经》的专著而抱憾终生，临终托付给儿子苏轼，苏轼到晚年才完成父亲的遗愿。

张浚为王十朋题写了斋名“不欺室”，又题了一段跋文解释“不欺”。在题完这几个字后不久，张浚就病逝于饶州，所以他为王十朋题写的斋名、跋文和诗歌可以说是绝笔了。张浚去世以后，王十朋与张浚的儿子张栻（1133—1180）成为好朋友。张栻比王十朋小11岁，是南宋著名的理学家和教育家，是湖湘学派的集大成者，与朱熹、吕祖谦齐名。王十朋去世后，张栻为他撰写了墓志铭。

王十朋一生之言行始终贴合“不欺”的标准，成为南宋有名的文臣，后人将他与诸葛亮、杜甫、颜真卿、韩愈、范仲淹五君子相提并论。

治 学

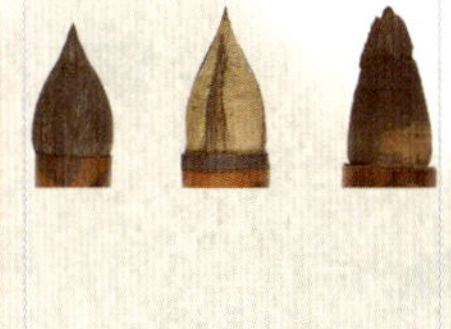

降臣徐铉的晚年

在台北故宫博物院的角落里，静静地躺着一封内容有点绕的书信，这封《私诚帖》（图 85）应该是宋代传世墨迹中较早的一篇。信里只是讲一件生活小事，为帮自己仆人送一个包裹，写信人动用了在官场上的关系，如潭州（今湖南长沙）知州和到潭州地区上任的监军。能动用这种关系来为仆人办生活琐事，可知写信人必有一定的身份地位，且比较热心肠，思虑问题也比较周全。其文字如下：

铉今有私诚，特兹拜托为先。

有祗承人刘氏，其骨肉元在贵藩醴陵门里居住。所有刘氏先已嫁事，得衡州茶陵县大户张八郎，见在本处居住。

今有信物并书，都作一角封记，全托新都监何舍人附去，转拜托吾兄郎中。候到，望差人于醴陵门里面勾唤姓刘人，当面问当，却令寄信与茶陵县张八郎者，令到贵藩取领上件书信。

所贵不至失坠及得的达也。傥遂所托，惟深铭荷。虔切虔切。

专具片简咨闻。不宣。（花押）再拜。

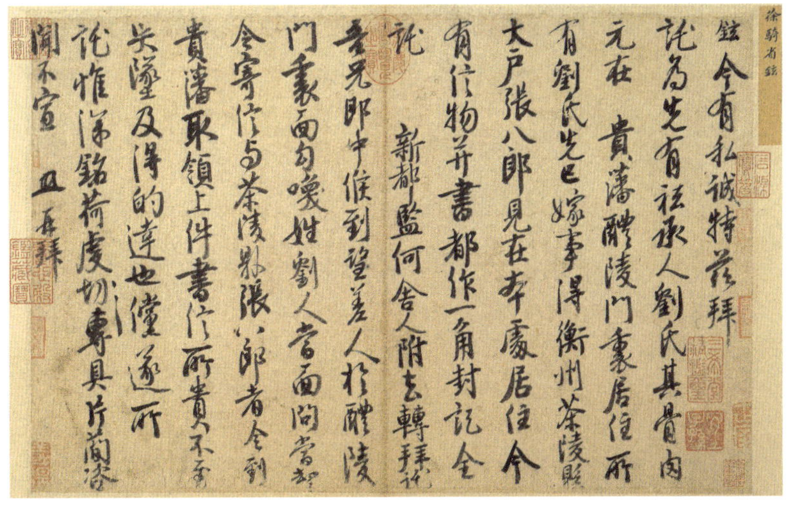
徐騎省鉉

鉉今有私誠特茲拜
託為先有祗承人劉氏其骨肉
元在 貴藩醴陵門裏居住所
有劉氏先已嫁事得衡州茶陵縣
大戶張八郎見在本處居住今
有信物并書都作一角封記令
新都監何舍人附去轉拜託
老兄郎中候到望差人於醴陵
門裏面尋喚姓劉人當面問當卻
令寄信與茶陵縣張八郎者令到
貴藩取領上件書信所貴不至
失墜及得的達也儻遂所
託惟深銘荷處切專具片簡咨
聞不宣 鉉再拜

图 85 〔五代宋初〕徐铉《私诚帖》，台北故宫博物院藏。

大意如下：我有件私事要拜托您。我有个仆人姓刘，她的亲人都居住在您辖区内的醴陵门里。刘氏已经嫁给了衡州茶陵县的张八郎，但现在住在我这里。现有一些东西和一封信，打成了一个包裹，已封装好并贴了标签，托新上任的都监何舍人带给老兄您。您收到之后，请派人去醴陵门里找到刘氏的家人，当面确认妥当，然后让他们寄信给茶陵县的张八郎，让张八郎到您州府里去拿这些东西。希望这些东西不会半路丢失，能完好送到目的地。倘能如愿送达，必深为感谢。致以恳切真诚的敬意！特书此信告知。

别看这封信特别口语化，写信人徐铉（917—992）其实是一位顶级大学者，尤其在文字学领域颇有权威，我们现在市面上看到的《说文解字》就是由徐铉校注的。至于诗文和书法上的成就，不过只是他的副业而已。徐铉还是一位围棋大家，他的《围棋义例》可以

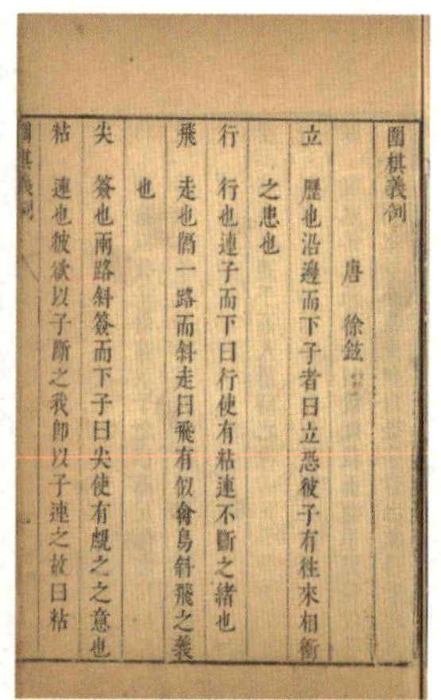

圍棋義例

唐 徐鉉

立 歷也沿邊而下子者曰立恐被子有往來相衝之患也

行 行也連子而下曰行使有粘連不斷之緒也

飛 走也隔一路而斜走曰飛有似禽鳥斜飛之義也

尖 簽也兩路斜簽而下子曰尖使有覘之之意也

粘 連也彼欲以子斷之我即以子連之故曰粘

圍棋義例

图 86 （左）〔南唐〕周文矩《重屏会棋图》局部，故宫博物院藏。据说这幅画中正面而座者为南唐第二位国主李璟。徐铉在围棋上的成就大概也得益于当时南唐围棋之风盛行。

（右）徐铉《围棋义例》。

说是我国围棋史上第一本全面研究围棋战术的著作。（图 86）

此外，徐铉也是一位身仕三个朝代、六个皇帝的悲剧性人物。

繁华落尽

徐铉出生于五代时的扬州，在他 21 岁之前扬州属于吴国，疆域大致包括自武汉起的整个长江中下游，这在当时算是农、林、渔业资源最丰富的地区了。徐铉学问好、文笔好、口才好，20 岁左右就当了吴国的校书郎，负责校勘宫中收藏的典籍。时人将他与著名的韩熙载（902—970）并称“韩徐”，韩熙载的墓志铭就是由徐铉撰写。

后来徐知诰废吴自立，改国号为大齐。这徐知诰本姓李，自称是唐朝皇室的后代，他当上皇帝之后，就想恢复祖上的基业，于是

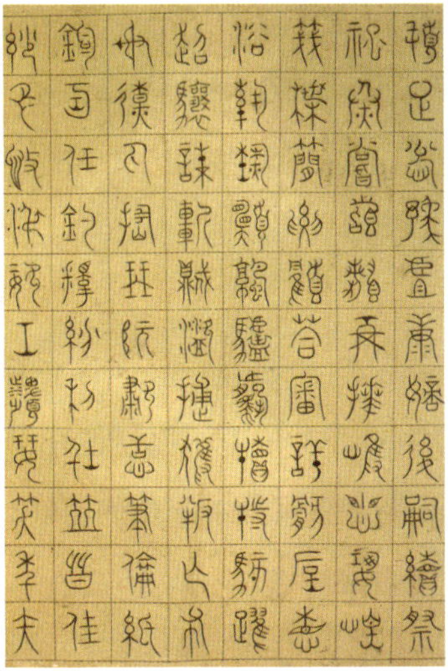

图 87 〔五代宋初〕徐铉《千字文残卷》宋摹本局部，黑龙江省博物馆藏。

又改国号为唐，史称南唐。徐知诰也恢复了自己的姓氏，改名为李昪（biàn，889—943）。南唐又吞并了福建和浙江部分地区，成为比吴国更富裕的南方小国。

徐铉由吴入南唐，可谓生而逢时，幸遇知音。南唐藏书巨富，徐铉又勤奋聪明，博览群书，是名符其实的学识渊博。南唐三个皇帝又都是文艺皇帝，徐铉的学问和才气深得南唐三主的欢心，尤其末主李煜的青睐，徐铉也因而位极人臣，并成为南方文人的代表。

从学术身份来讲，徐铉是一位字学专家。他认为，古老文明的精粹都隐藏在以篆籀为代表的上古汉字里，所以一切重要典籍都应用篆籀来书写存档，不重要的文章才用隶、草、行书来书写。徐铉因此也成为以篆书而闻名的书法家，据说把他的篆书放在太阳下观看，可以看到墨线正中间有笔锋行过的痕迹。可惜徐铉的篆书墨迹没有被保存下来，只留下一卷《千字文》的摹本（图 87）。

赵匡胤建立宋朝之后，南唐向宋称臣纳贡。在近 15 年的附庸关系里，博学多才又能言善辩的徐铉成为出使宋廷的绝佳人选。每当这个时候，宋廷的一些高级文臣就开始找借口请假，因为徐铉的学问太渊博了，口才太好了，没人敢陪他，丢自己的脸倒也罢了，要是丢了“国脸”可是会被降罪的。甚至有一次赵匡胤无奈之下派了个文盲来陪徐铉，让他“对牛弹琴”，无处施展。

徐铉58岁那年，赵匡胤派大将曹彬（931—999）和潘美（925—991）发兵金陵，李煜仓皇之余又派徐铉出使宋廷。然而这次赵匡胤志在统一全境，徐铉口才再好也终究无法挽回局面，赵匡胤一句“卧榻之侧，岂容他人鼾睡”让徐铉彻底死了心。

宋太祖开宝八年（975），59岁的徐铉陪同39岁的南唐后主李煜北上开封，归附宋朝。鉴于徐铉的学问和忠心，赵匡胤让他在宋朝继续为官。也许，徐铉晚年的悲剧就是因为接受了宋朝的官职，如果他以布衣归隐，或入寺为僧，也许能得善终。

“亡家不悔”

从人文鼎富的南唐迁居到百废待兴的北方后，徐铉十分难受。换了个地方，换了个君主，但徐铉还是那个徐铉。比如，他在北宋朝堂依然尽职尽责，当言则言，即便因此得罪满朝君臣；又比如，他很难习惯北方人的粗线条，觉得他们多不遵守儒家礼仪。冬天很冷的时候，徐铉也不穿北方的皮袄，当时棉花种植尚未普及，皮袄是最重要的御寒衣物，不穿皮袄就意味着他要挨冻。

由于徐铉和李煜的关系很亲近，太宗就经常让徐铉去看望李煜，并详细汇报李煜的思想状况。对徐铉来说，这必然又是一种折磨。李煜是性情中人，又不会掩饰自己，时常流露对故国的怀念。迁居开封两年后（978），41岁的李煜已经没有任何价值，终于被太宗毒死了。徐铉掩饰着深深的悲伤，写下一首《景阳台怀古》：

后主亡家不悔，江南异代长春。

今日景阳台上，闲人何用伤神。[1]

“亡家”“闲人”，其间多少无奈多少伤心啊！

在别有用心的官员怂恿下，太宗命徐铉给李煜写《墓志铭》。这分明就是一个陷阱，一边是旧主，一边是新主，徐铉怎么写都不对。徐铉只好上书请示太宗，该如何为李煜定位，太宗这才明白让徐铉执笔的难处，但徐铉又的确是这项任务的最佳人选，太宗便准许徐铉按自己对李煜的认识来写，于是我们至今都能读到这篇厚赞亡国之君的《吴王陇西公墓志铭》。徐铉在文中夸赞了李煜宽厚的品性和超常的才气，说他是一个各方面都很优秀的好孩子，只可惜不该当皇帝。不难想象，这位白发老人为自己看着长大的孩子撰写铭文时，是如何泪湿青衫的。

最后的春天

料理完前朝君主的丧事后，徐铉被太宗编进随军队伍里，成为御前军用秘书，前往山西攻打北汉。在那场极为惨烈的战争中，徐铉亲眼看见了太宗下令水淹晋阳城（今山西太原），又火烧晋阳城，死者不计其数。相信南唐亡国的情景一定会在徐铉的心头重演，可这一次，很多军令的起草都出自他徐铉之手。

在此后几年里，太宗一心文治，于是下令收集各种古籍图典，

1　岳希仁编著《宋诗绝句精华》，广西师范大学出版社，1996，5 页。

并斥巨资进行重编和印刷，徐铉终于在北宋迎来了他生命里最后的春天。他参与校订《说文解字》，让全国学子有了官方统一的教材。又参与编修了著名的《淳化阁帖》，汇集先秦至隋唐一千多年的书法墨迹，使之成为流传至今的文化珍宝。他还参与校订释道礼仪经典丛书，帮助太宗制订了很多朝廷礼仪和朝官工作制度。比如，以前太宗上朝时，做汇报的大臣都轮流拿着文件在朝堂上念，一次朝会下来，耽误了大家很多的时间，太宗也快累趴下了。徐铉就将南唐的经验介绍给太宗，于是开启了北宋井然有序的工作体制。徐铉的价值在渴望文治的太宗朝逐渐绽放出熠熠光辉，他成为太宗倚重的大臣，还能时常享受太宗御赐的盛宴。然而，对于一名降臣来说，这并非好事。

不久后一名女尼举报徐铉和他的侄女有奸情，于是一套枷锁将徐铉牵进了牢狱。经过审讯，女尼被判诬告。按说此时徐铉就能清白回家了，但结局不是这样，他被发配为静难军行军司马。其中原委已是历史之谜，但有些逻辑是说不通的，比如，一个 76 岁的老头子，而且身居高位，暖床丫头应是不缺的，有必要做让自己晚节不保的事吗？真实原因已不得而知。当年有一位著名的文学家曾为徐铉鸣冤，也被太宗皇帝贬出了朝廷，他的名字叫王禹偁。

白发萧萧，长路漫漫，徐铉的西去之路可以说是一步一回头。他一路上写了许多感人至深的诗歌，“莫怪临风惆怅久，十年春色忆维扬”，此时，徐铉最思念的就是以前的南唐。

冻死而终

静难军的治所在邠州，大致位于现在陕西彬州市一带，在当时那里还是一个尚未完全开化的地方，党项族首领李继迁（西夏开国皇帝李元昊的祖父）经常带着人马在那里抢劫，朝廷也没法彻底收拾，所以当地老百姓大多从小好武，没有几个读书的，满腹经纶的徐铉在那里就是一个行将就木的无用老人。

此时一位名叫郑文宝（953—1013）的官员到陕西督查税收，此人能文能武，办事干练，深得朝廷信任。有一次，李继迁抢了朝廷的粮草，并攻占西部重镇，郑文宝率兵冒雪奔袭，一举夺回地盘。这个郑文宝恰是徐铉的学生，当年 23 岁的郑文宝跟随老师一起归降北宋，然后参加了北宋的科举考试并考取进士，后来成长为宋初的名臣。

有了钦差大臣的照顾，徐铉自然不会受人欺凌，但西北苦寒，徐铉仍然拒穿皮袄，终于是冻病了。一天早上，他穿好冠带，急索纸笔，交代后事毕，又写下了“道者，天地之母”几个字，笔落命终，享年 76 岁。看着一代大师以如此悲惨的方式告别，相信郑文宝必定悲伤而又无奈，他能做的就是想办法将恩师的棺椁运回开封安葬，然而这在当时可是一项耗资巨大的工程。宋代文官一般三年换一个地方，很多官员都是客死他乡而无法归葬，只有级别特别高的官员才能享受朝廷优待，由沿途官府协助运送棺椁，被发配边疆的徐铉自然是没有这个待遇的。

除了在政界的身份外，徐铉的威望更多在学界，所以郑文宝找到了华林书院。华林书院是江南四大书院之一，与岳麓书院、白鹿洞书院和鹅湖书院齐名。在华林书院的帮助下，徐铉得以归葬江西南昌。

一般人混不进的小圈子

在今河南商丘民权县有一对“双状元塔”，为纪念“二宋”兄弟而建立。“二宋”是指宋代的宋庠（996—1066）、宋祁（998—1061），他们兄弟俩都是状元，而且是同一届的状元。这就奇怪了，当时有并列状元吗？其实，那一届的状元本是弟弟宋祁，哥哥宋庠名列第十，当时摄政的刘娥皇太后认为弟弟不应该排在哥哥前面，于是将哥哥宋庠提成了状元，把宋祁放到了第十名。宋庠也因此成为罕见的“连中三元”，即乡试、会试、殿试均为第一名。宋氏兄弟也因此而被称为“双状元”。

宋庠有一次出差到某地，写了一封信给当地一位兄长（即《致宫使少卿尺牍》，图 88），文字如下：

庠叩头拜覆，拜违教约，欻忽经年，下情不胜犬马恋德之至。即日祥暑，恭惟尊候动止万福。

庠以薄干留城中已半月，前晚方到此，本欲亟往趋侍，属以病暑伏枕，未果如愿，深负皇恐，切幸垂亮。尊嫂恭人，伏惟懿候万福，

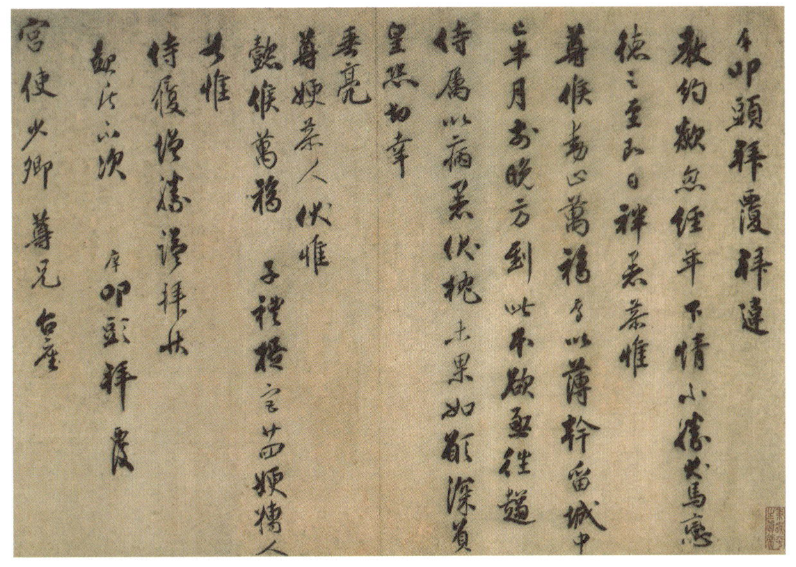

图 88 〔宋〕宋庠《致宫使少卿尺牍》，台北故宫博物院藏。

子礼提宫、廿四嫂孺人，各惟侍履增胜，谨拜状起居不次。

庠叩头拜覆宫使少卿尊兄台座。

大意是：庠拜见兄长，已经好久没得到您的教诲了，一直对您十分钦佩和想念。马上就到炎炎夏日了，祝您身体和各方面都好。我因为有点小事留在城中已经半个月了，但前天晚上才到这里来。本想快点去拜访您，可您说您中暑了，卧病在床，便未能如愿，深感不安，请您见谅。嫂子、子礼、二十四嫂等人都还好吗？祝他们平安健康。

按道理，书信与正式文章的语言风格是有区别的，正式文章可以写得古雅，但书信最好通俗易懂，而宋庠这封信里却有不少词是很高古的，特别深奥难懂，比如“下情不胜犬马恋德之至”其实就是想说“一直对您十分钦佩和想念”，比如“教约”，代指对方写给自己的书信；“祥暑”是潮湿而闷热；“薄干”是些许小事；“恭人”指宽厚谦恭的人。即便在宋代，这些也都是很古的用词了。

一封日常拜访信写得这么文气古雅，只能说明宋庠古文功底确实好，而且喜欢表现在日常言行中，那收信人必定也学识渊博，不然读不懂信呢。其实，当时喜欢玩这种“文字游戏”的不止宋庠一个人，而是有一个小圈子。这个小圈子里有四个人，人称“天圣四友”。

一般人玩不了的高雅

天圣二年（1024）的科考成为历史上难以逾越的经典，那届的中榜人员多数后来都成为著名的能臣。除了开篇提到的“双状元”宋庠、宋祁两兄弟，还有榜眼叶清臣（1000—1053），他写的策论把主考官刘筠（971—1031）都给惊到了，从而也成为宋代开科取士以来第一位因为策论而非辞赋拿到这么好成绩的考生。探花是郑戬（992—1053）。这四位人中翘楚私交甚好，后来也成为政治上的盟友。

“天圣四友”有一个共同的爱好，也可以说是他们共同的精神慰藉——文学。在他们所玩的文学里，诗歌只是其中一部分，最令他们沉迷的可能还是带有古风性质的语言文字。“古风”并不同于“掉书袋”，“掉书袋”比的是谁读书多，而“天圣四友”玩的却是语言艺术，即如何用古语描述当下的生活，也就是宋庠信中的那种语言风格。

有这种爱好的几个人恰好成了考试的前几名，也可以看出当时

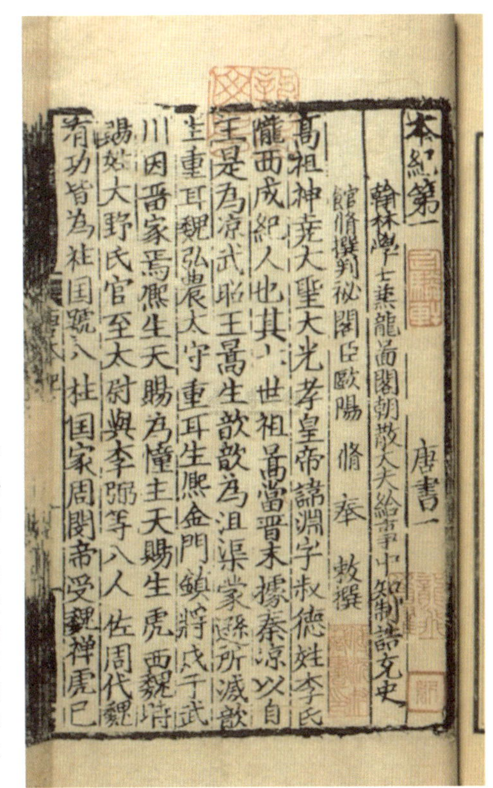
本紀第一　　唐書一
翰林學士兼龍圖閣學士朝散大夫給事中知制誥充史
館脩撰判秘閣臣歐陽脩奉　敕撰
高祖神堯大聖大光孝皇帝諱淵字叔德姓李氏
隴西成紀人也其七世祖暠當晉末據秦涼以自
王是為涼武昭王暠生歆歆為沮渠蒙遜所滅歆
生重耳魏弘農太守重耳生熙金門鎮將戍于武
川因留家焉熙生天賜為幢主天賜生虎西魏時
賜姓大野氏官至太尉與李弼等八人佐周代魏
有功皆為柱國號八柱國家周閔帝受魏禪虎已

图 89 〔宋〕欧阳修、宋祁撰《新唐书》元刻明递修本书影。《新唐书》是“二十四史”之一，前 10 年由宋祁主编，后 7 年由欧阳修主编。虽然欧阳修比宋祁小了近 10 岁，但在主编排名时，欧阳修在前，宋祁在后，这是因为书稿定毕之时，欧阳修的官阶高于宋祁。宋仁宗在查阅定稿时，发现前后章法上有些不统一，要欧阳修统改，欧阳修鉴于宋祁的学问、才情、声望等，没有过多修改宋祁的定稿。

科考取士的一些倾向，当时的文坛上就是流行这种奇怪鲜僻的“太学体”文风。后来欧阳修主持科考之后，就做了影响深远的改革，提倡平易朴实的文风。

欧阳修曾和宋祁一起编修《新唐书》（图 89），他发现宋祁就喜欢用一些一般人看不懂的词语，常令周围的人啼笑皆非。欧阳修想让这位年长 9 岁的大哥修正一下这股“歪风”，但是又不便直接说，于是他想了一个办法。一天早晨上班以后，欧阳修在办公地点唐书局的门上写下8个字："宵寐匪祯，札闼洪休。"[1]宋祁来了以后，仔细端详了半天，然后笑着说："这不就是一句俗话'夜梦不详，题门大吉'嘛，至于写成这样吗？"欧阳修笑着说："我是在模仿您修《唐书》的笔法呢。您写的列传，不是也把'迅雷不及掩耳'这句大白话写成'震霆无暇掩聪'了吗？"宋祁捧腹不已。

叶清臣给郑戬写过一封信（即《近追大斾帖》，图90），其古雅、晦涩之风比宋庠的书信有过之而无不及，文字如下：

清臣启：

近追大斾，久侍绪言，乍此暌分，伏惟企恋。

伏承已涓良日，据案署事。东南千里，蒙福此初，僻陋小邦，日企余润，甫憩棠茇。体中若何？听决余闲，善辅冲守。不宣。

清臣再拜，资政大谏天休十兄防阁，七月五日。

这封信的文字好识读，可意思真是不好懂。叶清臣在信中称郑戬为"大斾"，这个词本意是大的旗帜，暗含将军之意，代指郑戬，因为郑戬曾任枢密副使。"涓"指选择；"甫憩"二字极少见，可理解为自始至终；"棠茇"引用了周"召公棠"的典故，用以称美官吏有德政。"冲守"指淡泊自持。这封信的大意如下：

近来一直跟你在一起，长时间听你教诲，突然分别，非常想念。你已经选好日子准备开始工作了。东南千里之外的小地方，因为有

1 〔宋〕谢维新《古今合璧事类备要》卷（366）前集（43）儒业门"词赋"，见《景印文渊阁四库全书》集部（3）别集类（2）。

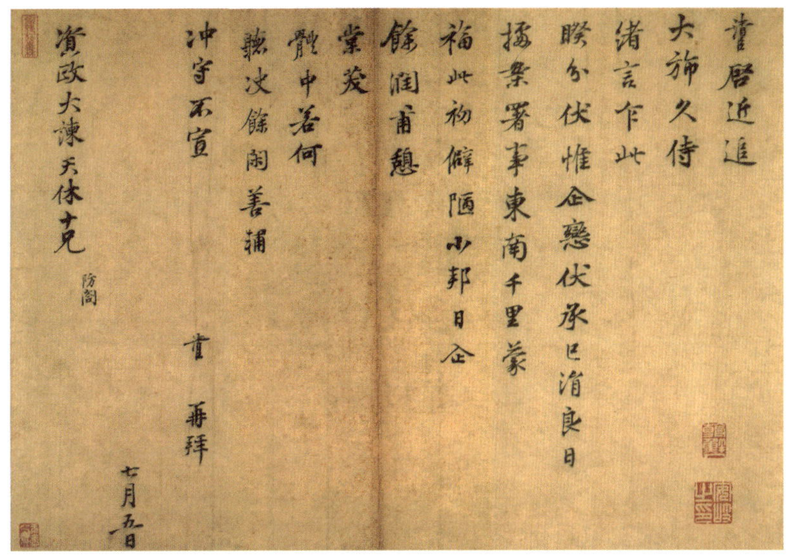

臣啓近追
大旆久侍
緒言乍此
睽分伏惟企戀伏承已涓良日
揚桑署事東南千里蒙
福此初僻陋小邦日企
餘潤甫憩
棠茇
體中若何
聽決餘閑善輔
沖守不宣
臣再拜
資政大諫天休十兄
七月五日

图 90 〔宋〕叶清臣《近追大旆帖》，台北故宫博物院藏。

你的主政，无论人、事之巨细，都将蒙受你的恩泽。你身体怎么样？公务忙碌之余，请好好陶养淡泊宁静的心灵。

多么浅显的含义，又是多么深奥的语言！这似乎违背了日常写信通俗易懂的原则，可是对于郑戬和叶清臣来说，这是好朋友之间分享古体文写作的私密乐趣。

遭人暗算

“天圣四友”在仕途上的表现也很优秀。到庆历元年（1041）时，宋庠任参知政事，相当于副宰相；郑戬任枢密副使，相当于国防部副部长；叶清臣任三司使，相当于财政部部长（图 91），他们离宰

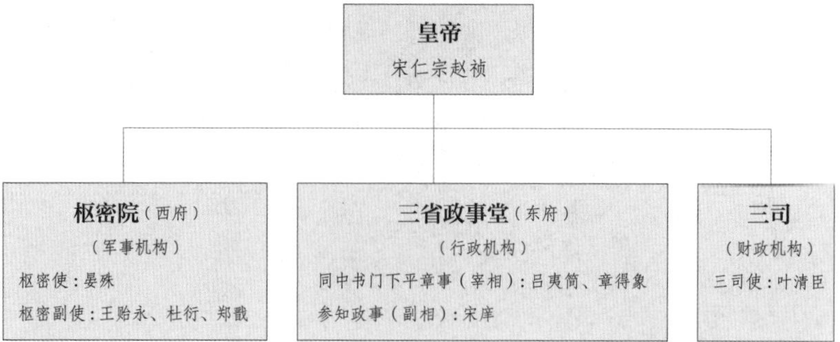

图 91　庆历元年（1041）五月，二府三司主要官员示意图

相之位都只有一步之遥了。都是进士前几名，又都进了核心领导班子，私人关系还特别好，如此看来，他们的前途可谓无限光明，但是危险却悄悄临近了，因为他们被一个人重要人物盯上了，那就是宰相吕夷简。

吕夷简深得驭人之术，一向对有可能威胁他宰相之位的人严防死守，当年范仲淹等人绘制《百官图》弹劾吕夷简，他们的下场就是例子。现在“天圣四友”已经排吕夷简后面了，吕夷简的宰相之位随时可能被取代，要是还把他们放在朝廷，危险系数太大了。老谋深算的吕夷简使出了屡试不爽的那一招，又到仁宗皇帝那儿告了他们一个“朋党”之罪。吕夷简也确实是摸透了仁宗的心思，仁宗最忌讳的就是大臣结党。所以，“天圣四友”也被贬到外地：宋庠去了扬州，郑戬去了临安府（今杭州），叶清臣去了江宁府（今南京）。宋祁只是一名中层官员，但也受了牵连，被贬到寿州（今安徽凤台）。

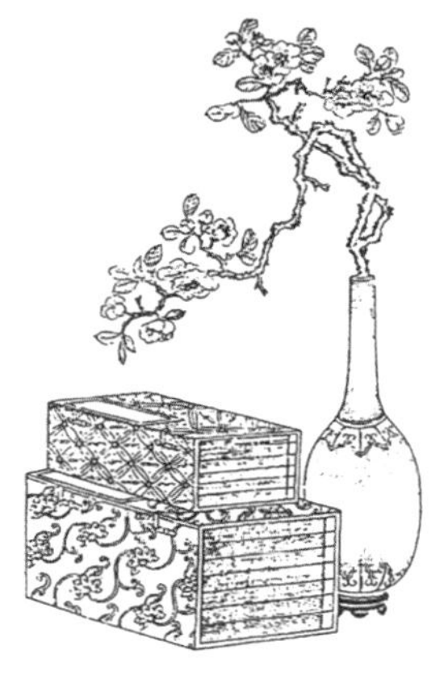

图 92　红杏尚书（图片引自文轩编著《中国传统吉祥图典》）。宋祁是一位享受型的学者，著书时，对材质要求十分高，也很讲究写作环境。宋祁因一句“红杏枝头春意闹”被人冠以“红杏尚书”。由杏花与书籍组成的图案也称为“红杏尚书”，这是因为据说孔子讲坛周围植有杏树，而“尚书”是官中高品，学而优则仕，“红杏尚书”即是祝福学子高中的吉祥图案。

天才们的人生结局

“庆历新政”后，吕夷简去世。宋庠重新入朝，任枢密使，两年后升任宰相，不过为政期间没有什么建树，后来因为治家不严被包拯弹劾下台，之后一直在地方上任职。他生活俭约，不好声色，读了很多书，也写了不少书。

弟弟宋祁在生活上与哥哥正好相反，他奢侈享乐，婢妾声伎成群。与之性格相对应，他的诗词也工丽绮靡，他有一首有名的词《玉楼春·春景》，词中有“红杏枝头春意闹”一句，宋祁因而被世人称为“红杏尚书”，因为他的官衔是工部尚书。（图 92）

有一天，宋祁在路上遇到皇家车队，听到一个清丽的声音喊他“小宋”，他抬头看到有位宫女在掀着帘子冲他笑。宋祁心动之下就作了一首《鹧鸪天》：

画毂雕鞍狭路逢。一声肠断绣帘中。
身无彩凤双飞翼，心有灵犀一点通。
金作屋，玉为笼。车如流水马游龙。
刘郎已恨蓬山远，更隔蓬山几万重。

这首表达怅然若失心情的词很快就传进了宫里，仁宗皇帝听到后，就问宫女们是谁喊的宋祁，有位宫女承认是自己喊的，她说当时听到有大臣说这是小宋，她就喊了一声小宋。仁宗哈哈大笑，就把这位宫女赐给了宋祁。

宋祁在仕途上没有哥哥发达，但在学术上很有成绩，他后来调回朝廷与欧阳修一起编修《新唐书》，从而名留青史。

郑戬和叶清臣都没有再回到朝廷，他二人的关系比兄弟还深厚，学识相近，性格相投，政见一致，后来还成了亲家。

郑戬被贬杭州后只待了一年多就被调到西北战场，因为宋军正在西北跟西夏李元昊打仗，急需人才。第二年，郑戬接替范仲淹和韩琦任西北战区"总司令"，但后来因为水洛城事件被降职，此后一直待在西北战区。他被陆续加封户部侍郎、吏部侍郎、宣徽北院使、检校太保，再拜奉国军节度使。虽然朝廷对他荣宠无限，但久在塞外且多病缠身的郑戬屡次请求回到内地都没有被批准，仁宗皇帝还为此亲自写信安慰他。

叶清臣后来也被派到西北守边，再后来调任河北。当时的河北安抚使是曾任宰相的贾昌朝，有一次两人因为士兵粮饷的问题起了争执，叶清臣上书朝廷告了贾昌朝一状，朝廷不想把事情闹大，就

图 93 〔宋〕佚名《春山渔艇图》，故宫博物院藏。叶清臣有一首词《贺圣朝 · 留别》中有“三分春色二分愁，更一分风雨。花开花谢，都来几许”，让人想起苏轼的“春色三分，二分尘土，一分流水”。两人前后相差 37 岁，如果不是苏轼用词灵感受叶清臣启发，就是两人诗才不相伯仲。

各打五十大板，把两个人都降了职。叶清臣调任河阳（今河南孟州市），不久就病逝了，享年 54 岁。（图 93）郑戬接到叶清臣的讣信后恸哭不已，弃食数日，强撑病体为叶清臣撰写了墓志铭。一百多天后，郑戬也病逝于并州（今山西太原），由朝廷拨款护送灵柩回乡安葬，享年 62 岁。

你的格调配用澄心堂纸吗？

南唐三代皇帝都是才气逼人的艺术家，甚至部分后宫嫔妃也不例外，他们对笔墨纸砚的品质追求是不计成本的。南唐存续只有42年，却出现了一些后世无法企及的好东西，比如澄心堂纸、李超墨、诸葛笔。南唐灭亡后，这些东西也逐渐没落消失了。

安徽泾县一带自古以来就盛产水稻，当地人从稻草秆里发现了它们纤维的秘密，然后通过非常复杂的工艺将稻草秆变成了宣纸。南唐后主李煜为了满足自己的文艺爱好，专门定制了一款宣纸，取名“澄心堂纸”。南唐灭亡后，这款纸的制作工艺也失传了。北宋文人们发现李煜留存的那些纸后，惊叹不已，奉为珍宝，并开始仿制。书法家蔡襄就曾多方请人仿制，他有一封信就是专门谈这个问题（即《澄心堂纸帖》，图94），此信文字如下：

澄心堂纸一幅，阔狭、厚薄、坚实皆类此乃佳。工者不愿为，又恐不能为之。试与厚直，莫得之。见其楮细，似可作也。便人只求百幅。癸卯重阳日，襄书。

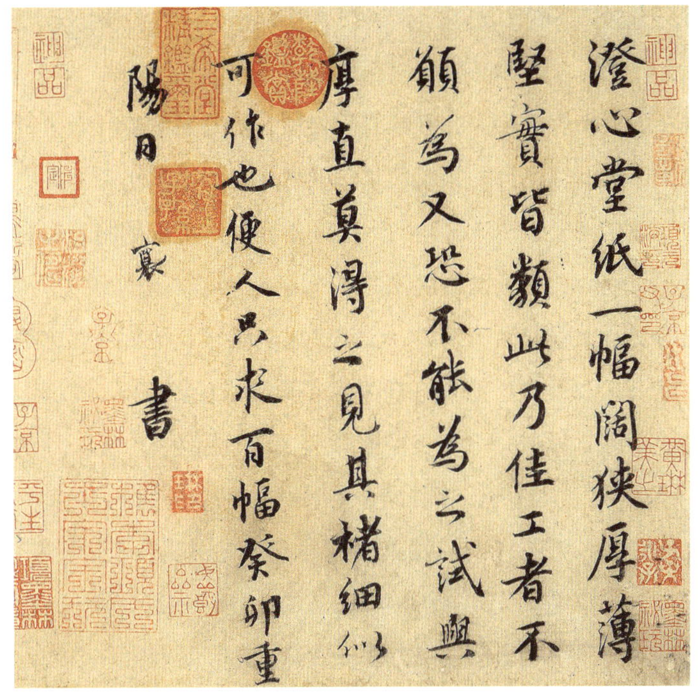

澄心堂紙一幅闊狹厚薄
堅實皆類此乃佳工者不
願為又恐不能為之試與
厚直莫得之見其楮細似
可作也便人只求百幅癸卯重
陽日襄書

图 94 〔宋〕蔡襄《澄心堂纸帖》，台北故宫博物院藏。

这封信的大意是：给你寄了一幅澄心堂纸，长宽、厚薄、硬度都做得跟它一样是最好的。很多工匠不愿意做，又怕做不好。我曾重金请人仿制，可是没做出来。我观察发现它的纤维非常细，貌似是能仿制的。如果有人能做，我想要一百幅。

从落款的“癸卯重阳日”可知此信写于嘉祐八年（1063）重阳日，此时距南唐灭亡已 88 年，距南唐澄心堂纸在宋朝重现天日也有二三十年了，估计此时澄心堂纸已很少见了，所以蔡襄想仿制一些。

澄心堂纸到底是怎么产生的？又到底好在哪里呢？

三代文艺帝王

在五代十国时期，安徽泾县属吴国，后来属南唐。南唐开国皇帝徐知诰本姓李，自称是唐代皇室的后人，他当了皇帝之后想改回原来的姓，为了想一个合适的名字，他死了一堆脑细胞。他先是取名李昂（áng）。后来发现唐文宗的名字是李昂，他便改名为李晃，但又发现梁太祖朱温叫朱晃，于是又改名李旦，结果发现这是唐睿宗的名字。没办法，他只好在生僻字里寻求出路，于是取名李昪。估计他请人卜过卦，名字当中必须有个“日字头”，所以只在带有“日字头”的字里选择。李昪的少年时期在流浪中度过，青年时期在战火与权谋中度过，晚年就沉醉于文学艺术之中享受帝王生活了。

有一个名叫冯延巳（903—960）的人逐渐引起了李昪的注意，冯延巳学问渊博，才气纵横，性格诙谐，尤其是写得一手好词，无人可匹敌。李昪将冯延巳安排到太子李璟身边当秘书。李璟比冯延巳小13岁，也酷爱文艺，两人相处得如鱼得水。李璟即位后，先是任命冯延巳为翰林学士，然后又任命他为宰相。对他们来说，没有什么事情比宴饮娱乐更重要了。有一回，南唐正跟别国打得你死我活，李璟却继续宴饮纵乐，以前他父亲李昪遇到这种情况可是彻夜难眠。冯延巳就赞叹李璟有气度，是“英雄主”，而嘲笑李昪是“田舍翁”。

李璟有10个儿子，第六子李从嘉天赋文采，与李璟非常像。本来李从嘉是想当一名不理俗事的富贵闲人，每天写写诗、填填词，搞搞书法，但是他的父皇李璟死得太早，又钦定他为接班人，于是李从嘉就成了南唐的第三位皇帝，也就是历史上有名的李煜。

李煜即位时，冯延巳已经去世两年了，但是皇宫里爱好文艺的氛围丝毫没有减弱。李煜比他父亲李璟更爱填词，也更喜欢书法。他将境内有学问的、诗文歌赋水平高的、书画才艺俱佳的人齐聚于宫廷。经过三代熏陶的后主李煜将诗词书画、文房四宝玩到了前无古人的境界。

皇帝定制款

南唐皇宫里有一处藏书之所，名“澄心堂”。此处藏有大量古籍图书和古人的传世墨迹，是皇帝与文臣们的雅玩之所。活跃在澄心堂里的人对文房用品很是讲究，样样都要求是极品。他们找人定制了一款专门的用纸，后人称为“澄心堂纸”。它比蜀纸韧性好，比剡纸厚，是品质非常好的书画用纸，宋代诗人梅尧臣说这种纸像蚕茧一样细密，像薄冰一般光滑。它的特殊性还在它的尺幅，比常见的四尺、六尺纸都窄，大约和现在的册页纸差不多大，这应该是方便南唐皇帝和文臣们使用而特制的。

李煜很喜欢读书和研究学问，经常将重要的东西抄录下来，或者做读书笔记，澄心堂纸是最适合用的。李煜的行书写得很好，尽管他的名字在北宋政坛中属于比较敏感的词，北宋御府还是收藏了他二十多幅书法作品，其中大部分都是行书，内容有诗歌、有文赋，甚至还有御批奏章。

李煜最为人所知的爱好当然是填词了，澄心堂纸的尺幅不大，刚好够李煜填一首词，比如他的《相见欢·林花谢了春红》：

林花谢了春红，太匆匆。无奈朝来寒雨，晚来风。　胭脂泪，相留醉，几时重。自是人生长恨，水长东。

这首词也就36个字，一张小笺纸就够用了，纸大了浪费，还不好看。不只是字数限制，李煜的词境也需要这样的纸来呈现。李煜的词婉约、多愁，就像是写给在水一方的伊人，甚至是写给触不到的洛神宓（fú）妃，这就适合用小小的字悄悄写在小笺纸上，写完又悄悄夹在一处只有自己知道的书本里，思念的时候，又装作看书的样子，偷偷翻开来看看。所以，在人性最温柔处开拓审美境界的李煜，就喜欢用这款小笺纸。

北宋文人宠爱无限

李煜在深宫里当了15年的皇帝后，在徐铉的陪同下北上开封，归顺宋朝，成了一名亡国之君。南唐灭亡后，澄心堂纸也停产了，李煜没用完的那些澄心堂纸先是被废弃于乱纸堆里，后来才被搬运到北宋皇宫的仓库里，仍然无人理睬。又不知过了多少年才被人发现，令人惊叹之余成为比黄金还宝贵的东西。此时澄心堂纸的工艺已经失传了，所以真正的南唐澄心堂纸数量非常有限，持有者多为名人，非富即贵。

欧阳修曾经得到过一些南唐澄心堂纸，他觉得自己书法不够好，怕暴殄天物，就将它们送给诗文书法俱佳的朋友。宋初有名的诗人和书法家石延年（994—1041）就曾得到欧阳修送的澄心堂纸，石延年写过一首《咏柳》：

天下风流无绿杨，一春生意别离乡。

柔根恐是离肠结，未折长条先断肠。[1]

早春的离愁被他写得更加愁断肠了。石延年草书最佳，欧阳修便拿澄心堂纸和他做交易，好纸送上，但你得给我写幅字。石延年也乐得交换，他将自己写的《筹笔驿》用草书誊抄了一遍送给欧阳修。欧阳修极为开心，这可是好诗、好纸、好书法，妥妥的“三好”藏品。

欧阳修还送了一些给大诗人梅尧臣，梅大诗人是既担心纸干裂了，又怕孩子们撕坏了，同时又觉得自己书法不够好，不敢在这么珍贵的纸上落墨，可是让他为难极了。

蔡襄集政治家和书法家于一身，同时诗文也不错，自然少不得会有人送澄心堂纸给他，蔡襄一试用就知道这是难得的好东西，一直舍不得用。到他晚年视力渐衰时，即用所藏的澄心堂纸和李庭珪墨将各种书体都写了一遍，留给后人做学习书法的范本，此时距南唐归附宋朝已经近百年了，可见澄心堂纸的品质之好。

文人别有他用

也有人拿澄心堂纸来画画。南唐著名画家徐熙的花木禽鱼、蝉蝶蔬果就多画在澄心堂纸上，在精致的纸上画上精微传神的小生物，一定是非常耐看了。

1 〔宋〕佚名《锦绣万花谷》卷7“柳”，见《景印文渊阁四库全书》子部（11）类书类。

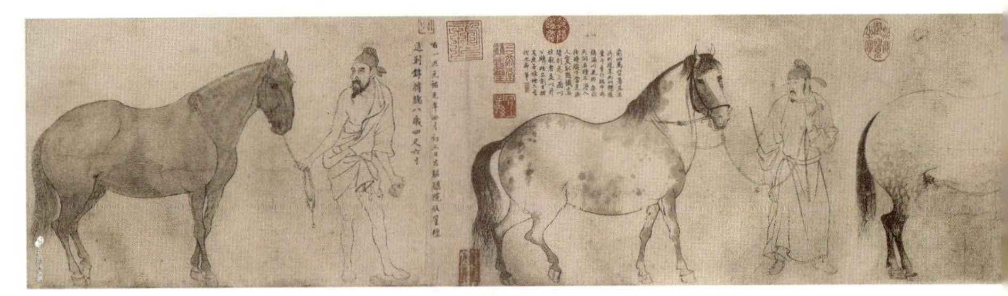

图 95 〔宋〕李公麟《五马图》，日本东京国立博物馆藏。史传李公麟曾用澄心堂纸画过《五马图》，不知日本藏李公麟画《五马图》所用画纸是否为澄心堂纸。

李公麟也曾用澄心堂纸来画画，李公麟摹古的时候喜欢用缣素，而白描则喜用澄心堂纸，史传他的《五马图》就画在澄心堂纸上。不过，如果《五马图》是画在澄心堂纸上，应该是小尺幅的。2019 年在日本展出的李公麟《五马图》（图 95）纵 29.5 厘米、横 225 厘米，从高度来讲与澄心堂纸接近，但每幅纸宽则不似南唐旧纸。明人张丑也说他见过李公麟画在澄心堂纸上的《三马图》，后面还有苏轼题的《三马图赞》。苏轼和李公麟合作书画之事，在元祐年间是很常见的，他们两人都曾得到过南唐旧纸，李公麟在窄纸上画画，苏轼在笺纸上写图赞，都是有可能的。

明代祝允明也说他看到过李公麟在澄心堂纸上画的《史图记》。所谓"史图"，是李公麟从古代史书中摘编了八则故事，并将其画了下来，一共有 36 位男子、6 位女性、4 个婴儿，"人长不过今五寸"。如果人物最高不过 15 厘米，画在南唐旧纸上是合适的。而"每纸不过三尺"不应该是纸高，因为三尺有 1 米左右，在 1 米高的纸上画 15 厘米高的人物，是不和谐的，所以三尺应该是纸宽，有可能是由三张左右的澄心堂纸拼接起来的。而"自疏节史文，手钞每册之后"，

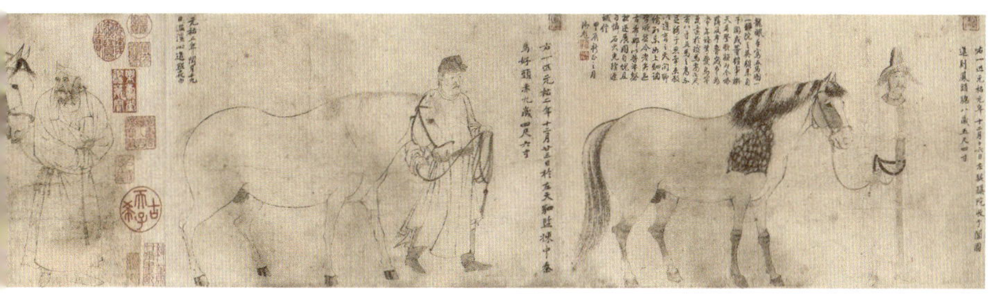

这里的“册”字更让人猜测用的就是南唐旧纸。

米芾父子有几幅画是画在澄心堂纸上的，如《湖山烟雨图》《云山墨戏图》《大姚村图》等，但到底是南唐旧纸，还是宋代仿纸，则不得而知了。

士大夫试图仿制

澄心堂纸如此之好，风雅的宋代文人士大夫自然想多要一些，既然南唐旧纸有限，那就只能仿制，只是仿制很有难度，一般工匠还真做不出来，所以少不了宋代文人们亲自研究。

除了蔡襄曾请人仿制之外，书法家米芾也对澄心堂纸很有研究，他的研究方法不是目测，而是把纸泡开来一寸一寸地观察，他想知道澄心堂纸为何那么好用。其实拆纸只能窥探其中一部分秘密，要更详细地了解，还得把自己当成一名造纸工匠，亲自参与每一个环节。当年蔡襄在担任福建路转运使时，为研制一款精品龙茶，不但亲自去茶场监督，还把官服换成茶农服，把自己变成一位采茶工，

图 96　造纸过程：①稻草②青檀枝③洗檀皮④晒檀皮⑤漂白檀皮⑥石碾⑦漂浆⑧抄纸

图 96　造纸过程：⑨晒纸⑩切纸⑪舂碾机（仇春霞　摄）

亲自参与每一道程序，终于研制出了宋代的极品贡茶——小龙团。

南唐澄心堂纸为何那么好用，从原料来讲，可能与当地的稻草品质有关，沙土里种植出来的稻草秆是高品质的基本保障，因为沙土淤泥少，水质清澈，这样的稻草秆纤维不但韧性好，色泽也很光洁。制造这种纸的工艺也非常讲究。宋人要想仿制出与南唐一样高品质的澄心堂纸，难度当然相当大，这也是蔡襄为什么愿意花重金的原因了。（图 96）

笔芯之死

皇祐三年（1051）春夏之交的某一天，正从福建北上开封的蔡襄收到了好友唐询送来的两支毛笔，这是一种新式毛笔，蔡襄爱不释手，于是就给唐询写了一封回信（即《陶生帖》，图 97）：

襄，示及新记，当非陶生手，然亦可佳。笔颇精，河南公书非散卓不可为。昔尝惠两管者，大佳物，今尚使之也。

耿子纯遂物故，殊可痛怀，人之不可期也如此。仆子直须还，草草奉意疏略。

正月十一日，襄顿首。（家属并安。楚掾旦夕行。）

此信大意如下：你给我的新文章，应该不是陶生抄写的，但写得还不错。笔非常好，褚遂良的书法只有用散卓笔才能写得好。你之前送我的那两支都是好东西，我现在还在用呢。耿子纯去世了，真是令人心痛，人生就是这样无法预测啊。仆人马上要返回去了，匆匆给你回信。正月十一日，襄顿首。（祝家人一切都好。冯京很快

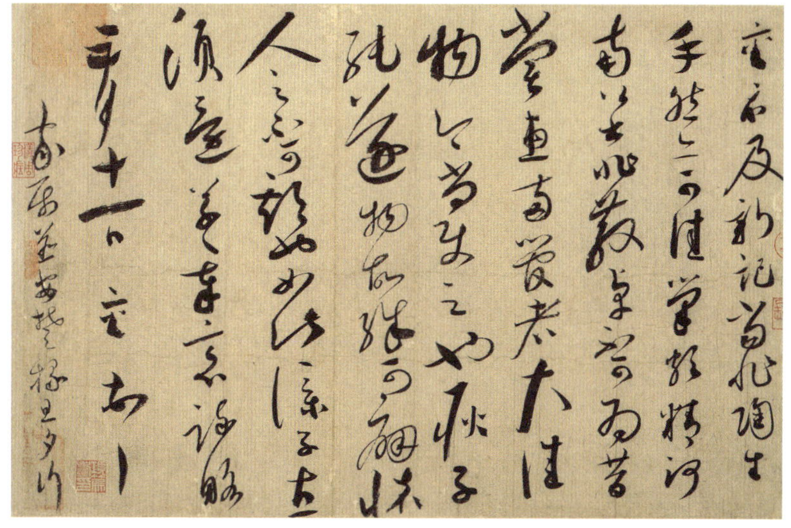

图 97 〔宋〕蔡襄《陶生帖》，台北故宫博物院藏。

就要出发了。）

唐询送给蔡襄的笔叫作“散卓笔”，这其实就是我们今天常见的毛笔，但在当时，这可是一种新式毛笔。在那之前，毛笔都是有芯的。对毛笔来说，从有芯到无芯是一个划时代的改变，其中包含了制笔工匠的智慧，也离不开宋代文人的深度参与。

令人伤心的笔芯

宋开宝八年（975），南唐归附宋朝，38 岁的李煜被带往开封，他的诸葛笔与其他文房珍宝被一起塞进了北宋皇宫的仓库里，很多年以后才陆续被人发现。

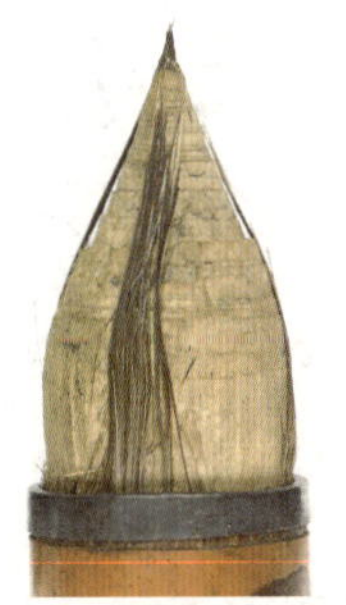

图 98 日本正仓院藏古代有芯毛笔

诸葛笔是南唐境内的宣州诸葛氏制作的毛笔，这种毛笔制作精良，造价很高，数量有限，大多都被南唐皇室和贵族订购了。南唐归宋后，失去皇室庇护的宣州诸葛氏在北宋前期基本处于聊以自保的状态，他们熬过了将近半个世纪的艰难时日，到北宋中期的时候，诸葛笔又重新为权贵们所宠爱。此时有一个名叫诸葛高的人备受关注，宋代诗人梅尧臣是诸葛高的老乡，他曾在写给欧阳修的一首诗中称赞道："笔工诸葛高，海内称第一。"[1] 欧阳修也曾赞叹诸葛高做的笔非常精密，软硬适中，用起来非常顺手，即便做一百支都丝毫不走样。黄庭坚也赞叹过诸葛高做的笔，他说即便笔锋用完了，笔芯还是饱满依旧。

黄庭坚说的"笔芯"是什么东西呢？当时上等的毛笔一般都有一个锥形的笔芯，笔芯由纸或丝线缠裹而成，外面再覆盖笔毫。日本正仓院所藏的唐式毛笔，直观地展示了当时笔芯的结构（图 98）。

1 〔宋〕欧阳修著，李之亮笺注《欧阳修集编年笺注（三）》，巴蜀书社，2007，481 页。

笔芯可以让笔锋更尖锐挺健，但这种缠裹型笔芯制作工艺比较复杂，所以好笔肯定是很贵的，比如诸葛笔，可以说是当时读书人的奢侈品。如果想节省成本，做工不那么考究，做出来的笔又不好用。这样一来，寒门学子就只有望“芯”伤心的份儿了。欧阳修年轻时家境不好，就曾因为买不起诸葛笔而伤心，他说盘踞在相国寺东街的制笔人多如牛毛，他们做的笔要么太软，锋尖不实用，要么太硬，没法写字，再不就是只外表做得好看，用不了几天就废了，根本不像诸葛笔那样好用且耐用。此外，缠裹型笔芯的存在也导致毛笔提按不便，写大字或行草时会很受限。

宋代中期文化艺术和商业进入前所未有的繁荣期，科举制度更加公平，读书人越来越多，市场亟须既好用又亲民的毛笔，笔匠们都投入到新一轮的研发竞赛中，研发的重点就是笔芯，所以一场“比芯”运动开始了。

跟鼠类较劲

刚需倒逼之下，一种新型的毛笔横空出世，被称为“散卓笔”。“卓”的意思是“高而直”，代指笔芯，“散卓”就是散掉笔芯，不再一层层缠裹，这也就是我们今天常见的毛笔了。当然，这种做法的前提是仍然要保持笔锋的尖锐挺健，这就要在笔毫的材质选择和处理工艺上有新的方案。当时品质较好的散卓笔多采用紫毫，也就是野山兔颈背上的毛，这部分毛经历霜雪较多，如果是南方的兔子或家养兔子背上的毛则无法使用。

苏轼在北方的时候，经常用獐兔皮去换毛笔，他到江浙一带任职后，也收集了一批獐兔皮去换毛笔，结果没人换给他，笔匠们都说这些皮毛没经过霜雪，无法使用。

做散卓笔手艺最好的人还是诸葛高，苏轼甚至说散卓笔只有诸葛高能做，其他人做的都是山寨货。很多文人都愿意与诸葛高来往，比如他的老乡梅尧臣就经常与他沟通制笔的工艺，这也更促进了诸葛高制笔水平的提升。梅尧臣是一个很会观察生活的人，他注意到家中老鼠的胡须比较硬挺，就想到是否可以用鼠须来做毛笔呢？他把这个想法告诉了诸葛高，诸葛高马上进行试验，把鼠须加入紫毫当中，果然可行，还非常好用。梅尧臣喜不自胜，他马上把这种笔送给好朋友们试用，然后周围的笔匠也开始模仿。

有一回，梅尧臣的一位朋友杜君懿要去宣州任通判，杜君懿也是一位狂热的毛笔工艺爱好者，梅尧臣就给他写了一首长诗《送杜君懿屯田通判宣州》，把鼠须笔的故事告诉他，并让他去找诸葛高切磋技艺：

京兆外郎称善书，当时相与集江都。
日书藤纸争持去，长钩细画如珊瑚。
自兹乖隔三十载，始驾吾乡别乘车。
吾乡素夸紫毫笔，因我又加苍鼠须。
最先赏爱杜丞相，中间喜用蔡君谟。
尔后仿传无限数，州符县板仍抹涂。
鼠虽可杀不易得，猫口夺之烦叱驱。
若君字大笔亦大，穿墉琐质无长觑。
君到官，治事余，呼诸葛，试问渠。

这首诗大意是：杜兄你的书法写得好啊，多前年咱们曾在江都（今江苏省扬州）欢聚。当时你每天都写书法，每次写完就被人拿走了。这事儿都过去30年了，你才到我家乡任职。我家乡的紫毫毛笔口碑好得很，因为我的原因又加入了苍鼠须。老宰相杜衍超爱这种笔，蔡襄也很喜欢。从此以后，仿制的人就特别多了，越来越普及。但是老鼠不容易抓到，还得追在猫后面从它嘴里抢夺。假如杜兄你要用大笔写大字，那老鼠都要被灭绝了。你到任以后，公事之余可以叫诸葛高来问问毛笔的事。

这位杜长官还真的经常跑到诸葛高家里去跟他讨论毛笔的事，他对诸葛高非常尊敬，并没有当他是一个普通工匠，而是像对士大夫那样礼遇他。他们一个制笔，一个试笔，一起研究制笔工艺，都从对方那里得到不少启发。杜君懿在宣州工作的几年得了不少好笔，为了妥善保存这些笔，他发明了一种用水银来保存毛笔的方法，不仅永远不会被虫蛀，还软润不干燥，后来苏轼称为“胶笔法”。这个方法应该是用来保存传统的诸葛笔的，因为笔芯中的纸或麻容易腐烂和遭虫蛀。很多年以后，当苏轼被贬到黄州时，还从杜君懿的儿子那里看到保存多年的诸葛笔，几乎完好无损。

苏轼最早接触诸葛笔也是经由杜君懿推荐的。杜君懿和苏轼的父亲苏洵是朋友，在苏轼还很年轻的时候，杜君懿送了两支诸葛笔给苏轼，他试用后十分喜欢，后来参加科考时就是用这两支毛笔去答题的，苏轼写完考卷后发现笔锋完好无损，这让他很惊讶，从此爱上了宣州诸葛笔。

杜衍很喜欢梅尧臣送的鼠须笔，他还写了一首《鼠须笔》诗。蔡襄也很喜欢这种笔，他说“宣州诸葛高造鼠须散卓及长心笔，绝佳”。

图 99 〔宋〕钱选《桃枝松鼠图》，台北故宫博物院藏。黄山的松鼠近看与老鼠十分相似，只不过尾巴大一点，宣州诸葛氏用黄山松鼠做毛笔也是极有可能的。

不过梅尧臣在诗中也提出了一个问题，老鼠胡须并不是那么容易得到的，还得从猫口中抢夺。一只老鼠仅有几根胡须，看来想大规模使用这种材料并不现实呀。不过，他们并没有停止探索的步伐。

有一次，一个叫石昌言的人跟梅尧臣索要鼠须笔，梅尧臣回了他一首诗，诗里就记录了做鼠须笔的另一种材料，这首诗是《依韵和石昌言学士求鼠须笔之什》：

> 鼠须鼠尾者，前遗君谟，今以松管代赠。
> 江南飞鼠拔长尾，劲健颇胜中山毫。
> 其间又有苍鼠须，入用不数南鸡毛。
> 二物缓急岂常获，捕刺徒尔操蛮刀。
> 旧藏已赠蔡夫子，报君松管何萧骚。

从诗中可以看出，鼠须笔采用了江南飞鼠的尾毛，也加入了苍鼠须。飞鼠也称鼯（wú）鼠，跟松鼠是近亲，尾巴上的毛比较长，也比较多，还长着像翅膀一样的飞膜，能够飞行，但只是滑行，不能飞升，这种飞鼠主要在夜间出没，也很难捕捉到，所以梅尧臣才说两种毛都不容易得到，往往是拿着蛮刀捕刺一番，结果一只都抓不到。

还有没有更合适的材料呢？比梅尧臣小 35 岁的苏轼说过“为把栗尾书溪藤”，比苏轼还小 10 岁的黄庭坚说诸葛高在制笔时“其捻心用栗鼠尾，不过三株耳”。看来诸葛高后来又采用了一种新材料——栗鼠尾毛，栗鼠是一种松鼠，体色灰黑，行动敏捷，尾巴又长又大，宣州附近黄山上的松鼠就是这个样子。黄庭坚描述诸葛高做笔时的“捻心”动作很形象，可想象技艺炉火纯青的诸葛高用两根手指从容捻转着三根鼠毛。

总之，为了替换掉价格高昂的笔芯，当时的笔匠和文人也真是费尽了心思，竟要从一众鼠类的身上去寻找那撮毛。从这个例子也可以看出，宋代的文房、瓷器等工艺品有那么高的审美水准也是得益于文人的深度参与。

诸葛笔芯之死

好用又便宜的散卓笔开始逐步被世人所认可，文房专家唐询就喜欢上了这种笔，并分享给好友蔡襄使用。唐询也是书法家，他用纸用笔非常讲究，不是好纸好笔绝不动手写字，他和蔡襄都喜欢用散卓笔，说明当时散卓笔的工艺水平确实已经不错了，但散卓笔真正被广泛使用还要到二三十年以后。出生于神宗熙宁年间的词人叶梦得（1077—1148）在《石林避暑录》中说：

熙宁后，世始用“无心散卓笔”，其风一变。诸葛氏以三副力守家法不易，于是浸不见贵，而家亦衰矣。[1]

这句话意思是：自神宗熙宁年间以后，世人开始用无芯散卓笔，习惯发生了变化。诸葛氏用“三副”制笔法来守家业就不容易了，于是逐渐丧失了高贵的地位，而家族也衰败了。

“三副”制笔法就是在笔芯外面裹三层副毫，这是做缠裹型有芯笔的经典方法。散卓笔开始普及之后，传统的诸葛笔就没那么火了，不过诸葛笔在当时并没有完全退出历史舞台，而是和散卓笔并行。苏轼就非常喜欢用诸葛笔，所以他被贬海南以后，天气潮湿，笔芯都腐烂掉了，他只能用鸡毛笔来写。

叶梦得这段话还可以用来旁证诸葛笔和散卓笔的区别，有很多研究资料把诸葛笔当作散卓笔，从逻辑上是不成立的。诸葛氏经典的制笔法就是“三副”制笔法，做出来的就是缠裹型的有芯笔，所以诸葛笔一般就指这种笔。诸葛高虽然后来也做散卓笔，但不能与传统的诸葛笔进行混淆。

北宋婉约派词宗晏殊有个儿子名叫晏几道（1038—1110），他是黄庭坚的好朋友。晏几道有一位名叫吴无至的酒友会做散卓笔。有

1 〔宋〕叶梦得撰，田松青、徐时仪校点《石林燕语》，上海古籍出版社，2012，107页。

一天，吴无至偶遇黄庭坚，就送了几枝自己做的笔给黄庭坚。黄庭坚用过之后颇有感慨，他说很多人习惯手臂贴着桌子来写字，所以喜欢用宣州诸葛笔，但如果写的时候手臂提起来几寸，那宣州的诸葛笔肯定不如吴无至的散卓笔好用，这时写起字来想怎么动就怎么动，笔画想粗就粗，想细就细，想直就直，想曲就曲，随心所欲，毫无遗憾。

看来，黄庭坚也被散卓笔给征服了，不过黄庭坚的老师苏轼就喜欢把手臂搁在桌子上写，所以苏轼一直偏爱诸葛笔。

经济实惠、工艺简单又容易保存的散卓笔成为大势所趋，宋代以后，传统的诸葛笔基本就退出了历史舞台。芯死了，古法诸葛笔就只有死了。

一条赠墨成就一位收藏家

治平元年（1064）的某一天，蔡襄得了一块上好的墨，他立即告诉了老朋友唐询。唐询是资深的文房专家，他也想要这块墨，就评估了一下这块墨的价值，然后拿了一块李庭珪墨，再附带一方大砚台和一个花盆，托人送给蔡襄，想要换他那块好墨。蔡襄哈哈大笑，挥笔给老朋友回了一封信（即《大研帖》，图 100），文字如下：

襄启：

大研盈尺，风韵异常，斋中之华，繇是而至。花盆亦佳品，感荷厚意。以珪易邽，若用商於六里则可，真则赵璧难舍，尚未决之，更须面议也。

襄上，彦猷足下。廿一日，甲辰闰月。

大概意思是：砚台有一尺多宽，非常有风韵，我这陋室竟因为这块砚台而突然蓬荜生辉了。花盆也是好东西，非常感谢你的厚意。想用“李庭珪墨”换“李庭邽墨”，只需要商於六里的土地就可以了，

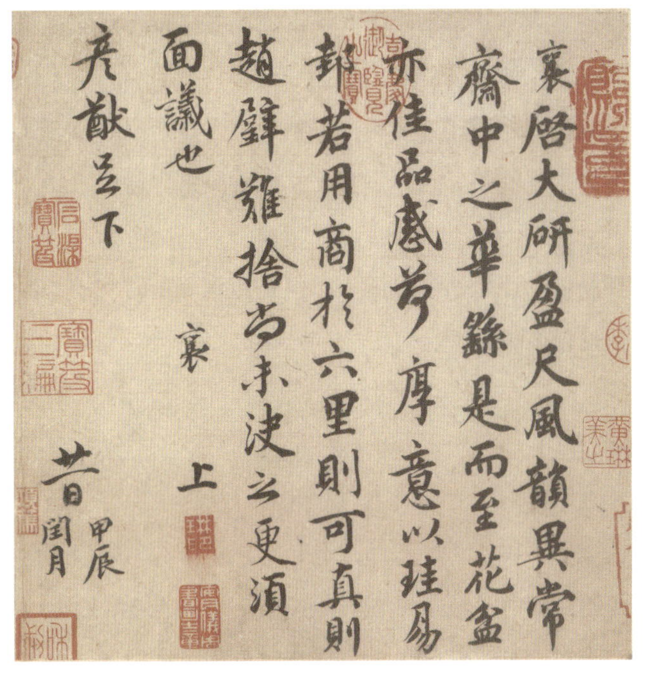

图 100 〔宋〕蔡襄《大研帖》，台北故宫博物院藏。

但在我心里，它就像和氏璧一样珍贵难舍。到底换不换，我还没有想好，哪天见面再聊吧。

原来，蔡襄得到的这块好墨叫“李庭邽墨”，与唐询送来的“李庭珪墨”有一字之差。蔡襄在信里用了和氏璧的典故，秦王曾许诺以十五座城池交换和氏璧，蔡襄说自己的李庭邽墨没那么值钱，只需要秦国边境六里的土地就可交换，但在蔡襄心里，这墨就跟和氏璧一样珍贵，能值十五座城池，所以不会轻易与人交换的。

唐询送的都是蔡襄喜欢的东西，蔡襄毫不客气地收下了，只不过那块李庭邽墨蔡襄是绝对不肯出手的。看蔡襄这字写得，真是一副春风得意、大意快哉的样子，不知唐询看了是不是想拿块抹布扔老友脸上。

不过唐询也不亏了，看《大研帖》这手迹，想必蔡襄是花了心思的，作为书法收藏，也可以算是“风韵异常，斋中之华，繇是而至”了。

蔡襄是一个比较讲原则的人，但是遇到好墨时就没了原则，甚至不惜“骗”和“抢”。

“骗”同事的墨

嘉祐七年（1062）十二月二十七日，52 岁的仁宗皇帝忽然来了兴致，他邀请朝中要员参观皇家珍藏的宝贝，并在群玉殿大宴群臣，蔡襄也在受邀之列。其间，仁宗皇帝将皇宫珍藏的老墨取出一些分赐群臣，蔡襄也得到了一块，是大名鼎鼎的李庭珪墨。李庭珪是制墨人的名字。这种墨是南唐和宋初时的贡品，宋朝皇帝的诏书基本都是用这种墨来写的，时人誉为“天下第一品”。据说把这种墨扔到水里泡一年，再取出来仍然光亮如新。市场上很难买到这种墨，即便能买到也非常贵，据史料记载，在蔡襄的时代，一块李庭珪墨能卖到一万钱。

这时蔡襄看到旁边一位老同事手上也拿着一块墨，但表情不是那么愉快，原来老同事也想要李庭珪墨，但皇帝赐给他的不是李庭珪墨。蔡襄看了一下老同事的墨，悄悄说：“咱俩换一下吧，您看，我的是李庭珪墨。”老同事兴高采烈地与蔡襄交换了。宴会结束后，蔡襄与老同事告别，蔡襄问了一句：“您知不知道李庭珪是李超的儿子？”

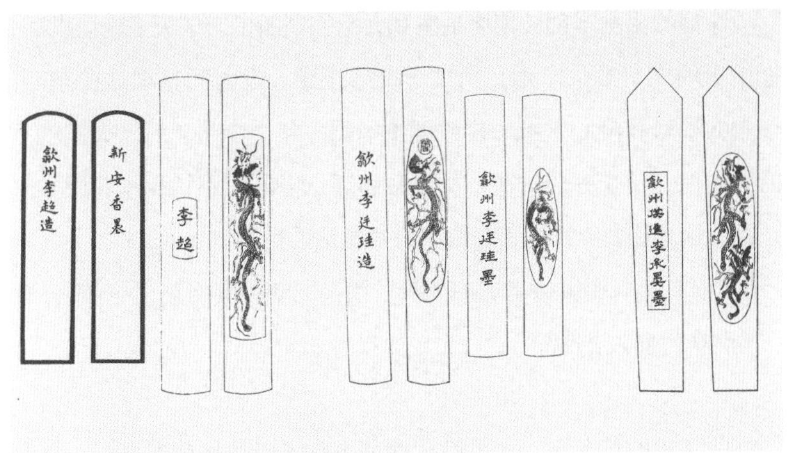

图 101 〔宋〕李孝美《墨谱法式》之李超墨、李庭珪墨、李承晏墨。用松树制墨的代价很高，一般能制好墨的松树要活很多年，一棵松能采得的烟却很少。多年以来又禁伐黄山松，但凡得到一棵松树，多半也是连草带杂木一起烧，松烟品质自然一般。因而上等松烟墨几不可求。伐松后，需控净松脂，方法有很多，有的割裂松皮，任其流走，有的埋松于土中，接灯草于外，点燃灯草，耗尽松脂。

老同事当然不知道，不然他绝不会跟蔡襄交换，估计很快这位老同事就会后悔得想撞墙。原来，蔡襄换到手的这块墨上的铭文是“歙州李超造”。

李超是南唐时的制墨专家，是李庭珪的父亲，他造的墨品质极佳。南唐第一号文臣徐铉讲过一件他曾亲身经历的事。他小时候得到过一根李超墨，长不过尺，很细，大概就像一根筷子。他和弟弟徐锴一起用，每天书写不下五千字，用了十年才用完，而且墨被研磨过的边缘像刀刃一样锋利，可以裁纸。徐铉说他以后也用过李家的墨，却再也没见过品质那么好的了。这是因为李超一开始造的墨数量极少，一年也就做十根左右，后来很多官员都跟他要墨，他只能被迫赶量，一年能制几百根，但品质也差了很多。（图 101）

李超的墨基本都被南唐皇室和大臣们垄断了。宋灭了南唐以后，把南唐的文房悉数拿走，但忙于统一全国，没时间整理这些东西，李超的墨就和澄心堂纸一样被埋藏了很多年。李超死后，大家就只能见到他儿子李庭珪的墨，所以蔡襄那位老同事不认识李超墨实属正常，这才让多年研究和收藏墨的蔡襄钻了空子。

“抢”朋友的墨

两年后的某一天，一位姓曾的朋友拿了一块墨请蔡襄试，蔡襄一看这块墨下的铭文是“歙州李庭邽”，跟李庭珪墨很像，但“邽”字不是李庭珪的“珪”，而且墨的形状也略有不同，这明显是个“山寨货”嘛，但既然送到面前了，那就试用一下吧。这一试可把蔡襄惊到了，这块墨竟然比真的李庭珪墨还要好用，甚至可以媲美之前从老同事那里换来的李超墨。这是怎么回事呢？凭着多年收藏和研究墨的经验，蔡襄做出了判断：这就是李庭珪做的墨，因为只有他才能做出这种墨。至于为什么形状和铭文有所不同，蔡襄认为是李庭珪的墨越做越好，跟之前所做的墨在品质上已经高出一个级别了，所以就出了个 2.0 版，把铭文和形状都做了调整，以区别于之前的李庭珪墨。

得出这个判断之后，蔡襄就对这块墨爱不释手，不肯再还给朋友了。曾先生好不容易得了这么个宝贝，也不舍得送人呀，那怎么办呢？一向人品极好的蔡襄在面对心爱之物时就没了原则，到了我手里，那就是我的了。用蔡襄自己的原话就是：“予既辨之，而墨遂归吾家，墨哉，可无恨矣！”[1] 多么心安理得！但他也没有白要这块墨，看着朋友忍痛不舍的样子，他就把这块墨的故事写成了一篇文章送给朋友，并对他说：“就用这篇文章来缓解你的思墨之情吧。”不知这位曾先生是更喜欢那块墨呢，还是更喜欢蔡襄的书法呢？

蔡襄拿到这块墨后，立即告诉了老朋友唐询，也就发生了唐询以“珪”易“邽”的故事。为何蔡襄如此爱墨并如此懂墨呢？这还得从蔡襄年轻时候得到的一块赠墨说起。

一切源于一条赠墨

蔡襄二十多岁的时候曾在洛阳工作，他有一位领导叫宋绶。宋绶继承了外祖父杨徽之的大量藏书，是宋代非常有名的藏书家，他精于笔札，从王羲之和唐人徐浩的书法中吸取了适合自己的部分，从而自成一派，朝野倾奉。宋绶比蔡襄年长 20 岁，他很喜欢这个从福建来的小伙子，因为蔡襄不仅品德性格好，还写得一手好字。有一天，宋领导高兴了，送了一条李庭珪墨给蔡襄，出身小民的蔡襄哪里用过这么好的墨，从此他就开始留意这种充满人工智慧的宝贝。

蔡襄想研究李氏墨还是有条件的，因为当时留存的原物还不少，一般多在达官贵人家里，蔡襄想看还是很容易的，而且还能经常去试墨。蔡襄试墨有个优势，那就是他书法好，又是比较有名的政治人物，让他试墨，顺便留下他一幅字，持墨人还是很划算的。若干年后的苏轼也曾如此，徐州一个名叫寇钧国的人藏有 13 种古墨，最

1 〔宋〕蔡襄撰，陈庆元等校注《蔡襄全集》，福建人民出版社，1999，658 页。

早的有李庭珪的，最晚的是潘谷的，都是传家之宝，不轻易示人。东坡先生到了徐州后，寇钧国郑重地请他试墨。东坡先生心怀恭敬，用每一款墨各写了一首杜诗，并于每首诗下对相应的墨作了点评。说到这里，似乎就可以解释一个问题：为何时间越往后，不完整的墨条就越多。比如寇钧国的藏墨都是“断圭残璧”，这很有可能是“藏墨—试墨—藏书法”这条收藏机制的结果。

蔡襄研究墨还有一个便利条件，那就是当时制墨业很发达。经过太宗朝、真宗朝的酝酿和实践，统一的国家在各方面开始稳定并走入正轨，文化艺术开始繁荣，参加科考的学子也越来越多，这些包含了丰厚现实利益的形势刺激了制墨业，蔡襄有更多机会来辨别全国各地不同品质的墨，同时探寻李庭珪墨品质好的秘诀。

此外，蔡襄还有一些喜欢造墨的朋友，比如李端愿。这个人是驸马爷李遵勖的儿子，也是仁宗皇帝的表弟，他的母亲是真宗皇帝的妹妹。当年真宗皇帝赐给妹妹和妹夫一座宅院，在永宁里，所以李端愿造的墨上有“永宁赐第”几个字，用以纪念此事。有这样一位朋友，蔡襄不仅可以最先试用他造的每一款新墨，还能详细了解制墨的工艺和材料。另外，蔡襄还认识当时的墨务官李惟庆，这李惟庆是李超的后人，对老祖宗的制墨史非常熟悉，蔡襄所知的李超墨的相关信息应该就是从他那里听说的。

蔡襄的墨经

经过多年研究，蔡襄成了一位墨专家，他认为当时造墨水平最高的人就是李庭珪。李庭珪有个弟弟叫李庭宽，庭宽儿子是承晏，承晏儿子是文用，他们都会造墨，但品质一代不及一代，李承晏之后的李氏墨已经基本丧失了李氏祖传的工艺，没什么价值了。当然这只是蔡襄的观点，到了北宋末期和南宋时期，李庭珪墨已经基本见不到了，其他的李氏墨开始为人所追捧。

在蔡襄看来，材料和工艺是制墨时最关键的两点，只要这两点过关，就能造出与李庭珪墨同样品质的好墨。制墨材料首选黄山松，这点是他反复使用不同地域的墨之后得出的结论，如果不是黄山松煤，工艺再好，也略差人意。李超和李庭珪制墨就在黄山附近，墨铭文上的“歙州”就在今天的安徽黄山市。蔡襄还曾收集了一些黄山松煤请人制成墨，竟然能有李庭珪墨的风采。那为何除了李氏之外，歙州出的精品并不多呢？这就涉及工艺了。蔡襄认为这主要是因为造墨者多是穷人，他们往往为了薄利而偷工减料。所以，若想得到歙州好墨，必须出大价钱，而且要找手艺非常好也非常懂墨的匠人。

蔡襄还总结了一些鉴别李庭珪墨的方法。他认为，外形和铭文是很容易复制的，但要想鉴真，“苟非素蓄之家，不能辨之”，也就是说只有收藏世家才能辨别。这个鉴定经验等于白说了，不过也确实是蔡襄多年鉴墨的真言，但他还是给出了识别李庭珪墨的两个基本方法。首先，要认准名字，当时的市面上有一款“山寨”墨将“庭”字改成“廷”，那款墨的品质的确不错，但不是真正的李庭珪墨。其次，他认为常见的李庭珪墨有两款，墨背的龙形图案有双脊者为上品，一脊者次之。蔡襄说李庭珪墨还有一款圆墨，但他从未看见过。

有了顶级好墨做标杆，蔡襄在每次试墨之后都能给制墨者提供

图 102 〔五代〕周文矩《文苑图》童仆手中的墨和砚台，故宫博物院藏。

不少建议，所以制墨者都愿意与他交往，这也使得蔡襄囊中的各式藏墨越来越多。有时他也会送一些墨给好朋友们一起享用，他在 50 岁那年送了一些墨给欧阳修，欧阳修说：东西是好东西，很难得，但是你送给我的比送给别人的少两根。我平时无聊的时候就靠玩弄笔墨过日子，墨是不嫌多的。由此可见，蔡襄的藏墨还是挺多的，

不过相比稍后藏有几百斤墨的司马光和数百挺墨的苏轼来说，可能也算少的。（图 102）

到晚年时，蔡襄已经收藏了李氏四代五个人的墨。对于这些珍贵的藏品，他除了将实物传给后代，还用李庭珪墨配上珍藏的上百幅澄心堂纸来写各种书体，作为范本留给子孙后代。

李氏墨的始与末

按《墨史》记载，李氏造墨并非始于李超，唐代的李慥才是李家第一位造墨高手。北宋末年的王景源有一块祖传的古墨，墨背上写着：唐水部员外郎李慥造。黎介然看见这块墨之后，想用一块上好的端砚来交换，王景源一开始舍不得，过了好久才同意交换。北宋灭亡后，王景源携砚追随流亡的南宋朝廷，有人想花五万钱买这块砚，王景源竟然不同意，这也间接证明那块李慥墨价值不菲。

这也难怪，李氏古墨本来就是随着时间推移而越来越少，别说老祖先李慥的墨了，就连李庭珪墨也越来越难见到了。一开始，也只有皇帝才有资本把它当礼物赐给大臣，后来存货越来越少，皇帝也只好捂紧口袋。到南宋时期，李氏墨愈发金贵，甚至到了“黄金易得，珪墨难求”的地步。即使是当时的制墨名家，也很难再看到李庭珪墨了。北宋后期的制墨名家潘谷一生制墨，阅墨无数，连徽宗皇帝都要收藏他的墨，可是据说有一天他见到李庭珪墨时，倒头就拜。

李承晏是李庭珪的侄子，他的墨在北宋后期很有市场，当然也是因为李庭珪墨已经很难见到，只能退而求其次了。米芾的铁杆老

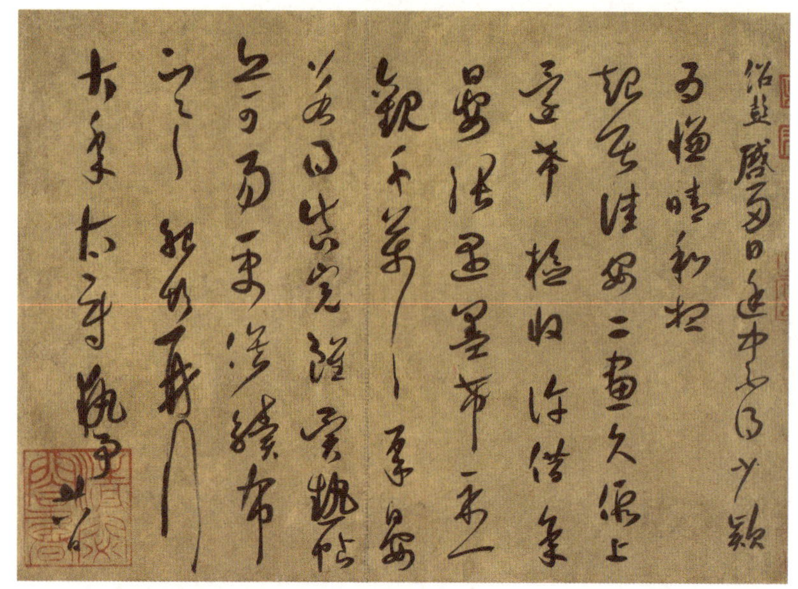

图 103 〔宋〕薛绍彭《大年帖》，故宫博物院藏。

友薛绍彭曾写信给宗室画家赵令穰（即《大年帖》，又名《晴和帖》，图 103），请求看一看他所收藏的李承晏墨，并表示愿意用《异热帖》来交换，文字如下：

绍彭启：

多日廷中不得少款为慊。晴和，想起居佳安。二画久假，上还，希检收。

许借承晏、张遇墨，希示一观，千万，千万！承晏若得真完，虽《异热帖》亦可易。更俟续布，不具。

绍彭再拜，大年太尉执事。廿八日。

此信大意是：绍彭启，在宫里很多天都没有跟你好好聊一聊，深感内疚。天气晴朗和畅，想来你的起居应该都很好吧。这两张画借了很久了，现在还给你，请查收。你答应把李承晏和张遇的墨借给我，希望拿给我看一看，一定一定！如果李承晏的墨是真品且完好，那么即便是我的《异热帖》，也可以拿来跟你交换。我等你的回音。

张遇的墨也是品质很好的墨，蔡襄曾说，李庭珪墨最好，其次是张遇墨。《异热帖》本是王羲之的手札，但薛绍彭藏的这卷不是王羲之原帖，而是唐代开元年间的摹本，也算是很珍贵的名迹了。薛绍彭愿意用唐帖换李承晏的墨，可以想见李承晏墨虽不及李庭珪墨，但相比其他墨，应该也是极品了。（图 104、105）

图 104　制墨所需配料

①麝香：麝香于墨之功效，古来说法不一。或说墨有本香，加麝损本香；或说墨有麝香，为极品。总之，麝香之用，多集于“香气”二字。

②鹿角：古法制墨，必用有机胶。有机胶能随自身环境起变化，墨色亦因而多变。而无机胶则无此属性。

③牛皮胶：众胶之中，可用者有牛皮胶、鹿皮胶、鱼胶、骨胶、鹿角胶等，而以鹿角胶最佳。故卫夫人曰：墨取代郡鹿胶。代郡位于河北、山西一带。

④赭石：虽然是矿物质，却也经常用作中药。赭石不是制墨的必须材料，但有些制墨人喜欢用，其功效究竟如何，众说纷纭。

⑤灯芯草：点烟的油灯，灯芯用料就是灯芯草。

⑥金箔：据说有的墨中会加金箔，可以提升墨的亮度。

图 105　制墨过程

①点烟：点烟出烟量与天气有关，天欲雨时烟最多。如房间天顶处理好，即使油烟房，天顶上的烟仍可使用，而且如松烟一般，可称之为顶烟，或远烟。品质却不及松烟，且不宜常扫。一般一年扫一次，所得者不过二三两。烟取下后需存放约一年后方可使用。点烟间为半封闭式砖房，沿墙齐腰处，油灯绕墙，灯火正旺。灯上倒扣一瓷碗，为集烟所用。之前读宋人赵师秀的“约客不来过半夜，闲敲棋子落灯花”。灯花不用剪，敲敲手上的棋子就掉下来了，何其娴雅！

②墨泥：刚刚制出来的墨泥是有热度的，摸起来很舒服。

③模具：墨泥放入模具中，便可成型。模具上往往会刻有字号或图案。

④晾墨：墨成型后，要放在阴凉通风的地方自然风干，不可暴晒。

凡墨色，紫光为上，黑光次之，青光又次之，白光为下。

研墨不可用自来水，多用纯净水或蒸馏水；砚用老坑，纹理细腻，易于出墨；研墨以直研为上，直研不损墨，并见墨之真色。

老来得志的苏洵

第三次科考落榜的苏洵（1009—1066）满心郁闷，他不想回家，百无聊赖之际决定南下江西，去游庐山。他在南下途中给朋友写了一封信（即《道中帖》，图 106），文字如下：

洵顿首再拜：

昨日道中草草上记，方以为惧，介使罪来。伏奉教翰，所以眷藉勤厚，见于累纸，感服情眷，愧怍益甚。晨兴薄凉，伏惟台候万福。洵以病暑加眩，意思极不佳。所以涉水迂涂，不敢入城府者，畏人事也。

宠谕常安之行，仰戢爱与之重，深欲力疾，少承绪言。但闻台候不甚清快，冒暑远行非宜，兼水浸道涂，恐今晚亦未能至彼。虚烦大旆之出，曷若相忘于江湖。不过廿日后，便可承颜。或同涂为鄱阳之行，如何？更几见察，幸甚！

匆匆拜此，不宣。洵顿首再拜，提举监丞兄台坐。

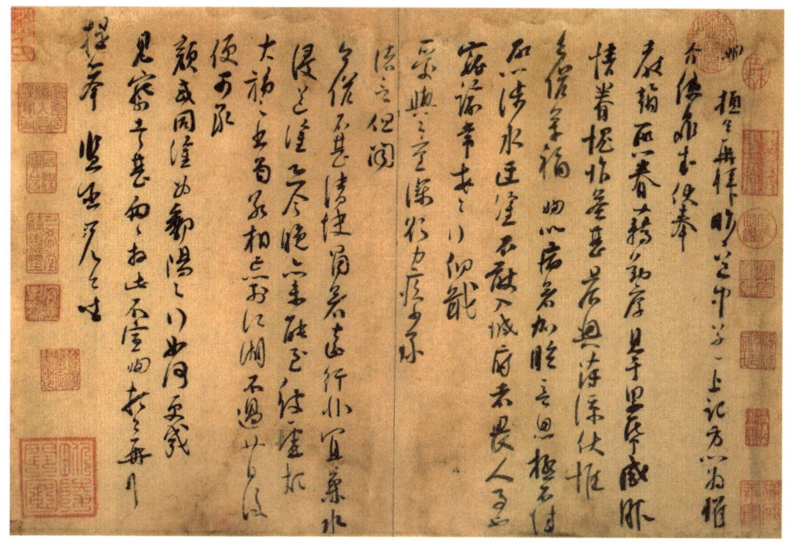

图 106 〔宋〕苏洵《道中帖》，台北故宫博物院藏。

此信的大意是：昨天我在路上匆匆忙忙给你写记，正因此而感到不安，心怀愧疚。感谢你的来信，你对我的关爱见于信中，我非常感谢，甚是惭愧。早上天气微凉，祝你一切都好。我因为中暑而头晕目眩，兴致索然。我之所以走水路，绕远路不敢进城，是因为害怕人事应酬。多谢你告诉我你将前往常安，感谢你对我的关爱，真希望你能尽快出发，这样我就能早日聆听你的教诲了。但听说你身体有恙，冒着酷暑赶路很不合适，再加上洪水淹没了道路，恐怕到晚上也到不了那里。与其劳您大驾出行，不如先相忘于江湖。再等二十天，咱们就可以见面了。或者咱们还可以一起前往鄱阳，您觉得怎么样呢？希望你能体会我的用意，那就太好了！

此信虽然不能断定是苏洵的亲笔信，但是内容却比较符合苏洵

苏洵

苏辙

苏轼

图 107　佚名《三苏像》，国家博物馆藏。

落榜后南行的情形。他以水路为主，夜宿时也少到城里去，这可能是因为落榜了，不好意思见朋友。否则，宋人不论是游学还是宦游，都希望一路上能会会老朋友，再结识新朋友。

20 岁之前的苏洵在乡民眼中是一个不务正业的小少爷。到 30 岁时，他在当地乡绅眼中是个屡试不中的落第者。到 45 岁时，在京城士大夫眼里，他是一个没有官爵的“京漂”。直到人生最后十年，苏洵的光芒才绽放出来，逐渐沉淀成一名学识超群的学者和文学家。（图 107）

不务正业的“苏三”

苏洵的父亲苏序（973—1047）是四川眉州的地主乡绅，性格豪爽，好作诗，却不以读书仕进为人生目标。这种隐而不仕的人生态度是当时大部分四川乡绅的状态，他们深刻体会了晚唐和五代乱世那种“铁打的江山流水的皇帝”给自己生活带来的灾难，从几代人的处世经验得来的体会是：幸福人生不过是有几亩薄地，有几个僮仆，有闲书可以读，有浊酒可以喝。所以苏氏虽是大族，但五代皆为布衣，苏序也安分守己地做一名闲适的乡绅。

苏序有三个儿子，老大苏澹（？—1037）和老二苏涣（1000—1062）先后考中进士，成为士大夫中的一员。比老二小 9 岁的苏洵出生在新千年的第九年，他身体里流淌着父亲苏序豪侠的血液，这种不安分因素也是川人的特色。苏洵非常聪明，很有主见，但是从小就调皮不好学，断断续续学了句读和声律，都是夹生饭。他在 18 岁时参加了进士考试，当然没有考中，不过这丝毫没有给年轻的苏洵留下什么阴霾。父亲苏序也不以为意，或许他正希望这个小儿子能留在自己身边呢。第二年，苏序就给苏洵娶了媳妇，姓程，比苏洵小 2 岁，是当地的名门闺秀。

接下来的几年时间里，在家待不住的苏洵开始远游。他北上终南山，南下两湖，流连京洛，足迹踏遍了小半个大宋版图。一个二十多岁的人，已经有了妻室，却不好好经营家业与功名，成天在外游荡，亲朋好友和街里街坊的人都替苏序着急，苏序却非常淡定，他并不急于把这个“不负责任”的小儿子抓回来履行责任，还安慰那些替他着急的人说：“你们对他不了解。”

折节读书又落第

到25岁时，苏洵隐隐觉得还是很有必要读书，但行动却相当迟缓。他感觉自己能与古人对话，而身边熟人朋友的眼界、学识、胸襟都不如他，所以并不急于求学。到27岁时，苏洵突然对夫人说："我感觉我现在可以开始专心读书了，可是家里需要我来维持生计，如果我只读书，那家人就养不活了。"夫人说："我早就希望你能好好读书，但不希望你是因为我去读书。如果你真的有志于学，那就把养家的事交给我吧。"于是苏洵将之前收集的古玩字画都拿出来卖掉，再广置家产，终于安心读书了。

一向自负的苏洵为什么到27岁又折节读书去了呢，这粗看是一个很私人的问题，但若是放在当时的大环境下，却是历史的必然。苏洵生活的时代很讲究出身，这个出身不是说家世多好，有多少钱，而是看一个人是不是进士。即便再有才华，如果不是进士，那也进不了士大夫的圈子。如果苏洵甘于寂寞，不求闻达，那他完全可以忽略自己的身份问题，可他偏偏又是个不认输的倔人，很多人没啥本事也考上了进士，凭什么我苏洵就考不上？重拾书本的苏洵这次就是奔着功名去的，于是在学业上专攻考试所需的文辞知识。备考一年以后，苏洵重新走进考场，可惜他又落榜了。

在宋代，两度落榜并不是什么了不得的事，在他这个年纪还没有考上进士的也大有人在。可是苏洵却很难接受，因为他一直认为自己是个非常了不起的人才，他还曾写过一首《有骥在野》：

有骥在野，百过不呻。子不我良，岂无他人。

絷我于厩，乃不我驾。遇我不终，不如在野。

秃毛于霜，寄肉于狼。宁彼我伤，人不我顾，无子我忘。

“骥”是长翅膀的马，是龙马，这是传说中的一种神兽。把自己比喻成龙马，可见苏洵的自我评价是相当高的，不过他说自己是一只没有飞上天的龙马，内心很受伤。

就在此时，“龙马”的次子出生了。苏洵看着这个新出生的婴儿，想起自己半生落拓，不知将来能否给孩子以扶持，于是给他取名苏轼，“轼”是古代马车前方用作扶手的横木，苏洵希望这个孩子能在人生奋进的道路上时时有所扶持。苏轼两岁的时候，他的哥哥夭折了，苏轼成了实际上的长子。

经历两次落榜，长女、长子先后夭折，长兄过世，次兄宦游在外，而父亲年事已高，年近而立之年的苏洵终于不得不认真思考眼下的生活，他暂时放弃了远游的计划。两年后，程夫人又生了一个男孩，苏洵感觉这孩子比苏轼要稳重，于是给他取名苏辙。从此，督导儿子们读书就成了苏洵生活里很重要的一部分，他默默地躺在竹椅上摇晃着，竖着耳朵听两个孩子背诵四书五经，谁背错了，他就用手里的竹篾条抽谁一下，这样的日子过了好几年。

三番赶考再落榜

大约在苏轼六七岁时，35 岁的苏洵再一次远赴京城赶考，这次他想走另一条途径改变自己的身份，那就是参加朝廷举行的“茂才异等科”考试。这是皇帝求取特殊人才的一种方式。在宋代，除了

“茂才异等科”，还有“高蹈丘园科”“沉沦草泽科”，都是针对有才学的布衣之士而设置的。程夫人非常支持丈夫，她把教孩子读书的事揽到了自己身上。

苏洵此次上京，正好赶上了中国历史上非常有名的“庆历新政”，主导人员就是范仲淹、韩琦、富弼等人。当时改革派革除了很多贪官污吏和没有才能的官员，急需提拔有识之士、有能之士补充到官员队伍中来。可惜，在如此利好的情形下，苏洵还是没有考上。

苏洵屡次落第的具体原因不得而知，但可以试着根据当时的情况做些许推测。当时的科举考试比较强调写作上的博学雅致，也就是说除了读书多以外，还要精通音韵，长于修辞，即文笔要好，比如天圣二年的状元宋庠、榜眼叶清臣和探花郑戬都是这方面的高手，但此时的苏洵既不够博学，音韵也很普通，他对古史的纵横之论是在后来才初见特异并逐成系统。另一方面，“庆历新政”的改革派需要的人才要有很强的工作能力，而且支持改革。苏洵没有从政经历，所论又偏于空谈，而且他又是守旧派，自然很难被录用。

第三次落第的苏洵南下江西，他在江西游历的地方比较广，一直走到了比较蛮荒的虔州（今江西南昌），游历了庐山，结识了几位高僧和隐士。正当他在偏远的南方慢慢修复那颗受伤的心灵时，一封家书穿越千山万水送到他的手中，他的父亲苏序去世了，苏洵匆匆结束旅行，千里奔丧。

闭门读书遇伯乐

父丧困住了苏洵的双腿，也让他有时间重新思考自己的人生。

他把之前为了功名所写的诗文付之一炬，然后开启了真正的读书时期。绝意于科举的苏洵再也不想委屈自己去学什么韵文，而是扎根六经，浇灌自己的思想之树。直到他感觉读得差不多了，才开始撰写注入了自己思想的文章，短则几十字，多则数千言。

苏洵的人生转折点始于 45 岁，这时苏家遇到了两个贵人——张方平（1007—1091）和雷简夫（1001—1067）。

张方平，字安道，号“乐全居士”，是一位天赋异禀的人物。他生来就记忆力非凡，大脑就像一台照相机，能把看过的重要东西全部存在大脑里，按现在的说法，他应该是拥有“照相记忆”。他小时候家里穷，买不起书，只能借书看，看完就记住了，不用再借第二回。参加工作以后，有一回监修国史的宰相章得象发现从真宗乾兴到仁宗庆历年间（共约 18 年）的史料不齐全，就把补充史料的任务交给张方平了。张方平凭记忆补全了这段历史，令老宰相刮目相看。张方平担任开封府领导时，按惯例助理会将工作日志以及所涉及的人和事都写在一块记事板上，但张方平根本就不看这块记事板，他将所有的工作内容都记在脑子里，分毫不差。这令身边的人感到不可思议，大家都觉得他不是普通人，肯定是神仙下凡，所以都不敢弄虚作假。也许是上天赐予他的这样东西太珍贵了，所以要让他在另一处有遗憾，他的眼睛就一直不怎么好，后来成为缠绕他终生的疾病。

至和元年（1054），48 岁的张方平以户部侍郎的身份担任益州知州。作为一名有社稷责任感的大臣，张方平除了处理日常公务之外，还搜寻四川的人才。有人跟他提起苏洵，张方平便约其一见。张方平看了苏洵带来的文章后很是赞赏，甚至认为苏洵的见识与写作水平可以与司马迁相媲美，并想聘请苏洵担任成都学官，但不知为何迟迟没有兑现。

苏洵在等待中又去拜访了雅州知州雷简夫。雷简夫虽然官职不高，但出生于官宦世家，曾得杜衍举荐，而且与当时著名的文学青年尹洙等人都是好友，所以在当时还是比较有名的。不过他能为后人所知，很大程度上倒归因于他是“三苏”的伯乐。

雷简夫对苏洵的见识和文采非常惊叹，他没想到在如此偏僻的西蜀还有这么超异的人才。他见苏洵年过四十，木讷寡言，不滥交友，就想帮他一把。雷简夫与宰相韩琦比较熟，就给韩琦写信推荐苏洵，然后又给欧阳修写信，他在信中很直率地说“士大夫不知刑之可惧，赏之可乐，生之可即，死之可避，而知执事之笔舌可畏”[1]，这样的话也敢说，只怕欧阳修看了要笑死。雷简夫又给老熟人张方平写信追问让苏洵担任学官一事，并请求张方平也向韩琦和欧阳修推荐苏洵。如此一番折腾，可见雷简夫对苏洵是有多欣赏了。

在为苏洵写推荐信之余，雷简夫也鼓励苏洵送两个儿子进京赶考。苏洵照做了，并且在进京之前带两个儿子再次拜访了雷简夫，雷简夫又被苏轼和苏辙的才气给惊到了，觉得这两个孩子前途不可限量。苏洵及时趁热打铁，让两个儿子双双拜入雷简夫门下。有了这层关系，雷简夫更加不惜代价地向当时的重量级人物推荐“三苏”。

辞别雷简夫之后，苏洵携两个儿子北上到成都拜见张方平。张方平见到苏家兄弟后的反应跟雷简夫一样，而且他认为长子苏轼更

1　曾枣庄、刘琳主编，四川大学古籍整理研究所编《全宋文》第16册，巴蜀书社，1991，108页。

是少见的天才。张方平遂成为继雷简夫之后第二个为苏氏父子“鸣锣开道”的重要人物，他也给韩琦、欧阳修、富弼等朝中要员写了推荐信。从政治派系来讲，张方平与韩琦和欧阳修本属不同派系，当年范仲淹和宰相吕夷简死磕的时候，韩、欧是范仲淹一派，而张方平则属吕夷简一派，但此时为了给国家推举人才，张方平不计前嫌。张方平的推荐显然比雷简夫更有作用，因为此时的张方平已经是政坛上举足轻重的人物。

第二年的科考正好是欧阳修担任主考官，苏轼和苏辙在科举考试中双双上榜，一举成名而为天下知，成了欧阳修的门生。

为感谢张方平的大力推荐，不肯为科举考试而折腰的苏洵居然为张方平写了一篇《张益州画像记》，高度评价了张方平临危受命，安抚西蜀之乱的事迹。这篇文章文辞古雅，中气磅礴，将一篇“拍马屁”的文章写出了可与古人名篇比肩的高度。苏轼兄弟成名之后也对张方平礼遇有加。张方平去世后，从不轻易给人写墓志铭的苏轼，无比感恩地写了一篇七千多字的长文，详述了张方平的一生，并给予极高的评价。

寡言清高的老学者

两个儿子都金榜题名，名扬天下，深深安慰了苏洵那颗受伤的心灵，埋在心头三十年的阴霾终于烟消云散。两个儿子中，弟弟苏辙无论性格还是才气都非常像老父亲苏洵，寡言少语、稳重缜密，若有所发，一击便中。老大苏轼的天分远远超过了老父亲，性格也开朗得多。有了张方平的推荐，又有了文坛盟主欧阳修做老师，他们一夜之间身价倍增。不幸的是，程夫人没来得及安享两个儿子带给她的荣耀就匆匆辞世了，苏洵带着儿子返回四川老家卜葬亡妻，两个儿子也要在家服丧三年，所以苏家父子便在老家度过了几年清闲的乡下生活。

苏洵虽然僻居乡下，但仍希望能谋个一官半职，可最大的障碍就是韩琦。韩琦对苏洵不是很感冒，他认为苏洵的纵横思想已经过时，对一些复杂问题的解决方案都过于极端，不适合当下的局势。后来，朝廷"诏试舍人院"，雷简夫和大诗人梅尧臣立即写信给苏洵，让他赴京赶考。对考试深恶痛绝的苏洵婉言谢绝了，他给梅尧臣写信回忆当年参加"茂才异等科"考试时的心情：

> 自思少年尝举茂才，中夜起坐，裹饭携饼，待晓东华门外，逐队而入，屈膝就席，俯首据案，其后每思至此，即为寒心。今齿日益老，尚安能使达官贵人复弄其文墨以穷其所不知邪？[1]

按苏洵的说法，参加考试的过程就像是乞丐为了求一口饭吃而不惜出卖自己的尊严，半夜起床，带着干粮，俯首跪地，可见苏洵是何等的清高，内心又受了多大的委屈。

等儿子们的丁忧期结束后，苏洵又与两个儿子一起回到了京城，这是他最后一次离家。苏洵这次到达京城后的境遇完全不同于以往，他的才华终于被世人知晓和认可，两个儿子也成了达官贵人争相结识的对象。他不再掩饰自己的好恶，对不喜欢的人和事都毫不隐晦

1 〔宋〕苏洵著，邱少华点校《苏洵集》，中国书店，2000，123 页。

地批判，比如他批评位高权重的宰相韩琦为仁宗皇帝的葬礼花了太多钱，又比如他从不给宰相王安石好脸色看。王安石的母亲在京城去世，很多人都去悼念，连韩琦、欧阳修这类权力顶层的人物都是人到礼也到，而苏洵非但不去，还写了一篇《辨奸论》痛骂王安石。瞧这架势，真是只图自己痛快而不顾自己和儿子们的前程，这种作风比起他的父亲苏序来说可是差远了。

在仕途上，年过半百的苏洵终于得到了霸州文安县主簿的官职，负责编纂礼书。研究学问是苏洵的最爱，他非常喜欢这份工作，最终与姚辟共同完成了一百卷的《太常因革礼》，此书保存了非常丰富的礼仪制度方面的知识，是一部非常重要的典籍。后来他又完成了三卷本的《谥法》，撰写了具有首创之功的《谱例》，以致后来欧阳修编修家谱图，都是受了苏洵的启发。苏洵能于短短几年时间内完成这些学术著作，说明他的确不是沽名钓誉之徒。此后苏洵又开始专注于易学研究，可惜未竟而亡，临终前把这项任务交给了儿子苏轼。

隐身的大收藏家

苏洵最大的爱好是收藏，很多藏品都是他在游历四方时搜罗的。由于钱财都拿去收购字画古玩，所以年轻时候的苏洵看起来并不富裕。直到他准备第二次参加科举考试时，因无以养家才变卖藏品，置办家业。苏洵的藏品到底有多少？苏轼说过，他们家藏品的规模可以与京城里的名公巨卿相媲美。

苏洵尤其留意佛教、道教及民间信仰类的绘画。21 岁那年，他看到了一副张仙的画像，笔法清奇，应是出于名家手笔。张仙是道教神灵，传说中的送子神仙，在民间享有极盛的香火。苏洵那时刚刚结婚，还没有孩子，他一直记挂着这事，所以逢神必祷。此时见到这样一幅画，便毫不犹豫地将身上的玉环解下来换了这幅画。苏洵冥冥中感觉自己的拜求会有回报，后来果然先后有了苏轼和苏辙。苏洵认为这两个孩子是张仙赐予他的子嗣，若干年后又为这幅画题了一段跋文，以证明张仙灵验，并感恩赐子。

在苏洵的藏品中，最有价值的是吴道子所画的一组菩萨和天王像，那是苏轼花十万钱买下送给父亲的礼物。这组像画在两扇门板上，正面是菩萨，反面是天王。据说这两张门板原属于长安的一座寺院，寺院在晚唐战乱中被焚毁，一名僧人冒火背出这两张门板逃亡，从而使它们幸免于难。苏洵去世后，苏轼将这组画捐给了寺院。为防止被人私吞，苏轼想了个计谋，让寺院花百万钱建了一座阁楼安放这组画，并将苏洵的画像一并安放其中。（图 108）

苏洵藏品中还有一副吴道子的《五星图》（图 109），这是一幅长卷，上面分别画了岁星、荧惑、土星、太白、辰星，都呈人形。岁星像帝王，配有宝剑；荧惑星像猛士，左配弓，右配刀；土星长身蜂腰，飘飘如驭长风；太白星像妇人，身着长裙，怀抱四弦琴；辰星手拿纸笔，嘴唇上有黑膏，妆容奇特。

苏洵还收藏了贯休的罗汉像，苏轼感觉这幅画很灵异，所以在苏洵去世后，苏轼决定将此画让给父亲的老朋友大觉怀琏禅师。没想到大觉怀琏禅师却想要金水罗汉像，苏轼于是将两幅画一并施舍给了他。在苏轼看来，这都是替父亲积阴德。

由于对佛像有特殊的认识和感应，苏洵也替故去的亲人施舍佛像，比如在给亡妻办丧事时，他让苏轼置办了一些不同材质的佛像。

图 108 〔宋〕银杏木彩绘四大天王像内函，苏州博物馆藏。宋代四川籍士大夫多爱收藏，这可能是一种传统。安史之乱后，原本安居于长安的很多士族大家被迫南迁至四川境内。唐末大乱，又有一批士大夫南迁，四川因此收纳了不少好东西，它们一直在士大夫手中流传。比如书法家李建中，稍晚一些的副宰相苏易简，再到后来的画家文同，苏轼的朋友宝月大师等。川外士大夫宦游四川时，也经常留意寻访前朝古物，往往有意外惊喜。

图 109 〔南朝梁〕张僧繇绘《五星二十八宿神形图卷》宋摹本局部，故宫博物院藏。天文学在宋代得到了长足发展，研制出了不少大型天文仪器，如“太平浑仪”“元祐浑天仪象”，后者由曾位至副宰相的苏颂研制出来，被认为是现代钟表的远祖。宋人还喜欢观测天象，留下了许多非常珍贵的记录。

在最后一次离开家乡前，他给当地的极乐院捐造了六尊菩萨，分别是观音菩萨、大势至菩萨、天藏菩萨、地藏菩萨、解冤结菩萨、引路菩萨，以此希望去世的父母、大哥、长子、三个女儿等亲人都能所适如意。苏洵这种行为深深影响了苏轼，在苏洵去世后，苏轼和弟弟苏辙捐赠了一百匹绢给杭州天竺寺，托高僧辩才造办一尊地藏菩萨及两名侍僮，并要求菩萨的身高与常人相同。

除了绘画，苏洵还十分留意书法。在游庐山时，他曾见过白居易那首非常有名的禅诗《寄韬光禅师》：

> 一山门作两山门，两寺元从一寺分。
> 东涧水流西涧水，南山云起北山云。
> 前台花发后台见，上界钟清下界闻。

遥想吾师行道处，天香桂子落纷纷。[1]

苏洵看到的这首诗并非石刻，而是墨迹，笔势奇逸，墨迹如新，令他印象深刻。回乡后他和苏轼说起此事，苏轼心向往之，以至很多年后还专门跑去看，只是杳无踪迹。苏洵对颜真卿的书法也有着特别的关注，还特地写了《颜书四十韵》。

苏洵的收藏在很大程度上培育了苏轼的书画修养，这可能是他在满足自己的审美娱乐需求时所未曾预料到的收获。

1 〔宋〕苏轼著，李之亮笺注《苏轼文集编年笺注 诗词附 9》，巴蜀书社，2011，248 页。

黄庭坚的患难之交

被贬大西南的黄庭坚穷困潦倒，实在没办法的时候也只好借钱过日子。有一次，黄庭坚又向朋友借了钱，他很想回馈点什么来表达感激之情，但他能用来表达感谢的也只有自己的学问了，于是就把收藏的好书送给出借人看。黄庭坚记录了这件事（即《致明叔同年尺牍》，又名《藏镪帖》，图 110），这封信文字如下：

藏镪见贷已领，甚愧琐屑奉烦。许同东玉见过，甚惠《宝藏论》一册，送去试读一遍，如何？因为黏缀一鸦青纸庄严之，幸甚！

庭坚顿首。明叔同年家。

大意如下：你借给我的钱已经收到了，很不好意思因为这些琐事烦扰你。估计你已经和东玉见过面了，很感谢他送我一套《宝藏论》，我把它送给你读一遍怎么样？如果能用鸦青纸包装一下就更好了。

据说《宝藏论》的作者是东晋著名学者型僧人僧肇（384—

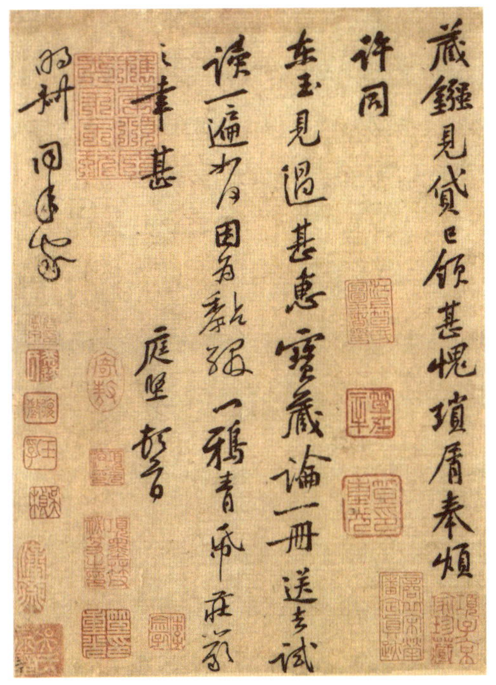

图 110 〔宋〕黄庭坚《致明叔同年尺牍》，台北故宫博物院藏。

414），黄庭坚本就对释道玄学感兴趣，《宝藏论》的语言又很优美，所以就将他推荐给了出借人，与之奇文共享。这位出借人名叫杨明叔，他只是大西南山区里的一名基层小官，没什么名气，但是喜欢读书做学问。正是这样一位基层官员，让心灰意冷的黄庭坚重新找到了人生的意义。

淡然面对贬谪

绍圣元年（1094）十二月，被审讯多日的黄庭坚终于等来了对他的宣判，他被发配到大西南。被贬的原因是他在编修《神宗实录》时写过一句“用铁龙爪治河，有同儿戏”，这指的是神宗朝用铁耙疏通黄河泥沙的事，黄庭坚说自己是如实陈述，但主政的新党认为他这是诋毁神宗，这显然又是一桩“文字狱”。

黄庭坚因“铁龙爪案”被贬为涪州（今重庆市涪陵区）别驾，但又不让他去涪州，而是把他发配到黔州（今重庆市彭水县）安置。在当时，“别驾”这个职位只是一个空的头衔，仅仅表示他还没有被除名而已。也就是说，黄庭坚到了黔州之后，还不如一个普通农夫，农夫还有房有地，他一无所有。

49 岁的黄庭坚得知这一消息后，神色自若，继续倒在床上，鼾声大起。这种事情他见得多了，根本不放在心上。自从新党上台后，章惇、蔡卞等人编织各种罪名，把旧党成员一一贬谪。半年前，他的老师苏轼不是已经被发配到岭南去了吗？黄庭坚甚至不知道涪州和黔州在哪里，他茫然地问身边的朋友，有人详细介绍了具体位置和路线，怕他迷路，还亲自送他到黔州。

黄庭坚从陈留（今河南开封市祥符区陈留镇）一路南行，到达长江边后，坐船沿长江逆流而上，进入夔州的巫山，然后舍舟登岸，进入施州（今湖北恩施）。这里是湖南、湖北、重庆交界处，放眼望去皆是一重又一重的叠嶂山峦，不过黄庭坚并不恐惧，他是江西人，又在南方偏远地区当过官，还曾深入山区探访民情，让那些世居山里的少数民族第一次见到县太爷。黄庭坚走在崇山峻岭间，听着当地那些让他着迷的山歌，偶尔还有古道热肠的朋友为他接风洗尘，一路上并不寂寞。唯一难受的是那双脚，因为他有脚气病，这趟流放之旅对他的身体确实是巨大的摧残。

心气抵不过现实

经过四个多月的跋山涉水，黄庭坚终于抵达黔州，此时贬谪生活就变得非常具体了。因为不能住官府的房子，黄庭坚就暂住在一座破庙边的空地上，习惯了被人照顾的黄庭坚此时没有女眷在身边，生活上多不方便。在第一年里，他先要让自己活下来，要盖房子，要开荒种地，他的大家庭会在第二年来到这里，他们都没有生活来源，需要黄庭坚提前谋划好。黄庭坚白天拖着病体干体力活，夜晚躺在床上禁不住思绪万千，悲从中来。他曾是文学家，是书法家，是心高气傲的诗人。而在这穷乡僻壤的陋邦，他是什么呢？又能做什么？他终于悲伤地体会到，他不再是那个令他倍感荣耀的士大夫，而是一位“耳目昏塞，旧学废忘”的黔中老农了。

物质的匮乏不会让黄庭坚感到艰难，但精神的匮乏却击垮了他，绝望的黄庭坚无法排遣内心的巨大压抑，他给朋友写信说：我内心忧患，身有宿疾，须发半白，衰竭疲惫，也没有心思做学问，等于是自断才力，百无一用了。对黄庭坚来说，这种生活无异于行尸走肉，跟“枯木寒灰”差不多了。一个读书人到了这一步，他存在的价值是什么？黄庭坚不知道，他眼睁睁地看着自己成了一个废人。没有什么比认识到自己是一个废人更令人绝望和无助了。

乡村教师黄庭坚

有一天，黄庭坚收到了一封陌生人的来信。此人是黔州的一名小办事员，姓杨，名皓，字明叔。其实他是可以直接来找黄庭坚的，因为此时的黄庭坚是被羁管的对象，而杨明叔却是政府官员，但杨明叔没有这么做，而是先递上一封“投名帖”，这是读书人的礼仪。杨明叔在信中说自己的父亲与黄庭坚的叔叔有同门之谊，还说自己爱读书，曾为了求学而卖房，赴任时随身携带的不是金银财物，而是书籍，现在很希望能追随黄庭坚学习，学作诗，学古人之道。

黄庭坚读完杨明叔的信后内心澎湃，在这种与世隔绝的陋邦居然还有像杨明叔这样爱学习的读书人，黄庭坚开始深刻地反省和批评自己，“国有君子，何陋之有”！黄庭坚突然找到了自己存在的价值：他可以当一名乡村教师，为这里喜欢读书的人，为山里的孩子们传道授业解惑。

黄庭坚以前就当过教师，他曾在北京大名府（今河北大名县）当过八年的教授，但那时他考虑更多的是仕途和发展，清贫的教授身份反而让他感觉自己很没用，所以后来就转行当官去了。但现在不一样了，他忽然体会到做一名教师的价值，如果他愿意，这里很多人的命运就会因他而改变。黄庭坚的内心瞬间升起万丈光芒，他在给杨明叔的回信里动情地说道：我虽不到 50 岁，但其实已经衰老了，没有什么成就，剩下的日子也不多了。能与你这样的好学之士相往来，对我也会有所启发，这真是太好了。我望风钦叹，期待而愉悦的心情真是无法言喻。

黄庭坚从此热心投入到当地的教育事业中。随着亲人们的到来，他的生活有人照顾了，黄庭坚就开始设帐授徒，过上了私塾先生的生活。他将学生分为儿童和青少年，分类教学。儿童在白天和晚上都上课，白天讲经，晚上讲杜诗。而对青少年，则要更深入一些，除了读经和背诗，还要相互研究和探讨。

杨明叔也在物质生活上给予黄庭坚极大的照顾，除了借钱给他，还经常送吃送穿。有一天，杨明叔又送来了山芋，黄庭坚感激不已，给杨明叔写了一封信，里面有这样一句话："每承君子有相济用之意，顾亦何所堪，惟忠厚不懈，欲以风示流俗，则可尔。"[1] 意思是：每次你照顾我，我都很不好意思，我只有做一个忠厚的人，用自己的风骨展示在世人面前才好。友人的山芋成就了一个士大夫的气节。

学问才是安魂处

黄庭坚和杨明叔一起研究一些深奥的学问，比如王勃《滕王阁序》中的"四美具，二难并"到底是什么意思。为查到最原始的含义，他们搜肠刮肚，翻尽典籍，两人讨论得不亦乐乎！

他们将自己看到的好书与对方分享，还互相抄诗或作诗送给对方，一起探讨如何作诗，黄庭坚一幅传世作品《雪寒帖》（又名《致明叔少府同年尺牍》，图 111）里就记述了这类事，这封信文字如下：

庭坚顿首：

承见谕，早当过此，延伫甚久，何以不至耶？雪寒，安胜否？大轴今送，然勿多示人，或不解此意，亦来索。匠石斫鼻，则坐困矣。

庭坚顿首。明叔少府同年家。

意思是：你曾说过要早一点来，却拖了这么久，是什么原因没

1 〔清〕纪昀编纂《影印文渊阁四库全书》第 1113 册，北京出版社，2012，728 页。

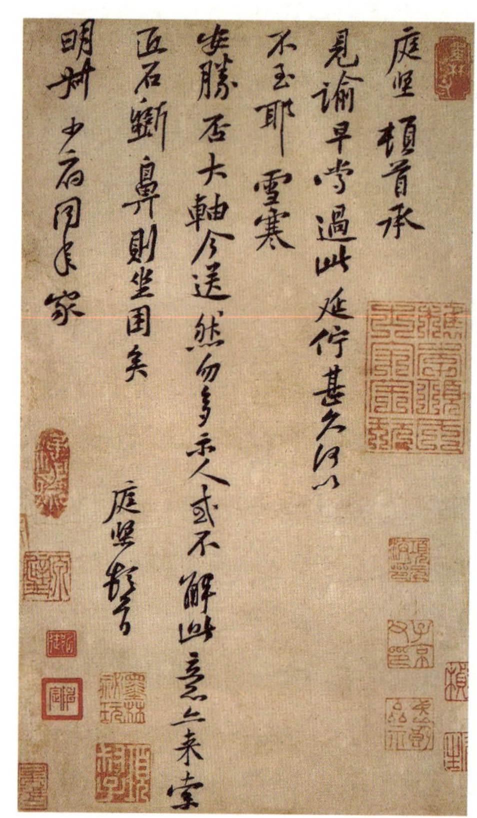

图 111 〔宋〕黄庭坚《雪寒帖》。
台北故宫博物院藏。

有来呢？雪天寒冷，你还好吧？今天把大卷轴送给你，但请不要给太多人看，怕有些人不明白什么意思，也来跟我要。那我反倒是因为写得好而给自己带来麻烦了。

信中的“大轴”应该是指写了内容很多的手卷，应该是他送给杨明叔的诗文。黄庭坚还把自己的作诗秘诀教给杨明叔：

盖以俗为雅，以故为新，百战百胜，如孙、吴之兵，棘端可以

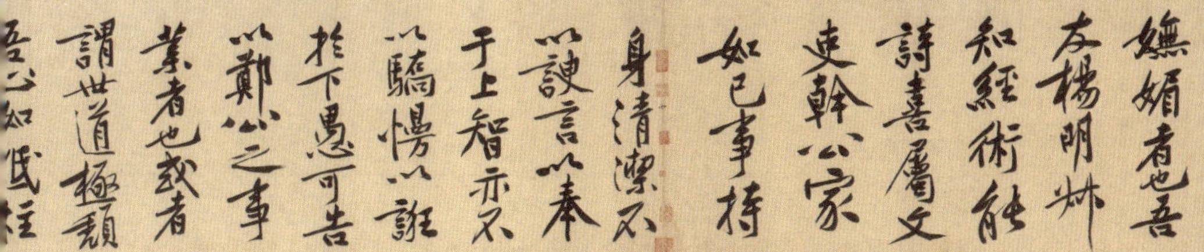

图 112 〔宋〕黄庭坚《砥柱铭》局部，私人藏。书写于北宋文房名品澄心堂纸。

破镞，如甘蝇、飞卫之射。此诗人之奇也。[1]

这是黄庭坚非常有名的诗歌理论。至于作文之道，黄庭坚对杨明叔说："文章者，道之器也。言者，行之枝叶也。"什么是文章之"道"呢，此中有大学问，"耕礼义之田而深其耒"，"当官又敏于事而恤民"，这就是道。所以他也时常与杨明叔讨论为官之道，给他推荐《循吏传》，跟他讲"食其禄而避事，则灾怪生矣"，并且协同他处理了不少政事。

因为有了杨明叔这样的学生，黄庭坚终于可以在这个偏远之地安放自己的灵魂。他在《砥柱铭》（图 112）跋文中有几句话高度赞扬了杨明叔，其文如下：

吾友杨明州，知经术，能诗，喜属文，吏干公家如己事。持身清洁，不以谀言以奉于上智；亦不以骄慢以诳于下愚。可告以郑公之事业者也。或者谓：世道极颓，吾心如砥柱。

1 周振甫《中国修辞学史》，商务印书馆，2004，197 页。

米芾的晋帖情结

元祐六年（1091），身在扬州的米芾（1052—1108）听说好友刘季孙（1033—1092）家有一幅王献之的《送梨帖》，就动起了心思。苏轼也看过这幅《送梨帖》，且评价颇高，这更增加了米芾想把它据为己有的欲望。

要想得到这幅《送梨帖》，就得用价值对等的物件去交换，可米芾的藏品中没有对等的，这让他很头疼。后来听说刘季孙对他的一方砚山很感兴趣，终于找到突破口了。砚山是用山形的砚石凿制而成的一种砚台，据说米芾这方砚山是南唐后主李煜的御用砚台，有一尺多长，像一个峰峦叠嶂的微景观，流转数十人后到了米芾手中。

既然刘季孙想要这方砚山，米芾决定忍痛割爱，用它去换王献之的名帖，但一方砚台还远远不够，米芾挖空心思在自己的藏品中拼凑，一边凑一边跟刘季孙谈判。刘季孙不同意，米芾就继续加价，他先后加了两幅欧阳询的法帖、六幅王维的《雪图》、一条犀带、一支玉座珊瑚，可刘季孙还是不同意，最后米芾决定加入《怀素帖》，于是再次给刘季孙写信（即《箧中帖》，图 113），文字如下：

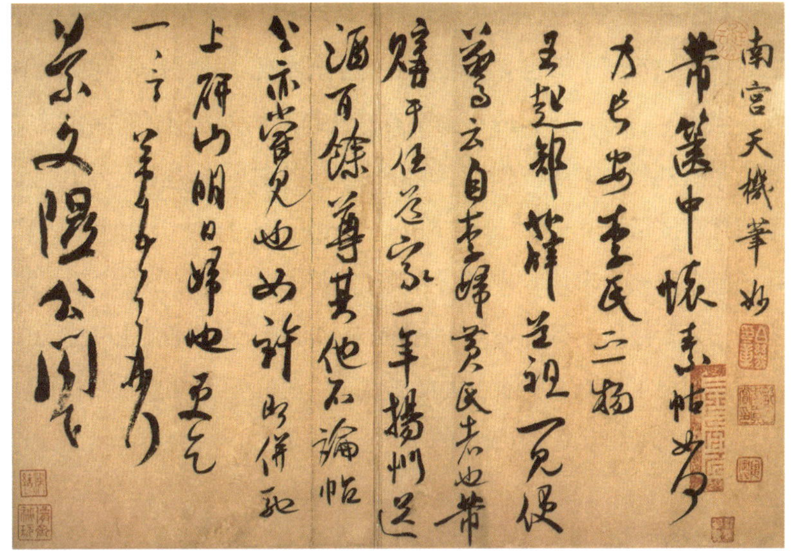

图113 〔宋〕米芾《箧中帖》，台北故宫博物院藏。

芾箧中《怀素帖》如何？乃长安李氏之物。王起部、薛道祖一见便惊云：“自李归黄氏者也”。芾购于任道家，一年扬州送酒百余尊，其他不论。帖公亦尝见也，如许，即并驰上。研山明日归也，更乞一言。芾顿首再拜，景文隰公阁下。

大意是：你觉得我书箱里的《怀素帖》怎么样？它原是唐朝皇族李氏的旧藏之物。王钦臣和薛绍彭一见到这篇帖就惊呼：“这是从李家转卖到黄家的东西！”我是从黄任道家买来的，当初为了得到这件东西，一年之内酒就送了一百多尊，其他东西还不说。《怀素帖》你也见过，如果你愿意，我一并都给你。砚山过几天就还回来了，就等你一句话。

刘季孙，字景文，其父是北宋大将刘平，在宋夏战争的三川口之战中死战殉国，后也有人说刘平被俘至西夏。刘季孙一生官位不高，但诗写得好，苏轼的诗集中有好几篇是与刘季孙的唱和之作，其中《赠刘景文》还被收入了现在的小学教材："荷尽已无擎雨盖，菊残犹有傲霜枝。一年好景君须记，最是橙黄橘绿时。"为了得到这幅王献之法帖，米芾一共凑了十二件宝贝，这阵势有点像拿着一堆零钱去买奢侈品，不知刘季孙看到后是何心情，总之他答应交换了。米芾为何要下这么大的血本去换王献之的法帖呢，这还得从米芾第一次去驸马李玮家品赏字画说起。

遭公主劈腿的驸马

宋真宗的皇后刘娥是历史上有名的摄政皇后，可惜她没有儿子，位子始终不牢靠。所幸刘娥有个听话的婢女李氏，经过一番精心设计，李氏为真宗生了一个儿子。刘娥把李氏的儿子当自己的儿子养，并将他扶植为下一任皇位继承人，即仁宗皇帝赵祯。后人把这段历史加工成了"狸猫换太子"的故事。

刘娥抢了李氏的儿子之后，并没有将李氏置于死地，而是仍将她留在身边，并善待她的娘家人。真宗去世后，李氏迁往永定陵为真宗守陵，临终前被刘娥晋封为宸妃。刘娥去世后仁宗才得知自己的身世，他对自己一生无缘孝敬生母而深感痛心，于是对母亲的家人特别好。李宸妃的哥哥李用和本是一个卖冥币的人，后来在刘娥的关照下过上了好日子。待仁宗赵祯亲政后，他这个亲舅舅更是加官晋爵，步入了贵戚行列。

李用和的第二个儿子名叫李玮（1029—？），他13岁那年被32岁的表哥仁宗召见，仁宗对他的举止和才学很满意，于是决定将自己4岁的大女儿许配给他。仁宗为何这么着急给女儿订婚？难道皇帝的女儿还愁将来挑不到好女婿吗？其实仁宗皇帝也是有自己隐忧的，此前辽国曾向宋朝索要公主和亲，被宋朝方面拒绝了。为了保住女儿，仁宗皇帝必须赶紧把女儿的亲事定下来。

嘉祐二年（1057），公主19岁，驸马爷也奔三了，仁宗为他们举办了隆重的婚礼，并斥巨资为公主建造了一座豪华别墅。可公主并不喜欢李玮，嫌他长相难看还木讷不讨巧。她喜欢的是近身内侍梁怀吉，结婚时还把这个太监一并带到李家。

仁宗非常宠爱这个聪明伶俐的女儿，对她百依百顺，把她惯得目无法纪。李玮的母亲对这个儿媳妇十分不满，公主也看不起出身低微的婆婆，婆媳关系很紧张。有一天夜里，公主与梁怀吉私会，被李玮的母亲发现了，结果反倒是公主大怒，上演了一场暴揍婆婆、狂奔离家、夜擂宫门、向父皇哭诉的闹剧。

为了平息这场家庭纠纷，仁宗决定让公主住回皇宫，并责罚李玮，将他外贬到卫州。台谏们不干了，明明是公主有错在先，怎么能偏袒公主而处罚驸马呢？身为公主不守妇道，不敬公婆，完全置礼法于不顾，还夜闯城门，这在当时可是重罪，因为宫门晚上是不允许随便打开的，除非国家有大事。公主将家庭纠纷升级为国家事件，仁宗非但没有惩罚她，还帮她处罚了受害者李玮，这如何服得了人心？身为谏官的司马光连上几道奏章，其言辞之激烈让人瞠目结舌，一点不给皇帝面子，大意是：你怎么教女儿的？看你女儿多坏！赶紧让她回婆家！赶紧召回驸马！严惩公主身边的奴才们！严惩开城门的人！

身体多病且已经患有精神问题的仁宗皇帝焦头烂额，只得又召回女婿，贬斥梁怀吉，但却无法劝公主回李家。后来公主又各种不顾脸面地“生死搏击”，最后还是将梁怀吉带在了身边。

李玮与公主的婚姻名存实亡，李玮的哥哥李璋向仁宗申请解除两人婚姻关系，仁宗皇帝无奈答应了。作为处罚，他降低了公主的封号，夺去女婿的驸马都尉头衔和待遇，但还是没有完全让他们脱离婚姻关系。不久，两人又恢复了以往的待遇，只是似乎再也不曾见面。

两年后，仁宗去世，公主失去了庇护。八年后，33 岁的公主郁郁而终，而比她年长九岁的李玮却又多活了二十多年。

悲剧婚姻里的精神慰藉

同为悲剧婚姻里的受害者，李玮并没有像公主那样抑郁，因为他有自己的精神慰藉——书法。既然泼辣的公主对自己不感兴趣，李玮也懒得搭理对方了，就沉浸在自己的书法世界里，不亦乐乎。

身为驸马，李玮有机会看到很多经典名作，又有钱玩收藏，所以收罗了很多藏品。他最好的藏品是 14 件晋人墨迹，其中陆机的《平复帖》（图 114）被后人评为天下第一帖。李玮经常邀请书法名家去看他的藏品，请他们题跋。苏轼就曾被邀请前往观看，他看完后写了一段观后感，其中有这样几句：

余尝于李都尉玮处，见晋人数帖，皆有小印“涯”字，意其为王氏物也。有谢尚、谢鲲、王衍等帖，皆奇。而夷甫独超然如群鹤

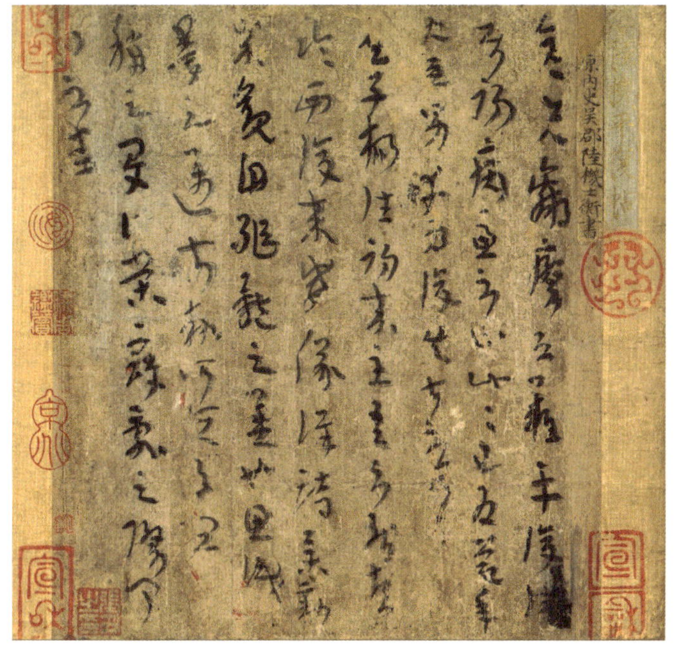

图 114 〔晋〕陆机《平复帖》，故宫博物院藏。是陆机写给朋友的一封信。

耸翅，欲飞而未起也。[1]

这段话意思是：我在李玮都尉家看到几幅晋人写的书帖，每一帖上都印有一个小小的“涯”字，说明这是王家收藏的东西。其中有谢尚、谢鲲、王衍等人写的字，都是罕见的好东西。王衍的书法气质超然，就像群鹤展翅欲飞而尚未飞起。

1 〔宋〕苏轼著，李之亮笺注《苏轼文集编年笺注 诗词附 9》，巴蜀书社，2011，460 页。

小印“涯”字是唐代收藏家王涯（765—835）的收藏印，“夷甫”是西晋书法家王衍（256—311）的字，这说明李玮收的这批东西都是有传承的真迹，且都是经典之作。

元祐二年（1087），36 岁的米芾与 27 岁王涣之（1060—1124）一起去驸马家品鉴书法，年近花甲的李驸马拿出宝藏的晋人墨迹，米芾瞬间就被“炸”到了。在此之前，米芾学习和研究的书法多是唐人之作，五年前他到黄州拜访苏轼，苏轼建议他学习晋人，他才开始寻访晋人书迹，但很难见到真迹。这次亲眼看到李玮的藏品，总算真正见识了什么是好书法，也彻底更新了他对书法的认识。

米芾和王涣之一起在李府逗留了好几天，品赏名作之余，米芾一直惦记着一件东西，那就是王羲之内弟郗愔（313—384）的《廿四日帖》（图 115），当年宋太宗借来刻法帖时有这一卷，他纳闷这老驸马爷怎么没拿出来呢？到了最后两天，李玮终于把这卷东西拿出来了，米芾大喜过望，看这幅作品的装裱已经破损了，就与王涣之重新拆装了，然后题了几个字：“李氏法书第一”，后来他又说这幅作品“亦天下法书第一也！”米芾随后记录了此事（即《李太师帖》，图 116）：

图 115 〔晋〕郗愔《廿四日帖》拓本。

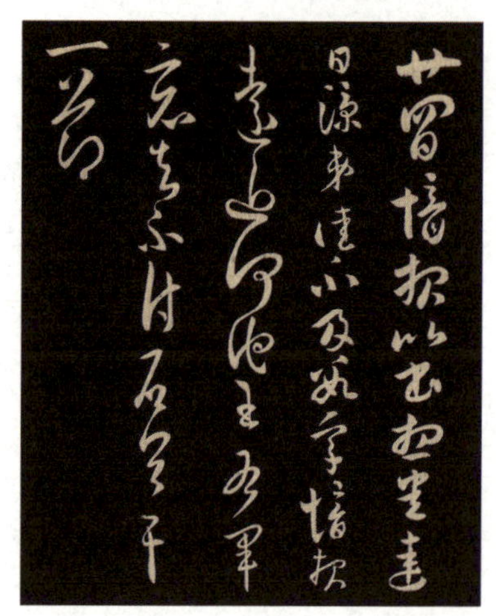

李太师收晋贤十四帖，武帝、王戎书若篆籀，谢安格在子敬上，真宜批帖尾也。

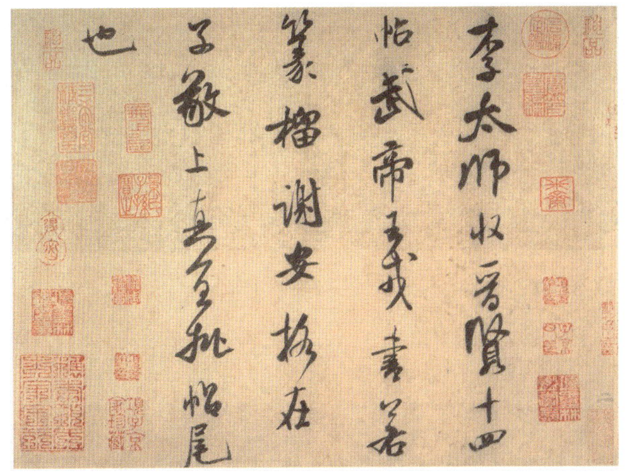

图 116 〔宋〕米芾《李太师帖》，东京国立博物馆藏。

这段评语意思是：李太师收藏了 14 幅晋代贤人的书贴，晋武帝和王戎的书法很像篆书和籀书，谢安的书法格调在王献之之上，他确实有在王献之帖尾批答的资格。

赏晋帖得心病

倍受视觉冲击的米芾回家后凭记忆临摹了数十幅，感觉书艺突变，就给朋友写信发表感慨（即《好事家帖》，图 117）：

好事家所收帖，有若篆籀者。回视二王，顿有尘意，晋武帝帖是也。谢奕之流，混然天成，谢安清迈，真宜批子敬尾也。

其帖首尾印记多与敝笥所收同，“君倩”“唐氏”“陈氏”之类印，玉轴古锦，皆故物。希世之珍，不可尽言，恨不能同赏。归即追写

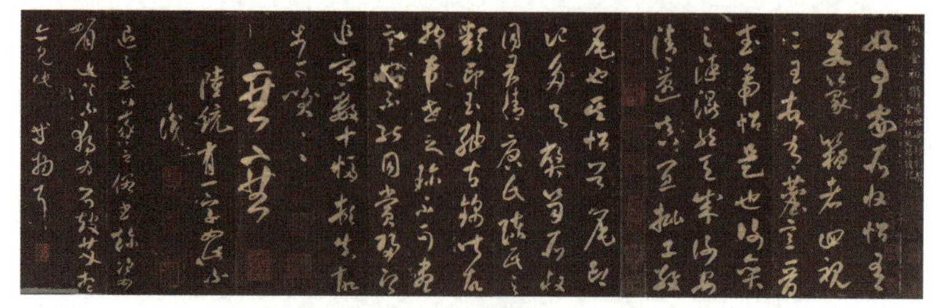

图 117 〔宋〕米芾《好事家帖》拓本。收录于《群玉堂帖》。

数十幅，顿失故步，可笑可笑。□□，陆统有一字如此，不识。

退之云："羲之俗书趁姿媚。"此公不独为石鼓发，想亦见此等物耳。

米芾所说的"好事家"是指一般的收藏家，与之对应的是水平更高的"鉴赏家"。估计米芾觉得李玮的鉴赏能力有限，所以将他归为"好事家"。这封信大意如下：某位收藏家藏有一些晋人法帖，其中有的类似篆书和籀书，看完这些帖后再回看王羲之和王献之的书法，立即就感觉到俗气了，比如《晋武帝帖》就是这种类似篆籀的法帖。谢奕等人的书法浑然天成，谢安的书法清迈，确实适合题在王献之书法的后面。这些法帖首尾的收藏印大多都与我收藏箱里那些书帖上的印相同，如"君倩""唐氏""陈氏"等，还有装裱用的玉轴和古锦，都是老东西。这些稀世珍宝很难用语言描述清楚，很遗憾你没能与我一同观赏。我回来后凭记忆摹写了几十幅，立时改变了我以往的写字风格，想想真是可笑啊。□□，陆统（应为陆玩，"统"字应是米芾笔误）的帖里有一个这样的字，我不认识。韩愈曾说："王羲之俗气的书法都是迎合一般人的审美。"我猜韩愈并非只

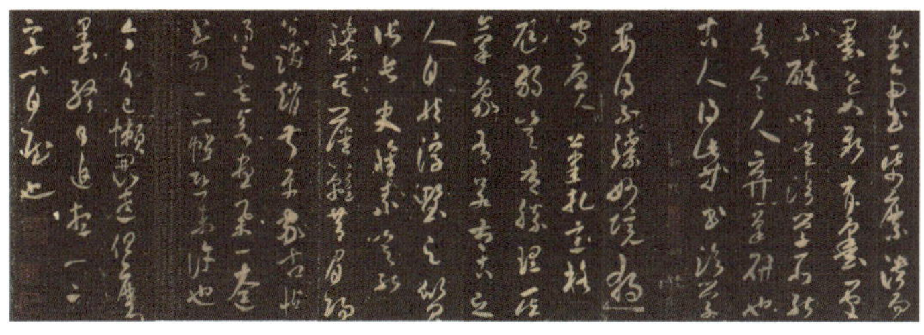

图 118 〔宋〕米芾《武帝书帖》拓本，收录于《群玉堂帖》。

是因为见了先秦时的石鼓文而发出这样的感慨，他应该也见过我所说的这类晋人法帖。

从信的内容看，米芾对类似“篆籀”的高古书体表现出极大的认同感，他认为与之相比，王羲之、王献之的行书都太俗气。在以上两篇帖中，米芾都提到了晋武帝司马炎（236—290）的墨宝，他是真的被司马炎的书法给“震”到了，还专门为司马炎的书法写过一篇书评（即《武帝书帖》，图 118），文字如下：

武帝书，纸糜溃而墨色如新，有墨处不破。吁！岂临学所能，欲令人弃笔研也。古人得此等书临学，安得不臻妙境？独守唐人笔札，意格尫弱，岂有胜理。

其气象有若太古之人，自然浮野之质，张长史、怀素岂能臻其藩篱？昔眉阳公跋赵叔平家古帖，得之矣！

欲尽举一奁书易一二帖，恐未许也。今日已懒开箧，但磨墨终日，追想一二字以自慰也。

大意是：武帝的这幅书法，纸已经有些溃烂了，但墨色如新，有墨的地方纸都没有破。啊！这哪里是临摹一下就能学会的呀！我真想扔了自己的笔和砚台。古人拿这样的法帖作为学习范本，哪有不得书法妙境之理？现在的人只守着唐人的笔札，气象卑微，哪里能写得好？这篇书法有远古之人的气象，自然质朴而带有野性气质，张旭和怀素（737—799）根本连它的边都没摸到呀！苏轼曾给赵叔平家所藏的古帖题跋，他是知道妙境的人啊。我想拿所有的藏书跟驸马爷换一两幅帖，不过估计他是不愿意的。今天我已经懒得打开书箱了，就磨一整天墨，回想帖中的一两个字来安慰自己吧！

这篇读后感让米芾的性格特点跃然纸上，他看过司马炎的法帖后，很想换到自己手里来，但又没有足够好的东西去交换，很是气馁和无奈，回到家里就生闷气。之前备受他推崇的唐代草书大家张旭和怀素都不幸撞了霉头，成了他的反面教材。越想越气，忍不住想骂人，于是另起一纸写道（即《论草书帖》，又名《张颠帖》，图 119）：

草书若不入晋人格，辄徒成下品。张颠俗子，变乱古法，惊诸凡夫，自有识者。怀素少加平淡，稍到天成，而时代压之，不能高古。高闲而下，但可悬之酒肆。辩光尤可憎恶也。

大意是：写草书如果没有晋人风采，就只能算下品。张颠这个俗子乱变古法，虽然惊艳了凡夫俗子，但自有人能识破他的真面目。怀素的书风要是再平淡一点就可略追晋人了，可惜他受限于所处的时代，也高古不起来。至于高闲（中晚唐僧人）等人的草书，只配挂到市井酒肆里，而辩光（盛唐僧人）的草书就更令人憎恶了。

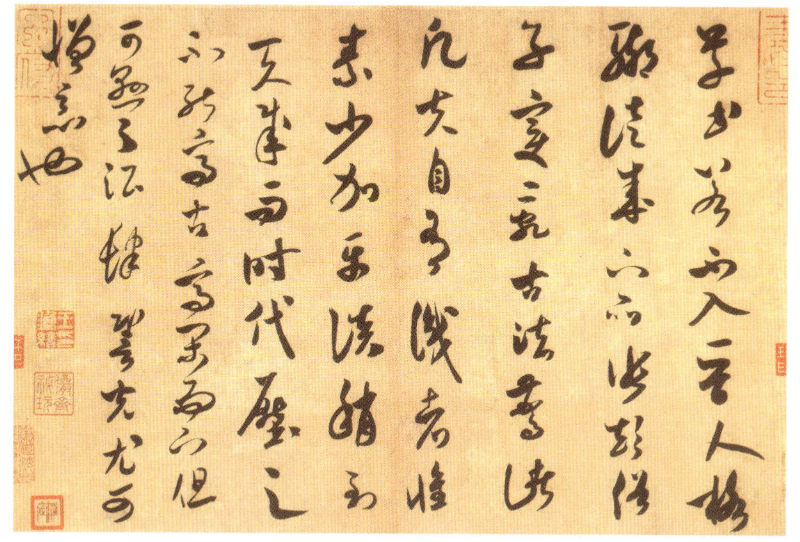

图 119 〔宋〕米芾《论草书帖》，台北故宫博物院藏。

有了这种晋帖情结，也不难理解米芾听说刘季孙家里有王献之法帖后的表现了，虽然王献之的书法比不上驸马李玮家收藏的那些晋人法帖，但终归也是晋人名作。刘季孙同意交换了，按说这下米芾该开心了，可是开心不过三秒，因为他那方砚山被驸马王诜借走把玩了，一直没还回来，当王诜归还砚山时，刘季孙已经起程赴任隰州（今山西隰县），到任后不久便去世了。

元符三年（1100），50 岁的米芾收到蔡京送的一幅谢安法帖《八月五日帖》，这个谢安就是淝水之战中以少胜多的东晋一方的总指挥。米芾太开心了，他觉得这件东西比“二王”的还好，他的晋帖情结终于得到满足了。为此，米芾给自己的书斋取名“宝晋斋”。

通人情

善于经营人生的“李西台”

从一名私塾老师到洛阳“监察部门”的领导，李建中（945—1013）的一生平凡而又励志。从他流传后世的三封书信中，可以直观地看出他对人生和日常生活的精心经营。

书信里的经营

现藏于台北故宫博物院的《土母帖》（图 120）是李建中写给朋友的一封书信，文字如下：

所示要土母，今得一小笼子，畏封全谘送，不知可用否？是新安缺门所出者，复未知何所用，望批示。

春冬衣历头，贤郎未检到其宅地基，尹家者，根本未分明，难商量耳。见别访寻稳便者，若有成见宅子又如何？细希示及。（花押）

谘。（孙号西行少车，今有旧车，如到彼不用，可货却也。）

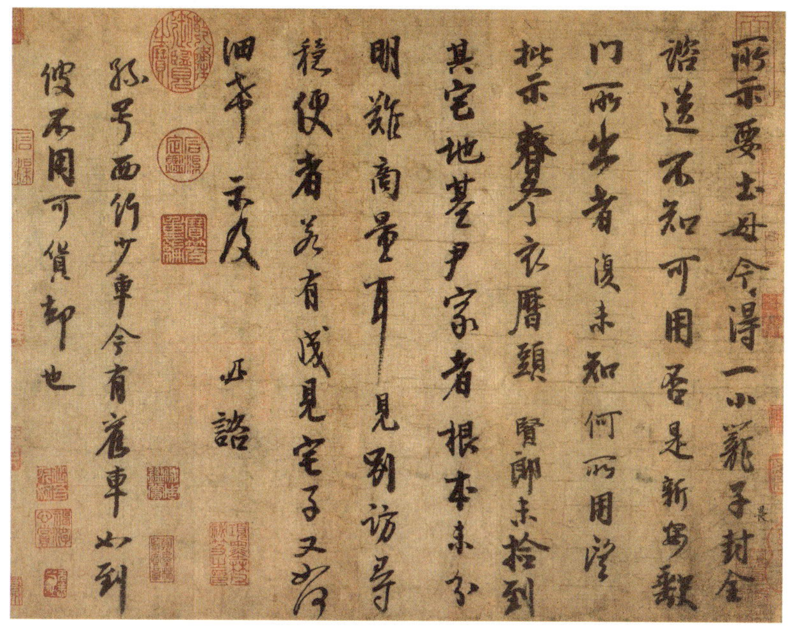

图 120 〔宋〕李建中《土母帖》，台北故宫博物院藏。

此信大意是：你之前说要土母，我找了一小筐，封装好了给你寄过去，不知能不能用？是新安县缺门这个地方出的，不知你要这东西做什么用，希望能告知我。冬去春来，你儿子还是没找到合适的宅基地，尹家的宅基地有问题，不适合买，再找找更稳妥的吧。如果有现成的宅子行不行？希望能告知我。（孙号西去的时候没有车，我就给他找了一辆旧车，如果到了之后没用了，就卖了吧。）

信中说了三件事：寄土母，找宅基地，卖旧车。李建中不知道友人要土母干什么用，一般人遇到这种情况可能只在心里存疑，但他却要在信中认真地问一句，还让对方回信告知自己，可见他是个好打探的性格特点，这点也让他获得了很多小道消息，当然这也是从政之人必须谨慎的。他懂得怎样选房址、买宅子，这些应该都来源于多年的生活经验。他还专门提醒收信人，之前提供给另一位友人的旧车如果用不到就卖掉，他的确是一个心细如发的精明人呢。

藏于故宫博物院的《贵宅帖》（图 121）也是李建中写给朋友的书信，文字如下：

贵宅诸郎各计安侍奉。所示请改章服，昨东封，须得出身历任家状一本，并须赍擎官告、敕牒去，未审此来如何行遣也。

兼为庄子事，已令彼僧在三学院安下，近已往彼去，未回。此庄始初见说甚好，只是少人管勾，若未货，可且收拾课租，亦是长计，不知雅意如何也。侯亲家亦言可惜拈却。（花押）谘。

（刘秀才久在科场，洛中拔解，今西游，兼欲祗候府主，希略一见也。）

此信大意是：你的几个孩子都还好吧，你之前说想改章服，昨天皇帝刚刚封禅，你得提供一份包括出身背景、工作经历的简历，还需携带委任状、授官文书前去，至于能不能成功我也说不好。关于找房子的事，已安排那名僧人在三学院住下，我最近也去看过。这个庄子挺好的，只是缺人管理，如果还没卖出去，倒是可以收拾一下用来出租，也是长久之计。不知你意下如何呢？侯亲家也说如果空着的话会很可惜。（我女婿刘秀才科考一直没中榜。这次他可以不参加外省的考试，直接前往礼部考试。现在他要西行游学并希望能拜访知府大人，希望你能见见他。）

这封信也说了三件事：

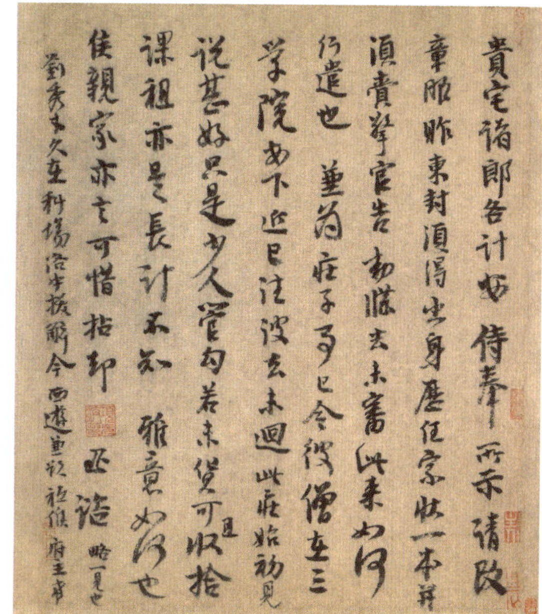

图 121 〔宋〕李建中《贵宅帖》，故宫博物院藏。

一是说收信人想改章服。章服[1]就是代表官员级别的服饰，不同级别的官员会有不同的章服，最明显的差别在颜色上，按级别从低到高依次是青、绿、朱、紫（图 122），所谓改章服就是再升升官的意思。信中提到的皇帝封禅，应是指宋真宗在大中祥符元年（1008）的泰山封禅，此年李建中 63 岁。一般封禅后会有大规模的官员升迁，所以李建中赶紧告知一直想升官的友人，让他准备简历并提交。

二是关于给僧人找房子的事，可再次看出他精于“算计”。

1　宋初官服的颜色基本上是每两个等级就换一种颜色。一、二、三品官员穿紫色官服，四、五品官员穿红色官服，六、七品官员穿绿色官服，八、九品官员穿青色官服。这个制度差不多持续了一个世纪，李建中就处于这个阶段的中期。官服的服色等级到后来就没有那么复杂和森严了。

图 122 〔宋〕赵佶《听琴图》局部，故宫博物院藏。此图描绘的是官员雅集听琴的场景，从人物服色上可以看出其官阶品级。

三是关于他女婿刘仲谟去西边游学的事，希望收信人能见他一面。此时李建中在洛阳，西边应该是指以西安为中心的西部地区。

总之，无论是帮人求升官、盘点僧院，还是给女婿找关系，没有一件不是涉及具体的利益经营的。

藏于故宫博物院的《同年帖》（图 123）是李建中写给昔日同学的书信，文字如下：

金部同年：载喜披风，甚慰私抱。殊未款曲，旋值暌离。必然来晨朝车行迈。适蒙示翰，愈伤老怀，惟冀保爱也。万万，不胜销黯。

见女夫刘仲谟秀才并第二儿子在东京，相次发书去。如有事，希周庇也。建中简上，九月十六日。金部同年。

（《汤世帖》碑文三道，略表西京之物也。《怀湘南》拙诗附上，同院刘学士骘，同年邵兵部，希差人通达或与面闻也。建中又白。）

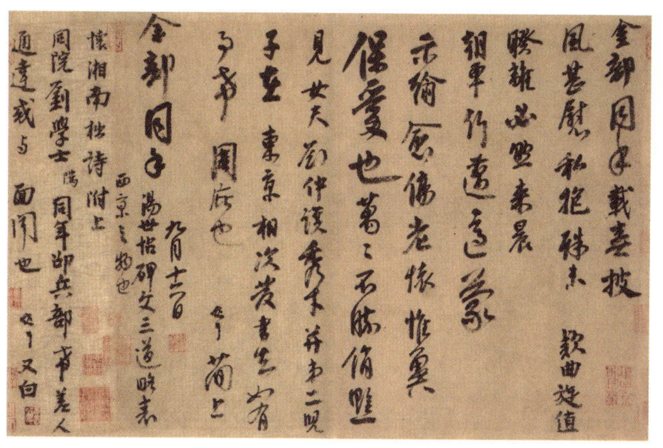

图 123 〔宋〕李建中《同年帖》，故宫博物院藏。

大意是：金部的老同年，上次见面很是开心，但还没来得及好好招待你就走了，想来定是第二天要早起赶路吧。最近收到你的来信，更加感伤我们都已经老了，只希望你能好好保重自己，切记切记！说到这些心情真是万分沉重啊。我女婿刘仲谟和二儿子都在东京开封，我都给他们写信交代过了，万一有事还希望你能多多照顾。（附上《汤世帖》碑文三份，算是赠送一份西京洛阳的特有礼物吧。另外自写了一首《怀湘南》诗送上，也给集贤院的同事刘骘学士和兵部姓邵的同年各抄了一份，希望你能托人送达或当面转赠。）

李建中曾在金部工作，金部属户部，是一个掌管钱币铸造事务之类的部门，"同年"是指同一年考中进士的人，类似于现在的同学。这封信与前文《贵宅帖》说到了同一个人，就是他的女婿刘仲谟。只不过这次刘仲谟不在洛阳以西，而是在洛阳以东的开封。这封信前半部分都是些回忆往事的客套话，只有托收信人照顾自己女婿和儿子才是正题。托人帮忙还有礼物送上，于是送了碑文和自写的诗。

以碑文和诗作为礼物，非常符合李建中的身份，对接受者来说，这种礼物也非常有价值。因为宋人喜好拓碑，尤其是古碑，李建中属于早期拓碑者。到北宋中期，此风骤起，因为拓片既可以用来研究学问，还可以学习书法，更可以卖钱，这方面的代表人物有欧阳修、李清照的丈夫赵明诚、宋徽宗赵佶等。

李建中的《怀湘南》写的是他在长沙工作时的事，刘骘是长沙人，又在那边工作过，后来才调回集贤院。邵希是老同学，从内容上来说，送这两首诗给这两位朋友，是适合的。然而意义还不尽于此，毕竟李建中不是文学家，他的诗不像梅尧臣、欧阳修、苏轼等人那么有价值，但他是有名的书法家，他早年的书法就被人争相收藏，晚年的书法就更有价值了。多年之后，眼光极高的欧阳修见到李建中的书法，大为赞赏，《宣和书谱》有记载御府收藏了李建中四件诗帖。所以，他表面是在送诗怀旧，实际上是在送自己的书法。

李建中这封托人帮忙的信写得很用心，既有情又有利，而且除收信人外还顺带兼顾了其他相关的同事和同学，也可看出他做事一贯周密谨慎的性格特点。

从以上三封书信已经可以看出李建中一直在步步为营地精心经营着自己人生中的每一步、每一处。如果我们再来看他一生的轨迹，这种人生规划和经营就更明晰了。

一定要考上“公务员”

李建中，字得中，四川人。他的祖父和曾祖父都是史书上留名的人，但父亲没留下什么信息。李建中出生于五代时的后蜀（934—966），14岁时父亲去世，21岁时赵匡胤灭后蜀，李建中成了大宋子民。这一年，他与母亲迁居洛阳，靠私塾教学维持生活。

根据李建中的专业特长来推测，他大概至少要教授两门课程：一是书法，二是小学。古代的小学内容主要是文字的形和义，也包括字形的演变。小学是儿童蒙学的内容之一，也是书法爱好者成为大家的必修课，李建中后来在这个领域成了专家。

李建中在洛阳的日子过得还不错，偶尔也会到200公里以东的开封去走动，积累一点人脉。日子久了，他发现参加科举考试非常重要，一是因为进士的身份是上流社会交际的必需品，二是因为走仕途的必要条件要么是有恩荫，要么就是有进士身份。李建中是没有恩荫的，想要在升腾的宋初建立自己的坐标就只能靠参加科举考试，于是他就开始了漫长的考试生涯。

在李建中迁居洛阳17年后，也就是赵匡胤的弟弟赵光义当了皇帝的第八年，38岁的大龄考生李建中终于考上了进士，为建立人生坐标画了一个原点。从此李建中就过上了平凡而安稳的“公务员”生活，他先在两湖地区当了几届小官，差不多到45岁的时候，挤进京城做了一名太常博士。太常博士主要是负责皇家礼仪以及给某些去世的重要官员拟谥号，这既与他的专业无关，官阶也比较低，但毕竟是京官了，这可能得归功于他的老乡苏易简的帮助。

苏易简虽从小生长在开封，但父辈却是四川人，他比李建中小13岁，但比李早三年考中进士，而且是状元，深得太宗赵光义的赏识，后来成为副宰相和大收藏家。有一回，太宗问起四川有什么人才，苏易简就推荐了李建中，李建中就这样有了面见皇帝的机会，

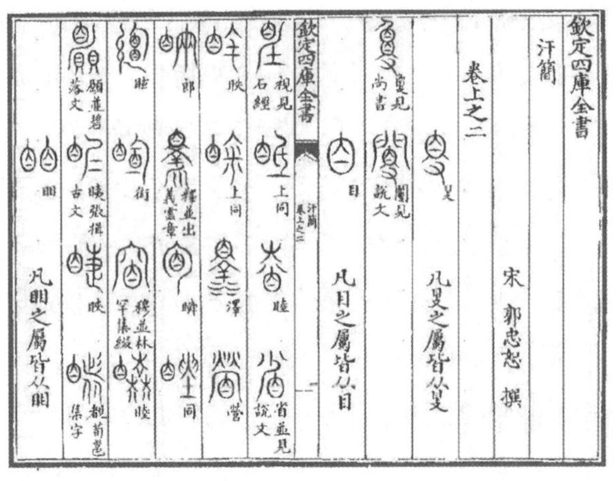
欽定四庫全書

汗簡

宋 郭忠恕 撰

卷上之二

凡旻之屬皆从旻

凡目之屬皆从目

凡䀠之屬皆从䀠

图 124 〔宋〕郭忠恕《汗简》局部，引自文渊阁《四库全书》。

后成为太常博士。大概是在这个时候，他看到了前辈郭忠恕撰写的字学专著《汗简》(图 124)。时人对郭忠恕的书法评价很高，但严格来讲，郭忠恕的书法成就只是他研究字学的副产品，而《汗简》则是他研究古体字的学术成果。他把自己的研究成果敬献给宋廷，可惜当时的宋朝一门心思都在统一全国，且一直到他去世南方都还没有统一，加之他的著作又深奥难懂，所以一直无人问津，直到有一天被李建中发现才重见天日。李建中翻到这部著作时很是惊讶，他根据落款中的“臣忠恕”三个字猜测是郭忠恕，但又不敢确定，于是找前辈徐铉咨询，徐铉也是字学领域的学术达人，他肯定地说作者就是郭忠恕。此时距郭忠恕去世已经十余年，李建中用当时已经濒临失传的蝌蚪文将《汗简》重抄了一遍献给皇帝，深得赞誉。

李建中还与晚辈周越一起编纂了《法书苑》，论古今字学，非常详备。李建中书法绝佳，又通晓字体演变，所以很多人都模仿他的字。

一生最爱是洛阳

李建中又先后做过著作郎、殿中丞，管理过香药，任过两浙转运副使、河南府通判，又在曹、解、颍、蔡四州当过知州，总体还是安稳的。唯一的一次波折是在他快 60 岁时，因连坐被发配到山西运城去"改造"。"改造"结束后，经过一番仕宦之苦的李建中只想安享晚年。他多次向朝廷申请一个在洛阳的职位，虽未能如愿，仍坚持不懈，最终得到了"西京留守司御史台"这个职位，类似于洛阳检察院检察长，这是李建中一生任过的最高职务，他也因此而被后人称为"李西台"。李建中为什么一心想着要在洛阳工作和养老呢？这或许与洛阳的特殊地理位置有关。（图 125）

洛阳位于河南中部地区，它的周围除东北方向外都是大山，有太行山、王屋山、崤山、熊耳山、外方山和著名的嵩山。诸山脚下河流汇聚，有伊水、洛水、涧水、瀍（chán）水等，最大的则是北面的黄河。这些天然优势使得洛阳成为中原王朝最重视的城市之一，它是汉唐的陪都以及一些王朝的首都，也是丝绸之路的起点，是连接丝绸之路与东部地区的中转站，所以汇聚了很多达官贵人及商贾大户。洛阳后来成为盗墓贼的"乐园"，是有深厚物质基础的。

赵匡胤小时候就生活在洛阳，他当了皇帝后想把都城从开封迁往洛阳，因为开封周围一马平川，一旦有军情，没有任何可以御敌的屏障。这个提议被以他弟弟赵光义为首的大臣们否决了，他非常郁闷，在洛阳居住了一个多月后返回开封。出发前，他朝天空射了一箭，希望自己将来就安葬在箭落下来的地方。赵匡胤回到开封后五个月就突然驾崩，弟弟赵光义即位，是为宋太宗。有人认为，赵

图 125 〔宋〕佚名《盘车图》，故宫博物院藏。长安与洛阳是古代都城中的两颗明珠，在宋代以前，长安是“西京”，洛阳是“东京”。两地虽然直线距离并不特别长，但道路崎岖，需要翻越太行山，还要渡过黄河。在描绘北方风景的山水画中，多有崇山峻岭，驼马盘车。

光义反对迁都是因为他预谋篡位已久，迁都洛阳会毁了他的全盘计划，也有人说洛阳不如开封交通便利，不论真相如何，结果就是，洛阳终于只是陪都。

李建中在洛阳除了担任御史台的职务外，还有一项任务是校订《道藏》，这是一套关于道教经典的总集。宋真宗自“澶渊之盟”后，再也无意与辽国对战，而是一心向道，希望道教神仙能保佑宋朝世代安宁，他在大中祥符元年（1008）举行了声势浩大的封禅活动，并且组织大规模的道教经典编撰工作。这么一大把年纪还要当辛苦的“校书郎”，隐士林逋实在无法理解老大哥的这一行为，但李建中只是嘿嘿一笑，不置一辞。

一生经营终成其名

工作之余，李建中最大的乐趣就是收藏古玩，作诗，写书法，游园子，晚年过上了安逸舒适的生活。如果说前辈徐铉的成名因素中有不少天资成分的话，那么李建中则是靠长期经营才终成其名。从四川“漂”到洛阳，从一个早年丧父的孩子成长为一代字学专家和书法名家，他一直都在认真努力地经营自己，不断地改善着自己的生活，也精心谋求着下一代的安稳生活。他没有背靠大树的底气，也没有天资支撑的狂放，在没有任何资本倚靠的情况下行走在当时惊险的官场上，他只能凭借自己的细心谨慎、稳妥周密、老而不息来求生存和发展，并最终一生平安，稳妥收场。相比诸多士大夫的宦海沉浮、家族动荡，李建中的一生既普通又励志，用一个现在流行的词来形容他或许比较合适——靠谱。

范仲淹的伴手礼

范仲淹有个远房亲戚叫张昷之（985—1062）。范仲淹的亲家王质的堂姐是张昷之的连襟吕公著的亲嫂子，而吕公著就是宰相吕夷简之子，所以后来有人说，范仲淹与王质结为亲家，就是因为他弹劾吕夷简失败被贬后，转而攀附吕夷简。范仲淹到底有没有这个心思不得而知，但后来范仲淹升任重要职位时，吕夷简并未阻拦。

在“庆历新政”推行期间，范仲淹和张昷之因工作需要而经常见面，在新政后期范仲淹处于被监视和围攻阶段，被迫离开朝廷到地方上任职后，他们两人见面不方便，通信就频繁起来。其中有一封问候信（即《远行帖》，图 126），文字如下：

仲淹再拜，运使学士四兄：

两次捧教，不早修答，牵仍故也。吴亲郎中经过，有失款待，乞多谢。吾兄远行，瞻恋增极，万万善爱，以慰贫交。苏酝五瓶，道中下药。金山盐豉五器，别无好物，希不责。不宣。

仲淹再拜，景山学士四哥座前。八月五日。

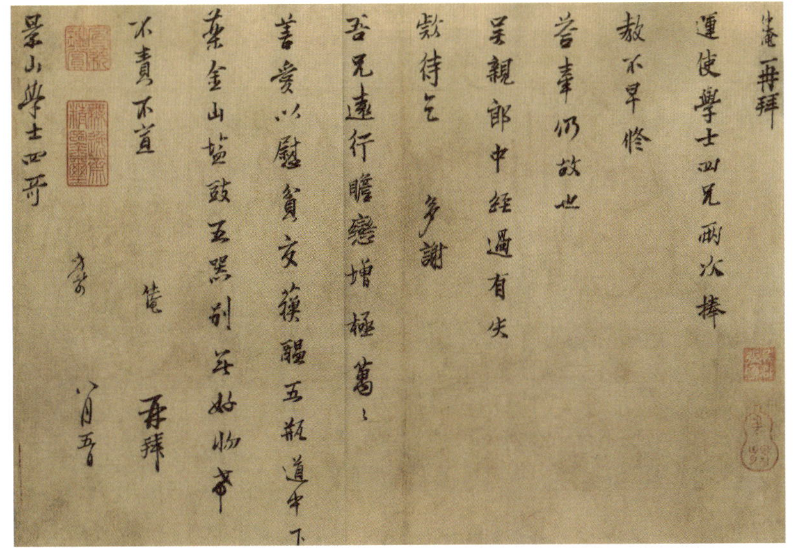
仲淹再拜
運使學士四兄兩次捧
敎不早修
答牽仍故也
吳親郎中經過有失
款待乞多謝
吾兄遠行瞻戀增極萬々
善愛以慰貧交蘇醞五瓶道中下
藥金山鹽豉五罌別無好物希
不責不宣　仲淹再拜
景山學士四哥　七月五日

图 126 〔宋〕范仲淹《远行帖》，故宫博物院藏。

此信大意：四哥您好，之前收到您两封信，没有及时回复，因为杂事太多了。您从我这里经过，没有好好款待，还请见谅。老哥您要远行，弟十分不舍，您一定要多保重，别让老弟担心。给您送上五瓶苏酒，可用于路上服药，还有五罐金山盐豉。实在是没什么好东西，您别见怪。

信中范仲淹称呼张昷之为“四兄”，因为张昷之比范仲淹年长 4 岁，这有可能是同科进士中几个要好的同学私下排的序，或张昷之在家里排行老四。信中的“运使学士”“吴亲郎中”“景山学士”都是对张昷之的尊称。“景山”是张昷之的字。称“运使”是因为张昷之曾任转运使和都转运按察使。称“吴亲”是因为两人祖籍都在吴地，即苏州一带，且二人有姻亲关系。

随新政同浮沉

范仲淹与张昷之年龄相仿，都是苏州人，不过他们小时候不认识，因为范仲淹 2 岁时丧父，母亲带着他改嫁到山东，他是考上功名后才带着母亲回归故土。大中祥符八年（1015），他们成为同科进士，同年的进士还有《岳阳楼记》中的主人公滕子京，以及范仲淹名帖《道服赞》（图 127）的主人许希道。

张昷之的父亲张佖（bì）原是南唐后主李煜的文臣，随李煜同归宋朝。张昷之没有走父亲的恩荫，而是通过考进士走入仕途。张昷之的名字在后世并不显赫，可能是因为他不擅于写点东西以传后世。但实际上，他是一位工作能力很强的实干家，有不少工作经验可供后人参考，苏轼也曾说他是仁宗朝的能臣[1]。

张昷之曾在温州担任知州，因工作出色，被宰相蔡齐（988—1039）推荐到淮南路任提刑官，负责这个地区的刑侦工作。宝元元年（1038），53 岁的张昷之晋升为广南东路转运使，成为地方大员。广南东路大约就是今天的广东地区，这里在北宋前中期是蛮荒之地，少数民族非常多，民族关系比较复杂。张昷之在广南东路的手段非常强硬，他认为政府没有必要给少数民族特殊待遇，他们犯罪之后应该与汉人同等处罚。所以一时之间，很多犯事的少数民族分子被抓捕处置，境内安宁了很多。结束广南东路的工作之后，张昷之升为三司度支判官，进了国家财政部门，大约一个月后改授河北路转

1　苏轼《富郑公神道碑》："平生所荐甚众，尤知名者十余人，如王质与其弟素，余靖、张瓌、石介、孙复、吴奎、韩维、陈襄、王鼎、张昷之、杜杞、陈希亮之流，皆有闻于世，世以为知人。"见《钦定四库全书 · 东坡全集》卷八十七。

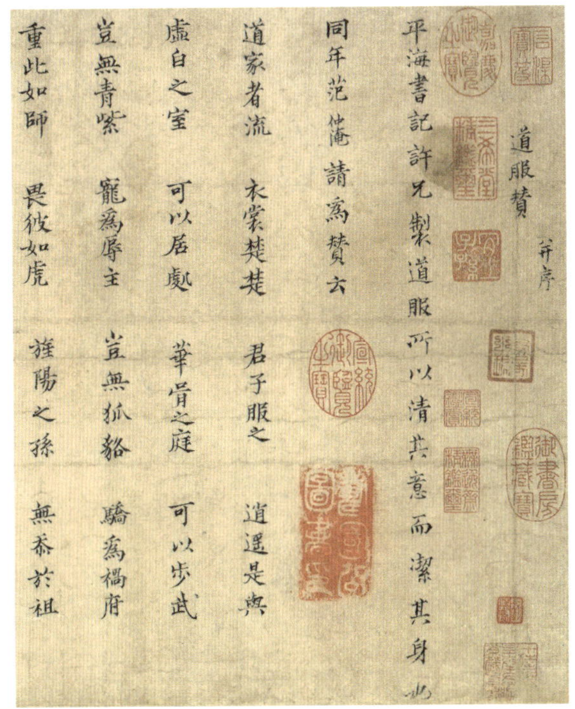

图 127 〔宋〕范仲淹《道服赞》，故宫博物院藏。本卷是范仲淹为其同年友人“平海书记许兄”所制道服撰写的一篇赞文，称友人制道服乃“清其意而洁其身”之举。

运使。不久又升任三司盐铁副使，相当于财政部的副部长，是三司各副使中最重要的副职。

从张昷之的经历来看，他的晋升还是比较平稳的，但是卡在了三司副使这个位置上。大约就在此时，张昷之遇上了“庆历新政”。在宋仁宗主导、范仲淹等人出谋划策的“庆历新政”中，有一条政策是裁撤工作能力很弱的官员，重用有能力的官员，张昷之就被范仲淹、富弼推荐上去了。很快，张昷之升为天章阁待制、河北都转运按察使。都转运按察使比转运使级别要高，除了转运使的职责外，还兼公检法的职责于一身，是钦差大臣，而“天章阁待制”的头衔，则意味着他下一步可能升为副宰相。被范仲淹举荐升官后，张昷之自然也就成了改革派。所以后来改革派倒台时，他也跟着被贬了，被外放到虢州当知州。

以家乡特产送行

在范仲淹写给张昷之的这封信里，最贴心的要属范仲淹给张昷之准备的礼物：五瓶苏酒和五罐金山盐豉。这两样东西都是他们家乡的土特产。根据信中“道中下药”一语，可推测张昷之身体不好，要靠药物维系，而药物要以酒送服。宋人以酒服药很常见，或药前服酒，或药后服酒，或直接服用，或加热服用，非常讲究，这无形中也成为宋代酒业空前发达的一个原因。所以，范仲淹送的酒不是为了开怀畅饮，也不是为了借酒浇愁，而是治病。

宋代的酒度数不高。但禁止私人酿酒，酒曲都由官方专卖，最好的酒在皇宫里，称内库法酒，一般人喝不到，所以如果朝廷赏赐宫里的酒，或者允许某些人自己酿酒，那都是很大的恩惠。

那金山盐豉是什么东西？“金山”是指金山寺，在今江苏省镇江市，已有1600多年历史。金山寺是中国佛教禅宗四大名寺之一，宋代很多有名的人物都曾在这里留下诗篇，如范仲淹、蔡襄、苏舜钦、司马光、王安石、苏轼等，苏轼的好友佛印曾住持这里。

盐豉，是用盐腌制的豆豉，只不过不同地区的做法不同，至于金山寺的盐豉做法如何，为何这么有名，现在已不可考。不过现在最正宗的盐豉一般要用海盐腌制，不知是不是因为金山寺近海，用的海盐比较特别。

盐豉的往事

盐豉的历史悠久，西晋时期有一个著名的典故中就提到了“盐豉”。西晋文学家陆机到王武子家做客，王武子问陆机，南方有什么美食可以和北方的羊酪相媲美，陆机说“有千里莼羹，但末下盐豉耳”，陆机说的美食是用盐豉做的莼菜羹。后魏贾思勰在《齐民要术》里也提到了一种名为“莼羹”的菜品，具体制作方法大致如下：

将鱼切成两寸长的鱼段，莼菜不切，冷水放莼菜，水开后放鱼和咸豉。

现在能查到的最早的盐豉制作方法，只有明代著名文学家高濂在他的美食专著里提到的“十香盐豉方”，大意如下：

生瓜和茄子各一半，以十斤为例，需准备十二两盐，先用四两盐将生瓜和茄子拌好，腌一宿，沥干。再准备生姜丝半斤，连梗切断的活紫苏半斤，甘草末半两，去掉梗和核的花椒二两，碾碎。茴香一两，莳萝一两，砂仁二两，藿叶半两，如果没有霍叶也可以不放。

提前五天将一升大黄豆煮烂，用一升炒好的麸皮做曲，将炒麸皮和煮黄豆拌在一起发酵。等温度起来之后用筛子筛去麸皮，只留下豆豉。然后在之前准备好的所有食料中加入一瓶酒和大半碗醋糟，搅拌均匀，然后装进干净的瓮缸里，压实。上面盖四五层箬（ruò）竹叶，用竹片按“廿字法”插好固定。用纸和箬竹叶封住瓮口，再用泥封，放在太阳下晒四十天。然后取出来稍微晾干再放入瓮中，按之前的方法再晒二十天。为了使瓮缸受热均匀，晒的时候要转动。

盐豉一般不直接食用，多是用来调味。如上文说到的“莼羹”就是以盐豉来调味。另外，美食家东坡先生有“每怜莼菜下盐豉”“点酒下盐豉，缕橙芼（mào）姜葱”“盐豉煮芹蓼（liǎo）”之类的美食经验。黄庭坚有“盐豉欲催莼菜熟”，刘才邵也有“蒙分紫虬（qiú）髯，芳滑盐豉足”，他们说的都是以盐豉给莼菜调味。盐豉也经常用作肉和水产品的调味品，如南宋陆游（1125—1210）曾写过，朝廷宴请金国使者的第一道菜就是“肉盐豉”。

关于盐豉这种食物，还有一个典故。有一回，南宋诗人杨万里（1127—1206）的一个老乡从江西吉水去看他。这个老乡颇以学识自负。杨万里想灭灭他的威风，于是给他写了一封信：“闻公自江西来，配盐幽菽，欲求少许。”[1]这个老乡不知道“配盐幽菽”是什么意思，也明白了杨万里是想教训他，于是赶紧登门求教。杨万里慢悠悠地拿出《礼部韵略》，翻到“豉”给他看，“豉”字下边的注释写的正是“配盐幽菽”。这几个字是什么意思呢？原来豆子在古代被称为“菽”（shū），“幽菽”就是把豆子装在封闭的器皿中，调料中要有盐，所以称“配盐”。杨万里这封信的意思是：听说你从江西来，能不能给我带一点盐豉呢？

宋代的“金山盐豉”很可能是一个“百年老字号”。周敦颐（1017—1073）的侄儿周仲章曾送了盐豉给裴直讲，裴将其中一小罐转送给了著名诗人梅尧臣（1002—1060），梅有一首诗，其中一

1 〔宋〕周密撰，黄益元校点《历代笔记小说大观·齐东野语》，上海古籍出版社，2012，93页。

句“金山寺僧作咸豉”，说明送的就是金山盐豉。再晚一些的苏轼和黄庭坚也都收到过金山盐豉。黄庭坚说“惠紫莼、金山豆豉，皆佳物”，再晚一点的王洋（1087—1154）也曾送金山盐豉给朋友郑望之（1078—1161）和徐谊。只上述这几个人已经跨越近百年。

从理论上来说，寺院里出精品豆豉是很有可能的。自梁武帝以来，中国僧人以茹素为主，但茹素并不是说必须吃得清汤寡水，只是不吃荤，以避免杀生。当然僧人也不提倡色香味俱全，以免五色乱性。在实际操作中，把素菜做得美味还是很常见的。现代的一些寺院里也藏有技艺高超的大厨，他们能将豆制品做出各种味道，有的吃起来甚至分不清是真肉食还是假肉食。梅尧臣就说：“我今老病寡肉食，广文先生分遗微。”[1]说明金山盐豉的味道可以与肉味相比，所以裴直讲送了一点给他，他就把这事写在诗里了。同时也说明，金山寺僧人做出来的豆豉不仅可以调味，有的还可以直接下饭。

金山寺作为一座名寺，游客众多，其盐豉应该是很畅销的。一个产品能做百年之久，并且还能满足大众送礼的需求，可以想见当时金山盐豉的制作应该很有规模了。

1 〔宋〕梅尧臣著，朱东润编年校注《梅尧臣集编年校注》（中），上海古籍出版社，2006，644 页。

山药在北宋这 70 年

山药在今天已成为家喻户晓的食物，但在北宋以前，它只是荒山野岭间的一种野草，人类对它的记载也仅限于少量医书。直到北宋早中期的某一段时间里，“山药”这个词才频繁出现在御医们的笔下。而惊现于士大夫眼中则始于一次“宰相带货”，山药的知名度也因此迅速提升。在文人士大夫圈子里，山药甚至成为一种雅物，种植山药、送山药礼、喝山药酒、吃山药点心都成为雅事。

南都山药礼

山药作为礼物在文人之间常被赠与，被誉为“铁面御史”的赵抃（biàn，1008—1084）曾郑重地写过一封感谢信（即《山药帖》，图 128），感谢对方赠送的山药，并回赠了对方礼物。此信文字如下：

抃启：

辱诲示。以南都山药分惠，曷胜珍感。介还布谢崖略，不宣。

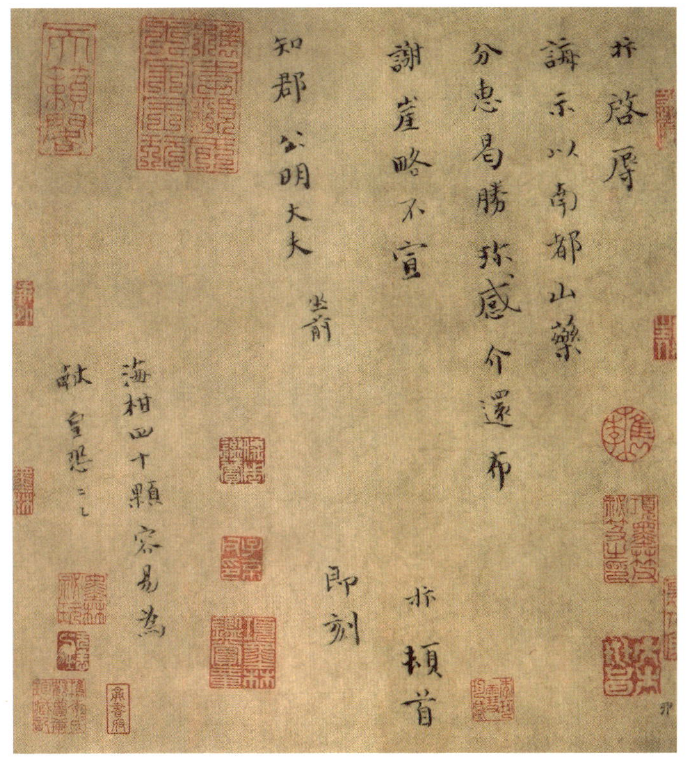

图 128 〔宋〕赵抃《山药帖》，台北故宫博物院藏。

抃顿首。知郡公明大夫坐前，即刻。

（海柑四十颗，容易为献。皇恐皇恐！）

信的大意是：承蒙您给我写信，还送南都山药给我，真是不胜感激。特委托来人帮我表示感谢。（送上海柑四十颗，请您收下，不成敬意。）

从《山药帖》的笔迹来看，这位“铁面御史”丝毫没有凌厉之气，反而用笔温润收敛，礼仪与章法互为表里，形象地体现出赵抃铁面仁心的性格。

《山药帖》的收件人是宰相李迪的儿子李柬之（996—1073），也是一位口碑很好的清望大臣。那李柬之送给赵抃的“南都山药”到底是什么宝贝呢？南都，即宋代的南京应天府（今河南商丘）。“南都山药”曾频繁出现于北宋士大夫们的生活中，这与一个人有关——蔡挺（1014—1079）。

蔡挺是赵抃的同学，曾官至枢密副使，他老家就是南都的。蔡挺对家乡的山药甚是珍爱，不仅喜欢吃，还拿来做成山药酒，而且常将山药酒和山药苗作为礼物赠送给同僚好友，还告诉他们怎么种，所以种植山药、吃山药、泡山药酒就成为文人士大夫们的一个娱乐和切磋项目。宰相王珪就喝过蔡挺泡制的山药酒，并说这酒很好喝。王安石曾向蔡挺请教山药的种植方法，蔡挺不仅详细告知，还送了几十株山药苗给他。蔡挺在甘肃任职时，曾将南都山药带去种植，王安石就很感慨，什么时候自己也能回家乡种山药呢？

南都山药有什么特别之处吗？宋人文献中没有相关记载，不过，现在的河南商丘仍然是有名的山药种植基地。山药有不同的品种，但据说最有药用价值、堪比人参的是河南温县的垆土铁棍山药，这种山药个头细长弯曲，表皮有锈斑，类似铁棍，因而得名。

宋代山药的变迁

在宋代，由于国家的统一、漕运的发达、各地转运使的设置，以及官员的不断轮岗，全国各地的物资以前所未有的丰饶之势出现在人们的眼前，一些世世代代都不曾见过的同科植物也开始汇聚在一起。由于来自不同地域，它们的名称五花八门，长相也或同或异，这就为后代人凭史料文字进行识别和区分带来了很大难度。很多名称在方言的基础上历经千年流变，已经很难精准明确其所指。所以同一种东西可能有多个名称，而同一个名称所指的很可能不是同一个对象，这种令人懵圈的事情在今天仍时有发生，更何况追溯千年之前的某个名物了。比如植物学中的薯蓣科，经现代研究发现其在中国就有近 50 个品种，要再说起它们的方言叫法，恐怕只会让人觉得“傻傻分不清”了。但是把这些名称各异的东西拎在一起一看，不过都是一堆长相略有区别的薯类。

宋代的“山药”就是一个隐藏了诸多陷阱的名称。从其名字判断，或许是古人在生活经验的积累中逐步发现了这种植物的药用价值，进而才称其为“药”。但如果某段文献里出现了“山药”这个词，千万不要轻易断定它就是咱们现在食用的山药，因为它有可能只是“山中草药”的简称，也有可能是地瓜的一种。而今人通常所说的山药在宋代也常被称为山芋、土薯、蓣药等。（图 129）

虽然这些薯类的名与实之间比较混乱，但有一点可以确定，那就是在北宋时期，山药比红薯的地位和价值高多了，这主要是因为山药具有特殊的药用价值，进而有了更高的文化价值，而且在北宋中期以前山药基本都是野生的，不易得到。

在古代的医书中，山药是一味具有补肾、提升阳气、抗衰老等功效的中药。但由于宋代以前的医书数量有限，能接触到这一信息的人非常少，加之山药是地域性的野生植物，并不常见，所以知之者较少。到北宋初期承平时代，朝廷下令由御医收集天下医书，并

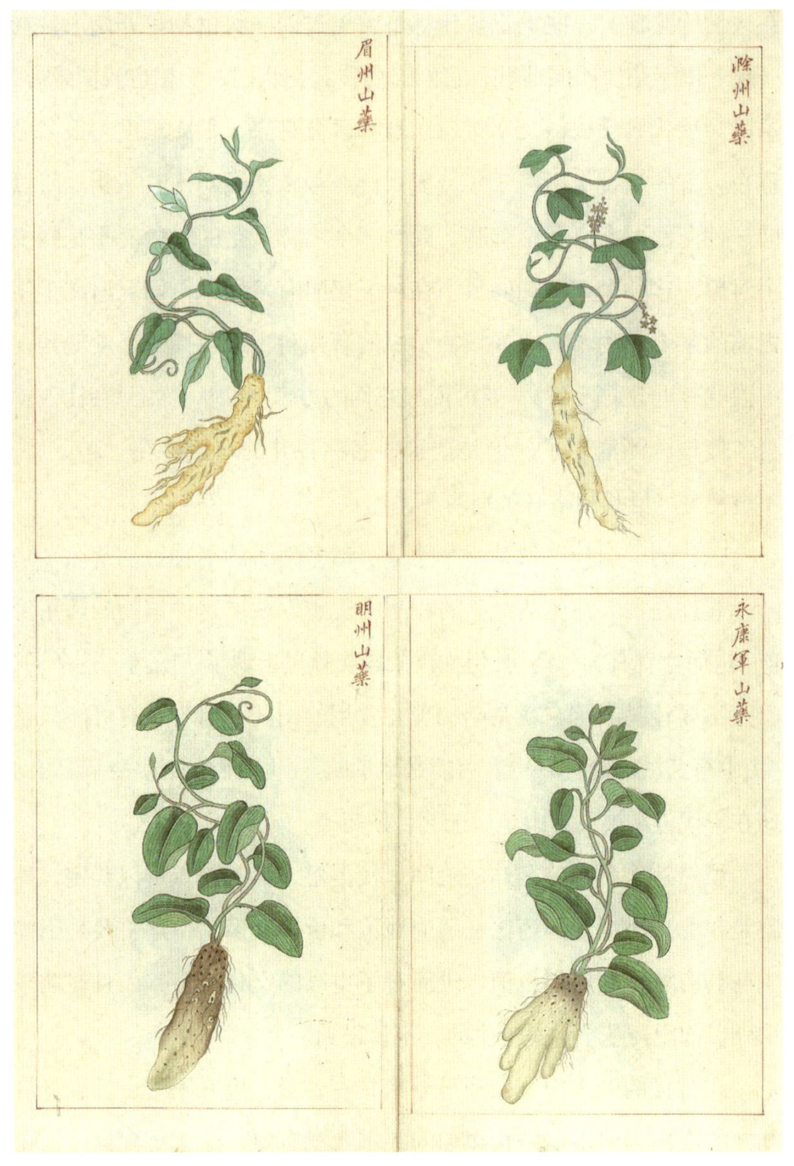

图 129 〔明〕文俶《金石昆虫草木状》中所绘眉州（今四川省眉山）山药、滁州（今安徽省滁州市）山药、明州（今浙江宁波）山药、永康军（今四川都江堰）山药

重新校对、刊刻和发行，许多药材和药方才逐渐为人所知晓，山药这种药材也开始频繁进入世人视野。

除了药用之外，山药还能裹腹耐饥，多被僧道两家所食用，这有可能是因为他们多居山野，容易挖到山药。宋初有一个名叫种放的人，他早年在长安一带隐居时，就经常效仿修道人士，身着道服，背一把古琴，拎一壶酒，沿溪水溯游，饿了就挖山药充饥。另外，他们修炼时对饮食有诸多限制，比如辟谷时就不能食五谷，更不能吃荤，此时山药就可以用来维系生命，完成修炼。所以在医书和佛道人士的共同推动下，当时的野生山药几乎等同于人参。

就在北宋朝廷对古代医书进行大规模整理的时候，发生了一件有趣的事。宰相吕夷简在中书省的第一办公厅里种植了一株山药，引来不少人的围观和唱和。吕夷简在皇宫里种山药，这大约可以算得上是宋代版的“宰相带货”了，这次“带货”引爆了士人圈，从此之后，山药便开始了有史以来第一次大规模的“迁徒”与繁殖。（图 130）

东坡先生的山药点心

养生专家苏轼对山药也颇有研究，他将自己的研究心得分享给了北宋有名的画家文同。文同是苏轼的远房表哥，在苏轼的鼓动下，他也开始留意山药。文同一生大部分时间都在四川任职，而苏轼恰好是四川人，所以他就告诉文同，四川唐福（今四川眉山市仁寿县附近）山上的山药品质最好。

文同还真的去看了，那座山是红色的，所以他怀疑山土中有丹

图 130 〔宋〕张择端《清明上河图》局部，故宫博物院藏。宋朝虽然版图不及唐朝，但其所控京杭大运河发挥了前所未有的作用，在它的带动下，南方大大小小的水系也如雨后春笋般生机勃发。在南来北往的船只中，运载了各地特产，东西南北的物种便在宋代得到了特别的繁荣。

砂。丹砂是道教修炼丹药的一种原材料，因而文同就觉得这山上很有可能长着仙草。

山上确实有野生山药，其品质为西南第一。它们有的长在岩石上，有三尺多长，像壮汉的手臂；有的长在山洞口，像是仙人的手掌，这也正应验了文同对于仙草的猜测。当地老百姓一到冬天农闲时，就会上山挖山药来卖。虽然野山药挖起来很辛苦，但售价都不贵，基本给钱就卖。由于苏轼介绍过吃山药的好处，所以文同就经常买这里的山药吃。吃了两年之后，他感觉效果还是非常不错的。

从文同的叙述来看，唐福的山药与现代流行的细长型铁棍山药外形差距很大。那些长得像仙人手掌的山药，与湖北一带的佛手山药颇为类似。

苏轼吃山药的方法不限于配药和做山药酒，有时也随意煮来吃。他有一句较出名的诗“铜炉烧柏子，石鼎煮山药”，宋人一般用石鼎煮茶，看来苏轼在无聊寂寞的夜晚里，也会往石鼎里丢一节山药煮来吃。

在苏轼的食谱中，山药有时还会用来做点心。比如他在送别曾巩的弟弟曾肇时，席间的下酒物除了螃蟹、水果之外，还有山药，这山药很有可能是一款精心制作的甜品。

从1030年代被宰相“供奉”于皇宫，到1100年代成为文人雅集时的常见甜品，山药用70年时间完成了从山野到餐桌的大规模迁移与“扩张”，是中国的食物在宋代得到大规模繁荣的一个实例。

跟着蔡襄上京城

皇祐二年（1050），在蔡襄快要结束父丧期的时候，朝廷下达了新的任命书，调蔡襄回京任职。蔡襄的新职位是“右正言直史馆同修起居注判三司度支勾院”。这一长串的职位里包括了不止一份工作，他既要当中书省的谏官，同时也负责记录皇帝言行的工作，另外还在财政部门任职。这种“一人多职，一职多人”的官职分配方法是宋代的特色，目的就是防止专权和腐败。

从老家福建到开封，蔡襄此次行程耗时近一年，他边赶路边会友，写了很多首诗，后来蔡襄从中选了 13 首抄在一起送给友人，即现

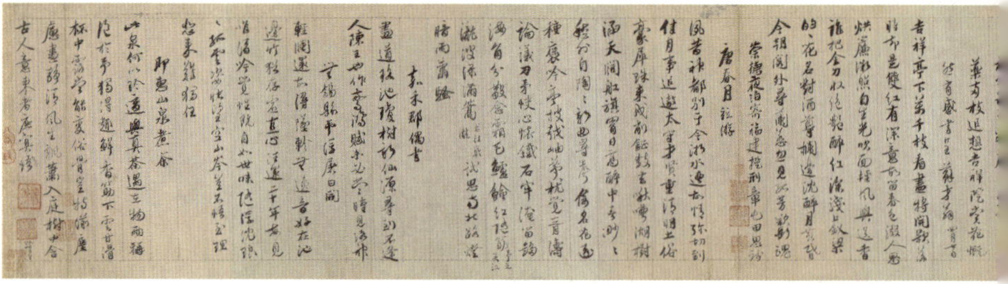

图 132 〔南唐〕赵幹《江行初雪图》局部，台北故宫博物院藏。宋代官僚机构繁冗，官员调动频繁。有些官员经常是还没有到任所，就被派到另一处工作地，是名符其实的“宦游”。朝中有人的官员一般被派到经济状况较好的地区，朝中无人的官员则基本上是被派到偏远的地方。蔡襄因朝中有人，所以他的工作基本上在京城开封和老家福建。

藏于故宫博物院的《行书自书诗卷》（图 131）。此外，还有两封他在途中所写的书信，现藏于台北故宫博物院，即《思咏帖》和《虹县帖》。这三幅作品的内容基本可以还原蔡襄此次旅途中的所见所闻所感。（图 132）

在交通不发达的宋朝，三年一换任的士大夫们把宦游生涯中的很大一部分时光都耗在了旅途中，这些士大夫们在漫漫旅途中是如何度过的呢？这期间又会发生什么故事呢？我们不妨穿越到一千年前，跟着蔡襄体验一次从福建上京城的艰难旅程。（图 133）

图 131 〔宋〕蔡襄《行书自书诗卷》，故宫博物院藏。

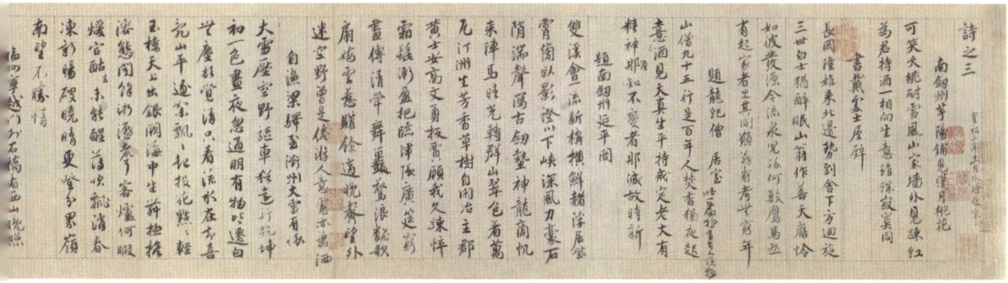

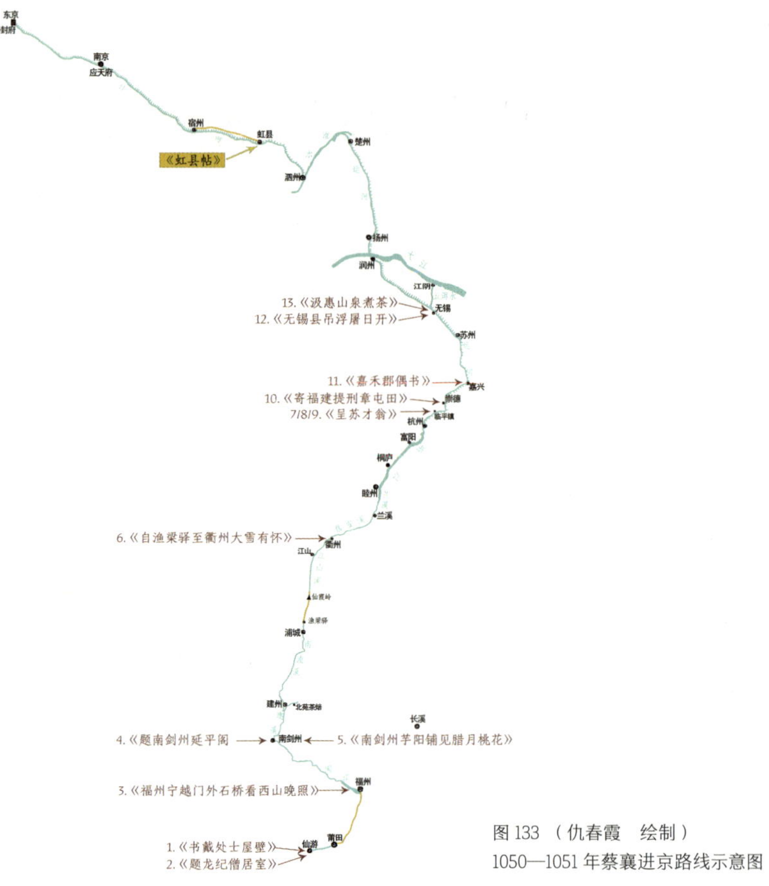

图 133 （仇春霞　绘制）
1050—1051 年蔡襄进京路线示意图

家乡的两位高寿老人

蔡襄的老家在仙游，后来他在莆田定居，为父守孝期间他便在仙游和莆田散居，因此有机会对家乡做更多的了解，有两位老人引起了他的注意。

其中一位老人姓戴，福建仙游的戴氏可谓渊源已久，其祖先可以上溯至东周时期。周朝的宋国贵族戴云升迁居于谯郡，其后代世居于此，成为当地的名门望族，并以“谯国”为堂号，因此“谯国”也常常指姓戴的大户人家。戴氏名人古已有之，如戴逵。蔡襄的老家仙游是戴氏宗族的聚集区之一，这一支戴姓是由屯田员外郎洽公自福建长溪县（今福建霞浦县）迁居过来的，始居于香田里钟亭村龙树院，至蔡襄时已经有了三百年。戴氏以读书传家，但并不一定是货与帝王家，所以能安居于乡村。三百年以来，戴氏发展得很好，蔡襄见到的这位戴夫子即一位能传家学家风的乡贤。为了表达敬意，他特地在戴氏宗祠的厅堂墙壁上题了一首《书戴处士屋壁》（图 134），这首诗文字如下：

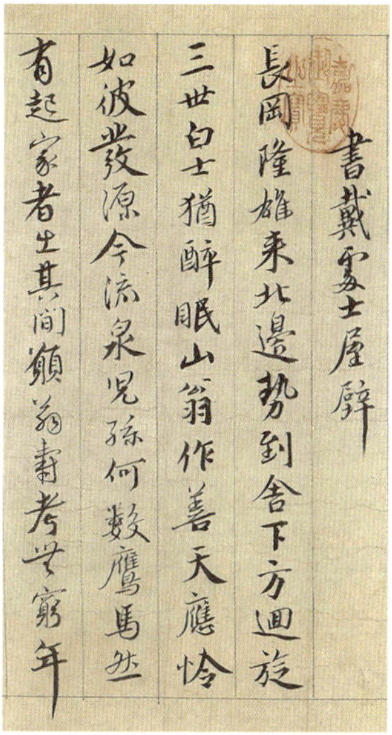

图 134 〔宋〕蔡襄《行书自书诗卷·书戴处士屋壁》。

长风隆雄来北边，势到舍下方回旋。
三世白士犹醉眠，山翁作善天应怜。
如彼发源今流泉，儿孙何数鹰马然。
有起家者出其间，愿翁寿考无穷年。

“白士”指清贫的读书人，“犹醉眠”说明戴氏像颜回一样安贫乐道，“山翁”即指这位戴夫子，“作善”是对戴夫子的评价。“天应怜”是说上天都要嘉奖他的行为。“鹰马”指非常杰出的人才，“愿翁寿考无穷年”是蔡襄对老人的祝福。

此诗还有另一个标题《题谯国评事壁》。前人关于此诗的释读多有错误，如“谯国，今安徽亳州”，可能是因为安徽亳州古代称“谯国”“谯郡”，所以才将“谯国”释为安徽亳州，但这是错的。

首先，蔡襄一生都没有去过安徽亳州。其次，两个标题中，一个有“戴处士”，一个有“谯国”，说明这两者肯定在同一个地方，且存在关联。前文已经介绍过，福建仙游有戴氏聚居，是当地的大姓，诗中的“谯国”是戴氏家族的堂号，并不是一个地名。第三，诗的起首“长冈隆雄来北边，势到舍下方回旋”，有一语双关之意，一方面讲戴氏家族居住在高山脚下，另一方面也指戴氏是大姓，发源于北边。安徽亳州境内没有高山，而福建多高山。如果再确切一点，这个北边应该就是指福建东北部的长溪县，蔡襄曾任福建路转运使，一定知道那是一个高山地区，仙游戴氏就是从那里迁过来的。

另一位老人是龙纪寺的一位老僧。龙纪寺位于仙游盖尾乡，是一座历史悠久的古刹，始建于汉末。吸引蔡襄的并不是龙纪寺的佛教文化，因为蔡襄是不信佛的，他感兴趣的是这位95岁的老僧人。这位老僧人一辈子持戒修定，但是不戒酒，因为他喜欢喝酒。他每天晚上都要起来焚香禅座，看上去精神好极了。这让蔡襄感觉生命之不可明了，他为老僧人题了一首《题龙纪僧居室》（图135）：

山僧九十五，行是百年人。
焚香犹夜起，憙酒见天真。
生平持戒定，老大有精神。
须知不变者，那减故时新。

福建戴氏和龙纪寺的僧人容易令人联想起另一位戴氏后人，即北宋高僧道臻（1014—1093），他是古田戴氏的后人，活了 80 岁，也算是长寿高僧了。道臻曾是大相国寺著名的慧林禅院的大住持，黄庭坚到京城任职以后，经常前往慧林禅院食斋饭和沐浴，有时也在那里写书法，黄庭坚的传世墨迹《致景道十七使君书》就是在那里写的。苏轼的《净因院画记》中还记载了道臻曾请文同为他的僧壁画墨竹。道臻与蔡襄年龄相仿，道臻在大相国寺的时间和蔡襄在京城的时间有交叉，那么爱好书画的道臻与蔡襄很可能也相识。

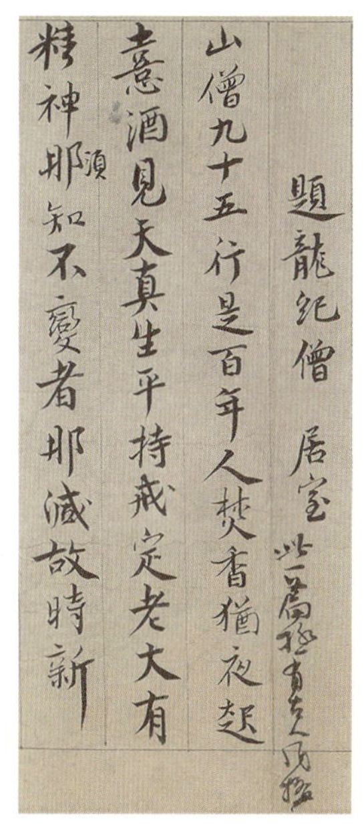

图 135 〔宋〕蔡襄《行书自书诗卷 · 题龙纪僧居室》。

进了宁越门，内心就安宁了

蔡襄处理完家事，就带着 76 岁的老母亲和妻儿一同北上，他从莆田出发，往东北方向走了大约 100 公里，就到了第一个大站——福州（图 136）。蔡襄对福州是非常熟悉的，他任福州知州和福建路转运使时都在这里居住和办公。福州古城里有多道门，南北中轴线上有宁越门、还珠门、虎节门，每道门的含义各不相同。宁越门在最南端，进了宁越门就预示着平安归来了，出了宁越门就出福州城区了。无论出还是入，都希望是安宁的，也许这正是“宁越”二字所包含的祝福吧。蔡襄由南往北走，自然要从南门入城，进城之后

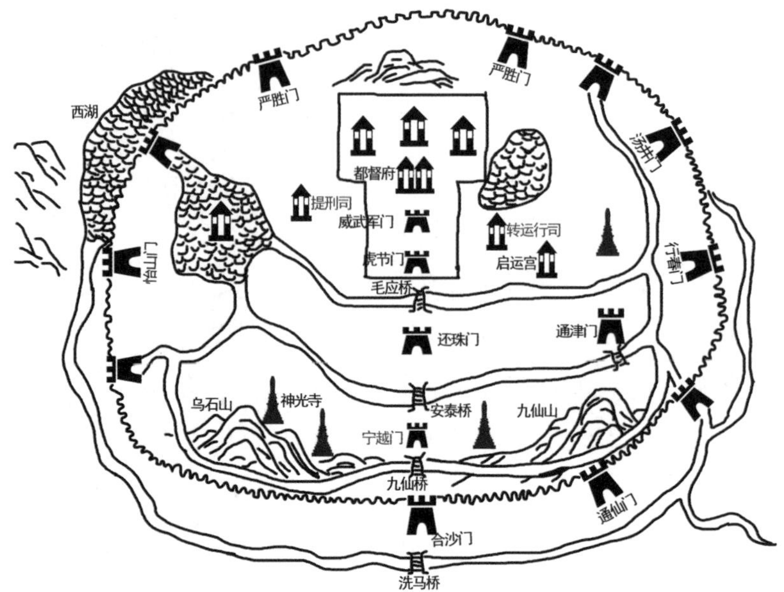

图 136　宋代福州城示意图。

要先过宁越门。蔡襄进入宁越门之后，写了一首绝句《福州宁越门外石桥看西山晚照》（图 137）：

> 宁越门前路，归鞍驻石梁。
> 西山气色好，晚日正相当。

他刚走到宁越门前，还没有解鞍下马，内心就感到很温暖，这是回家的感觉。他站在石桥上，看到太阳即将下山，内心充满了禅意。从这里也可以看出蔡襄对此次北上是充满期待的。

延平阁上醉酒，观音院里赏花

离开福州后，就要朝西北方向走了，下一个目的地是南剑州（今南平市延平区）。沿闽江乘船而行一百多公里就到了南剑州。传说干将和莫邪将他们铸造的两柄宝剑在此地合二为一，变成了一条龙，“剑州”之名即来源于此。四川也有一个剑州，为进行区别，福建的剑州改为了“南剑州”。

蔡襄抵达南剑州后，知州黄士安为蔡襄一家接风洗尘，地点在江边新修的延平阁上。延平阁是一座木阁楼，楼层很高，楼下即是闽江和建溪交汇处，地形有点像现在的重庆朝天门码头。

宴席持续了一天，还有歌伎作陪，蔡襄心情愉悦，喝得醉倒了，被人扶到附近的观音院睡到自然醒。蔡襄醒后写了一首长诗赠给黄士安，以表感谢。即《题南剑州延平阁》（图 138）。

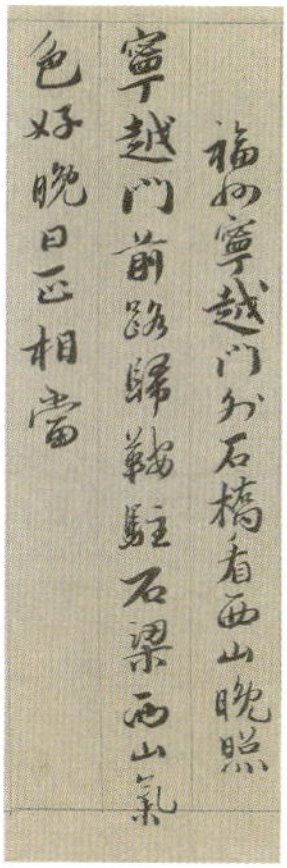

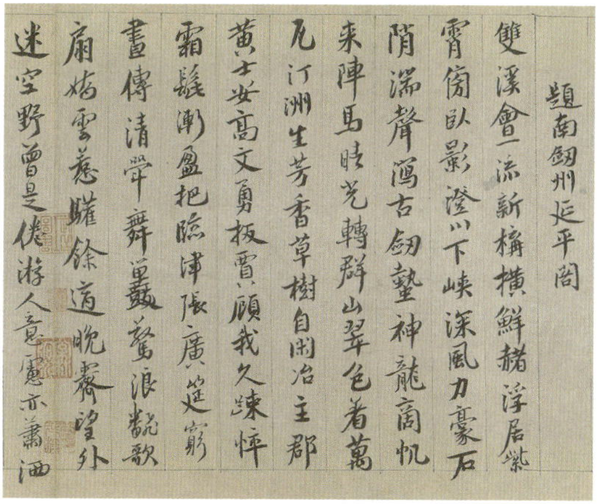

图 137（左）〔宋〕蔡襄《行书自书诗卷 · 福州宁越门外石桥看西山晚照》。
图 138（右）〔宋〕蔡襄《行书自书诗卷 · 题南剑州延平阁》。

双溪会一流，新构横鲜赭。浮居紫霄傍，卧影澄川下。
峡深风力豪，石峭湍声泻。古剑蛰神龙，商帆来阵马。
晴光转群山，翠色着万瓦。汀州生芳香，草树自闲冶。
主郡黄士安，高文勇扳贾。顾我久疏悴，霜髭渐盈把。
临津张广筵，穷昼传清斝。舞鼍惊浪翻，歌扇娇云惹。
欢余适晚霁，望外迷空野。曾是倦游人，意虑亦潇洒。

在阁楼上可听到江风的呼号声和江水激石声，诗中的“峡深风力豪，石峭湍声泻”写的就是当时的实景。向远处眺望，可见“晴光转群山，翠色着万瓦。汀州生芳香，草树自闲冶”，此情此景让人想起王勃在《滕王阁序》中所写的“落霞与孤鹜齐飞，秋水共长天一色”。

在南剑州时，有一样小东西引发了蔡襄的诗情，那就是芋阳铺的桃花。那桃花竟然开在了腊月天里，这让看惯了南方风物的蔡襄有点小惊喜，于是作了一首《南剑州芋阳铺见腊月桃花》（图 139）。

可笑夭桃耐雪风，山家墙外见疏红。
为君持酒一相向，生意虽殊寂寞同。

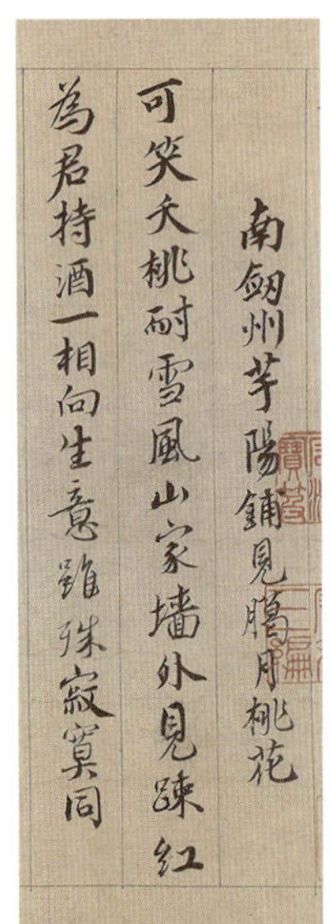

图 139 〔宋〕蔡襄《行书自书诗卷 · 南剑州芋阳铺见腊月桃花》。

蔡襄向桃花敬上一杯酒，试问桃花：你开在错误的时序里，有没有感到寂寞呢？

七年之后，蔡襄结束在京任职，携家眷返

回福建时，长子蔡匀病逝于应天府（今河南商丘），夫人病逝于衢州。蔡襄带着两具灵柩走到南剑州时，再见到这株桃花，内心无比伤感，提笔再赋了一首《过南剑州芋阳铺见桃花》：

七年相别复相逢，墙外千枝依旧红。

只有苍颜日憔悴，奈缘多感泣春风。[1]

作别家山，翻越仙霞岭

离开南剑州继续沿建溪、南浦溪往北行走约二百公里，到达浦城县，再走二十公里就到了著名的渔梁驿。

渔梁驿位于浦城县北的迁阳镇渔梁村，这里从唐代起就设置了驿站，以供行旅往来休息和补充给养。这里自古为中原入闽第一驿站，也是闽入中原的第一出口。过了渔梁驿就进入浙江境内，接着要翻越著名的仙霞岭古道。古道无法行车，险要处仅容一人可过，只能徒步而行。蔡襄有脚病，这一段路会走得非常辛苦，对他的老母亲和妻儿来说，这也是一项挑战。

从渔梁驿到衢州这一段路上几乎都在下雪，雪景非常美，但毕竟寒冷，还要赶路，所以蔡襄极为感触，他写了一首《自渔梁驿至衢州大雪有怀》（图 140）：

大雪压空野，驱车犹远行。乾坤初一色，昼夜忽通明。

1 〔宋〕蔡襄撰，陈庆元等校注《蔡襄全集》，福建人民出版社，1999，202 页。

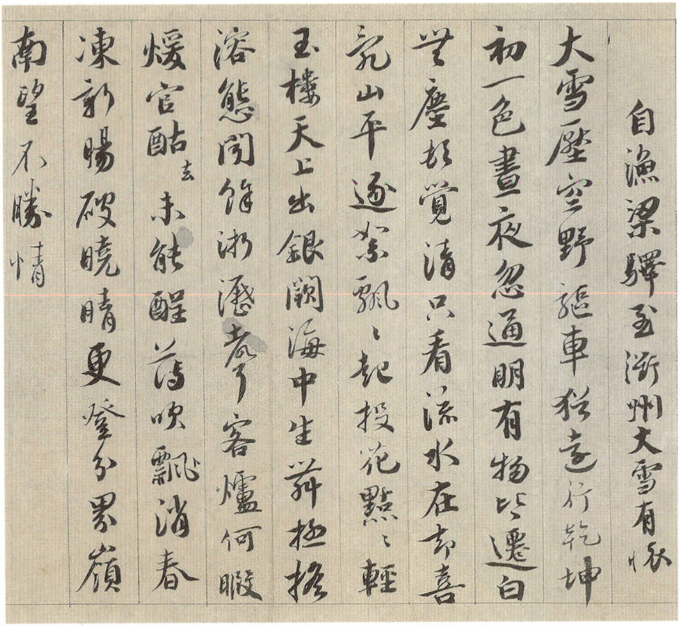

图 140 〔宋〕蔡襄《行书自书诗卷 · 自渔梁驿至衢州大雪有怀》。

有物皆迁白，无尘顿觉清。只看流水在，却喜乱山平。

逐絮飘飘起，投花点点轻。玉楼天上出，银阙海中生。

舞极摇溶态，闻余淅沥声。客炉何暇暖，官酤（去）未能醒。

薄吹消春冻，新阳破晓晴。更登分界岭，南望不胜情。

诗中的“更登分界岭，南望不胜情”写的就是站在仙霞岭上南望家山的依依不舍之情。

下岭后不久，即可在江山溪上继续乘船，接下来几乎都是水路了。蔡襄带着家人坐船到睦州，再沿江到桐庐、富阳、钱塘，直抵杭州。

赏春，会友，簪花

第二年二月，蔡襄到达杭州。此时杭州的知州是张方平，他是在蔡襄刚启程的时候从江宁府调过来的，到任不过三个月。

从政治派系来讲，蔡襄与年长 5 岁的张方平不是一系的。数年前，当蔡襄写《四贤一不肖》诗声援范仲淹弹劾宰相吕夷简的时候，张方平是吕夷简一派的。后来在庆历四年（1044）“进奏院事件”发生时，张方平也曾主张杀掉蔡襄的好朋友王益柔（1015—1086）。但时过境迁，吕夷简已经故去 7 年，张方平和蔡襄都不是奸邪小人，北宋中期士大夫们的儒士风范令他们互生钦佩，所以蔡襄在杭州与张方平的相聚是很开心的。

从杭州继续北上的水路还在冰封期，蔡襄在杭州滞留了差不多两个月。当然，他也不着急走，因为他的老朋友苏舜元也在这里。

苏舜元（1006—1054），字才翁，比蔡襄年长 6 岁，是苏舜钦的哥哥，政治背景极深，也是北宋前中期有名的文艺才子。苏舜元靠长辈的恩荫享受了不参加考试就可以当官的优越待遇，而这也成了他的绊脚石，因为宋代官场重视进士出身，重视同门之间的政治同盟，丧失了这两项优势，要凭资历熬到“二府三司”的位置是非常困难的。苏舜元深知其中的利害，所以他请求朝廷收回给他的恩荫官，他想通过科举考试的方式重新进入仕途。他的请求没有得到批准，后来由于文章写得好而被赐进士出身，也就是具有与进士相同的身份，但无法与科考的进士相比。

蔡襄与苏舜元、苏舜钦兄弟早年都是好友，而与苏舜元最为相善。苏舜元性格有点孤傲，在朝中任职时，经常不记得同僚们的姓名和职务，又不肯同流合污，所以经常被周围人议论和排挤，朋友自然也是不多的，像蔡襄这样能引以为知己的，则更是少之又少。

苏舜元一生大部分时间都在外地担任基层官职，干过很多种工作，而“提点刑狱”是他干得最久的工作，即传说中的大宋提刑官。当蔡襄在福州任知州时，苏舜元也调到这里提点刑狱，两人一起交流书法和收藏，度过了两年美好的时光。庆历七年（1047），苏舜元被调走了，他先是去了京西路任提刑官，两年后改迁河东路，恰在此时，他那多才多艺的弟弟苏舜钦谪死于苏州，他非常悲痛，请求改任杭州，想离苏州近一些，于是就遇到了北上至此的蔡襄。

蔡襄在杭州还遇到另一个熟人章君陈。章君陈是韩琦在四川任职时推荐的考生，蔡襄与韩琦既是盟友，私交也甚好，自然跟章君陈也不是外人了。此次章君陈前往福建任提刑官，正好也路过杭州。

他乡遇故交，实为人生一大乐事。而且一年一度的吉祥院赏花盛会即将到来，对于有簪花风尚的宋代士人来说，怎能错过如此美好的时节呢？赏花、簪花、喝酒，这是一整套的活动内容。

这些老男人们头上插满花，醉醺醺地互相搀扶着走在路上，他们自己不觉得羞，头上的花儿都觉得羞了。（图141）

四月六日前后，蔡襄离开杭州继续北上，出关以后，他给好友冯京写了一封信（即《思咏帖》，图142），文字如下：

襄得足下书，极思咏之怀。

在杭留两月，今方得出关，历赏剧醉，不可胜计，亦一春之盛事也。知官下与郡侯情意相通，此固可乐。唐侯言：王白今岁为游闰所胜，大可怪也。初夏时景清和，愿君侯自寿为佳。

图 141 〔宋〕佚名《田畯醉归图》局部。可见图中男子醉后簪花。宋代男人喜欢簪花，不止见于史料中，也可见于绘画中。所插之花品种丰富，如海棠、梅花、杏花、牡丹，等等。也正因为花卉是一大消费品，赠花也就成为时人的一种风尚，有的赠折枝花，有的赠盘栽，都是特殊的礼物。

襄顿首。通理当世屯田足下。（大饼极珍物，青瓯微粗，临行匆匆致意，不周悉。）

这封信大意是：我收到了你的来信，非常想念你。我在杭州逗留了两个月，现在才出关，在杭州欣赏了很多美妙的东西，真是一春之中最美好的时光。得知你和你的上司相处融洽，这真是一件好事。唐询说，王白茶今年居然被游闰茶打败了，真是怪事！初夏来了，天气清和，希望你照顾好自己。（大团茶非常不错，给你带一些，只是喝茶的青瓯杯略微粗糙了一点，马上要出发了，匆匆给你写信，就不多说了。）

信中的“唐侯”就是他们共同的好友唐询，唐询此时在福建任转运使，管理贡茶是他的一项重要工作。蔡襄是资深的“茶博士”，而且之前也曾任福建路转运使，对福建的贡茶工作非常熟悉，所以

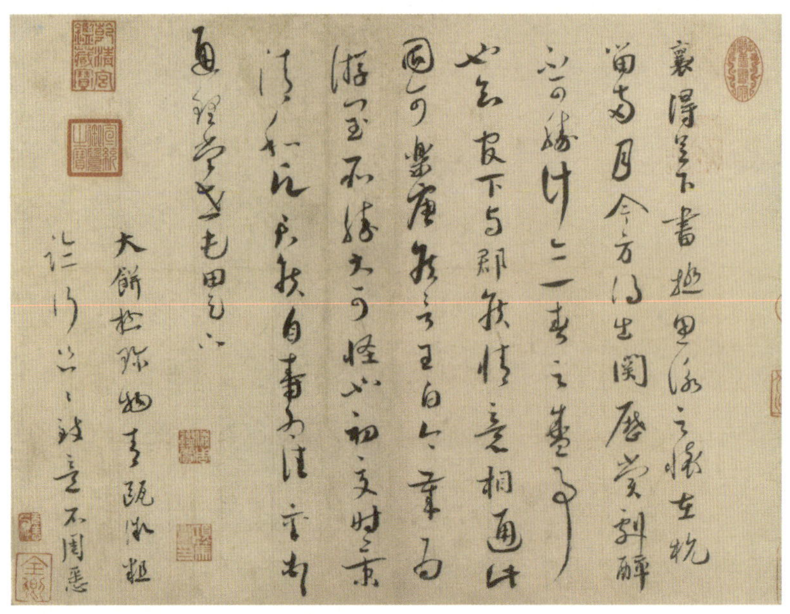

图 142 〔宋〕蔡襄《思咏帖》，台北故宫博物院藏。

唐询经常与蔡襄沟通茶叶的相关事宜。写这封信的时间正值福建茶农收茶的季节，每年收了新茶之后，茶农之间要比试高下，看谁的茶更好，这就是宋代有名的“斗茶”，士大夫们也经常玩这个游戏。唐询所说的王白茶被游润茶打败，指的正是此事。

出杭州城后，在上塘河行驶二十多公里就到了临平（今杭州市余杭区）。临平在宋代是一处重要的中转站，北上开封的人都要从临平换乘大船走大运河。蔡襄在这里的华严寺作了短暂停留，观赏了寺院里的芍药。赏花思故人，他写了三首诗赠给好友苏舜元（图143）：

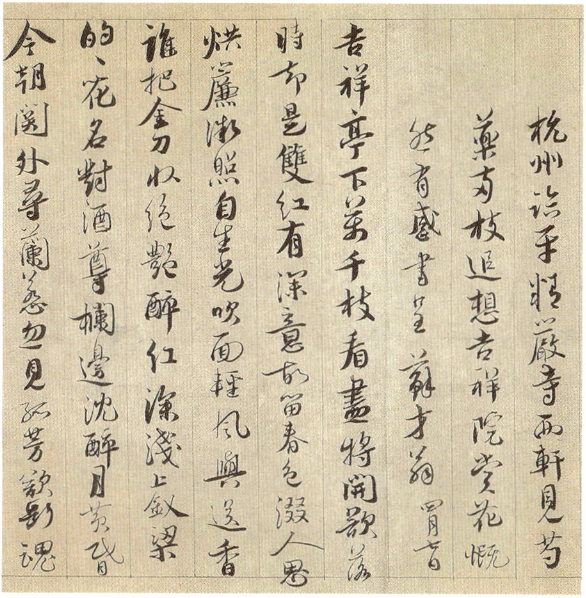

图 143 〔宋〕蔡襄《行书自书诗卷 · 呈苏才翁》。

杭州临平精严寺西轩，见芍药两枝，追想吉祥院赏花，慨然有感，书呈苏才翁，四月七日。

（一）

吉祥亭下万千枝，看尽将开欲落时。

却是双红有深意，故留春色缀人思。

（二）

烘帘微照自生光，吹面轻风与送香。

谁把金刀收绝艳，醉红深浅上钗梁。

（三）

的的花名对酒尊，栏边沉醉月黄昏。

今朝关外寻兰惹，忽见孤芳欲断魂。

几年之后，苏舜元调入京城担任三司度支判官，与蔡襄成了同事，两人又可以愉快地相聚。不幸的是，不久之后苏舜元就去世了，享年 49 岁，蔡襄含泪为其撰写了墓志铭。若干年后，蔡襄重访杭州，仍然在追忆当年与苏舜元一起赏花的情形。

诗赠伤心客

从临平继续乘船北上就到了浙江桐乡境内，船只夜泊于崇德。夜晚的月色非常好，蔡襄想起了章君陈，给他写了一首诗（图 144）：

崇德夜泊，寄福建提刑章屯田，思钱唐春月并游

夙昔神都别，于今浙水遭。故情弥切到，佳月事追遨。

太守才贤重，清明土俗豪。犀珠来戍削，钲鼓去啾嘈。

湖树涵天阔，船旗罥日高。醉中春渺渺，愁外自陶陶。

新曲寻声倚，名花逐种褒。吟亭披越岫，梦枕觉胥涛。

论议刀矛快，心怀铁石牢。淹留趋海角，分散念霜毛。

鲈鲙红随箸（予之吴江），泷波绿满篙（君往严泷）。

试思南北路，灯暗雨萧骚。

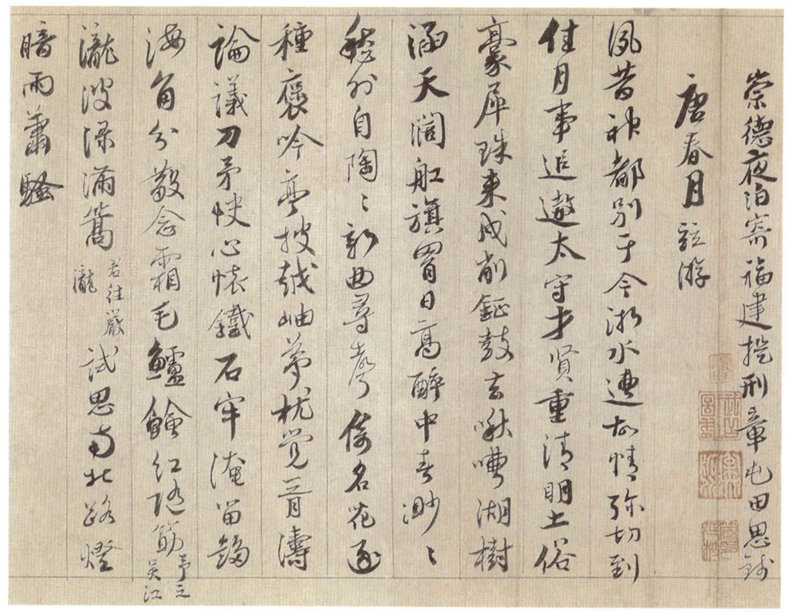

图 144 〔宋〕蔡襄《行书自书诗卷 · 寄福建提刑章屯田》

从诗的内容看，蔡襄与章君陈也有好些年没见过了，章君陈此番任职福州，颇感仕途之艰难，所以蔡襄给他写了首很长的诗，对他的学问与人品给予极高的评价，同时对他进行安慰。

继续舟行五十多公里，就到了嘉兴。蔡襄偶有感触，写了一首《嘉禾郡偶书》(图 145)。

> 尽道瑶池琼树新，仙源寻到不逢人。
>
> 陈王也作惊鸿赋，未必当时见洛神。

这首诗对神仙之说充满了怀疑，这在神道满乾坤的北宋早中期是一股清流。“嘉禾郡”即今天的浙江嘉兴，三国时吴国在此建城，因野稻自生而得“嘉禾”之名。

从嘉兴往北再走七十多公里，就到了苏州。在这里，蔡襄有一件事情必须要办，那就是祭奠苏舜元的弟弟苏舜钦。两人上次见面是在七年前，那时苏舜钦才 37 岁，文采风流、潇洒倜傥，是京城权贵少爷中的佼佼者，如今寂寞孤魂，家山千里，蔡襄不胜伤感。

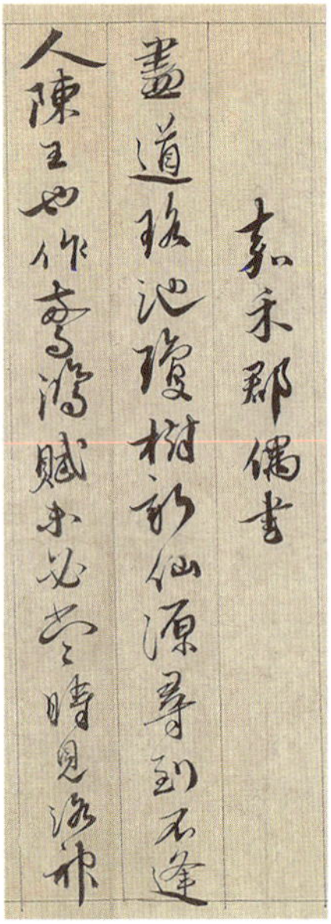

图 145 〔宋〕蔡襄《行书自书诗卷 · 嘉禾郡偶书》。

念老和尚，品惠山泉

从苏州继续向西北舟行五十多公里，就到无锡了。蔡襄第一次来这里还是在二十年前赶考之时，当年那个意气风发、激扬朝政的年轻人已经步入中年了，他熟悉的日开老和尚已经圆寂了，他写了一首悼念诗《无锡县吊浮屠日开》（图 146）。

> 轻澜还故浔，坠轸无遗音。好在池边竹，犹存虚直心。
> 往还二十年，每见唯清吟。觉性既自如，世味随浮沉。
> 琅琅孤云姿，怅望空山岑。岂不悟至理，悲来难独任。

此诗还有另一个标题——《瞻礼开师真像》，“日开”和“开师”是同一个人。蔡襄与老和尚有二十多年交情了，蔡襄往返无锡时会

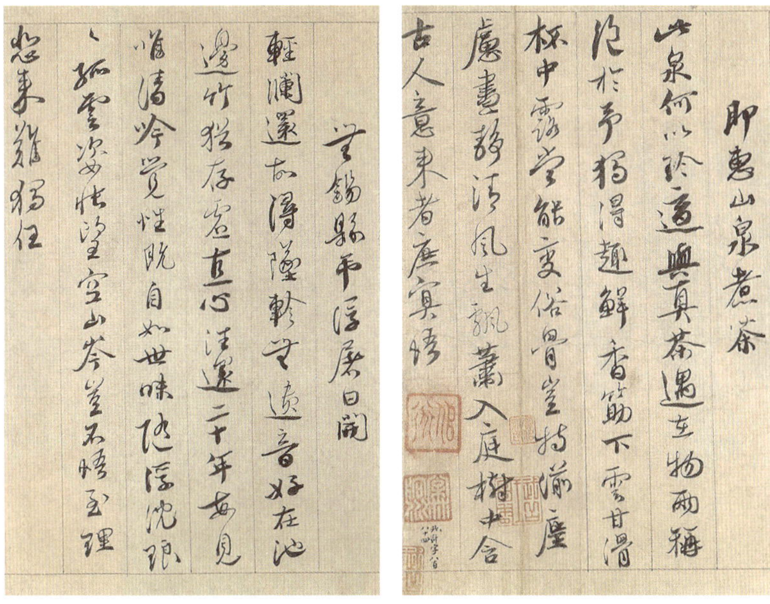

图 146（左）〔宋〕蔡襄《行书自书诗卷 · 无锡县吊浮屠日开》
图 147（右）〔宋〕蔡襄《行书自书诗卷 · 即惠山泉煮茶》

拜访老和尚，听老和尚弹古琴。

在无锡，蔡襄还有一个地方必须要去，那就是惠山泉。惠山泉今天仍在，位于无锡市西郊的锡惠公园内，相传陆羽曾在这里汲水煮茶，因而此泉也被称为“陆子泉”。惠山泉对蔡襄具有特别的意义，因为蔡襄是一位品茶大师。他这次进京之前，利用担任福建路转运使之便利，亲手研制了一款精品茶，即著名的“小龙团”。在研制过程中，他发现泉水的品质对茶水的品质有很大的影响，惠山泉那么有名，他一定要用这里的泉水来试试，结果如何呢？且看他写的《即惠山泉煮茶》（图 147）：

此泉何以珍？适与真茶遇。在物两称绝，于予独得趣。
鲜香箸下云，甘滑杯中露。尝能变俗骨，岂特湔尘虑。
昼静清风生，飘萧入庭树。中含古人意，来者庶冥悟。

惠山泉是蔡襄最爱的煮茶用水，朋友们知道他有此癖好，所以有机会的话也会把惠山泉水当礼物寄给他。蔡襄母亲92岁大寿时，他的妻舅葛密就远道寄了惠山泉水作为贺礼。

前文中的13首诗就是蔡襄《行书自书诗卷》中的内容，蔡襄在回京后抄写了这13首诗赠送给张方平，以感谢在杭州时他对蔡襄一家的款待。蔡襄上京的旅途还没有走完，他还要继续赶路。

一生结缘江阴葛氏

离开无锡后，蔡襄可以继续走京杭大运河前往常州和润州，但他改道了，直接往北去了江阴，因为他夫人的娘家就在这里，蔡襄每次往返开封与福建时，只要没有特殊情况，都会去江阴小住。此时已到夏天，全家人少不得要去葛氏娘家避避暑。

蔡襄的岳父葛惟明育有五子三女，蔡襄夫人是其最小的女儿。蔡襄夫人的兄弟们一直都努力地考科举，但不是没考上，就是仕途穷蹇。她有个哥哥名叫葛宏（988—1040），比蔡襄年长24岁，一直考到52岁，考完回家就病逝了，葛家在他们这一支就衰落了。

虽然葛氏的兄弟都没什么大成就，但几位堂兄却发展得不错。葛宫，字公雅，比蔡襄大20岁，蔡襄称其“七兄”。葛宫是大中祥符八年（1015）的进士，16岁登第，深为著名文学家杨亿（974—

图 148　孙四娘子墓出土文物。1978 年在江苏省江阴县夏公港公社三元大队发现了一座古墓，经考古队发掘，墓主人为北宋工部侍郎葛宫。两年以后，在附近又发现了一座古墓，墓主为葛宫之妻孙四娘子。这些都是墓中出土文物。葛宫即是蔡襄《虹县帖》收件人。

1020）所称赏。葛宫娶了孙冕的女儿孙四娘子为妻，孙冕也是《宋史》中留名的人物。1978 年，江苏省无锡市江阴县（今无锡江阴市）夏港公社三元大队发现一座北宋墓，墓主即为葛氏的堂兄葛宫（992—1072）。两年后，在附近又挖掘出了"孙四娘子墓"，即葛宫夫人之墓。（图 148）

葛宫有个弟弟名叫葛密，字公绰，比蔡襄年少。他是庆历二年（1042）的进士，50 岁时忽然辞官了。他的亲戚朋友都对此不解，劝他放弃这个不明智的举动，但他说要是等到既老且病了再退休，那余生还有什么可乐的？于是他在江阴修筑了一座东园草堂，自号"草堂逸老”，隐居读书。葛密曾求蔡襄为其草堂写过一篇《葛氏草堂记》，还曾求蔡襄从福建弄来几只猿，以便研究华佗创编的“五禽戏”。但蔡襄觉得圈养有违野生猿的天性，婉言拒绝了。

蔡襄一家人在葛密的东园草堂度过了一段惬意的时光，蔡襄在《五月宿江阴军葛公绰草堂》中写道：

曾解征衣寄草堂，枕边泉石自生凉。
休论仙诀能延寿，暂得身闲梦亦长。[1]

意思是：且把沾满尘土的征衣暂寄在草堂，席地而卧，头枕泉水边的石头，在五月天里，真是好凉爽啊。不要说神仙的秘诀能让人长寿，只要能有片刻身闲，睡得安稳，做一个长长的梦也是十分美好的事啊。

想读懂《虹县帖》，先要懂运河

江阴紧挨着大江（今长江），蔡襄的下一段行程是沿大江往西北方向走 120 多公里回到运河，再继续北上。在重新进入运河之前，蔡襄先去大江南岸的润州（今江苏镇江）看望了自己的同学刘奕（999—1051），谁知竟成永别，刘奕临终前托孤于蔡襄。由于刘奕生前曾特别照顾蔡襄，蔡襄对这位同学老哥也感情深厚。蔡襄曾与刘奕的弟弟刘异结为童子亲家，后来刘家家道衰落，觉得自己的女儿

1 〔宋〕蔡襄撰，陈庆元等校注《蔡襄全集》，福建人民出版社，1999，206 页。

高攀不起蔡家，想要退婚。退婚还有一个理由，那就是拿不出丰厚的嫁妆，宋人嫁女儿的嫁妆是十分丰厚的，士大夫家里女儿多的，有些都熬不住送嫁妆。但蔡襄一诺千金，不仅让儿子与之完婚，还亲自给刘姑娘置办了嫁妆。这件事只是蔡襄人生中一个小插曲，但折射出蔡襄对待朋友的道义精神。

办完润州的事情，蔡襄继续沿水路行至虹县（今安徽泗县），这时水路走不通了。人工挖的汴河是开封与南方的交通干道，由于黄河泥沙持续流入，汴河河床不断增高，水暴涨时容易泛滥，水少时又经常水位过低，无法行船，加之夏季灌溉和农事用水较多，所以汴河经常干涸。朝廷每年都要花费大量人力、物力在河道治理上，但效果不佳。蔡襄走到这里时，汴河正好发生了大面积干涸，船只无法通行。蔡襄一行被迫滞留了四十余天。朝廷给的报到日期快到了，实在不能再延误了，蔡襄只好走陆路去宿州。

虹县到宿州有一百多公里，在炎热的夏天，蔡襄带着一家老小驱车而行，加之自己的身体也不好，其中的辛苦可想而知。到达宿州后，他给准备南下福建的葛宫写了一封信（即《虹县帖》，图149），文字如下：

襄启：

近曾明仲及陈襄处奉手教两通，伏审动静安康，门中各佳，喜慰喜慰！至虹县，以汴流斗涸，遂寓居馀四十日。今已作陆计，至宿州，然道途劳顿，不可胜言。

尚为说者云：渠水当有涯，计亦不出一二日。或有水，即假轻舟径来；即无水，便就驿道至都，乃有期耳。

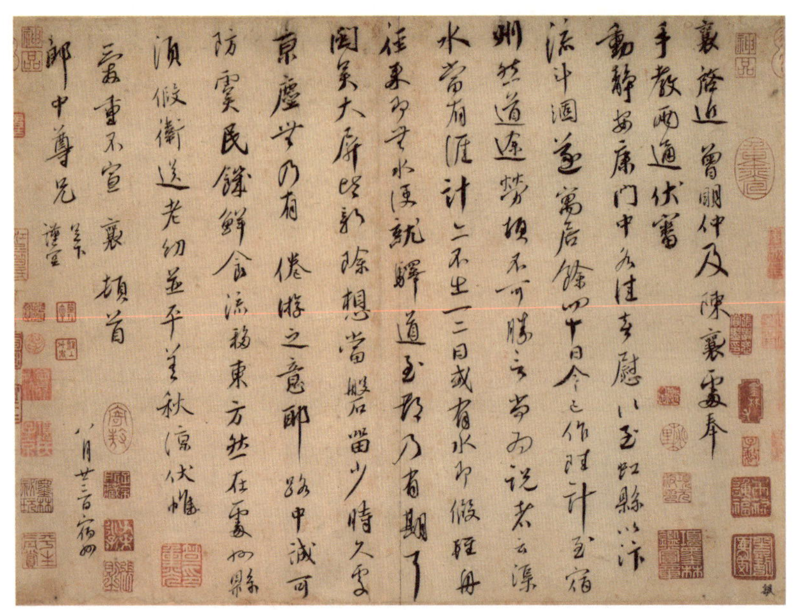

图 149 〔宋〕蔡襄《虹县帖》，台北故宫博物院藏。

闽吴大屏皆新除，想当磐留少时。久处京尘，无乃有倦游之意耶？路中诚可防虞，民饥鲜食，流移东方，然在处州县，须假卫送。老幼并平善。秋凉，伏惟爱重，不宣。

襄顿首。郎中尊兄足下。谨空。八月廿三日，宿州。

此信大意是：最近从曾明仲和陈襄那里收到两封信，得知你家中都好，深感安慰。我到虹县的时候，汴水差不多干涸了，所以在那里住了四十多天。我后来是走陆路到宿州的，路上太劳累，苦不堪言。有人说这两天应该会有水，如果有水我就坐小船过来。如果没有水我就走陆路到京都，咱们见面的日子大约就可定下来了。福建和吴地的大领导都是新上任的，估计你要多盘留几天了。久处功名利禄之中，不知你有没有倦怠之意呢？路上一定要防备意外的灾患，饥民找不到吃的，都流浪到了东边，你路过州县的时候，一定要找人护送。我家里老幼都好。秋天凉了，保重身体，不多说了。

蔡襄如何知晓这两天可能会有水呢？因为一般情况下，如果汴水干涸，官府会启动人工放水。信中还提到了治安问题，即使在被视为盛世的仁宗朝，也仍然危机四伏，流民遍地。有的是自然灾害导致的流民，如黄河决堤、蝗灾等；有的是战争引起的流民，如蔡襄北上之时西北地区和南部的广西都有战事；也有黑社会性质的团伙，比如葛宫此次即将赴任的南剑州就有一个由土豪组织起来的抢劫团伙，葛宫到任后铲除了这个团伙。

从宿州继续往西北行驶近200公里，就到了南京应天府。蔡襄在这里登船上岸，因为退休的老领导杜衍就住在这里，蔡襄与老领导关系很好，还经常向老领导请教学问。此外，他还去看望了前一年由颍州调任这里的老朋友欧阳修，并为欧阳修收藏的汉碑题了跋。

应天府距离开封府还有一百五十多公里，在深秋到来之前，蔡襄终于到达京城。

上下级的君子之交

“庆历新政”失败后，宰相杜衍主动辞去相位，彻底退休了。他隐居在南京应天府（今河南商丘），在乡下盖了几十间民房，有十来个仆人，穿的也都是普通衣服，这种简朴生活与在洛阳拥有豪华园林的富弼、文彦博等退休宰相形成鲜明对比。杜衍从此不再过问政事，闲时作诗，习书法，与远方友人通信，过上了简约的生活。

南京应天府是京杭大运河的码头城市，南来北往的人都要经过这里，很多人都会顺路去看望这位德高望重的老宰相，也经常有人寄送一些礼物给他。

有一天，杜衍收到蔡襄从福建寄来的礼物，竟然是些北方很难见到的珍鲜水果，其中就有荔枝。长途跋涉这么多天，荔枝大部分都坏了，杜衍觉得十分可惜。此外，蔡襄还送了四饼茶，这茶是蔡襄自己做的，异常好喝，杜衍多年没有喝到过了。于是，杜衍回赠了一些礼物给蔡襄，并给他写了一封信表示感谢（即《更蒙帖》，图150）：

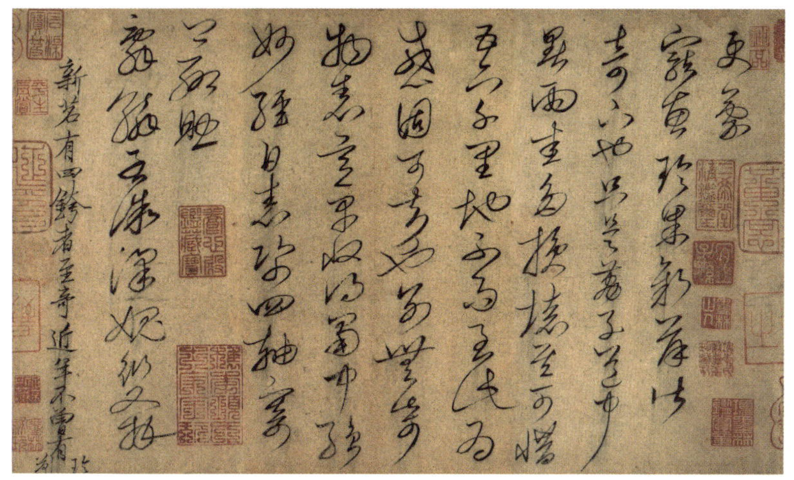

图 150 〔宋〕杜衍《更蒙帖》，台北故宫博物院藏。

更蒙宠惠珍果新鲜，皆奇品也。只是荔子道中暑雨，悉多损坏，至可惜。五六千里地，不易至此，为感固可知也。

别无奇物表意，早收得蜀中绝妙经白表纸四轴寄上，聊助辞翰。至微深愧，衍又拜。（新茗有四铸者至奇，近年不曾有。珍荷！）

此信大意是：感谢你给我寄来珍贵鲜果，都是不常见的上等果品，只是荔枝经历路途暑雨，损坏了很多，太可惜了。五六千里地送到这里，很是难得，这片心意真是太感人了。没有特别的礼物表达我的谢意，早年得到四轴绝妙的经白表纸，来自蜀中，给你寄过去，希望能给你的文章添点光彩。东西不多，深感愧疚。你送的这四铸（kuǎ）新茶很妙，好几年没喝到过了，感谢厚爱。

还有一次，韩琦向杜衍求得几幅字，就给杜衍写信表示感谢，这封信就是现藏于贵州省博物馆的《旬日帖》（图 151）。这封信字迹

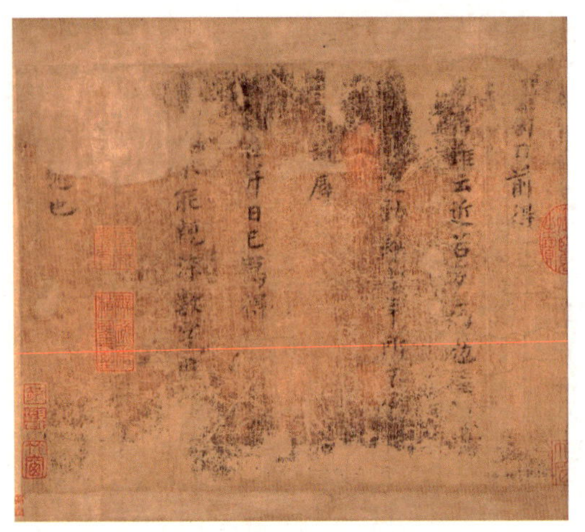

图 151 〔宋〕韩琦《旬日帖》，贵州省博物馆藏。

已经脱落很多，内容可粗略释读如下：

……某公旬日前得手书，虽云“近苦多病，勉强亲笔”，而草隶遒劲，虽少年所不能及。……前辱□翰，在并日已□得……。……亲染数字……[1]

按信的意思，韩琦已不在并州，那么韩琦这封信应该写于至和二年（1055）二月他调任相州以后，也就是杜衍去世前的两年内。大约在这个时间，韩琦还给杜衍写过一首感谢诗《谢宫师杜公寄惠草书》，这说明被贬的韩琦也经常与杜衍通信，或和诗，或交流书法。

很明显，韩琦、蔡襄等人与退休隐居的杜衍保持交往并不是为

1 〔清〕张照《石渠宝笈》（卷 29）“贮”御书房二“宋韩琦尺牍一卷”，见《景印文渊阁四库全书》子部（8）艺术类（1）。

了利益，而是纯粹的君子之交。为什么他们都愿意与杜衍保持这种君子之交呢？

从无家可归到朝廷大员

杜衍，字世昌，越州山阴（今浙江绍兴境内）人，这个地方在五代时属吴越，后来被宋朝吞并，杜衍正好出生在吴越入宋这一年，是名正言顺的大宋子民。

与范仲淹类似，杜衍的早年也是不幸的。在他 2 岁的时候，父亲去世，母亲改嫁，他由祖父抚养长大。到他 15 岁时，祖父去世了，杜衍千辛万苦跑到千里之外的孟州（今河南孟州市）去投奔母亲，结果继父不肯收留他，杜衍就流落于孟州附近的济源。由于写得一手好字，他便帮人抄书以维持生计。济源县令会相面，他预言杜衍以后会位极人臣，于是极力撮合当地大富人家的女儿相里氏与杜衍成婚，相里氏的哥哥十分不情愿，他觉得一个抄书匠不会有什么出息，后来碍于县令的面子还是勉强定婚了，他就指望杜衍能给家里的孩子们当家庭教师。

大中祥符元年（1008），30 岁的杜衍考中进士甲科第四名。在榜下择婿的宋代，杜衍瞬间成了婚市的“抢手货”，相里氏的哥哥着急了，怕杜衍反悔，赶紧拿着厚礼去见杜衍。杜衍说：“婚事已定，我肯定是不会反悔的，只是担心我出去为官之后，家里的孩子们由谁来教呢？”相里氏的哥哥无地自容。

杜衍的第一个职务是扬州观察推官，职责是协助知州处理政务。杜衍的仕途与他的性格类似，稳扎稳打，后来陆续担任知县、通判、知州、知府，后来提点河东路刑狱，正式成为一名大宋提刑官，其查案的才能进一步得到凸显，澄清了很多冤假错案，当时掌控朝政的刘娥皇太后都专门派人打听杜衍的情况。

后来杜衍任吏部流内铨，这个岗位的职责主要是为官阶比较低的京官安排工作调动和轮岗，这显然是一个肥差，以前担任这个职务的官员多是只看贿赂办事，不查实际情况，这样就苦了很多贫穷的小官员。杜衍一改这一恶习，凡事亲力亲为，让很多有才能但自以为终生升迁无望的官员得到提拔，为朝廷补充了人才。杜衍因此而被擢升为审官院的负责人，于是一大批人才出炉了，他们后来都成为服务于国家各个部门的顶梁柱，欧阳修就是其中之一，他在杜衍面前一直以"门生"自称。欧阳修年轻时性格偏激，志趣相投者不多，杜衍却对他青眼相待。欧阳修晚年追忆老领导对自己的培养，感慨万分，提笔写过一首感怀诗：

> 掩涕发陈编，追思二十年。门生今白首，墓木已苍烟。
> 报国如乖愿，归耕宁买田。此言今始践，知不愧黄泉。[1]

携手改革事业

韩琦比杜衍小 30 岁，他们何时相识已不可考，但韩琦第一次在北宋政坛亮相时杜衍肯定是注意到了的。韩琦在科考中获得了甲科第二名的优异成绩，公布成绩时，按照惯例在礼部唱名，据说在唱

1 〔宋〕欧阳修著，李之亮笺注《欧阳修集编年笺注（三）》，巴蜀书社，2007，628 页。

到韩琦的名时，工作人员汇报说太阳下出现了五色祥云。

杜衍与韩琦工作上的交集是在西夏兴兵于大宋西北边境之际，韩琦主动请缨，拉上正被贬谪的范仲淹一同前往西北战场。韩琦当时三十出头，是战场上最年轻的高级将领，急切渴望着建功立业，而此时的杜衍任枢密副使，相当于国防部副部长。杜衍办事干练，没有阴谋，为人稳重，不怒自威，令一向霸气侧漏的韩琦深为折服。

战争持续了三年，西夏国力消耗殆尽，终于是扛不住了，而宋朝也快被拖垮了。西北千疮百孔，国库已经见底，各地民乱纷起，大宋这艘航空母舰在暗流涌动的大海上已经有倾覆之险。接下来，他们一起配合皇帝进行改革事业。

在“庆历新政”中，韩琦任三司使，蔡襄、欧阳修任谏官，比他们年长许多的杜衍坚定地站在改革派一边，他积极支持革除时弊，还对这些青年才俊大力提携，也因此而获得了很多人的永久感恩和铭记。他们都有雄心壮志，希望能力挽狂澜，可是宋仁宗赵祯没有将改革进行到底。相比国家面临的各种顽疾，如何平衡各派之间的力量才是他首先要解决的问题，于是在奸诈老练的反对派如夏竦、王拱辰等人以阴谋诡计攻击改革派时，宋仁宗选择了借力打力，挫败了只轰轰烈烈进行了一年多的新政，改革派全部被外放。

人退情不退

蔡襄被外放至福建担任福州知州，后来又升任福建路转运使。在转运使的岗位上工作业绩突出，而且他亲手研制的精品团茶“小龙团”深得仁宗的喜爱，所以后来又被调回京城任职。蔡襄从福建

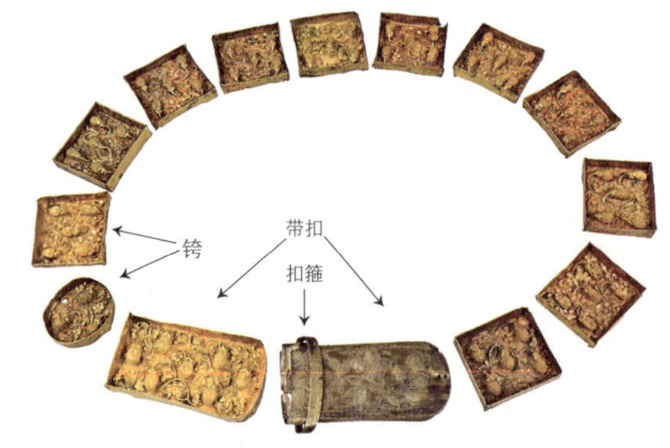

图 152　宋代带胯（已无腰带，仅存带扣和銙），重庆三峡博物馆藏。腰部是宋代男人展示个人服饰喜好的重要部位，玉坠、香囊，或其他小配饰，都可以挂在腰间，所以腰带是极为重要的物件。最简朴的腰带就是一块布，奢侈腰带则镶金配玉。

回京经过应天府时，特意上岸去看望了老领导。回到京城后，蔡襄偶然见到了一卷杜衍的草书，他很惊讶，老宰相的其他书体他是见过很多的，但草书却是头一回见，而且写得这么好。其实杜衍晚年才开始学草书，但却很快成为一代名家。从此，书法家蔡襄和老领导又有了新的交流内容。不久，忠孝两全的蔡襄又开始研究家礼，而杜衍在这方面是专家，这样一来，两人来来往往的信件就更多了。

蔡襄任开封府知府期间遇到了两件棘手的案子，牵扯到了仁宗皇帝和宰相陈执中，蔡襄想两方周旋，结果被铁面御史赵抃弹劾了，蔡襄被迫辞职回福建担任泉州知州，他又能亲手做“小龙团”了，做好之后，他送了一些给老领导杜衍。杜衍在《更蒙帖》中提到蔡襄送了“四銙”新茶，“四銙”是多少呢？“銙”本是古代富贵男子带胯（即腰带）上的装饰品，呈圆形或方形，可用来指一饼茶叶。（图 152）一銙小龙团的体积很小，直径大概也就三四厘米左右，四銙茶连一个手掌心都放不满。

给老宰相送四饼这么小的茶，是不是太寒酸了？这个问题可以联系另一个故事来回答。仁宗皇帝非常喜爱蔡襄做的“小龙团”，由于数量极少，他轻易不会赐给臣子们喝。有一回，举行完郊祀大礼后，仁宗皇帝终于大方了一回，给中书省和枢密院的官员赏赐了一些“小龙团”，不过数量不多，八个人分两饼，算下来每个人也就分到一厘米大小的一块。皇帝都这么抠门，那蔡襄送四饼给老宰相，已经相当大方了。

蔡襄还送了荔枝等福建特产的水果。当时交通不便，从福建泉州到杜衍隐居的应天府至少也得走两个月，荔枝肯定是要坏掉了，那为什么蔡襄还要送呢？（图 153）

蔡襄回福建后，经常将家乡的陈家紫荔枝送给朋友们品尝，他还曾应邀到宋諴（xián）家里品尝宋家香荔枝。陈家紫和宋家香都是上好的荔枝品种，陈家紫就是现在有名的陈紫荔枝，而宋家香很可能只是一个小范围的品种，或许只在当地的宋家有那么几棵。至今还有一棵宋家香古荔树存活于世，就位于莆田市荔城区英龙街原宋氏宗祠遗址中，直到前些年仍在结果子，可惜近些年维护不佳，结的荔枝已经越来越少了。相传这棵古荔树植于唐天宝年间，现在已经 1200 多岁了。蔡襄也见过这棵树，他说当时它已经 300 岁了。没准当年蔡襄到宋諴家里吃的荔枝，就是这棵树上结的呢。

这么好吃的东西却很少有人记载，蔡襄就对家乡特产的宣传产生了一种使命感，他决定好好研究和记录，让世人都知晓。三年后，他写成一部《荔枝谱》。蔡襄在这部书里盛赞福建荔枝是世上最好的品种，他说张九龄和白居易虽然写过荔枝，但他们根本就没遇见过真正的荔枝。蔡襄认为真正的荔枝就在福建，而且就在他老家莆田，其中最好的荔枝品种就是陈家紫，当地的大户人家非陈家紫不吃。

图 153 〔宋〕赵佶（传）《写生翎毛图》局部，大英博物馆藏。画中的荔枝并非只是果实，而是连枝带叶，还有飞鸟，这说明画家见到过挂满果实的荔枝树。如果作者真是宋徽宗，要么南方送过来的荔枝贡品是连枝带叶送来的，要么是他在登基前曾经下江南。也有可能画的是从南方移植到宫中的荔枝树。

所以，蔡襄给杜衍寄荔枝合情合理，不仅因为荔枝是岭南的特产，还因为他觉得这些荔枝真的非常好吃，必须要让好朋友尝一尝，哪怕只有一颗能完好地送到也是值得的。

为表示感谢，杜衍回赠了蔡襄四轴“经白表纸”。“表纸”是什么纸？表纸与诏纸相对，诏纸是皇帝用来书写诏书的纸，表纸是臣子们用来书写章表奏书的纸，蔡襄写给皇帝的感谢信《谢赐御书诗表》（图见110页）应该就是写在表纸上的，表纸是一种上好的宣纸，这也正与杜衍所说的“绝妙”相一致。“经白”是指纸上的白色纹理，是捞纸工具在纸上留下的痕迹。杜衍之所以强调“蜀中”，是因为宋代上好宣纸一般产于宣州，蜀地虽然也出产文房用纸，但多数比较粗糙，难得见到细腻的好纸，所以杜衍才会特地强调一下。如此特别的上等表纸，送给当朝最有名书法家蔡襄当然是送对人了。

社稷之臣

韩琦被贬至扬州，后来又陆续调往郓州（今山东东平县）、真定府（今河北石家庄正定）、定州（今河北定县）、并州（今山西太原），大部分时间都是在北方的宋辽边境线上。有鸿鹄之志却只能屈居一州，韩琦的郁闷也是可想而知的。十几年过去了，韩琦感觉仕途升迁无望，就请求调回老家相州（今河南安阳）安养，于是在至和二年（1055）二月调任相州知州。在此期间，韩琦一直与杜衍保持频繁的书信往来，杜衍经常对韩琦进行鼓励。

韩琦在相州老家安养了一年多之后，好日子突然到来了。嘉祐元年（1056）七月，韩琦被召还为三司使，又进入了核心领导层，他又开始新的仕途攀登，并在不久的将来登上宰相之位，然后又把欧阳修推为副宰相，把蔡襄推为三司使，他们都进入了权力核心。

图 154 〔宋〕佚名《睢阳五老图》之杜衍像，耶鲁大学艺术博物馆藏。

在韩琦忙于政务时，杜衍的生命正在一点一滴的消失，他卒于嘉祐二年（1057），享年八十。当拿到杜衍的讣告时，韩琦十分悲痛，他在《祭正献杜公文》中说“元老之丧，天下将安而法焉”[1]？意思是元老已逝，天下还能太平而有秩序吗？他评价杜公“至清之名，今昔无二”，《宋史》赞其“古人所谓社稷臣，于斯见之”[2]。

当时的一位画家为杜衍和同时期的另外四位退休高官各绘制了一幅全身像，名为《睢阳五老图》（图 154）。

1 〔宋〕韩琦撰，李之亮、徐正英笺注《安阳集编年笺注》（上），巴蜀书社，2000，1341 页。

2 〔元〕脱脱、阿鲁图等撰《杜衍传》，见《景印文渊阁四库全书》史部（1）正史类《宋史》卷（310）列传（第 69）。

蔡襄是如何应酬皇亲的?

嘉祐八年（1063）四月，比蔡襄年轻两岁的仁宗皇帝没能熬过病痛的折磨，早早辞世了。随着仁宗皇帝的去世，一个传奇的时代落幕了，有大臣听闻仁宗去世的消息后一夜白头。

蔡襄是仁宗很信任的大臣，两人关系一直很好，听闻仁宗驾崩，他极为难过，作了一首长诗缅怀给予他无限荣光的大领导，其中有这样几句:“往事时兼远，孤臣泪独横。晨兴西向久，凄断老年情。”[1]

这年十月，仁宗皇帝下葬，蔡襄肯定是要参加葬礼的。仁宗的陵园在距开封城一百多公里外的永昭陵，蔡襄身体本来就不好，这一来回折腾，就越受不住了。蔡襄回来后，家人跟他讲有人送新茶来了，蔡襄在得知送茶人是谁之后，就明白对方这是在跟他“催货”呢。蔡襄回了一封信（即《扈从帖》，图 155），文字如下：

1 〔宋〕蔡襄撰，陈庆元等校注《蔡襄全集》，福建人民出版社，1999，174 页。

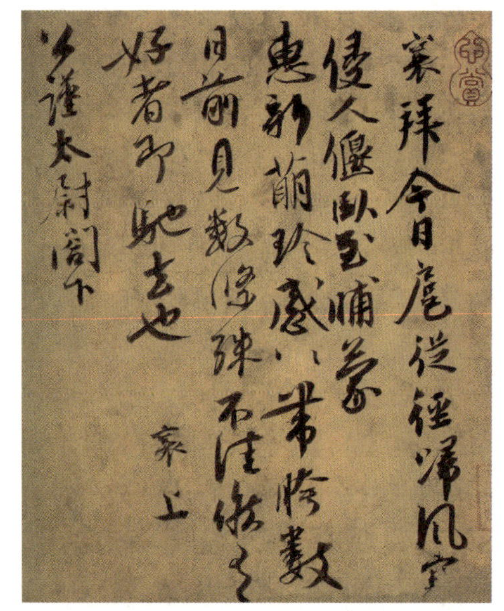

图 155 〔宋〕蔡襄《扈从帖》，故宫博物院藏。

襄拜：今日扈从迳归，风寒侵人，偃卧至晡。蒙惠新萌，珍感珍感！带胯数日前见数条，殊不佳。候有好者，即驰去也。襄上，公谨太尉阁下。

大意是：今天刚刚陪侍皇上从永昭陵回来，感了风寒，一直在床上睡到下午三四点钟。非常感谢您送的新茶，很珍贵。我前几天看到几条带胯，都不怎么好，等看到有好的，就马上给您送去。

原来，收信人托蔡襄寻找一种叫“带胯”的东西，蔡襄一直没完成任务，对方就派人来催问了。此时的蔡襄已经官至三司使，也相当于副宰相了，能托他帮忙寻东西的人地位自然也不一般，蔡襄在信中称他“公谨太尉”，这个人是谁呢？他托蔡襄找的带胯是什么？

帮皇帝的表弟搜寻奢侈品

嘉祐六年（1061），50 岁的蔡襄仕途到达巅峰，被擢升为三司使，掌管全国财政和物资统筹。既位高权重又手握重要资源，蔡襄难免要应付各种人情，除工作上的应酬外，也有不少皇亲国戚与他走得近，李端愿（？—1091）就是与蔡襄走得很近的一名隐形贵戚。

李端愿是宋太宗赵光义的亲外孙，他母亲是贤德善良的万寿公主（988—1051），父亲是驸马李遵勖（988—1038），进士出身，有才又帅气。李遵勖和万寿公主是外戚圈里有名的模范夫妻，所以李端愿从小受到良好的家教，历代皇帝对他们礼遇有加。李端愿一生共经历了五位皇帝，即舅舅真宗、表兄仁宗、表侄英宗、表侄孙神宗、曾表侄孙哲宗。得益于父母和他自己的良好品行，他一生安稳富贵，是一位爱好文艺的富贵闲人，与文艺界的很多大人物都来往密切。

蔡襄与李端愿是老熟人了。蔡襄年轻时就闻名士林，是前途光明的政界才俊，又写得一手好书法，朝中要员贵戚都愿意与他来往。李端愿这种贵戚虽然不干预朝政，但他们与朝中要员保持着一种隐形的关系，尤其当朝皇帝仁宗又是他的表哥，所以蔡襄也乐意与他交往。蔡襄为李端愿的嫂子写过《汾阳夫人挽词二首》，也为李端愿的姐姐写了《延安郡主李氏墓志铭》。

按时间来算，这次李端愿送来的茶应是白露时节的。俗话说：春茶苦，夏茶涩，要好喝，秋白露。蔡襄是一位“茶博士”，又酷好品茶，李端愿送新茶给他是送对礼了。李端愿这种人是不会缺奢侈品的，一般奢侈品也入不了眼，那他托蔡襄找的带胯是什么呢？

前文提到过，带胯是一种腰间饰物，包括腰带和上面的小饰品，如果采用成色好的玉或黄金为原料，再由手艺好的匠人制作，会非常的贵气，所以是深得富贵人喜爱的奢侈品。重庆三峡博物馆藏有一条南宋时期的带胯，虽然腰带已经腐烂不见，但纯金的胯饰却鲜亮如新。（图见 384 页）在周文矩的《文苑图》（图 156）中，有一人的金色带胯非常精致，与研墨童仆的朴素带胯形成鲜明对比。李端愿这种贵戚想要的带胯自然是可遇不可求的极品，即便是身为三司使的蔡襄也要花时间慢慢搜寻。

蔡襄称呼李端愿“公谨太尉”，因为“公谨”是李端愿的字，“太尉”是他的头衔。在秦汉时，太尉是全国最高军事长官，位高权重，但在宋代就只是一个官衔，没有实权。

参与名流雅集

第二年，李端愿在他的家宅办了一个有特色的刻石活动。他先是找了些好石头，然后邀请有名的诗人写诗，再邀请重要的书法家书丹。等诗刻上石头后就拓下来，然后邀请所有的参与者去园子里雅集，将拓片分赠给他们。

在自家宅院里搞雅集是李端愿父子和兄弟们的保留项目。这除了与他们雅好文艺有关外，还与他们家那座宅院有关。

李家的宅院是真宗赐给李端愿父母的礼物。由于李端愿的父亲是驸马，朝廷不会委以

图 156 〔五代〕周文矩《文苑图》局部，故宫博物院藏。

图 157 〔宋〕佚名《春宴图》局部，故宫博物院藏。开封城中的官员并非可以随意串门，尤其是有特殊任务在身时，就要回避相关联的人物。但一般情况下，官员间互相宴请是普遍情况。驸马是特殊国戚，他们领有厚禄，但不能有大权，所以他们平日里留意文玩者多，并以此结交朝中要员。驸马借文艺之名与朝官宴饮雅集也就是经常的事了。

重任，但会优待他的生活，李驸马便经常举行文艺雅集，这个院子因而也是当时的名流聚会之所。一般来讲，公主去世以后，皇帝赐的宅院会被收回去，但由于万寿公主为人恭谦礼让，是有名的模范公主，这宅院就没有被收回，因此这座宅院很特别，能被邀请进去参加雅集的也不是一般的人物。（图 157）

蔡襄也在李端愿的邀请名单里，因为他是活动的参与者之一，他为李端愿的活动写了诗。蔡襄接到邀请函后却没心情参加，因为他此时正遭遇政治危机，心情沮丧，而且那两天他的身体也不好。

蔡襄所遭遇的危机来自新皇帝英宗，英宗不知从哪里听说蔡襄曾阻止他继承皇位，就以蔡襄请病假太多为由逐步削减他的职权。宰相韩琦和副宰相欧阳修都帮忙解释，说蔡襄身体不好，经常需要靠睡眠调节，所以才多请了些假，但英宗并不理会。为了修补和英宗的关系，蔡襄将十多年前为仁宗写的《茶录》重新誊抄了一份献给英宗。这卷《茶录》是蔡襄精心撰写的一本科普性质的茶书，其中包含了茶叶的制作、收藏、茶器、饮用方法等。（见图 43）仁宗皇帝很喜欢蔡襄研制的小团茶，也很喜欢他写的这本茶道科普书，被外放福建的蔡襄因此而增进了与仁宗皇帝的关系。蔡襄这次向英宗敬献《茶录》，也是想“妙手回春”。

欧阳修此时是英宗面前的红人，之前他和韩琦一起帮英宗登上皇位，也因此获得了副宰相之位。欧阳修想帮蔡襄一把，但又不能直接违逆皇帝，因为这位新皇帝性格很古怪，还记仇，谁要惹他不高兴那是必然会受罚的。欧阳修就巧妙地运用自己在文学上的影响力，为蔡襄的《茶录》写了一篇后序。欧阳修在序中回顾了蔡襄在福建研发“小龙团”精品茶的历史，并着重谈了小龙团的珍贵，然后又为《茶录》写了一篇尾跋，高度赞扬了蔡襄的书法成就。如果将欧阳修这两篇东西合起来看，就可以理解他的用意，前者是介绍蔡襄的工作业绩，后者则是宣扬蔡襄的书法成就，可谓用心良苦。

英宗还是不买账，他甚至将三司使的工作逐步下放给蔡襄的助手。在身体有恙和仕途变故的双重影响下，蔡襄自然心情不佳，他为此写了封信给李端愿：

> 昨日蒙手教见招，乃素所愿。然前朝暴暖，省中解衣，晚为冷气所侵，至今犹未甚解。夜来并服饵，明日料之出未得。且那后时，可否？惜此春物已阑，私心殊不快也。[1]

大意是：谢谢您昨天写信来邀请我去聚聚，其实我是很想去的。然而前天天气突然变暖，上班时解开了衣服，晚一点就被寒气所侵，

1 〔宋〕蔡襄撰，陈庆元等校注《蔡襄全集》，福建人民出版社，1999，827 页。

到现在还没有恢复过来。晚上服食了一点丹药，明天能不能出门还不晓得，过后再说，行吗？今春已经快过完了，内心真是很不愉快。

互赠珍稀礼品

蔡襄没去参加雅集，但李端愿派人将拓本送来了，蔡襄去信说：

两日支体不快，今日闲眠粗适。蒙手诲，并石本拙诗，词翰无取，但欲寄名壁间，以为荣耀耳。谨奉启陈谢，不一一。

襄再拜，公谨座右。莲花香合附纳。宣州白蜜一篓并鸭脚寄上。[1]

大意是：这两天身体都不舒服，今天睡了一下，感觉好点了。谢谢您的来信以及送我的诗歌拓本。我的诗文水平有限，刻在石头上只不过是寄名石壁，以此为荣罢了。非常感谢，不多说了。送您一个莲花香盒，一篓宣州白蜜和银杏果。

莲花香盒是一种用来盛香的盒子，外饰上有莲花图案，或者外形像莲花。宋人喜欢香，香盒是常见礼品。蔡襄特地送莲花香盒，又与李端愿的佛教信仰有关。宋代奉道教为国教，但李氏家族信奉佛教，尤爱禅宗，李端愿和他父亲都是虔诚的佛教徒和有名的居士。他们的后代中还有一位有名的僧人——济公李修缘。

“宣州白蜜”就是安徽的结晶蜂蜜，含水量极低，因此呈结实的膏状。白蜜也有液态的，液态白蜜主要是白水蜜，有清新的槐花味，

1 〔宋〕蔡襄撰，陈庆元等校注《蔡襄全集》，福建人民出版社，1999，813 页。

颜色较透明，含有较丰富的活性酶。白蜜有抗菌消炎、止咳平喘、助消化等作用。

蔡襄信中说的“鸭脚”就是银杏果，取名“鸭脚”应该是因为银杏的叶子像鸭掌。银杏果在现代的北方很常见，但在北宋前中期却并不常见，多是从南方进贡到皇宫里，所以才会出现在达官贵人之间的礼品中。

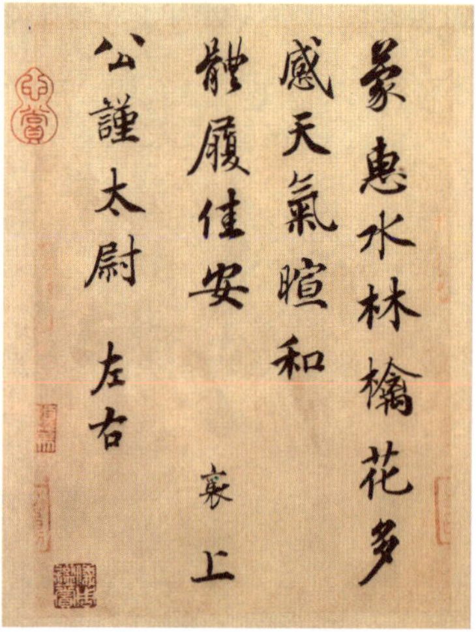

图 158 〔宋〕蔡襄《蒙惠帖》，故宫博物院藏。

李端愿曾送过一种很特殊的花给蔡襄，蔡襄给李端愿回了一封感谢信（即《蒙惠帖》，图 158），文字如下：

> 蒙惠水林檎花，多感天气暄和，体履佳安。
>
> 襄上，公谨太尉左右。

男人给男人送花，是宋代的时尚。“水林檎花”长什么模样不得而知，一些史料中记载这种花跟海棠花很像。日本的畠山纪念馆藏有一幅《林檎花图》（图 159），据说是宋代著名画家赵昌的手迹，画中的花型倒是跟海棠花很像，不过林檎花和水林檎花是不是同一品种不能确定。如果是一种东西，那可以看出这种花颜色素淡，盛开的时候花团锦簇，不仅可以用来插花，还可以用来别在头上。宋代士大夫有簪花的习惯，三五人的小聚和几十人的聚会都会簪花，这

图 159 〔宋〕赵昌（传）《林檎花图》，日本畠山纪念馆藏。

样一来，花卉的需求量就比较大。蔡襄作为朝廷要员，簪花和插花的概率很大，所以李端愿也是投其所需呢。

交流玩物信息

李端愿不参与朝政，平时经常倒腾玩物，往往就会成为这方面的专家，所以有时蔡襄也会向李端愿咨询。有一回，蔡襄得到一副用牯犀牛骨制作的小玩意，不确定能值多少钱，就找李端愿咨询（即《暑热帖》，图 160）：

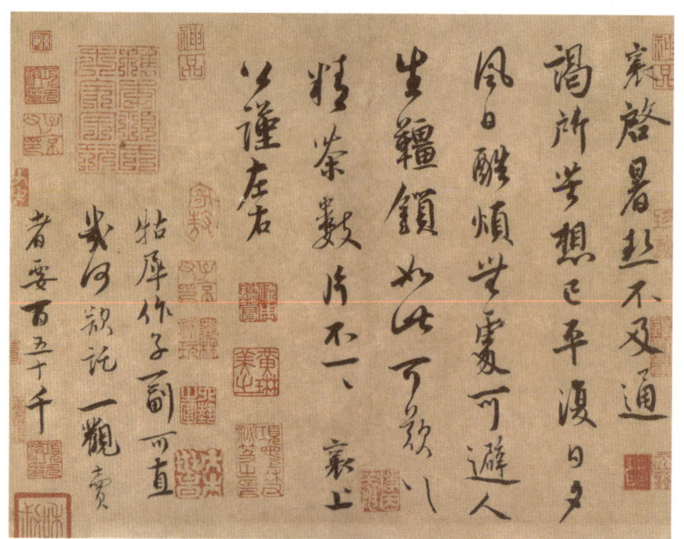

图 160 〔宋〕蔡襄《暑热帖》，台北故宫博物院藏。

襄启：

暑热，不及通谒，所苦想已平复。日夕风日酷烦，无处可避，人生缰锁如此，可叹可叹！精茶数片，不一一。襄上，公谨左右。

（牯犀作子一副，可直几何？欲托一观，卖者要百五十千。）

大意是：天气好热啊，最近没有与您通信，想来您的痛苦已经减轻了。从早到晚都这么热，无处可躲，人生被缚束如此，可叹可叹！送您一些精品茶，别的不多说了。（有一副用牯犀牛骨制作的小玩意儿，麻烦您看看能值多少钱，卖家要百五十千。）

蔡襄流传至今的墨迹不足 30 件，而写给李端愿的就有 3 件，这显然归功于李端愿有意识地保存和收藏，才使后人能看到这些珍迹。

玩物不丧志的唐询

蔡襄的好友唐询一直想调回京城任职，蔡襄就一直帮他留意各种人事变动的信息。蔡襄曾写给唐询的一封信里（即《远蒙帖》，图161）就有令唐询感兴趣的信息，文字如下：

襄再拜。远蒙遣信至都，波奉教约，感戢之至。彦范或闻已过南都，旦夕当见。青社虽号名藩，然交游殊思君侯之还。近丽正之拜，禁林有嫌冯当世独以金华召，亦不须，玉堂唯此之望。

霜风薄寒，伏惟爱重，不宣。襄上，彦猷侍读阁下。谨空。

大意是：承蒙你从远方派人送信到京城，并给我提出批评意见，非常感谢。听说你弟弟彦范已经过应天府了，那我们很快就能见面了。青州尽管是重要的地区，但我在京城与朋友们交往游玩时，还是常想起你，盼望你能回京城来。最近翰林院有新任命，冯京被授为翰林侍读学士，似乎翰林院并不乐意这次任命，是皇帝诏他回来的。其实没必要反对，冯京还是很能胜任这个职位的。天气微寒，

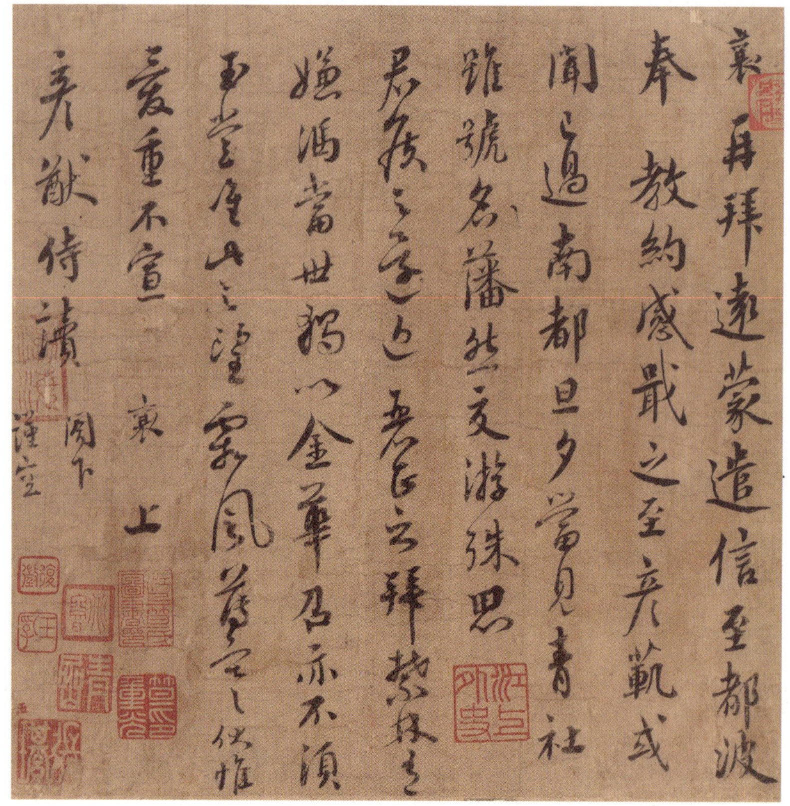

图 161 〔宋〕蔡襄《远蒙帖》，台北故宫博物院藏。

你多多保重，不多说了。

“彦猷侍读阁下”就是指唐询，这封信除了礼节性的寒暄外，还透露了他们共同的好友冯京的任免情况。冯京的工作变动不是个例，而是朝廷有较大规模的人事变动中的一例，57 岁的唐询很快也借此机会调到京城与好友团聚了。

唐询一生多次进京又出京，每次出京任职后，蔡襄都会帮他打探消息，好让他能调回来。幸运的是，这次回京之后，唐询终于得以在京城安享晚年，直至命终。

才子娶官伎

唐询，字彦猷（yóu），杭州人。唐询收藏过唐代书法家欧阳询的一片残纸，他反复研究和学习，仅凭练这几个字就成功晋级为令苏轼和黄庭坚都认可的书法家。唐询的父亲唐肃是朝廷大员，唐询以父荫进入仕途，做了一名基层小吏，官阶从七品下。仁宗登基后，下诏求天下好文章，有数百篇上献，入选者只有几篇，其中就有唐询的文章，于是他被赐予“进士出身”。

唐询与小 7 岁的蔡襄是非常要好的朋友，两人经常谈论书法与文房用品。唐询获得进士身份那年，蔡襄考中进士，两人算是同年，不过这两种进士的分量不一样，通过科考获得的进士身份含金量要高很多，也更受重视。唐询在学历上不如蔡襄还真不是因为唐询能力弱，而是因为蔡襄这枚学霸太厉害了，他 19 岁就获得一甲第十名的优异成绩，这在宋代科考中是不多见的。

唐询性格耿介，中劲而外庄，与世寡合，碰到不平之事就要鸣几声。也许就是因为这个原因，唐询被推荐为御史，负责纠察违法犯罪行为。但他很快就因为母丧而离岗。等他再回来上班时，他的亲戚贾昌朝当了宰相，按规定他要回避到外地去，于是被安排到庐州（今安徽合肥）任知州。出发前他被仁宗皇帝召见，这算是破例了，因为一般大臣外放时皇帝只以书面形式表达慰问与期望。好友张方平就趁机请求仁宗皇帝将唐询留下来，所以他也就暂时没有去庐州。但是参知政事吴育不干了，他要求秉公办理，非得要唐询回避到外地去，宰相贾昌朝也没办法，于是唐询又被安排到湖州任知州。这些事都发生在“庆历新政”实施及失败这段时间里。

虽然唐询并不情愿被外放到湖州，但此行却成全了他一桩美事。湖州有一名才艺双全的官伎，唐询看着满心欢喜，大大方方把人家娶回家了。在那时伎女也分很多种，服务于不同的对象，有的只卖艺不卖身，有的类似于交际花，官府也会养一些官伎用于接待、宴请等。

分享情报

湖州任期结束后，唐询被授予江西转运使，成为地方大员。一般来讲，如果转运使一职干得好，任期满后是可以进京任职的，不过唐询没能进京，而是又到福建任转运使。蔡襄就是在这个职位上调回京城的，他在任福建路转运使时把贡茶工作做得很好，还亲手研制出了精品贡茶“小龙团”，仁宗皇帝很喜欢喝这款茶，视若珍宝。

蔡襄回到京城后的工作是修《起居注》，记录皇帝言行，可以经常与皇帝见面。一天仁宗主动问起“小龙团”，蔡襄就知道自己的研究成果通过验收了。蔡襄立即将这一消息告诉唐询，因为对唐询来说，这是非常有价值的信息。茶叶是福建的特色物资，贡茶工作做好了，福建路转运使的工作就做好了一半。从此，“小龙团”就成为岁贡精品。仁宗皇帝非常喜欢喝这款茶，因为数量有限，他极少分赐给臣僚，臣子们偶尔得到一点，也舍不得喝，当传家宝供着，一夜之间，“小龙团”贵比黄金。

除了沟通茶的工作之外，两人还经常分享有关人事调动的重要情报，因为唐询一直想回到京城，蔡襄曾在给他的一封信里提到：

两日前堂中下进奏，取江西及福建赴治月日，后逼节，未有闻，不知作何行，当是别有命耳。[1]

意思是：两天前大臣上表章，要从江西和福建调人回京，后来因为要过节了，就没消息，不知接下来会怎样，估计还会有进一步的安排。

果然，不久后唐询就调回京城了，但后来又被派到地方上工作。唐询每次好不容易回到京城，就又因为一些理由被派出去，就这样反反复复，蔡襄也只能不断地帮这位大哥打探消息。嘉祐六年（1061），在他们共同的好友冯京调回京城后，57 岁的唐询很快也调回京城与好友团聚了。

文玩之友

50 岁的蔡襄和 57 岁的唐询都在京城工作了，工作之余，两位老先生会玩些什么呢？当然是书法和文房了。唐询酷爱收集文房用品，用纸用笔都非常讲究，“若墨纸笔，居常购求必得其精者”[2]，“非

1 〔宋〕蔡襄撰，陈庆元等校注《蔡襄全集》，福建人民出版社，1999，632 页。

2 〔宋〕朱长文《墨池编》（卷 6）“砚”“唐彦猷”，见《景印文渊阁四库全书》子部（8）艺术类（1）。

精纸非佳笔不妄书也”[1]。当时散卓笔刚出现不久,唐询算是用得比较早的人，他还曾分享给蔡襄，此事在蔡襄写给唐询的《陶生帖》(图见 263 页）中有反映。

唐询对砚颇有研究，他写过一本《砚录》，虽然文字不多，却是后人了解宋代砚台的必读书目。唐询每执政一方，就要寻找当地适合做砚的石头，而他所工作的地方如广东、湖北、山东等地都有特色砚石。好石凿成砚，或自藏，或送人，差一点的石料就做茶台。

蔡襄和唐询有一个共同的朋友名叫崔之才，崔之才是广东肇庆人，以挖端石和制端砚为生。崔之才很有经营头脑，他办了个砚台加工厂，主做高端产品，雇了一百多名工人，每年要制上千方端砚。蔡襄 41 岁那年，崔之才挖到一块品质极好的端石，周围人都担酒端肉来祝贺他。砚台制成后，他抱着这方砚废寝忘食。他想，这么好的东西，一定要送给值得受用它的人，于是他派人将这方砚送给了千里之外的蔡襄。蔡襄是识货之人，他拿到这方又大又精的砚台，喜欢惨了，专门为之斋戒，又挑了一个吉祥的日子，用珍藏的澄心堂纸、李庭珪墨、诸葛高鼠须笔写了一篇《砚记》回赠给崔之才。

有一回，蔡襄到唐询家赏砚，唐询送了一方洮河石砚给蔡襄。蔡襄很喜欢，于是题写砚铭，还写了一篇两百多字的小记。他说：“此时如无良砚,则兴趣索然矣。予因瑞卿之惠,而书其大略如此。”[2]看来，砚台还是“勾引”蔡襄书法的饵食呢！

唐询送给蔡襄的这方砚，色微白，有红丝，蔡襄说这方砚“甚

1 〔宋〕朱长文《墨池编》(卷 3)“续《书断》下”“唐彦猷”，见《景印文渊阁四库全书》子部（8）艺术类（1)。

2 〔宋〕蔡襄撰，陈庆元等校注《蔡襄全集》，福建人民出版社，1999，862 页。

可爱，兼能下墨，隔宿洗之，亦不留墨痕。其肌理细腻莹润，不在端溪中洞石下”[1]，蔡襄怀疑它就是传说中的红丝砚。在唐询的《砚录》中，排名第一的就是红丝砚，这个排名引来颇多争议。蔡襄曾送了一块红丝砚给欧阳修，欧阳修认为这并不是最好的砚石，并且写信给蔡襄直言相告。唐询当然知道端、歙地区有好砚，但他挖到过好的红丝砚，也知道这种砚的独特之处，他认为红丝砚不仅要挑好石头，还要会用，他说：

凡为砚，初用之，固有法，今更不载，惟精于物理者，自当得之，然世之大，罕有识者，往往徒得之而不能用也。此石之至灵者，非他石可与较艺，故列之于首云。[2]

蔡襄就把唐询的意思转告给欧阳修，但估计欧阳修还是不能领会。东坡先生也看到过好的红丝砚，他说：

唐彦猷以青州红丝石为甲，或云：“惟堪作骰盆，盖亦不见佳者。”今观雪庵所藏，乃知前人不妄许尔。[3]

看来，说红丝砚不好的，果真是没有见到好东西呢。（图 162）

唐询有时也会用自己的砚台换蔡襄的好东西。有一回，蔡襄得

1 〔宋〕朱长文《墨池编》（卷 6）“砚”“唐彦猷”，见《景印文渊阁四库全书》子部（8）艺术类（1）。

2 〔宋〕蔡襄撰，陈庆元等校注《蔡襄全集》，福建人民出版社，1999，861 页。

3 〔宋〕苏轼著，李之亮笺注《苏轼文集编年笺注　诗词附 9》，巴蜀书社，2011，700 页。

图 162　红丝砚（孔庆祥拍摄）。宋人宦游时，多喜欢寻访当地特产，比如欧阳修喜欢寻访碑拓，画家文同喜欢寻访字画，苏轼喜欢找美食和特色药材，唐询则喜欢寻访好笔和好砚石。他在青州为官时，考察了当地特色红丝砚石。红丝砚是小众砚石，产量和名气不如端砚和歙砚。唐询搜到了极品红丝砚，认为其发墨效果不低于优质端、歙。有些人认为唐询故意提高红丝砚身价，苏轼用过极品红丝砚，认为唐询所说不诬。

了一块品质极好的墨，唐询知道这件事后，就想把这块墨换过来。唐询选了一块稍次一点的墨，外加一方大砚台和一个花盆，给蔡襄送过去了。蔡襄把东西都收下，那块好墨却没换给他，只回了一篇书法作为交换品，这篇书法就是蔡襄的传世墨迹《大研帖》（图见 273 页）。

和知心朋友一起赏玩共同喜好的东西，自然是人生一大乐事。然而好景不长，在蔡襄写完这封回信五个月后，唐询就病逝于京城，享年 59 岁。

后记

多年以后，唐询的曾孙女唐婉嫁给了陆游。陆游与唐婉非常恩爱，终日缠绵，这让陆游的母亲很不满，生怕陆游耽于情爱而误了前程，就借口唐婉没有生孩子而勒令陆游休了她。陆游万般不情愿，但又拗不过老母亲，于是偷偷建了别馆安置唐婉，谁知被老母亲发现了，陆游只能休了唐婉。

若干年后，陆游重游沈园，偶遇已为他人妇的唐婉。此时唐婉已经嫁给了嗣濮王第七子赵士程为继室，并生下一儿一女。唐婉征得丈夫赵士程同意，亲手向陆游敬了一杯酒。陆游饮后，伤心难禁，填了一首《钗头凤·红酥手》：

红酥手，黄縢酒，满城春色宫墙柳。
东风恶，欢情薄，一怀愁绪，几年离索，错错错。
春如旧，人空瘦，泪痕红浥鲛绡透。
桃花落，闲池阁，山盟虽在，锦书难托，莫莫莫。

后人觉得这段故事凄婉感人，但似意犹未尽，就又杜撰了一段。数年后，唐婉再次来到沈园瞥见陆游的题词，不由感慨万千，于是和了一首《钗头凤·世情薄》：

世情薄，人情恶，雨送黄昏花易落。
晓风干，泪痕残，欲笺心事，独语斜阑。难，难，难。
人成各，今非昨，病魂常似秋千索。
角声寒，夜阑珊，怕人寻问，咽泪装欢。瞒，瞒，瞒。

“段子手”苏东坡怎样向文同求画

北宋有了苏轼，其他人的诗文词章都黯然失色，但苏轼却对表兄文同（1018—1079）的诗文极为赞赏。苏轼尤其喜欢文同写的骚体赋，那冲击心扉的文字和韵律里流淌着一股高贵的忧伤，令他非常着迷。不过，相比诗文，苏轼更喜欢文同画的墨竹（图163），只是文同不喜欢别人跟他索要墨竹，所以苏轼也不敢轻易开口。

后来，苏轼发现很多朋友都藏有文同的墨竹，于是厚着脸皮开始主动“出击”，

图 163 〔宋〕文同《墨竹图》局部，台北故宫博物院藏。文同以画竹名世，其实他的书法和诗文都很好。苏轼喜欢与文同玩诗文游戏，有时候还向文同求诗文以刻碑。文同草书写得很好，苏轼有时写出不错的文章想要刻在碑石上，也会请文同用草书誊抄一遍，再将文同的墨迹刻在石头上。

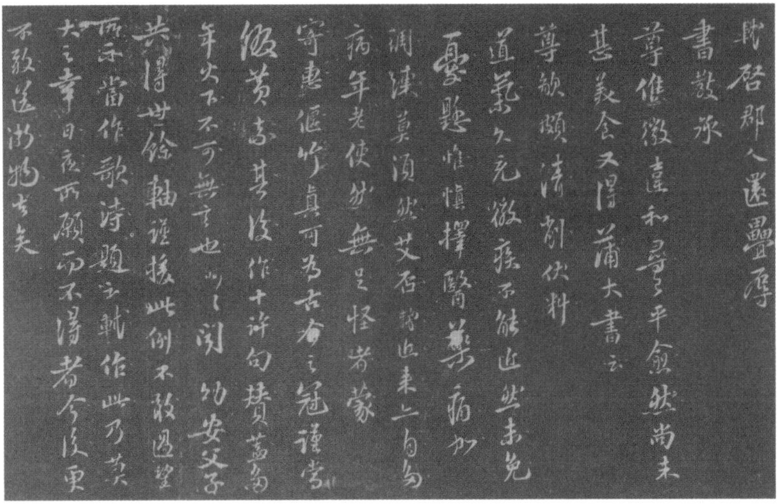

图 164 〔宋〕苏轼《偃竹帖》局部，选自宋拓本《成都西楼苏帖》，北京市文物商店藏。

果然得到了文同的一幅《筼筜（yúndāng）谷偃竹》，他很高兴，给文同回了一封信（即《偃竹帖》，图 164），文字如下：

轼启：

郡人还，叠辱书教。承尊候微违和，寻已平愈，然尚未甚美食。又得蒲大书云：尊貌颇清削。伏料道气久充，微疾不能近，然未免忧悬。惟慎择医药，痛加调练，莫须然艾否？轼近来亦自多病，年老使然，无足怪者。

蒙寄惠《偃竹》，真可为古今之冠，谨当缀黄素其后，作十许句赞。盖多年火下，不可无言也。呵呵。

闻幼安父子共得卅余轴。谨援此例，不敢过望。所示，当作歌诗题之，轼作此，乃莫大之幸，日夜所愿而不得者。今后更不敢送浙物去矣。老兄恐吓之术，一何疏哉！想当一大噱。

别后亦有拙诗百余首，方令人编录，以求斤斧，后信寄去。老兄盛作，尚恨见少，当更蒙借示，使劣弟稍稍长进。此其为赐，又非颁惠墨竹之比也。

冗中奉启，不尽之意。轼再拜与可学士亲家翁阁下。正月廿八日。

意思是：老乡从你那里回来了，又带来了你的书信。听说你身体微恙，虽然已经好了，但还不大爱吃饭。蒲大在信里告诉我说你现在很清瘦，虽然你经常练功，体内充满道气，小病不会伤害到你，但我还是很担心。你一定要谨慎选择大夫和药物，多多调养练功，你看是否需要艾灸一下呢？我现在也常生病，人老了都这样，没什么奇怪的。你送给我的《偃竹图》真可谓古今之冠，我一定要在后面接一段黄绢，写十句赞。我们是多年的老伙计了，怎么能不好好写几句呢？呵呵。听说幼安父子一共得了你三十多幅画，你也按照他们的数量给我吧，我也不敢有过多的奢望。你送给我的画，我都会在后面题诗，能为你的画题诗是我莫大的幸运，这可是我日夜所盼望而不能实现的事啊。今后可不敢再给你送江浙的特产了，老兄你吓唬人的本领可真不行，当为此大笑一场。自上次分别后，我写了一百多首诗了，正请人编录，还要请你多多指正，等编好后再随信寄给你。老兄你的诗文大作我只恨见得少，你一定要多给我一些，也让你顽劣的老弟能稍稍有所长进，这种恩惠可比送我墨竹要大多了。忙里偷闲给你写信，言不尽意。

信中提到了文同身体不大好，但苏轼也没有太放在心上，只是提醒他多注意保养。信中提到的江浙特产，应该是指之前苏轼送了一只杭州的药玉船给文同，而文同回赠的是一幅墨竹，苏轼觉得这幅墨竹价值远远高出那只药玉船，所以才说再也不敢送浙江特产去了。虽然苏轼索画的口气显得很“贪得无厌”，但最后他还是说文同的诗文是比墨竹更大的恩惠，不知这是他的真心话还是为了讨文同欢心呢？苏轼在落款处称呼文同“亲家翁”是因为弟弟苏辙将女儿嫁给了文同的儿子，两家亲上加亲。

苏轼的传世碑帖中有好儿篇都是跟文同索要诗文书画的，从中不难看出他二人的深厚友情，也不难看出，东坡先生还真是一名妥妥的“段子手”呢。

没有存在感的官员

四川有一个姓袁的道士，据说法术非常高超，能用六十四卦推五行配六神使七十二煞，预言别人的祸福十分灵验，他后来在京城的达官贵人之间混得很不错，还得到了皇帝赐的紫衣。袁道士住在开封城南的一座道观里，有一天，他在道观里看到一位官员模样的人在纳凉，仔细一看，大吃一惊，赶紧上去行礼。那位官员很错愕，因为他不认识这个道士。袁道士将官员请上高座，和他攀谈起来。袁道士自我介绍之后，官员恍然大悟，原来此道士跟自己是四川老乡，自己小时候还听说过这位奇异的道士。袁道士请官员为自己取个字，官员略微一思索，为他取字“惟正”。

这位令袁道士敬仰的官员即是中国墨竹史上大名鼎鼎的文同。好在袁道士求的是字，如果是求墨竹，那未必能求得到，倒不是因为文同吝惜自己的画，而是他很不愿意别人把自己当画家看待。在宋代，画家的地位跟工匠杂役差不多，可偏偏在很多人眼中，文同最擅长的就是画墨竹，这让他很恼火。袁道士向他求字，看重的是他的学问，文同自然就乐意帮忙了。

从 13 岁起，文同就被父亲委以重任——考进士，可是从他父亲往上四代都是布衣，所以文同算是“白手起家”。为了顺利通关，他得在诗、赋、策论和儒家经义方面狠下功夫才行。为了增强记忆，他把需要考试的内容都刻在墙壁上。若干年后，文同回乡省亲，自己被那堵密密麻麻刻满考试内容的墙壁给震撼了，感觉自己当年做的是泯灭人性的行为。

文同的科考之路并不顺利，一直考到 31 岁才考上，幸运的是，他考了第五名，这是非常优秀的成绩。按这个成绩，他将是大宋人才库的重要储备人员。可文同天生不是靠政治发家的角色，他性格内向，胆小怕事，从来不会草率议政，在挚友苏轼身陷囹圄时，他甚至都不敢直呼其名。

反观仁宗朝有名的文臣如范仲淹、欧阳修、蔡襄等人，哪个不是嘴巴上挂着火药筒的？路见不平就发几筒，管他皇帝老子宰相大臣怎么说！文同却经常将嘴巴藏在腋窝下，时间久了，他在政治上的存在感自然就慢慢消失了，这也许就是他几乎一辈子都待在西部偏远地区的原因。

后来文同也有了“靠山”，那就是北宋政界活了 91 岁的“神龟”文彦博（1006—1097）。文彦博比文同年长 12 岁，却比文同晚 18 年去世。当年文彦博以朝中要臣的身份出任四川，发现了与他同姓的文同，他赞扬文同的诗“襟韵洒落，如晴云秋月，尘埃不到”。一时之间，四川学子争相传阅文同的诗文。

一个人把诗歌写得不着一粒尘埃，就别指望他在仕途上能爬多高了。文同对吏治也确实没什么兴趣，经常还没有下班就走人了。去哪里了？他不是回家品赏字画去了，就是到别人家品赏字画去了。

流连于字画之间

文同每到一处新任职地，就惦记着周围的名胜古迹，因为这些地方经常会有古人或当朝前辈留下的手笔。有一天，他在一处古迹里偶遇宋初著名副宰相鲁宗道（966—1029）所题写的榜书，那种磅礴而内敛的气势让文同眼泪双流。

四川僧人喜欢收藏字画，很多寺院里藏有宝贝，这是文同从小就知道的秘密。文同在考中进士之前就与当地的僧道多有联系，他有一位僧友名叫惟中，惟中性格孤洁，不常与人相往来，但是精通禅律之学和儒学，粉丝非常多，文同也是其中之一。惟中喜欢佛像，他在圆寂之前请当地一位有名的画家绘制禅宗六祖慧能的画像，文同有幸看那位画家现场作画。寺院里经常有前代高手留下的壁画，文同在逛寿宁院时，居然发现了五代至宋初非常有名的大画家孙知微（字太古）的壁画，这种意外的发现使文同更热心于寻访古寺。

多年流连于字画之间的生活使文同对当地收藏界了如指掌。自唐末战乱以来，一些世居长安的富贵人家举家南下四川避祸，一大批好字画流入四川，所以文同时不时能大饱眼福。文同虽然很穷，却藏了一柜子好画，且看看下面这个单子吧：

朝代	作者	作品
五代	黄筌	《鹊雏图》
五代	许中正	《捕龙雷》
五代	滕昌祐	《芙蓉》
北宋	范宽	《雪中孤峰》
北宋	崔白	《败荷折苇寒鹭》
北宋	宋迪	《晚川晴雪》
北宋	许道宁	《寒林图》
北宋	易元吉	《抱栎狨》
北宋	孙知微	《辟支迦佛》
	梁信	《羯鼓小图》
	蒲氏	《钟馗》
	无名氏	摹王维《捕鱼图》

上面这12幅精品若是能保存到现在，必定是“国家宝藏”。即使在当时，每幅作品大约也是能换得到一套房子的，而这还只是文同藏画中的一部分。

文同收藏的字画越来越多，绘画造诣也越来越高，而官阶却迟迟上不去，这让文同很有分裂感。郁闷的文同经常将自己的情绪释放到诗文和书画创作中，他的墨竹因而更加有意味，很多人都希望得到他的墨竹。文同却不干了，他可以随便画，随便送人，但别人不能把他当画家那样索画，他的身份是士大夫，是朝廷命官。

东坡也不敢索画

文同有个远房表叔也很喜欢收藏字画，这位表叔有个儿子比文同小19岁，名叫苏轼。苏轼与表兄文同的性情完全不同，他豪迈直爽，仗义敢言，即便是皇帝制定的政策，他看着不顺眼也照样不吐不快。苏轼非常喜欢交朋友，他的儿子说他一天不找人玩就会憋坏。在流放儋州的荒凉岁月里，苏轼也不甘寂寞，周围没有朋友，他就找当地的农民聊天，没啥好聊的了，就央求他们讲鬼故事，有时实在闲得发慌了就找过路的人聊，所以就有了"春梦婆"的故事。有一天，苏轼在田间地头调侃一位阿婆，阿婆毫不客气地回怼："是非都是一张嘴惹出来的，忘了朝廷为何贬你了吗？当年你贵为翰林学士，现在不也都成了一场春梦吗？"苏轼被怼得哑口无言，从此就称这位阿婆为"春梦婆"。

性格如此相反的一对表兄弟却成了好朋友。熙宁三年，49 岁的文同与 35 岁的苏轼十分难得地都在京城任职，苏轼为文同的一幅墨竹题了一段跋文：

昔时与可墨竹，见精缣良纸，辄愤笔挥洒，不能自已，坐客争夺持去，与可亦不甚惜。后来见人设置笔砚，即逡巡避去，人就求索，至终岁不可得。

或问其故，与可曰："吾乃者学道未至，意有所不适，而无所遣之，故一发于墨竹，是病也。今吾病良已，可若何？"

然以余观之，与可之病，亦未得为已也，独不容有不发乎？余将伺其发而掩取之。彼方以为病，而吾又利其病，是吾亦病也，是吾亦病也。熙宁庚戌七月二十一日，子瞻。

这段话大意是：以前文同画墨竹，往往是看到精绢好纸就奋笔挥洒，不能自已，周围的人争抢着把画拿走，他也不在意。后来他一见别人摆好笔砚就赶紧躲开，别人向他求画，往往一整年都求不到。有人问他原因，他说："我学道没有学到家，心里觉得不舒服，又无处排遣，就发泄在墨竹上了，这是病。现在我病好了，还画什么呢？"但在我看来，与可的病还没完全好，难道还能拦得住他再次发作吗？我就等着他再发泄的时候取走他的墨竹。他觉得自己有病，而我又盼着他发病，看来我也病了，我也病了呀！

从这段跋文可知文同画墨竹是为了派遣心中郁闷。文同是一位全能的艺术家，诗文辞赋、书法、绘画、古琴等无不精通。在艺术创作上的自如表达以及对艺术本质的通透理解，使得文同在绘画时会想到书法，想到文学，当然，归根结底是想到他自己，所以他画的墨竹一定是既有个人特色又寄托了失意士大夫普遍感情的"情绪竹"。于是，他的画名盖过了他的其他艺术，他的墨竹也越来越受欢迎。

苏轼了解文同的脾气，所以不会轻易跟文同要画，但经常索要文同的诗文和书法。苏轼喜欢隔空雅集，没有一次不给文同派活的，还经常规定好字号和书体，以便刻在石头上流芳千古。熙宁九年，任密州知州的苏轼给文同写了一封求诗文的信（即《乞〈超然台诗〉帖》，图165），内容如下：

《凤咮》等诗，屡有书道谢矣。岂皆不达耶？暌远可叹，皆此类也。向有书乞《超然台》诗，仍乞草书，得为摹石台上，切望切望！

安南、代北骚然，愚智共忧，而吾徒独在闲处，虽知天幸，然忧愧深矣。此中亦渐有须调，蜀中不觉否？

轼近乞齐州，不行。今年冬官满，子由亦得替，当与之偕入京，力求乡郡，谋归耳。洋川园池乃尔佳绝，密真陋邦也，然亦随分葺

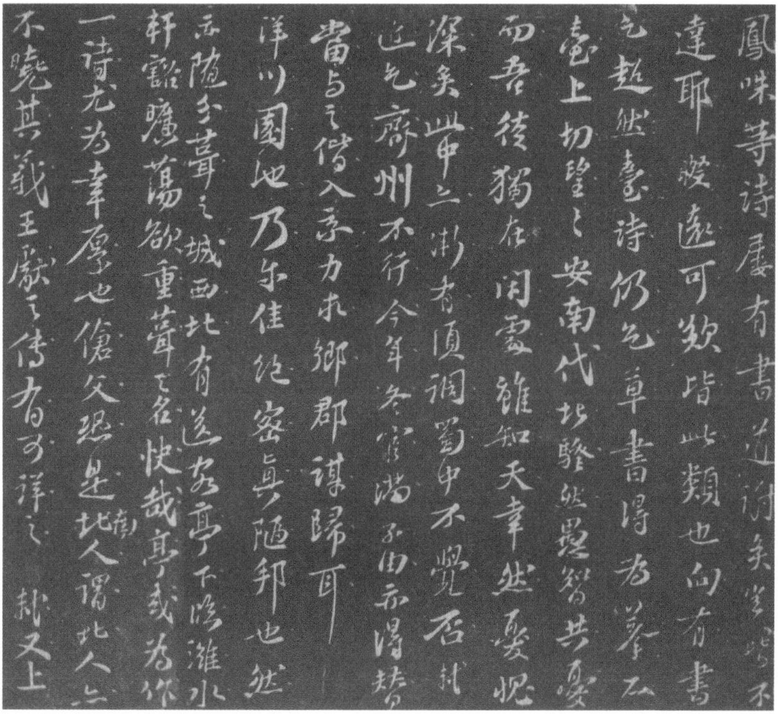

图 165 〔宋〕苏轼《乞〈超然台诗〉帖》，引自宋拓本《成都西楼苏帖》，北京文物商店藏。

之。城西北有送客亭，下临维水，轩豁旷荡，欲重葺之，名“快哉亭”。或为作一诗，尤为幸厚也。

“伧父”恐是南人谓北人，亦不晓其义，《王献之传》有，可详之。轼又上。

苏轼这封信大意如下：你帮我写了《凤咮》等诗，我给你写了几封感谢信，难道你都没有收到吗？唉，隔得远，通信不便，多是这样子的。我之前求你写《超然台诗》，请仍用草书写，我要把它摹刻在石头上，一定要记得！南方、北方局势都不安宁，大家都很担心，而我却在密州这个地方闲着，虽然我知道这很幸运，但是深怀忧虑，于心有愧啊。近来国家在征调兵马，蜀中没有觉察到吗？我最近请求调到齐州（今山东济南），没有成功。今年冬天我的任期就满了，我兄弟子由也到了轮换的时候，我会与他一起入京，尽力求得四川的职位，我想回家了。你所在的洋州自然环境非常好，我所在的密州真是穷乡僻壤，但我还是尽力把这里修建得好一点。城西北有一座“送客亭”，下临潍水，高大开阔，我想重新修葺，将名字改为“快哉亭”。你要是能为这个亭子作一首诗，那就太好了。你问“伧父”这个词是什么意思，我估计是南方人对北方人的称呼，我也不知道它的确切意思，《王献之传》里有，你可以仔细看看。

东坡索画有“恶招”

大约到元丰元年（1078）时，苏轼发现周围很多朋友都有文同的墨竹，有的还不止一幅，他就觉得不平衡了，也开始赤裸裸地跟文同索要墨竹，他给文同写信道：

近屡于相识处见与可近作墨竹，惟劣弟只得一竿。未说《字说》润笔，只到处作记作赞，备员火下，亦合剩得几纸。

专令此人去请，幸毋久秘。不尔，不惟到处乱画，题云：“与可笔”，亦当执所惠绝句过状，索二百五十匹也。呵呵。[1]

1 〔宋〕苏轼著，李之亮笺注《苏轼文集编年笺注 诗词附 6》，巴蜀书社，2011，656 页。

大意是：我最近在好几个朋友那里看到你新画的墨竹，我却只有一幅，还只有一根竹子。我给你写过《字说》，你也没给我点什么作为润笔费，只到处给别人写记写赞，我作为你多年的老伙计，你也该留几张画给我呀！我现在专门派人去找你要墨竹，你最好别拖延太久，否则，我就到处乱画，然后落款写你的名字。还有，你还欠我二百五十匹绢，你之前送我的绝句里白纸黑字写着的，呵呵！

东坡先生颇有点为弟不恭的样子，不过他一般只在与好友的通信中才用“呵呵”，索画“恶招”也不过是在老兄面前耍无赖罢了。

这个二百五十匹绢的故事发生在苏轼这次去信之前。大概是因为那段时间文同心情不错，就想专心从政，不想画画了。苏轼一直说要跟文同学习画墨竹，于是文同就给苏轼去了一封信，信中说：“我最近跟士大夫们说，我这一派的墨竹在徐州，你们想要墨竹，就到那儿去求吧，那这些做袜子的材料就都会聚到你那儿去咯。”文同还在信后附了一首诗，其中有两句是“拟将一段鹅溪绢，扫取寒梢万尺长”，意思是用绢来画万尺长的竹子。

苏轼当时正在徐州，文同说他这一派的墨竹在徐州就是指苏轼在跟他学画墨竹，做袜子的材料就是指画画用的绢。文同把画画用的绢称为“袜材”，也可见画画在他心目中的地位并不高，当然，这并不意味着他不热爱画画。（图 166）

苏轼就抓住了文同诗中提到的“寒梢万尺长”，回信给文同说：“要画万尺长的竹子，那得用绢二百五十匹啊，我知道你不想画画了，你把那绢给我吧。”

文同无言以对，就说：“我说错了，世上哪里有万尺长的竹子呢？”

苏轼又去信说：“世间亦有千寻竹，月落庭空影许长。”

图 166 〔宋〕苏轼《潇湘竹石图卷》局部，中国美术馆藏。苏轼想跟文同学画竹，但是两人经常不在同一个时空里，所以教和学都是稀稀拉拉的。文同教苏轼画竹的秘诀在于写好草书，他去世以后，苏轼才开始领悟他作品中的精髓。

文同又回信说："老弟你虽然善辩，但要真有二百五十匹绢，那我就要买田归老咯。"

苏轼此番"出击"果然得到了文同的一幅墨竹，他很高兴地给文同回了一封信，即开篇提到的《偃竹帖》。苏轼在信中"得寸进尺"，竟然狮子大开口，让文同给他画几十幅墨竹图。

苏轼文人画的启蒙

针对苏轼在《偃竹帖》中提到的养身、求墨竹等内容，文同一一作了回复，也真的又给苏轼寄去了墨竹和诗文书法。苏轼就又给文同去了一封信（即《墨竹草圣帖》，图 167）。

寄示墨竹草圣，皆极妙，所谓亹亹逼人。并示长生匮法，仆亦

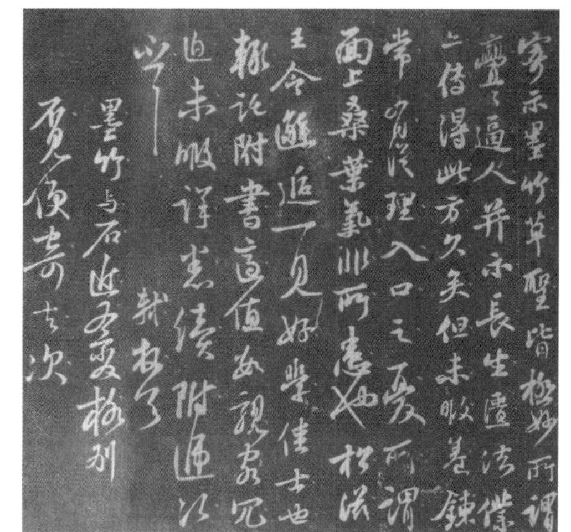

图 167 〔宋〕苏轼《墨竹草圣帖》，选自宋拓本《成都西楼苏帖》，北京市文物商店藏。

传得此方久矣，但未暇养炼。常有从理入口之忧，所谓面上桑叶气，非所患也。

松滋王令，邂逅一见，好学佳士也，辄托附书。适值数亲客，冗迫，未暇详悉，续附递次，不一一，轼顿首。

（墨竹与石，近又变格，别觅便，寄去次。）

大意是：你寄给我的墨竹和草书都妙极了，正所谓亹亹（wěi）逼人。你跟我说的长生匮法，我很早就学习过，但一直没时间修炼。我常常忧虑自己法令纹入口这种不好的面相，而所谓脸上有桑叶气，倒不是我所担心的。松滋的王令是我偶然遇见的一位好学之士，所以托他带书信给你。此刻恰好有几位亲朋好友在我这里做客，匆匆给你回信，来不及细聊，过后慢慢聊吧。我最近画的墨竹和石头，格法又有些变化，等我再找合适的机会给你寄过去。

苏轼信中提到的“从理入口”是指法令纹伸入口角，这种面相往往代表晚年无法进食或被饿死，所以苏轼深感忧虑。说起来，晚年的苏轼还真有不少忍饥挨饿的日子，不知是不是因此而促使他对吃颇下功夫，从而成了一枚“吃货”呢?

看来苏轼真的在用心跟文同学画，不仅学墨竹，还学画石头。可以说，苏轼文人画的启蒙老师就是文同，而苏轼文人画思想的发源地就是徐州。

不久，应苏轼索要诗文的请求，文同寄来了一首六言诗，而后苏轼又回了一封信（即《平复帖》，图 168），文字如下：

轼启：

叠辱来教，承起居佳适。闻中间复微恙，且喜寻已平复。轼比来亦多病，渐老不耐，小放意辄成疾，不可不加意慎护也。

水后弥年劳役，今复闻决口未可塞，纷纷何时定乎?

寄示和潞老诗，甚精奇，稍间当亦继作六言诗，殆难继也。

未缘会遇，万万以时自珍。谨奉手启，上问不宣。轼再拜。与可学士亲家翁阁下。三月二十六日。

大意是：多谢来信指教，愿你起居安好。听说你前些天身体又有小毛病，可喜的是现在已经恢复了。我的身体也比以往多病，渐渐老了，抵抗力没那么强了，稍微不注意就会生病，不可不小心谨慎，多加防护吧。洪水之后一整年都在劳役，现在又听说决口没有堵住，泛滥的水灾何时才能休止呢?你回和文彦博的诗相当精奇，等我有空的时候也和一首六言诗，但估计很难和得出来。没机会见

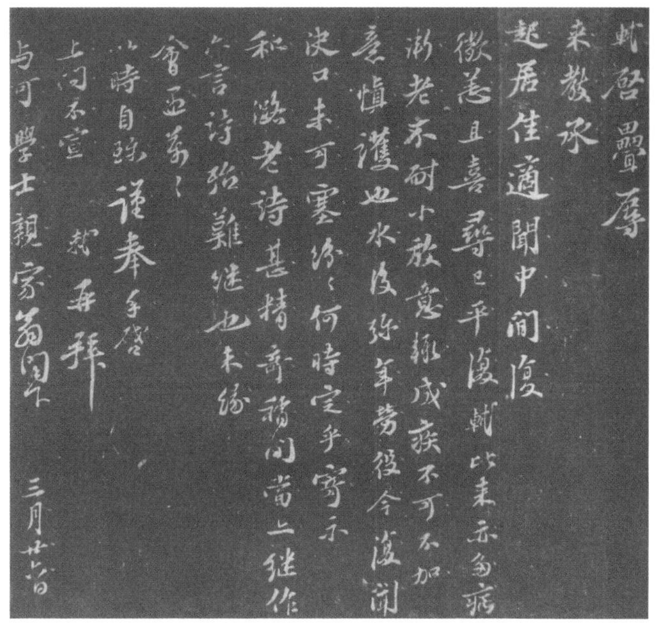

图 168 〔宋〕苏轼《平复帖》，选自宋拓本《成都西楼苏帖》，北京市文物商店藏。

面，请万万珍重。

从这封信可以看出文同的身体确实已经很差了，到夏天时，他在一幅《墨竹》后跋了一段文字：

伏暑不能退，须在假将理。今仅能饮食，惟皮骨耳。欲求襄、汝或资、简，生事窘薄，俯首碌碌，为窃禄人，惭悚。

素所嗜好，都自撤去，惟画竹、吟诗，有子骏、子瞻为真赏，故断之迟迟。

大意是：伏暑一直不退，只能请假在家调养休息。现在只能吃些流食，我只剩一副皮包骨了。我想下一个任期换到襄州、汝州、资州或简州，生存状况如此窘困，一辈子埋头碌碌，只不过是空领一点俸禄罢了，惭愧惶恐啊！一直以来的嗜好都已经舍弃了，只留下画竹和吟诗两项，因为有子骏、子瞻能真正欣赏，所以就迟迟没有断掉。

“子骏”是鲜于侁，“子瞻”是苏轼。从文同的自述看，此时他已经很像是一个将死之人了，但由于鲜于侁和苏轼是他真正的知音，所以就硬撑着为他们两人画竹，作诗，传授画法。苏轼对这种状况并不知情，否则他肯定就不会再给文同“派活”了。对于苏轼的绘画艺术来说，这确实是非常重要的成长契机，文同基本已经在这段时间把画竹的心法传给了苏轼。

黄楼遗憾

当年八月，苏轼因治水成功而在徐州城东门修建了一座大楼，饰以黄土，故名“黄楼”。楼成之后，苏轼广撒“英雄帖”，向各路才俊征集诗文辞赋，举办了声势浩大的文学雅集，文同自然在苏轼邀请范围内，但一直到重阳节举办的黄楼落成庆典上，文同的赋都没有寄来。十月中旬，苏轼去信相催（即《入冬帖》，图 169）：

轼启：

稍不驰问，不审入冬尊体何如？想旧疾尽去，眠食益佳矣。

见秋试，知八郎已捷，不胜欣慰。惟十一郎偶失，甚为怅然。

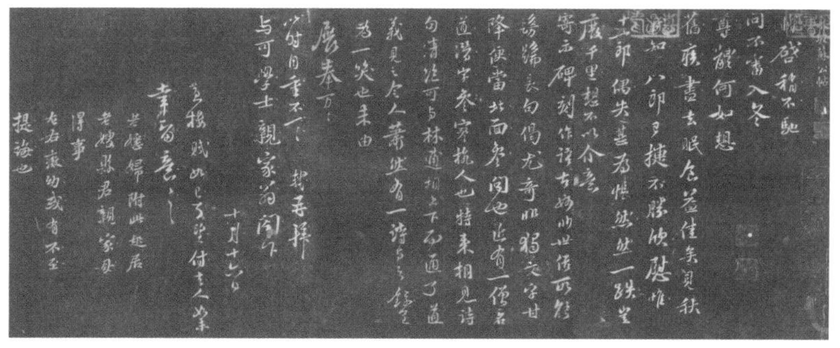

图 169 〔宋〕苏轼《入冬帖》，选自宋拓本《成都西楼苏帖》，北京市文物商店藏。

然一跌岂废千里，想不以介意。寄示碑刻，作语古妙，非世俗所能仿佛。长句偈尤奇，非独文字甘降，便当北面参问也。

近有一僧，名道潜，字参寥，杭人也。特来相见。诗句清绝，可与林逋相上下，而通了道义，见之令人萧然。有一诗与之，录呈，为一笑也。未由展奉，万万以时自重，不一一。轼再拜与可学士亲家翁阁下。十月十六日。

（《黄楼赋》如已了，望付去人，如未，幸留意留意！老媳妇附此起居，老嫂县君亲家母，得事左右，痴幼或有不至，提诲也。）

信的大意是：最近没顾上问候你，不知入冬以来你身体怎么样了？想来老毛病都已经康复了，睡眠和饮食应该都好多了。秋试的结果出来了，听说八郎中榜了，不胜欣慰，而十一郎偶然失利，令人难过。但是千里之行怎能因一次跌倒而受影响，想来他应该不会介意。你曾把他的碑刻寄给我看，文章语言古朴绝妙，不是一般人能写得出来的，长句偈颂写得尤为精奇，让我自叹不如，我还要向他多多请教才是。最近有一名僧人，名道潜，字参寥，杭州人，特地来与我相见。他的诗很清绝，与林逋不相上下，而且还通了道义，令人一见到他就感觉很空寂。我把他写的一首诗抄录给你，且为一笑。来不及畅聊，你一定要多保重，不多说了。十月十六日。（《黄楼赋》如果写完了，就请交给送信人，如果还没写完，烦劳费心。我的夫人附了一张问候起居的便条，请转交亲家母，我的侄女有幸在你们身边侍奉，她还年幼无知，有照顾不周之处，烦请多多提携教诲。）

苏轼此刻显然对文同身体状况的实情不甚了解，而文同似是不忍扫了自己铁粉的雅兴，一直没有实言相告，所以苏轼就继续向文同求画或换画，他给文同写信道：

轼启：

近承书诲，喜闻尊候益康胜。见乞浙郡，不知得否？相次入文字，乞宣与明。若得与兄联棹南行，一段异事也。

中前桑榆之词，极为工妙，寻曾有书道此，却是此书不达耶？老兄诗笔，当今少俪，惟劣弟或可以仿佛。墨竹即未敢云尔，呵呵！

佳墨比望老兄分惠，反蒙来索，大好禅机，何处学得来？大轴挥洒必已了，专令人候请，切告。

乌丝栏两卷，稍暇便写去。近见子由作《墨竹赋》，意思萧散，不复在文字畛域中，真可以配老笔也。亦欲写在绢卷上，如何如何？乍凉，万万珍重。[1]

1 〔宋〕苏轼著，李之亮笺注《苏轼文集编年笺注 诗词附 6》，巴蜀书社，2011，670 页。

大意是：最近收到你的来信，知道你身体更健康了我很高兴。你说下一任想申请去浙江，不知朝廷批准了没有？我已经向朝廷申请下一任去宣州或明州，若是能与老兄你一起坐船南下，那可真是妙事一桩啊。之前你寄给我的桑榆之词写得极好，我随即就给你去信谈及这个，难道你没有收到吗？老兄你写的诗歌，当今少有人能与之媲美，只有劣弟我或许可以和你有得一比，但是画墨竹我就不敢说这种话了，呵呵！指望老兄你把好画大大方方地送给我，现在却让我主动索要，这大好的禅机是从哪里学来的呀？你肯定早已经把两幅大画挥洒完成了，我专门派人候请，特此告知。那两卷印有乌丝栏的纸，等我稍空闲一点的时候就写好给你送去。最近见苏辙写了一篇《墨竹赋》，意境潇洒闲适，那境界不是文字可以描述的，很值得配上一幅笔墨老到的墨竹大作，也希望你画在绢上，怎么样？天气突然转凉，万万珍重。

从信中可知，此时文同应该已经结束了洋州之任而回京述职，并等候下一个任期的安排，他申请去浙江。苏轼在徐州的任期也将要结束，他申请去宣州（今安徽宣城宣州区）或明州（约今浙江宁波），如果能够实现，他们就有可能一起乘船南下。看样子，苏轼最近派的活儿文同都迟迟没有完成，文同的身体应该是差到极点了。

又过了一段时间，文同的任职安排出来了，他的申请被批准，被派往浙江湖州任知州。终于可以在晚年时到东南富庶之地任职，相信文同的心情是愉快的。此时，苏轼又有了新想法，他很希望在黄楼上安置一道屏风，以作为镇宅之宝，这项任务他也交给了文同，于是专门给文同写了一封信（即《黄楼帖》，图 170），文字如下：

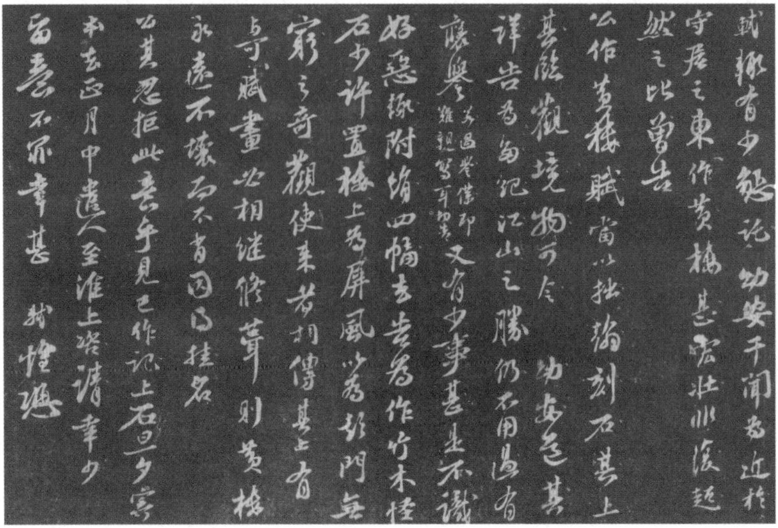

图 170 〔宋〕苏轼《黄楼帖》，引自宋拓本《成都西楼苏帖》，北京市文物商店藏。

轼辄有少恳，托幼安干闻。为近于守居之东作黄楼，甚宏壮，非复“超然”之比。曾告公作《黄楼赋》，当以拙翰刻石其上。其临观境物，可令幼安道其详，告为多纪江山之胜，仍不用过有褒誉（若过誉，仆即难亲写耳，切告）。又有少事，甚是不识好恶，辄附绢四幅去，告为作竹木、怪石少许，置楼上为屏风，以为彭门无穷之奇观，使来者相传其上有与可赋、画，必相继修葺，则黄楼永远不坏，而不肖因得挂名，公其忍拒此意乎？

见已作记上石，旦夕寄本去。正月中遣人至淮上咨请，幸少留意。不罪，幸甚。轼惶恐。

大意如下：我之前有一个小小的请求，托石康伯给你带了口信。

我在徐州城东建了一座黄楼，十分宏伟壮丽，不是超然台能够相比的，所以想请你作一篇《黄楼赋》，然后用我拙劣的书法抄刻在石上。它周围的景物可以让石康伯为你详细讲解，烦请多写江山之胜，而不要褒誉过度，否则我就很难自己亲手抄写了，切记。还有一件小事要劳烦你：我真是太不识好歹了，随信给你带去四幅绢，请你在上面稍微画一些竹木怪石，我要放在黄楼上做屏风，以作为徐州永久的奇观，这样后人都知道黄楼上面有文同的赋和画，必然会不断地修葺，那样黄楼就永远不会毁坏了，而我这个不肖之徒也因此而挂了个名，老兄你忍心拒绝我这个请求吗？现在已经作了一篇记，并已刻石，很快就会把拓本寄给你。正月中旬我会派人到淮上（今安徽蚌埠淮上区）询问完成情况，请你留意一下。不要怪罪我，这是我莫大的幸运。

按时间推算，此时文同大约已经启程赴任湖州，苏轼与他沟通过行程日期和路线，知道他会路过淮上，所以才说正月中旬时派人到那里与文同会面并询问完成情况。可惜文同刚从开封出发没走多远就病逝于陈州（今河南淮阳），苏轼惊闻噩耗，痛哭流涕，一夜未眠，后来还多次写诗文纪念文同。

苏轼被宝月缠上之后

治平二年（1065）初，30岁的苏轼和父亲苏洵、弟弟苏辙一起生活在开封的“南园”，这是他们数年前刚到京城时买的一座宅子，一大家子都搬到了这里居住。有一天，他们收到了一封信，是四川老家的亲戚寄来的，信的背面附了苏洵的好友杜君懿的问候。杜君懿喜欢研究制笔工艺，曾在宣州与制笔高手诸葛高一起切磋技艺，他送了两支诸葛笔给年轻的苏轼，苏轼对诸葛笔的品质惊讶不已，从此就深深爱上了这种笔。

苏洵让儿子苏轼替自己给杜君懿回了一封信（即《宝月帖》，图171），此信文字如下：

大人令致恳，为催了《礼书》，事冗，未及上问。昨日得宝月书，书背承批问也。令子监簿必安胜，未及修染。轼顿首。

大意是：父亲大人让我代他向您致以诚恳的问候。他为了催促完成《礼书》，一直很忙，没顾上问候您，昨天收到宝月的书信，看

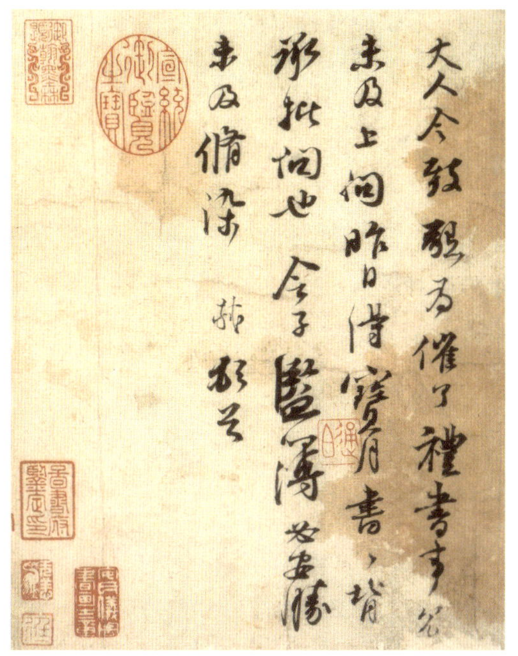

图171 〔宋〕苏轼《宝月帖》，台北故宫博物院藏。

到信背面附有您的问候。您的儿子也一定各方面都很安好，没来得及给他写信，十分抱歉。轼顿首。

后世将这封信以“宝月”命名，这个名字也借由苏轼的名气而流传千古了。

初有交往

宝月是佛门中人，法名“惟简”，而“宝月”很可能是朝廷赐他的法号。宝月俗姓苏，四川眉山人，只比苏洵小 2 岁，但是辈分较低，跟苏轼同辈。苏轼说宝月年轻时又黑又瘦，像个印度僧人，老了后皮肤居然变得很白，有人说这是因为他做了很多积阴德的事，一定会长寿。

嘉祐四年（1059），苏轼母亲去世，两年前名动京师的“三苏”父子荣归故里祭奠，宝月作为同族亲友兼僧人，少不得为崇信佛教的苏老夫人张罗各种佛事。这期间，苏轼与宝月为葬礼琐事多有通信，有两封信流传至今，被后人刻在同一块石头上（即《奉喧帖》，图172），其中第一封信内容如下：

轼顿首：

昨者累日奉喧，既行，又沐远出，至刻厚意。即日法履何如？所要绣观音，寻便召人商量，皆言若今日便下手绣，亦须至五月十间方得了当。如成见卖者即甚不佳，厥直六贯五六。见未令绣，且此咨报，如何如何？

借及折枝两轴，专令归纳，并无污损，且请点检妆佛，甚烦催督。今令两仆去迎，且请便遣回。今趁追荐，仍希觑令子细安置结束，勿使磨损为祝。其馀者，亦幸与督之。至祝至祝！

所借浮沤画一轴，近将比对壁上画者，恐非真笔，然亦稍可爱。前人如相许，辍得亦妙。冗事甚聒雅怀，非宗契不至此也。

大人未及奉书，舍弟亦同此致恳。珍重！珍重！不次。轼顿首，宗兄宝月大师。三日早。

这封信主要谈及以下几件事：

一是绣观音。这可能是宝月为做法事而开出的材料，苏轼没有

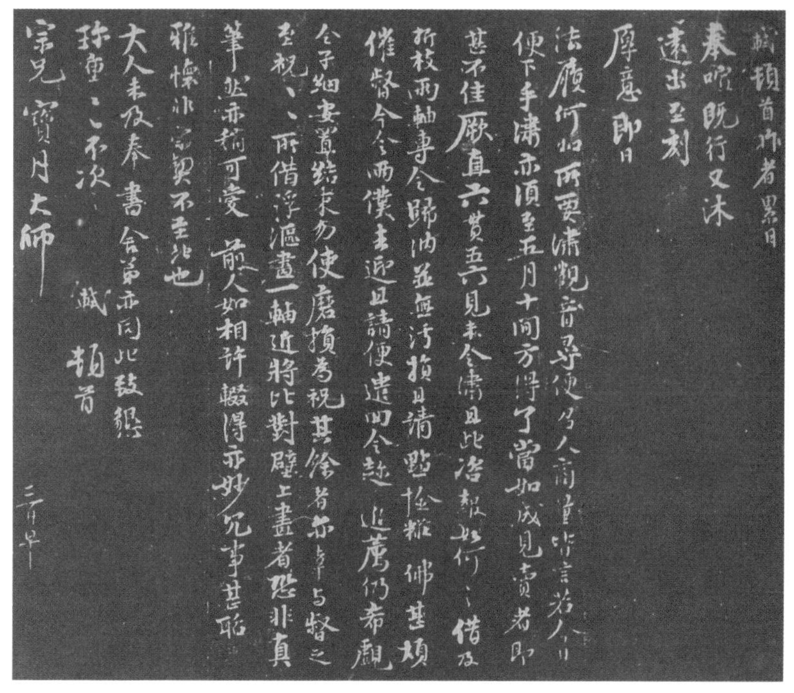

图 172 〔宋〕苏轼《奉喧帖》，选自《成都西楼苏帖》端匋斋本，天津市艺术博物馆藏。

买到这样东西，因为质量好的没有现货，订制的话时间来不及了，而现货的质量比较差，价钱还很贵，苏轼不知道该怎么办，所以请宝月定夺。

二是两轴折枝花画。苏轼借了这两幅画去装点寺院的佛像，应该是为刚刚故去的母亲求福的。苏轼因此而对宝月表示感谢，并叮嘱妥善保管借来的东西。

三是苏轼对宝月送来的一幅浮沤画做了鉴定，认为可能不是真迹，但是画得也还蛮可爱的，收下也是不错的。

第二封信内容如下：

前买缬一匹，花样不入意。却封纳换黄地月儿者一匹，厥直同否？聒噪聒噪！昨所说两药方，札去呈大人。

近召卅八哥，与说前来事意，他言待归与一亲情计会，此欲与再扣前人，恐要知。

浮沤请与挂意图之，厥费亦请勿令过，前来所说，但量贫宗所办得，莫作何三辈眼目看也。呵呵。因送窭宰，千万□及，轼手启。[1]

第二封信说了四件事：一是苏轼之前托宝月买了一匹染花的丝织品，但不喜欢那个花样，换了一种，问宝月价格是不是一样。二是宝月所说的两个药方，苏轼已经送给父亲了。三是宝月托苏轼办一件事情，苏轼汇报了一下进展。四是提醒宝月将浮沤画的事放在心上，至于价钱，不要超过之前商量好的数目。看来苏轼确实想收下这幅画，很可能是买了送给老父亲的，因为苏洵爱画。

此时的苏轼不过二十出头，刚进入仕途不久，作为家中长子，他刚开始参与和主持家事，要与包括宝月在内的很多亲友联系和求助。宝月虽是佛门中人，但人脉广，善于处理多方事务，同时也是一位雅僧，喜欢书画，这也成为后来他们两人交往的重要交集。

谩侮佛教

几年后，苏洵去世，苏轼扶柩回乡办丧事，少不得又请宝月做

---

1 〔宋〕苏轼著，李之亮笺注《苏轼文集编年笺注 诗词附 8》，巴蜀书社，2011，220 页。

法事。苏轼和弟弟苏辙按惯例在家服丧三年，其间宝月请苏轼为他的寺院写了篇文章——《中和胜相院记》[1]，这篇记大意如下：

佛法很难修成，说起来让人悲酸愁苦。那些刚开始学佛的人，都要进入山林，踏着荆棘丛生、毒蛇遍地的小路，冒着冰霜寒雪前往。有的要把自己的肉割下来切成薄片，烧烤烹煮，喂给虎豹鸟雀蚊虫，什么情况都有可能发生。就这样含辛茹苦，历经百千万亿年才能修成。即便做不到这样，也要抛弃亲人，穿麻布，吃野果，白天辛勤劳作，砍柴挑水，打扫卫生，晚上点灯薰香，侍奉师父如同亲生父母。要让身体吃苦受累，身体、嘴巴、意念等都要受戒律限制，基础的戒律有十条，详细的还有无数条。终身都要顾念这些戒律，吃饭、睡觉也要守戒，能做到这样，也才刚达到出家人的标准而已。虽然名义上不用耕作就能有食物吃，但其劳苦卑微受辱的程度，要远远超过农夫和工匠啊！衡量这些利害得失就会发现，出家人的生活并不是普通老百姓所喜欢的，可为什么现在有那么多人抛弃家庭，扔掉衣服，剃除毛发，去出家呢？他们是怎么想的呢？冬耕夏作，官府又要召集百姓，派发劳役，老百姓为此忧愁受苦，但出家人却可以免除。师傅所说的那些戒律，是为愚夫和没有达到标准的人设定的，对聪明的出家人有什么用处呢？删掉对自己不利的部分，只留下有利的部分，不过如此而已。但是又贪图名声，所以研究一些荒唐的学说，穿戴整齐坐到大堂上，问答自如，就可以被人称为长老了。我曾研究过他们的话语，大多让人无法理解，设置一些条条框框来应付对手，给自己留好后路以应对失败，一旦遇到

1 见〔宋〕苏轼著，李之亮笺注《苏轼文集编年笺注　诗词附》，巴蜀书社，2011，189页。

窘迫的情形就各种云里雾里，不知其所云，如此而已啊！我宦游各地时，一见到他们就不停地跟他们辩驳，揣度他们的思路，然后堵住他们的去路，常常弄得他们面红耳赤，但他们自称得道之人，又不能对我恶语相向，只好笑着说："你这个外道魔徒！"我看待僧侣的态度如此轻慢，根本不相信他们说的那一套，现在宝月大师惟简竟然要我为他的寺院写一篇记，这岂不是太荒谬了吗？不过我以前在成都游学时见到了文雅大师惟度，他很有风度，大方可亲，是个淳朴厚道的人。他能讲述史书上没有记载的唐末、五代时的旧事，因此我就跟他一起云游，互相就非常熟悉了。惟简是他的同门好友，精敏过人，做佛事和管理僧众非常严谨，如同官府行事一样。这两位大师都是我尊敬的人，他们的寺院又有唐僖宗皇帝和七十五名随从官员的画像。这些人奔走逃亡离开都城，差一点亡国但最终又没有灭亡，这已经足够让人感慨叹息了，而他们的画像又都精妙盖世，值得称赞，所以我就为寺院写了这篇记。最开始住在这里的人，是京兆人广寂大师希让，惟度和惟简是第六世。惟简姓苏，眉山人，是我的远房亲戚，现在住持这座寺院，而惟度已经去世了。

以上便是苏轼为寺院写的长文。宝月请苏轼给寺院写记的目的应该是希望苏轼美言几句，从而借苏轼的名气提升寺院的地位，但从苏轼写完的成品来看，完全不是那么回事。他不赞美也就罢了，还用了一大半的篇幅对佛教进行挖苦讽刺和责备，甚至把宝月向他求文的行为评价为"谬"，足可看出苏轼此时是有多心高气傲了。对于这样一篇文章，老僧宝月一定是捻着长须摇头叹息了。

苏轼此时大约 30 岁，他对佛教的"放肆"态度与他的人生经历有关。苏轼虽然从小对母亲的崇佛行为耳闻目染，他本人也经常替亲人做佛事，但他却是读着儒家的四书五经长大的，加之父亲的影响，修身齐家治国平天下的思想在他脑海中根深蒂固，他替亲人做佛事也不过是出于一个“孝”字而已。况且他科考得意，仕途顺利，人生旅途正是扬帆起航的时候，还没有经历大风大浪和生死劫难，对佛法的理解也仅限于文字表面，不仅谈不上信，连起码的尊重都没有升起。

以佛之名

苏轼守父孝结束后，宝月跑来跟他探讨佛法，并说对亲人最好的报答方式就是把他生前最难以割舍的东西捐献给佛，这样给死者带来的福报最大。

苏轼猜宝月是有目的的，父亲苏洵是个大收藏家，收藏了很多好东西，这点宝月自然是知道的，而他又知道苏轼是个孝子，这样一番说辞可谓双管齐下，让苏轼无法不上钩。苏轼也确实“上钩”了，他当时虽然不信佛教，但的确是个孝子，既然能为老父亲换取福报，不管真假，他都要去做。此外，他决定捐赠还有另外一个原因，那就是他觉得自己没有把握让父亲的藏品在苏家世代保存，说不定到他下一代就会被变卖了，所以还不如以父亲的名义捐到寺院里去保存得更久些。

那苏洵生前最喜爱的东西是什么呢？苏洵对事物没有什么过分的偏好，平时也不苟言笑，只有见到喜欢的画时能露出点笑容，所以苏轼经常弄一些好画来博取老父亲的开心。有一次，苏轼在一个朋友那里见到两张门板，每张门板的正面和背面各有一幅画，这两张门板颇有来历。

唐明皇时期，长安有一个藏经阁，藏经阁共有四个门，每个门的正面画着菩萨，背面画着天王，这些画的作者正是被尊称为“画圣”的吴道子。黄巢攻占长安时，藏经阁被焚毁，一名僧人逃走时不舍得这些画，扒下两张门板带走。一百多年后，这两张门板辗转来到苏轼眼前，苏轼花十万钱买下来送给父亲苏洵做礼物。

苏洵收藏了很多画，但他最喜欢的就是这一组，所以苏轼准备把这组画捐献给寺院，但放到寺院也有可能被人私吞、变卖或被盗被抢，那怎么办呢？苏轼决定找宝月谈一谈。

苏轼：“唐明皇都无力保住这些画，何况我呢。天下藏家众多，其藏品大多存不过三代，很快就被子孙们变卖掉了，我正是考虑到这一点才准备捐献给寺院，你准备怎么保护它们呢？”

宝月：“我用生命来守护它们！我的眼睛可以被挖，双脚可以被砍，而这些画不可以被抢走，像这样，足够保护它们了吧？”

苏轼：“不行。这样最多也就只能保存你这一生。”

宝月：“我向佛盟誓，让佛派小鬼来保护它们，凡是拿走这些画的人都将按律处置。像这样，足够保护它们了吧？”

苏轼：“还不行。世上有不相信佛和鬼的人。”

宝月：“那你说，应该怎么保护它们？”

苏轼：“我把这些画给你，主要是替父亲捐献。天下哪有没父亲的人呢？有谁忍心拿走别人替父亲捐给佛的物品呢？如果明知如此仍要拿走，那这个人的品质与黄巢之乱时烧藏经阁的贼寇就是一样的了，又能有什么办法阻止他呢？这些画要保全到子孙辈都很难，更何况想长久保存它们？再说，能不能拿走在于你，要不要拿走在于别人，你需要做的就是守护住不能拿走这些画的念头，至于别人到底会怎么做，又如何知道呢？”

苏轼辩赢了，宝月为证明自己想长久守护这组画，用百万钱建造了一座楼阁来藏这些画，并在阁上画上苏洵的像。苏轼也捐了五万钱，占了一份股，两方合力将这组宝贝变为了寺院公产，以期将其保存得更久些。

苏轼与宝月的对话再次证明苏轼当时是不信佛和鬼神的，他之所以同意将父亲的心爱之物捐于寺院，还是出于儒家所提倡的孝心。此外，通过这件事也可以了解到宝月此时的修行状况，他之所以辩不过苏轼，除了苏轼本来就“牙尖嘴利”外，还与宝月此时的修行境界不高有关。作为一位出家多年的僧人，他对尘世中的东西仍然念念不忘，想要得到些什么，守住些什么，心为外物所困，自然无法超脱，他的这些特点同样体现在与苏轼后来的交往中。

终有所悟

苏轼离开四川后，宝月一直与苏轼保持书信往来，并经常给苏轼寄各种礼物，当然，他并非无所求，比如他求苏轼为他的两名弟子请赐紫衣和名号。给僧人赐紫衣和名号有点类似于给官员赐等级和荣誉。宝月 29 岁时获赐紫衣，36 岁赐号，现在他请苏轼为他的大弟子士瑜和二弟子士隆请赐紫衣和名号。

紫衣和名号的最终审批权在皇帝手里，苏轼当时官位并不高，说不上话，只能再转求朋友帮忙。帮人办事，又不在自己的权限范围内，苏轼自然不太乐意做，一直拖了很久。为求苏轼帮忙，宝月送了他很多纸，苏轼只能尽力而为，他先通过驸马王诜为士瑜求得了紫衣，并赐号“海慧”。至于士隆的紫衣和名号，苏轼只能再求别人。

苏轼后来陆续任职于密州、徐州、湖州等地，到元丰二年（1079），“乌台诗案”落在42岁的苏轼头上，他在牢中经历了不见天日、生死未卜的几个月，这期间对人世的艰难终于有了深刻的体会。好在天无绝人之路，苏轼侥幸逃过一劫，于大年三十与长子苏迈仓皇赶往贬谪地黄州。

在黄州时，宝月并未介意苏轼是“罪臣”，照样与之通信、送礼物、求诗文。他请苏轼为自己寺院所藏的经书写一篇文章，这不由让人想起十多年前宝月请苏轼所写的《中和胜相院记》，当时苏轼在文章里赤裸裸地说宝月跟他求寺院诗文是荒谬行为，难道宝月不怕苏轼再次对佛教挖苦一番吗？只能说，宝月是了解苏轼的，苏轼这次真的没有再“放肆”，他甚至不敢动笔写了。此番入狱和被贬，皆是因为口舌惹的祸，因而苏轼再三告诫自己要少说少写。一天晚上，苏轼睡梦中梦到宝月催他写文章，醒来一看是三鼓时分（夜晚23点点至1点），夜深人静之中灵感突来，他持笔一挥而就，写了一篇《胜相院经藏记》[1]。

文章第一部分是给宝月和他收藏的经书点赞，说这些经藏对于引导世人脱离苦海有重大意义。第二部分是苏轼的自我反省，他回想自己以前论古说今，说了很多的妄语和绮语，自以为是能言善辩，其实是在造口业，现在愿意追随经藏的指引，舍弃之前所有的口业，

1　见〔宋〕苏轼著，李之亮笺注《苏轼文集编年笺注　诗词附》，巴蜀书社，2011，198页。

并希望未来世也能永断诸业。第三部分是苏轼说的一段偈语，这段偈语颇有禅机，论述了山与宝、觉与梦、蜜与甜的关系，最后总结了口说、眼见、耳听与道之间的关系。这是一段非常有佛性的话，看来苏轼在黄州净因院斋居养气、洗心洗尘的收获不小，此时的他已经认识和体会到佛法义理中确实有珍贵的东西，并劝诫众生都要好生领悟佛法。

相比之前的《中和胜相院记》，这篇《胜相院经藏记》显然要庄重得多，其句式、用词、内容和谋篇布局都很像是一篇佛经，说明这些年苏轼熟读了大量佛经，而他此时对佛教的心态也不再是之前不理解、不恭敬，而是于佛理确有感悟，并内化于心，外化于行。

此时的苏轼也开始主动给寺院施舍心爱之物，他有一幅吴道子画的释迦佛，虽然有些破损，但妙迹如生，与之前替父亲苏洵施舍的板画类似，苏轼就想把它送到寺院里供养，这次他没有提任何条件，只说如果宝月想要就回个信，他会写一篇记一起送上。

水到渠成

苏轼与宝月的通信一直持续到宝月去世那年，即绍圣二年（1095），这一年应该算是苏轼艰苦岁月的开始。前一年一直护着苏轼的高太后去世，亲政的哲宗对以高太后为首的“旧党”深怀不满，开始全面罢黜元祐重臣，苏轼首当其冲，被贬到了惠州。宝月依然没有因为苏轼获罪而疏远他，继续保持通信，苏轼给宝月写了一封信告知自己一家的近况，这封信应该是他们之间的最后一封通信（即《明叟帖》，图 173），文字如下：

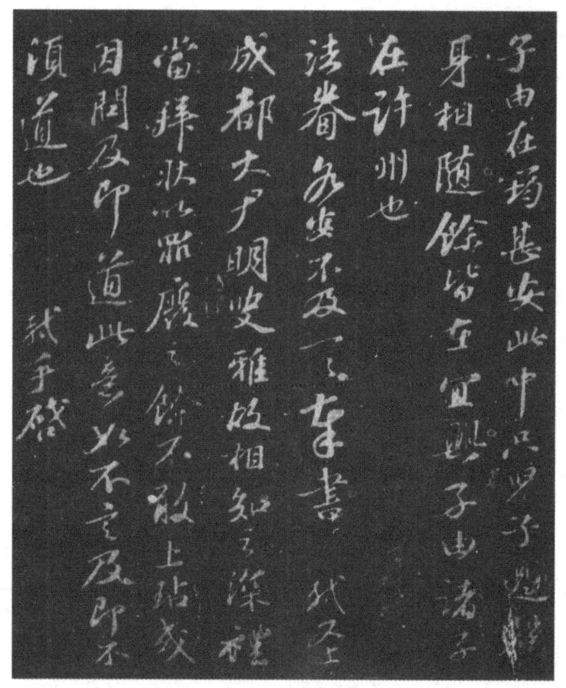

图 173 〔宋〕苏轼《明叟帖》，选自宋拓《成都西楼苏帖》端匋斋本，天津市艺术博物馆藏。

子由在筠甚安，此中只儿子过罄身相随，馀皆在宜兴。子由诸子在许州也。法眷各安，不及一一奉书。轼又上。

成都大尹明叟，雅故相知之深，礼当拜状，以罪废之馀，不敢上玷。或因问及，即道此意，如不言及，即不须道也，轼手启。

大意是：我弟苏辙在筠州，一切安好。我这里只有小儿子苏过陪在身边，其他人都在宜兴。苏辙的孩子都在许州。祝你和道友们一切安好，我就不一一给他们写信了。成都知府明叟是我的老朋友，按礼节应当给他写封信，但我现在是戴罪之身，不敢连累他。如果他问及我的状况，就这样告诉他，如果他不问，就不用跟他说什么。

当年六月九日，宝月大师始得微疾，大约是预知即将归西，他把身体状况写信告诉了老友们，并陆续告诫徒子徒孙做好弘法之事，还安排僧人前往苏轼的贬所，请苏轼为他撰写塔铭。六月二十二日，宝月集结僧众，问及早晚时辰，告诉他们“吾行矣”，遂坐化，世寿八十四。

得知宝月圆寂的消息后，苏轼选了澄心堂纸、鼠须笔、李庭珪墨这三件文房之最，为宝月撰写了《宝月大师塔铭》。在铭文中，苏轼记录了宝月大师的生平，对他的为人、能力、传法功德都做了高度评价。尤其值得一提的是苏轼对宝月修行的认识：

> 师于佛事虽若有为，譬之农夫畦而种之，待其自成，不数数然也。故余尝以为修三摩钵提者。[1]

这段话意思是：大师在佛事上虽然也想大有作为，但平时只是像农夫耕田播种，然后等待他自然长成，并不急于求成，这才是我所认为的佛教修行者。

综观宝月一生行事，苏轼的点评可谓相当精到，苏轼对宝月和佛教的认识也如“农夫畦而种之，待其自成”，可谓圆满。

---

1 〔宋〕苏轼著，李之亮笺注《苏轼文集编年笺注 诗词附 9》，巴蜀书社，2011，453 页。

苏轼和陈季常的友情

苏轼被贬黄州（今湖北黄冈黄州区）后的第二个春节，他收到好友陈季常的一封信，陈季常在信里问苏轼新房何时建好，还跟苏轼索要了一些玩物。苏轼就给陈季常回了一封拜年信（即《新岁展庆帖》，图 174），文字如下：

轼启：

新岁未获展庆，祝颂无穷，稍晴起居何如？

数日起造，必有涯，何日果可入城？昨日得公择书，过上元乃行，计月末间到此，公亦以此时来，如何如何？窃计上元起造，尚未毕工，轼亦自不出，无缘奉陪夜游也。沙枋画笼，旦夕附陈隆船去次，今先附扶劣膏去。

此中有一铸铜匠，欲借所收建州木茶臼子并椎，试令依朴造看。兼适有闽中人，便或令看过，因往彼买一副也。乞暂付去人，专爱护，便纳上。余寒、更乞保重，冗中，恕不谨，轼再拜。季常先生丈阁下。正月二日。

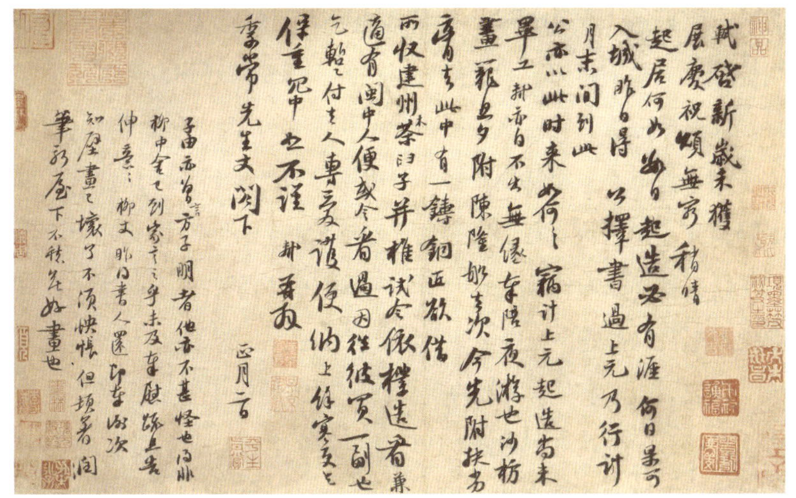

图 174 〔宋〕苏轼《新岁展庆帖》，故宫博物院藏。

子由亦曾言方子明者，他亦不甚怪也。得非柳中舍已到家言之乎，未及奉慰疏，且告伸意，伸意。柳丈昨得书，人还即奉谢次。知壁画已坏，了不须怏怅，但顿着润笔，新屋下不愁无好画也。

大意如下：新年还没有向你贺禧，祝你一切都好！天气变晴了，你还好吧？过几天就要开始建造了，总会有建好的那一天。你到底什么时候能进城呢？昨天收到李公择的信，他说要过完元宵节才出发，大概月末就能到黄州了。你可否也这个时间来？我想元宵节开始动工，到月末应该还没有盖好，所以我是没法外出的，晚上不能陪你们游玩。你要的沙枋、画笼，我尽快托陈隆的船运过去，这次先给你带扶劣膏。我这儿有个铸铜匠，我想请他铸造一副茶臼和茶椎，麻烦你把那套建州木茶臼和茶椎借我一下，我给他看看样式。

另外，刚好有人要去福建，我请他也看看，顺便帮我买一副回来。烦请交给送信人带来，我会好好爱护的，很快就还你。天气还很寒冷，你要多保重。我还比较忙，就不和你多说了。子由也曾提到过方子明，他也没觉得特别奇怪。难道柳中舍已经到家说起过这件事了吗？我还没来得及写信安慰他，麻烦代我问候他。柳丈昨天收到信了，等他回来就给你回信。听说壁画已经坏了，你不必忧心，只要把润笔费准备好，新房子里不愁没有好画。

“展庆”就是表达祝贺的意思。苏轼建的房子就是后来有名的雪堂，盖好的时候正在下雪，所以起了这个名字。雪堂共有五间房，这里成了苏轼接待客人的地方。信中提到的李公择就是黄庭坚的舅舅李常，比苏轼年长 10 岁，两人是好友。

陈季常住在湖北麻城，离苏轼所在的黄州大约一百公里，所以两人经常串门。苏轼与陈季常早年就相识，但关系一般，等苏轼被贬黄州后才与陈季常有了更深的交往。陈季常帮苏轼解决各种生活问题，两人一起赚钱，一起玩，成了终生好友。（图 175）

落难黄州遇故人

北宋元丰三年（1080）的一天，一个饱经风霜的中年男人心情低落地走在大别山的山路上。突然他看到对面走来一个身着奇装异服、潇洒倜傥的侠客。怎么看着有点眼熟？对方也在盯着他看。哎呀！两个人同时认出了对方，然后尖叫着拥在一起。这便是苏轼与陈季常在他乡相遇的戏剧性一幕。陈季常因此而成为苏轼被贬黄州后第一位迎接他的人，同时也是苏轼离开黄州时送别最远的人。

图 175 〔宋〕佚名《春游晚归图》局部，故宫博物院藏。春游是宋人的常规娱乐项目，从画中人物及物品来看，主人的身份非富即贵。仅是胯下那匹马，日常饲养就要费去一大笔钱，另外还有随身携带的各种娱乐用品及随从人员，都是一般人享受不到的。而这种状态，陈季常是经历过的。

陈季常，名陈慥（zào），季常是他的字，他的父亲陈希亮（1014—1077）是苏轼 26 岁任凤翔府签书判官时的上级领导，就因为这层关系，苏轼和陈季常两个人相识了，但他们并不是一路人。苏轼是传统文人，读书、科举、当官是他的人生之路。陈季常是“官二代”，家里在洛阳有豪宅，他虽然也参加过科考但没考上，倒是从小有侠义思想，喜欢提剑跨马走江湖，当地的游侠都推举他做老大，所以在苏轼眼里，陈季常不过就是一个纨绔子弟。

苏轼有才有名气，陈希亮就想杀杀他的锐气，苏轼很不爽，就写诗发泄，还消极怠工。陈希亮一封奏章告到了朝廷，苏轼被罚铜八斤。被扣工资倒是小事，在人事档案中留下一笔不良记录可不太好，苏轼更加不爽了，此后多年一直对这件事耿耿于怀。鉴于以上两个原因，苏轼与陈季常早年并没有多亲密。

元丰二年（1079）的除夕之夜，苏轼因“乌台诗案”被贬黄州。他从京城出发，刚进入黄州地界，就偶遇了在这里隐居的陈季常，也就是本文开篇的那一幕。陈季常放弃考功名之后就隐居在湖北麻城的乡下，离苏轼所在的黄州很近。他乡遇故人，两个人都很高兴，陈季常就邀请苏轼去自己家做客。苏轼惊讶地发现，这个“纨绔子弟”住的房子竟然非常简陋，还真像是一个超脱物外的隐者。

苏轼被贬后生活艰难，与隐居的陈季常成了同命相连之人，便也感觉亲近了很多。而且接触多了之后，两个人竟然非常投缘，他们都是那种能在困境里乐观豁达、自得其乐的人。苏轼被贬黄州之后心态变了很多，文人士大夫的清高傲慢少了很多，开始体会民间疾苦。陈季常喜欢喝酒、交友，还喜欢弹琴、谱词、作诗、藏画，以及倒腾一些玩物，这些也都是苏轼所喜欢的，两个人很快就成了好友。

不过，陈季常还是当年的少爷，他不是真正的隐居，只不过是在山野乡村寻找着自己的诗和远方，过着理想中的任侠生活。有一回，陈季常前往黄州拜访苏轼，苏轼愕然发现，黄州的豪门贵族居然都争着邀请他去做客，他俨然就是一位宋代的“陈孟公”啊，于是苏轼戏作一首《陈孟公诗》赠送给陈季常：

孟公好饮宁论斗，醉后关门防客走。
不妨闲过左阿君，百谪终为贤太守。

老居闾里自浮沉，笑问伯松何苦心。
忽然载酒从陋巷，为爱扬雄作酒箴。
长安富儿求一过，千金寿君君笑唾。
汝家安得客孟公，从来只识陈惊座。[1]

这首诗生动描述了陈季常好酒、好友、不求闻达的豁然态度，这些性情深深吸引了苏轼。

倒腾玩物

苏轼刚到黄州的时候没有地方住，他这种“罪犯”不能住官舍，也不能租别人房子住，所以一开始就只能住在寺院里。后来陈季常帮他在临皋这个地方找到一处住所，但是平日里往来的客人很多，家里没法接待，苏轼就决定在自己的耕地附近盖一座房子。这片耕地在黄州东门外的山坡上，原本是一块军营废弃地，大概有五十亩，是苏轼到黄州的第二年朋友替他从黄州知州徐君猷那里求来的。

元丰五年（1082）的春节，苏轼收到陈季常的一封信，苏轼回了一封信即本文开篇提到的《新岁展庆帖》。信中提到陈季常跟苏轼要一种叫“沙枋”的东西，沙枋应该是四川的一种木材，比较贵重，可能是苏轼从四川老家弄来的。画笼是一种做工非常精美的鸟笼。“扶劣膏”是潮州的朋友吴复古托人送给苏轼的，具体用途不详。

苏轼也跟陈季常要了样东西——茶臼和茶椎，因为苏轼想仿做

1 〔宋〕苏轼《苏东坡全集（第二卷）》，北京燕山出版社，2009，511 页。

一套，所以借陈季常收藏的那套来看样子。这套东西是用来捣碎茶叶的，一般多用陶制，但苏轼朋友多，客人多，陶制的不经用，想来一副铜制或木制的才能担当重任了。

宋朝的夜生活是很丰富的，所以信中才会说到晚上出去游玩。宋以前的朝代基本也都没有夜生活，即便是盛唐时期也只在元宵节才会有夜市。宋朝基本就完全放开了，商业非常发达，夜生活也非常繁华，有酒楼、茶坊、饭馆、戏院、赌场，还有摆摊的、算卦的，有各种各样的美食，而且女人也是可以去夜市玩的。在一些大城市的夜生活甚至比我们今天还要繁华，能一直持续到半夜两点。有记载说闹市区的油灯燃烧产生的烟把整条街的蚊子都熏没了，甚至皇宫里都能听到夜市里的歌舞升平。

诗词唱和

除了写信聊天外，苏轼和陈季常也经常见面，在苏轼贬居于黄州的四年里，陈季常跑来看苏轼七次，苏轼跑去看陈季常三次，两人黏乎在一起的时间有一百多天。

在苏、陈二人的交往中，诗文唱和是“保留节目”。苏轼第一次去陈季常家时，两人互相唱和，每一首诗中必押“汁、湿、得、急、鸭、羃、赤、白、帻、泣、缺、客、集”，从此这就成了他们每次见面时的必玩项目。苏轼担心好朋友为招待自己而宰杀活物，专门给陈季常去了一首“泣”字韵的诗，请求不要因他而杀生。自从贬谪黄州后，苏轼感觉自己恶业深重，于是吃斋念佛，戒杀生，陈季常马上执行，也跟着斋素了一段时间。据说陈季常的这一举动还影响

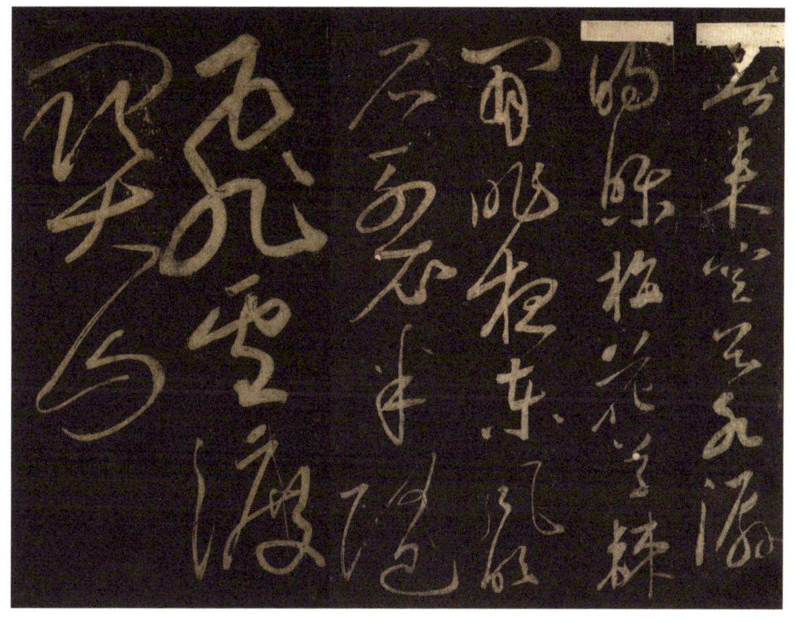

图 176 〔宋〕苏轼《梅花诗帖》拓本，今仅存一首，天津市艺术博物馆藏。

了村里人，一些村民也开始食素了。

有一天，苏轼在前往陈季常家的路上看到了梅花，他想起前一年刚来到黄州时也见过梅花，还写过一篇《梅花诗帖》(图 176)，内容如下：

春来空谷水潺潺，的皪梅花草棘间。
昨夜东风吹石裂，半随飞雪渡关山。

何人把酒慰深幽，开自无聊落更愁。
幸有清溪三百曲，不辞相送到黄州。

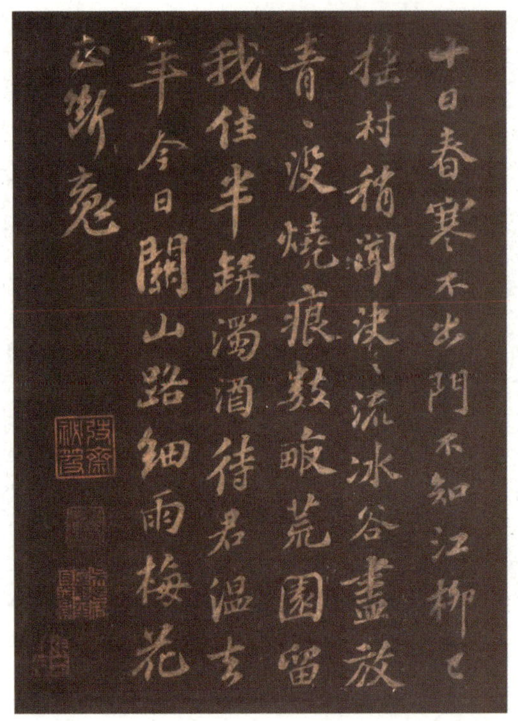

图 177 〔宋〕苏轼《往岐亭诗帖》，引自宋拓《成都西楼苏帖》端匋斋本，天津市艺术博物馆藏。

这篇《梅花诗帖》成为苏轼传世书法中为数极少的草书诗帖之一，由于当时他刚来贬谪地不久，所以诗中的情绪比较低落。现在又见梅花，苏轼内心很感慨，此时他的境况和心情都好多了，于是新写了一首梅花诗戏赠陈季常（即《往岐亭诗帖》，图 177）：

十日春寒不出门，不知江柳已摇村。
稍闻决决流冰谷，尽放青青没烧痕。

数亩荒园留我住，半瓶浊酒待君温。

去年今日关山路，细雨梅花正断魂。

大意是：早春太寒冷了，我在家窝了十天来都没出门。今天出门一看，江边的柳树发芽了，江上的冰开始融化了，田野里烧过的草也冒出了新芽。我守着我那几十亩地和半瓶浊酒，等着老朋友来找我一起温酒喝。想起去年的此时，我看到细雨蒙蒙中的梅花，感觉魂儿都断了。

陈季常好声乐，喜欢听曲、谱词、蓄乐伎。他有一位歌伎善弹琵琶，苏轼也爱听她弹奏，还专门改编了一首《瑶池燕》寄给陈季常：

飞花成阵，春心困，寸寸，别肠多少愁闷，无人问。偷啼自揾，残妆粉。抱瑶琴、寻出新韵。玉纤趁，南风未解幽愠。低云鬓，眉峰敛晕，娇和恨。[1]

《瑶池曲》本来是富贵人家晏饮时的乐曲，苏轼改了一下，变成了闺怨曲，契合了陈四少爷的需求。据说苏轼改编这首词可能是受到老师欧阳修的启发，让他区别了古琴与琵琶在词曲上的不一致。

苏轼是作词大家，自然非常喜欢俗乐，以及唱俗乐的歌女。陈季常有位歌女名叫秀英，苏轼很喜欢她。有一回苏轼喝醉了给陈季常写信，附了一首带“君”字的诗。酒醒后他问夫人自己写了什么，夫人说写的是“乞秀英君”，苏轼羞愧难当，赶紧再去信解释。

1　黄勇主编《唐诗宋词全集》第 6 册，北京燕山出版社，2007，2941 页。

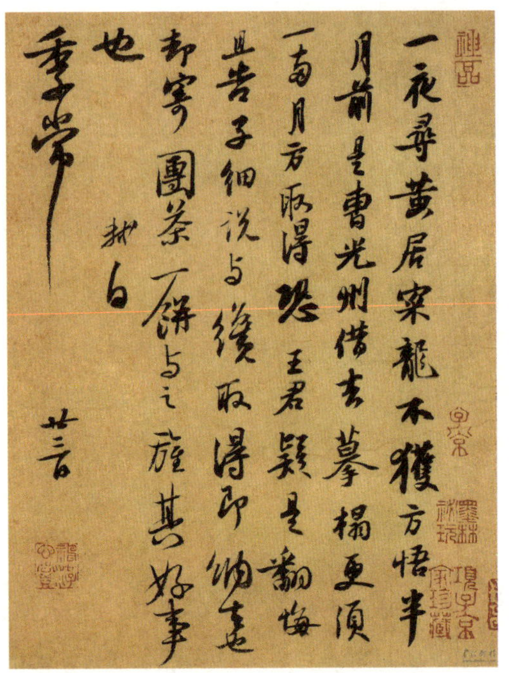

图 178 〔宋〕苏轼《一夜帖》，台北故宫博物院藏。

玩画，养生

苏轼记录了他和陈季常等朋友们玩画的一个小片段（即《一夜帖》，图 178）：

一夜寻黄居宷《龙》不获，方悟半月前是曹光州借去摹拓，更须一两月方取得。恐王君疑是翻悔，且告子细说与。才取得，即纳去也。却寄团茶一饼与之，旌其好事也。轼白。季常。廿三日。

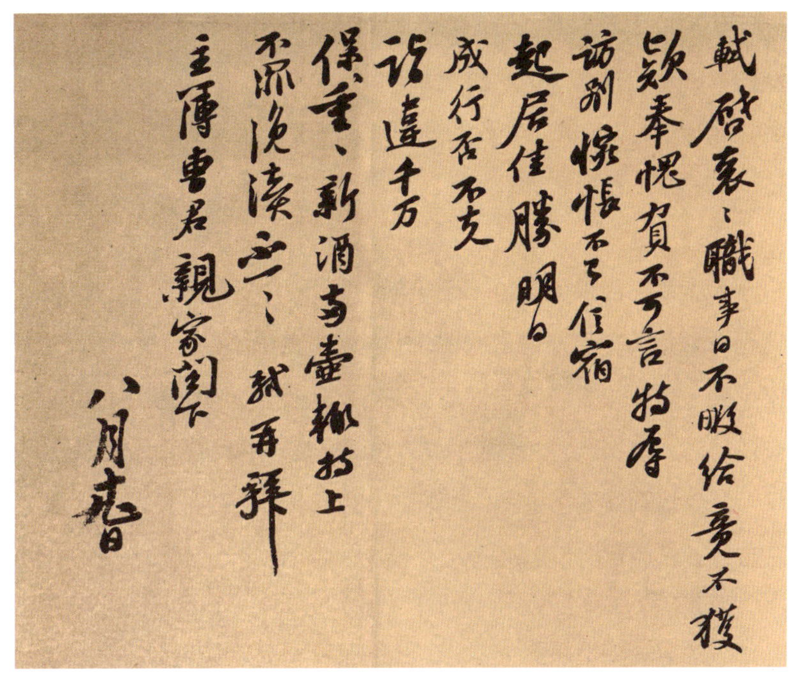

图 179 〔宋〕苏轼《职事帖》，台北故宫博物院藏。

这封信的大意是：翻箱倒柜一晚上都没找到黄居寀画的《龙图》，突然想起半个月前被光州的曹知州借去摹拓了，还需要再等一两个月才能拿回来。恐怕王君会怀疑是我反悔而不肯借给他了，你要帮我跟他好好解释一下。只要我一拿回来，就给他送去。现在先寄一饼团茶给他，算是鼓励他的雅好。

“曹光州”是光州知州曹演甫，名九章，他的儿子曹焕后来成为苏辙的女婿，因而与苏轼也是亲家了。苏轼有封《职事帖》（图 179），收信人是“主簿曹君亲家”，刘墨先生认为是写给李台卿的，他是曹演甫妻族之人，信文如下：

轼启：衮衮职事，日不暇给，竟不获款奉，愧负不可言。特辱访别，惋怅不已。信宿起居佳胜。明日成行否？不克诣违，千万保重，保重！新酒两壶，辄持上，不罪，浼渎。不一一。

轼再拜主簿曹君亲家阁下。八月十九日。

大意是：因事务繁杂，我每天忙得团团转，竟然没顾上接待您，真是非常抱歉！您专程来道别，令我惋惜惆怅不已。这一夜您还好吧？明天就要出发了吗？不能前去给您送行了，千万要保重。两壶新酿的酒，请您带上。东西不好，您别见怪，不多说了。

陈家以前就藏了古画，比如陈希亮藏有《柏石图》，陈季常视之如宝，苏轼还专门为之题过诗：

柏生两石间，天命本如此。虽云生之艰，与石相终始。
韩子俯仰人，但爱平地美。土膏杂粪壤，成坏几何耳。
君看此槎牙，岂有可移理？苍龙转玉骨，黑虎抱金柅。
画师亦可人，使我毛发起。当年落笔意，正欲讥韩子。

陈季常还蓄有《朱陈村嫁娶图》。朱陈村在徐州萧县，唐朝的白居易曾有《朱陈村》一诗，诗中描述了一个世外桃源：

机梭声札札，牛驴走纭纭。女汲涧中水，男采山上薪。
县远官事少，山深人俗淳。有财不行商，有丁不入军。

苏轼曾在徐州当过一把手，熟知朱陈村，他为《朱陈村嫁娶图》题诗道：

> 我是朱陈旧使君，劝耕曾入杏花村。
>
> 而今风物那堪画，县吏催钱夜打门。

今非昔比，如今的朱陈村已经萧条残破了。

两人还一起研究养生，苏轼说自己养生是为了身体健康，而陈季常是“为国铸造”，意思是生儿养女。苏轼总是听到陈季常谈养生，可他来信总说自己在生病，苏轼就去信说陈季常的养生是“害脚法师鹦鹉禅，五通气毬黄门妾”，意思是：腿脚不好的法师坐禅、鹦鹉学说禅机、有好多个洞的气球、太监的妾，这些都是装装样子而已。估计陈季常读信后要哭笑不得了。

一起买房

苏轼与陈季常还一起做更接地气的事情——买地买房。苏轼在黄州就是一介“流民”，没有自己的土地和房子，虽然后来朋友帮忙求了一片地，但产权是官府的。陈季常就张罗着要苏轼买地买房，所以有一段时间苏轼就四处看地看房。有一回他跑到螺师店看田，遇到了一个姓庞的大夫。庞大夫看到苏轼手臂肿了，就说这是食丹药所致，要好好治疗，不然会长成疮，于是苏轼就绕到庞大夫家治了几天病，结果田没看中，倒是把病治好了。

陈季常又推荐了武昌的一处庄院，认为不用自己重新建，价格还便宜。苏轼蠢蠢欲动，但又觉得不妥，因为去了武昌就等于离开自己的贬所黄州了，这是违法的，最后不得不放弃。

苏轼也帮别人留意房子的事。有一次他向朋友杨元素推荐一处附带耕地的房产，田里的产出每年有五百来石，只是税有点重。整个买下来大概六百千，还可以分期付款，首付只要二百来千，其他慢慢还。

有了这么多次看地买房的经历，苏轼突然发现到处都有房子是一件很重要的事。一是自己或后代指不定谁在任官或贬谪时会住上，就免得再像自己初到黄州时那样借宿寺院了。二是他发现建房子有很大的利润空间。房子建好后，即使自己不住，转手卖出去，也是可以赚一笔的，何况像他这样的名人，房子肯定不愁卖。也许正是这个原因，苏轼后来无论到哪个地方，都要盖一套既带院子又可以种田的宅院。试看他的传世信札《阳羡帖》（图 180）：

轼虽已买田阳羡，然亦未足伏腊。禅师前所言下备邻庄，果如何？托得之面议，试为经度之，及景纯家田亦为议过，已面白得之，此不详云也。冗事时渎高怀，想不深罪也。轼再拜。

大意是：我已经在阳羡买田了，但收成还不足以养家糊口。禅师您之前说过的下备邻庄，最后怎么样了？我托徐得之找您面谈，请帮忙筹划一下。景纯家的田已经谈过了，我跟徐得之说过了，他会跟您说的，我这里就不详谈了。因这些繁杂的事打扰您，请恕罪。

苏轼从黄州“刑满释放”后就上书请求长住常州，朝廷批准了，于是常州的阳羡（今江苏宜兴，宋时属常州）成了苏轼一家的定居

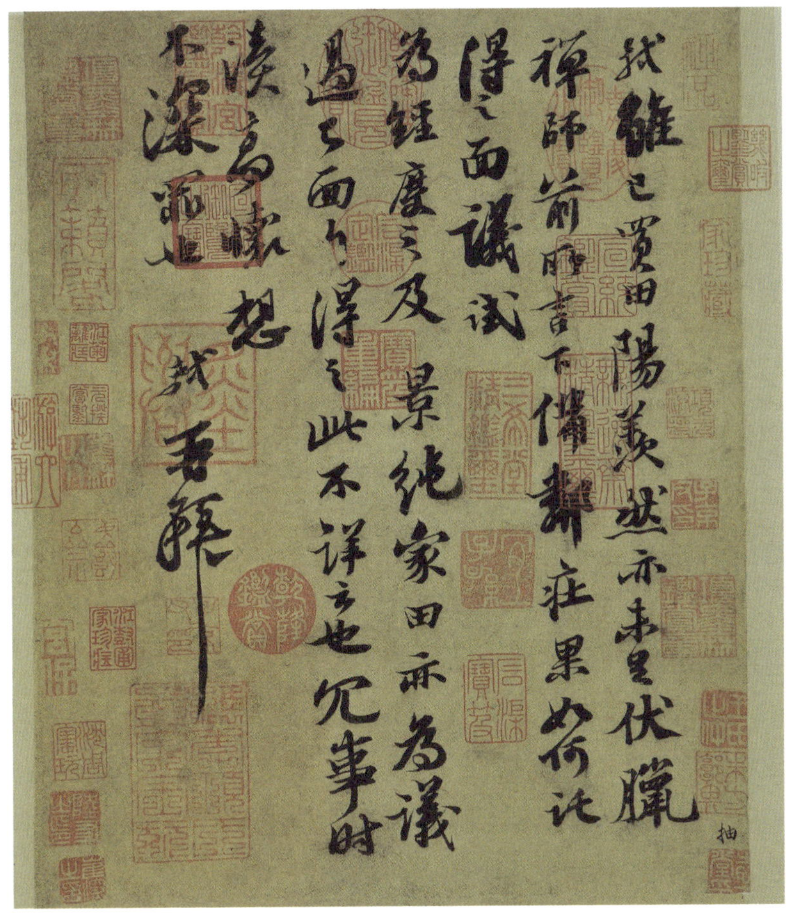

图 180 〔宋〕苏轼《阳羡帖》，旅顺博物馆藏。

之所。苏轼在阳羡买房买田颇费了一番周折，还介入了官司，但终究是有了固定的归宿，即便他的俸禄断供了，一家人也不至于再挨饿。数年之后，苏轼远贬岭南，家人却能安居阳羡，所以他去得也无牵挂。由此来看，在黄州买房的经历对苏轼真是惠莫大焉！

一起出书赚钱

陈季常虽然隐居，但也没闲着，一直在经营出版业。他刻的书里有传统经典，如《易》《史记索隐》《旧五代史》，以及一些医书。另外，他还经常送纸给当代名家，请他们将自己写好的诗抄在纸上寄过来，他再把这些人的诗文刊印发售。他为苏颂刻过《苏尚书诗集》，这个苏颂就是苏轼《天际乌云帖》里提到的“子容”，后来官至宰相。黄庭坚的舅舅李常去世后，陈季常找到黄庭坚，想要他模拟李常的口吻写诗，然后刊刻发行。黄庭坚拒绝了，他认为这是对舅舅的不尊重，是不道德的行为，但他答应把给舅舅写的墓志送给陈季常刊刻发售。

陈季常刻售最多的应该就是苏轼的诗文了。苏轼是写诗词写文章的好手，又有名气，他写的东西自然不愁卖。可以想象，当苏轼的《前赤壁赋》《后赤壁赋》《黄州寒食帖》《念奴娇·赤壁怀古》等名篇横空出世时，陈季常得赚多少钱。也难怪苏轼要称陈季常为“大檀越”，也就是大施主。当然，苏轼这样称呼陈季常不止是因为陈季常帮他赚了不少钱，也因为他经常向陈季常借书看。

对陈季常来说，苏轼为他撰写的最有价值的两篇文章当属《陈希亮传》和《方山子传》，前者是陈季常父亲的小传，后者是陈季常自己的小传。苏轼自从与陈季常成为好友后，对老领导陈希亮了解更深了，也明白了当年老领导惩罚自己的良苦用心。后来元人在修《宋史》时，关于陈希亮和陈季常的列传全部参照了这两篇文章，两人因此而得以名垂青史。

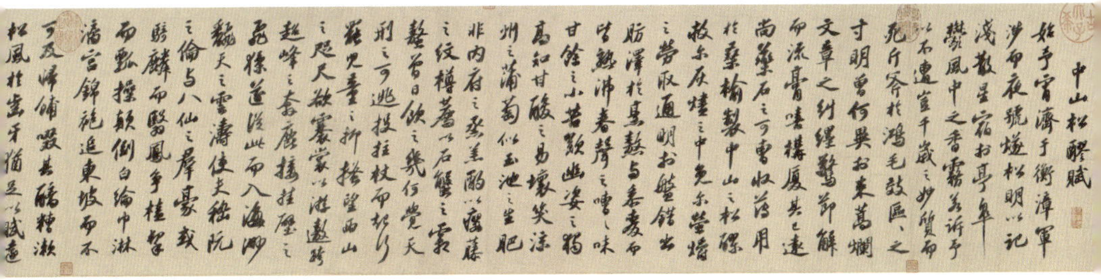

图 181 〔宋〕苏轼《中山松醪赋》，吉林省博物院藏。

别离岂能无信

苏轼离开黄州时，陈季常一直送到九江市，苏轼感念非常，再次做了“泣”字韵的诗赠送给陈季常。两人的正常通信一直持续到苏轼再贬岭南时，陈季常听闻苏轼被贬广东，立即给他写信，但苏轼一路南奔，居无定所，加之广东偏远，通信不便，直到他在惠州住了将近半年时才收到陈季常的信，已经有厚厚一摞了。可以想见，陈季常一直没能收到苏轼的回信，寝食不安，就一封接一封地写。

那天苏轼爬山回来，取来纸笔，安坐桌前，开始给陈季常写回信，他问候陈季常的家人，再叙述自己的近况，叮嘱陈季常不要派人来看他，两个人都胡子老长了，不要那么儿女情长的。他行文尽量轻松随意，一如往日的幽默风趣，絮絮叨叨写了大约五百字才停笔。随信一起的，还有苏轼抄送给陈季常儿子陈择的一卷《中山松醪赋》（图 181），想必陈季常收到苏轼的亲笔信时，定是老泪纵横。

宰相张商英的三位朋友

从四川新津（今四川成都新津区）通往河南开封的路上，一位刚满 20 岁的年轻人行色匆匆，他要进京赶考。年轻人一直走到深夜才经过一户人家，居然还有灯火亮着。年轻人叩门请入，主人向先生似乎并不感到意外，他非常热情地接待了年轻人，第二天还给他补足了“粮草”。不久之后，向先生又将自己的女儿嫁给了这位年轻人。

姓向的主人为什么对这个年轻人这么好呢？说来也有一段奇特的因缘。

在年轻人经过向家的前一天晚上，深信佛法的向先生做了一个梦，梦中一位神人跟他讲：“明天接相公”。在当时，“相公”就是宰相的意思。明天宰相会到自己家里来？向先生没太明白这句话是什么意思，但他相信神人的指点一定有道理，于是就留意第二天遇到的人。向先生一直等到夜里才等到一位年轻人的到来，看这年轻人的装束和模样，不像是宰相，一打听，原来是一位考生，莫非他将来会是宰相？向先生心头一惊，就热情接待了他，并将女儿许配给他。

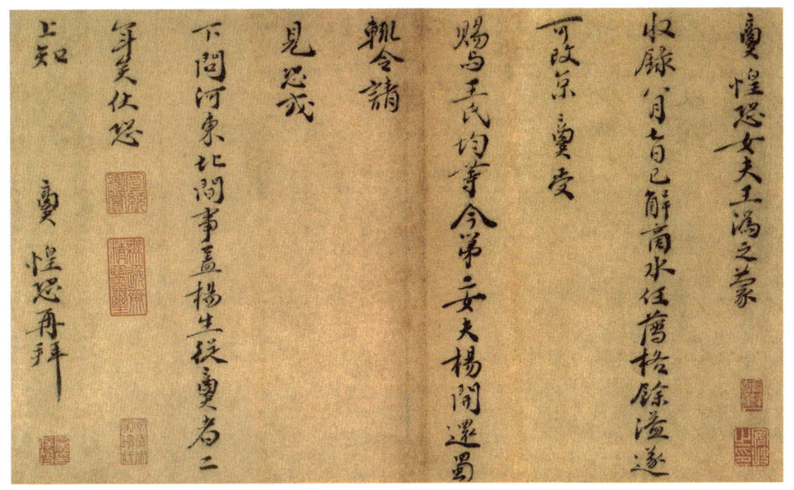

图 182 〔宋〕张商英《女夫帖》，台北故宫博物院藏。

这个年轻人名叫张商英（1043—1121），字天觉，四川蜀州新津人。张商英顺利考上进士，后来真的成为徽宗朝的宰相。

台北故宫博物院藏有张商英的一封书信《女夫帖》（图 182）：

> 商英惶恐，女夫王沩之蒙收录，八月七日已解商水任。荐格馀溢，遂可改京。商英受赐，与王氏均等。今第二女夫杨开还蜀，辄令请见。恐或下问河东北间事，盖杨生从商英者二年矣。
>
> 伏恐上知。商英惶恐再拜。

这封信的意思是：我的女婿王沩之承蒙您收录，八月七日已经结束商水县的任期。他的条件符合荐举的要求，所以可以改任京官。我受皇上的恩赐与王氏均等。现在我的第二个女婿杨开回四川了，我让他去拜见您，或许您想问问他河东河北地区的事，因为杨开跟了我两年了。这件事估计您已经知道了。

张商英这封信与女婿的工作有关。虽然他后来官至宰相，但他的后代都没什么成就，两个女婿的工作也都是靠他到处托关系才解决。在写这封信十余年前，张商英还曾因为帮女婿王沩之找工作走“后门”而被人举报，而这个举报他的人，却是经他推荐而被王安石重用的一位好朋友。

张商英一生有三个比较重要的朋友，一个是把他推荐给宰相王安石的章惇，另一个就是那位受恩于他而又举报他的舒亶，还有一个就是能与他有诸多精神交流的苏轼。

两位“情投意合”的未来宰相

从四川考出来的进士，如果没什么特殊背景，一般都会被发回四川从基层做起。张商英被分配到通川（今四川达州市通川区）任主簿。在通川，他劝降了当地的少数民族首领，从而升任夔州南川县（今重庆南川区）知县。恰在此时，另一名未来的宰相被调任夔州，他的名字叫章惇。章惇敏捷的思维和锐利的谈锋使得当地官员没人能跟他对得上话，这时有人想到了张商英，于是张商英被火速召到夔府，出现在章惇面前。章惇打量了一下眼前这个人，看他没穿官服，只穿了一身道袍，就没把他放在眼里，继续高谈阔论。可他没想到，这个羽扇纶巾的人居然能跟他见招拆招，有时还令他语塞，章惇不禁对这个人另眼相看。

在章惇暗中惊叹眼前这个年轻人时，张商英也领略了章惇的才干与风度，两人从此结下了终生的友谊。章惇回朝后，将张商英推荐给宰相王安石，王安石决定起用张商英，还让他去见了神宗皇帝，从此张商英便与政坛最顶层建立了联系。此后，张、章二人一直是政治倾向一致的工作伙伴。四十多年后，章惇已经作古十年，张商英给章惇的儿子写信说："我经常梦见老宰相，他谈吐依旧，难道他是在仙界？我是在定中神遇了他吗？啊！世间哪里还有像老宰相这样的奇人能使我如此快意呢？"

被朋友以怨报德

张商英的仕途并不顺利，也许是因为他工作风格比较严厉，所以一旦自己有小失误，就会成为别人的攻击对象。有一个教训他的人名叫舒亶（1041—1103）。

舒亶是苏轼"乌台诗案"的重要办案人员之一，也因此被拉进了历史黑名单。其实舒亶挺冤的，他只不过是秉公执法而已，并没有像元祐时期有些文官一样，要打压一个人，就揪他的私事，并且伪造故事丑化抹黑这个人，让他永世不得翻身。

舒亶和张商英同一年考中进士，算是老同学，舒亶是那一年的状元。分配工作时，舒亶被分到临海（今台州临海市）当县尉，负责当地的治安，这份工作一点也没有照顾状元的意思。有一天，有人借着酒劲咒骂追打他的后母，一直追到舒亶的跟前。舒亶命手下人杀掉这个酒鬼，酒鬼不服，舒亶一把抽过刀来杀了他，然后写了一份报告，辞官走人了。张商英被王安石重用后想起了舒亶，感觉这个人才就这么废弃掉实在太可惜了，于是向王安石推荐舒亶，让他重新回到了官员队伍里。舒亶也没有让王安石失望，他是一名铁胆勇士，王安石派他出使西夏，他单枪匹马舌战边夷，完胜而归。

元丰三年（1080），时任中书检正官的张商英写了封信给担任谏官的舒亶，并附了一份女婿王沩之的简历。舒亶明白张商英这是在托他帮忙找关系，这种事情有违朝纲，而舒亶的职责就是检举各种不法行为，于是他将张商英的信和王沩之的简历一并上交了。结果，张商英被贬到长江北岸的江陵府（今湖北荆州）监管盐税，舒亶再次收获了一片骂声。

晚来得子的护法宰相

在张商英被贬往江陵府时，另一个人也在湖北接受“改造”，他就是苏轼。苏轼比张商英年长 6 岁，两人的老家相距不过百余里，在宋代那是妥妥的老乡了。

苏轼一生交友无数，但能与他在精神上平起平坐的朋友不多，张商英就是其中的一位。江陵府离黄州八百余里，两人无法见面，只能靠通信联络。他们有很多共同话题，如诗歌唱和、生活琐事、参悟佛法等。

张商英是北宋宰相中与佛教最有渊源的人物之一。他一开始是不信佛教的，但是他的夫人向氏修佛多年，所以张商英得以近距离感受佛法。

有一天，张商英在书房里折腾到半夜也没睡，夫人就问他：“这么晚还不睡，你在干什么呢？”

张商英说：“我想写《无佛论》。”

夫人说："既然无佛，你论他作什么。"

张商英一听觉得有道理，就决定不写了。不久，他在朋友家看到了一本佛经，就问是什么书，朋友说是《维摩经》，张商英信手取来，读着竟不肯放下。后来夫人对他说："你读完这本经以后可以开始写《无佛论》了。"结果，张商英写了一本《护法论》，他后来与佛门的关系越缠越深，也影响了他的仕途。

苏轼早年也是不信佛教的，但这次获罪被贬，他是带着一肚子忏悔去黄州的，他一心想要消尽自己的口业，以免再因为乱讲话而惹来灾祸。去了黄州之后，他也开始泡寺院，读佛经，所以与张商英有很大的交流空间。其间写了一封信给张商英（即《扫地帖》，图183）：

轼比来多病少出，向时浮念杂好扫地尽矣。

天觉比来诸况何如？已有儿子未？因书略相报。漫令小儿往荆渚求少田，不知遂否。

甚欲与公晚岁为邻翁，然公岂此间人哉！轼白。

此信大意是：我最近身体多病，很少出门，以前脑子里的那些浮念、杂念等都被扫除干净了。你最近各方面怎么样啊？有儿子了吗？回头写信告诉我。我让小儿子去你那边看看能否买一点地，也不知他办得怎么样了。好想晚年与你做邻居，但你怎么可能永远谪居在这种地方呢？

这封信写于元丰六年（1083），当时40岁的张商英已经在江陵谪居了两年多，46岁的苏轼在黄州谪居了三年多。苏轼在信里问张

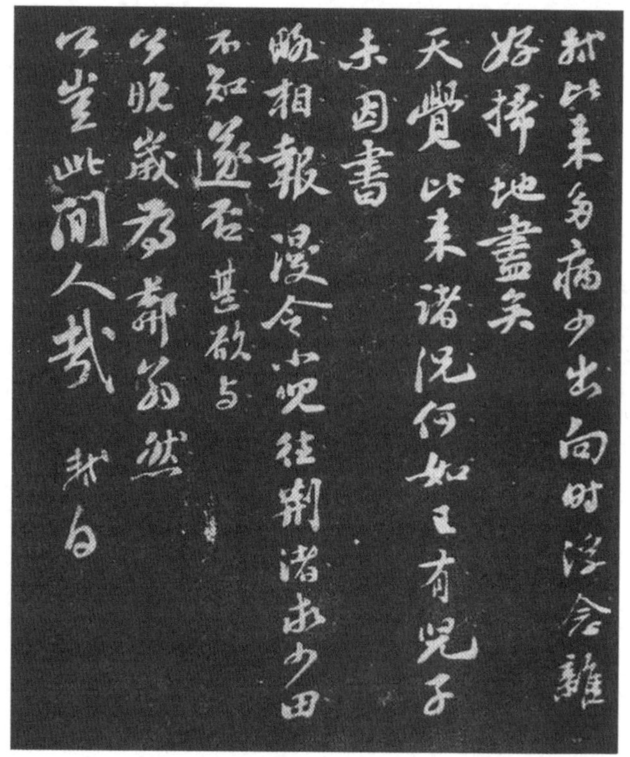

轼以来多病少出，向时没会杂
好扫地尽矣
天觉以来诸况何如，已有儿子
未，因书
略相报。漫令小儿往荆渚求少田
不知遂否，甚欲与
公晚岁为邻，翁然
作坐此间人哉。轼白

图 183 〔宋〕苏轼《扫地帖》拓本。

商英有没有儿子，看来此前张商英只有女儿，没有儿子。苏轼挺喜欢问候别人的儿子，有儿子的问儿子学习怎么样，没儿子的就催问何时有儿子。宋人也喜欢要儿子，除了观念之外，还因为女儿的嫁妆费太贵了，女儿多的人家，只送嫁妆都要送穷了。苏轼的弟弟苏辙就有好几个女儿，发愁没钱嫁。

张商英差不多要当外公了还没儿子，估计也着急得不行了。不过他后来到底是有了一个儿子，名叫张茂，官至直龙图阁，没什么名气。张茂后来有两个儿子，一个做官，但精神有问题，另一个是平民。张商英虽然贵为宰相，但着实家里人丁不旺。

在信的末尾，苏轼表示自己恐怕只能长居此地，但他觉得张商英不会久贬于此。出乎苏轼预料的是，两年后他就回到朝廷，人生再次开挂，而张商英却仍然换个地方继续打磨。等张商英后来登上宰相之位时，苏轼已经作古多年。

日本刀与河豚

欧阳修写过一篇《日本刀歌》，歌中描绘了一把做工非常精美的日本刀，其中有这样几句：

宝刀近出日本国，越贾得之沧海东。
鱼皮装贴香木鞘，黄白间杂鍮与铜。
百金传入好事手，佩服可以禳妖凶。[1]

著名诗人梅尧臣和史学家司马光也写过关于日本刀的诗文，这倒不是因为当时的日本刀很多，而是因为他们所写的都是同一把刀，这把刀的主人名叫钱公辅。

钱公辅（1021—1072），字君倚，武进（今江苏常州）人。钱公辅与王安石同岁，两人还曾是非常要好的朋友，后来因为变法思想不一致而掀翻了友谊的小船。钱公辅的老师是比范仲淹小 4 岁的胡

1　王克俭主编《欧阳修诗词选》，海南国际新闻出版中心，1997，11 页。

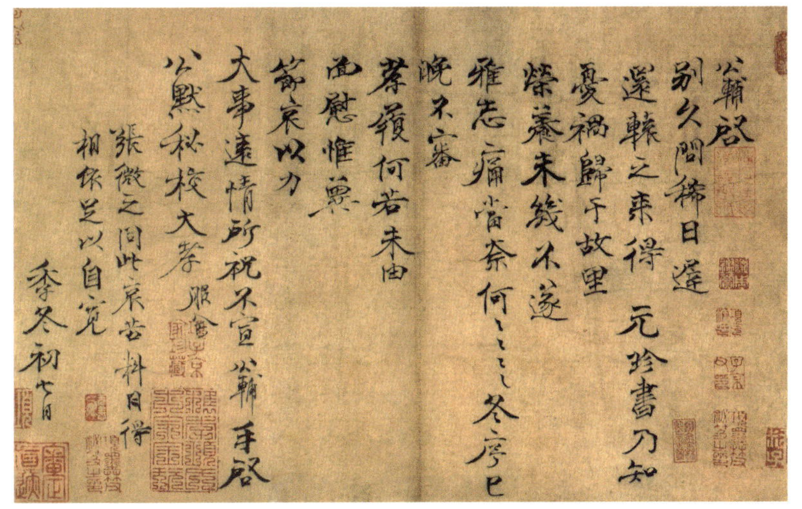

图 184 〔宋〕钱公辅《别久问稀帖》，台北故宫博物院藏。

瑗（993—1056），胡瑗是著名的经学大师和教育家，“宋初三先生”之一。钱公辅跟着胡老师认真学习儒家经典，打下了深厚的经学基础，加之他的文笔极好，所以在科举考试中能进入甲科是不足为怪的，后来他曾担任知制诰一职，为皇帝起草诏书，也足以证明他的文笔是过硬的。当年司马光被任命为知制诰，他就打死也不干，因为他觉得自己的文笔不好，怕被人笑话。钱公辅曾给朋友丁公默写过一封信（即《别久问稀帖》，图 184），文字如下：

公辅启：

别久问稀，日迟还辕之来，得元珍书，乃知忧祸，归于故里。荣养未几，不遂雅志，痛当奈何，痛当奈何！冬序已晚，不审孝履何若，未由面慰，惟冀节哀，以力大事，远情所祝。

不宣。公辅手启。公默秘校大孝服舍。张微之同此哀苦，料日得相依，足以自宽。季冬初七日。

大意如下：分别已经很久了，很少问候你。今天傍晚时分，外出归来的人带回了元珍的信，我才知道你遭遇不幸回家乡去了。你奉养父母还没有多久他们就去世了，真是太令人痛苦了。严冬已至，不知你现在情况如何。无法当面安慰你，只希望你节哀，保存好精力办大事。送上遥远的祝福。不多说了。致大孝子公默秘阁校理。张微之也在服丧期，料想你们可以互相安慰，排遣忧伤。十二月初七。

信中的“元珍”是钱公辅的老乡丁宝臣（1010—1067），比钱公辅年长 11 岁，元珍是他的字。当年丁宝臣在端州（今广东肇庆端州区）担任知州时。侬智高率军沿西江直奔广州，一路上风卷残云，毫无准备的沿途州县官员大多都选择了投降或逃跑。端州在西江沿岸，是侬智高主力兵团的必经之地，丁宝臣知道自己打不过，就弃城逃跑了，因此而捡了一条命。

丁宝臣和欧阳修从年轻时就是好朋友，欧阳修的名篇《戏答元珍》就是写给丁宝臣的，内容如下：

春风疑不到天涯，二月山城未见花。
残雪压枝犹有橘，冻雷惊笋欲抽芽。
夜闻归雁生乡思，病入新年感物华。
曾是洛阳花下客，野芳虽晚不须嗟。[1]

1　张春林编《欧阳修全集》，中国文史出版社，1999，61 页。

钱公辅在信末尾提到的“张微之”名张巨，他与蒋之奇、胡宗愈、丁公默号称“四友”，都是围绕在欧阳修身边的学术达人。钱公辅这封信就是写给丁公默的，丁公默的父亲就是丁宝臣的哥哥丁宗臣（1001—1054）。

蝤蛑（yóu móu）点酒

丁公默在历史上本没什么名气，但他给苏轼送过几只海鲜，苏轼写了一首诗记录此事，丁公默的名字也因此而经常出现在后世文人眼前了。当时苏轼在湖州担任知州，丁公默送了他几只名为蝤蛑的螃蟹，不仅味道非常鲜美，个头还很大，比一般的河蟹要大三四倍，剥出来的肉是一大块一大块的，不像普通螃蟹那样要从骨头缝里剔肉。肉食先生苏轼一边抿着小酒，一边大快朵颐，酒足蟹饱之后就给丁公默写了一首诗：

溪边石蟹小如钱，喜见轮囷赤玉盘。
半壳含黄宜点酒，两螯斫雪劝加餐。
蛮珍海错闻名久，怪雨腥风入座寒。
堪笑吴兴馋太守，一诗换得两尖团。[1]

这首诗的最后两句有点类似几年前他写给文同的诗：“料得清贫

1 〔宋〕苏轼著，李之亮笺注《苏轼文集编年笺注 诗词附 11》，巴蜀书社，2011，193 页。

馋太守，渭滨千亩在胸中。”[1]戏称在陕西洋州任职的文同爱吃竹笋。

死于吃河豚?

丁公默的死因说起来不够体面，按苏辙的记录，他是因为吃河豚被毒死了。河豚是宋代士大夫碗里常见的美食，苏轼就非常喜欢吃河豚，很多人最早知晓河豚这种动物恐怕都是通过苏轼的那首诗："竹外桃花三两枝，春江水暖鸭先知。蒌蒿满地芦芽短，正是河豚欲上时。"河豚长得很可爱，胖嘟胖嘟的，经常成群结队出现，一网就一篼。据说河豚的味道非常好，但如果处理不好就容易中毒。古代有一种说法，如果中毒了，就要吃不洁净的东西方能解毒，有人说这是因为吃不洁净的东西会让人呕吐，把毒物吐出来就好了。

河豚的吃法很多，有的直接吃，有的将河豚与蒌蒿、荻笋、菘菜等一块儿煮。苏轼担任扬州知州时，就和学生晁补之经常吃河豚，也没有见到有什么反常情况，所以有人说丁公默不是被河豚毒死的，而是中风而死。

士大夫爱美食没有罪，但要是死于美食，就太不体面了。比如"诗圣"杜甫，据说他死于吃牛肉，这真令人难以接受，所以我们宁愿相信他是由于长期漂泊，身体已经糟透了，生命到了该自然终结的时候。同理，希望丁公默是死于中风，而不是吃河豚被毒死。

---

1 〔宋〕苏轼著，〔清〕冯应榴辑注，黄任轲，朱怀春校点《苏轼诗集合注（上）》，上海古籍出版社，2001，645 页。

图 185　日本平安时代初期（约 10 世纪）天国小乌丸，日本宫内厅收藏。

日本刀

在我国唐朝时期，日本派遣大量的遣唐使来中国学习各种文化和工艺，唐朝的刀剑制作工艺也因此而传到日本，日本刀主要就是由唐刀演变而来。我国北宋时期正值日本平安时代的中晚期，武士阶层逐步扩大和强盛，日本刀是武士的必备之物，开始大批量制作，并且逐步由直刀向弯刀过渡。但这些跟北宋士大夫没什么关系，当时中日关系比较友好，以武士为中坚力量的倭寇入侵我国沿海的事情要到几百年后才会出现。

宋朝时期中国的海外贸易量越来越大，到北宋晚期，明州（今浙江宁波）成为政府特批的对外贸易港口。钱公辅曾在明州担任知州，他的这把日本刀就是由商人从日本带回来的，花费百金，价格不菲。这把日本刀刀身泛出青光，刀柄用鱼皮包裹，品质非常好。钱公辅将日本刀带回京城和朋友们分享，还邀请开篇提到的圈里的大人物们如欧阳修等人一起为这把刀写诗歌。（图 185）

了生死

不想和开封说再会

至和二年（1055）二月，任开封知府的蔡襄没有处理好关于皇帝和宰相的两个案子，被御史弹劾，只得引咎辞职。

五月，蔡襄带着家人离京，六月十五日抵达应天府，不幸的事情发生了，他的长子蔡匀生病了，一个星期后病逝。三个月前，蔡襄才刚为年满 18 岁的蔡匀申请了恩荫官职，并为他主婚，可没想到这么快就白发人送黑发人，这让蔡襄悲伤不已。离开应天府后，中元节前二日，蔡襄写了一封信给“杜君长官”（即《离都帖》，图 186）：

襄启：

自离都至南京，长子匀感伤寒七日，遂不起此疾。南归殊为荣幸，不意灾祸如此。动息感念。哀痛何可言也。承示及书并永平信，益用悽恻。

旦夕度江，不及相见。依咏之极。谨奉手启为谢，不一一。襄顿首，杜君长官足下。七月十三日。

（贵眷各佳安，老儿已下无恙。永平已曾于递中驰信报之。）

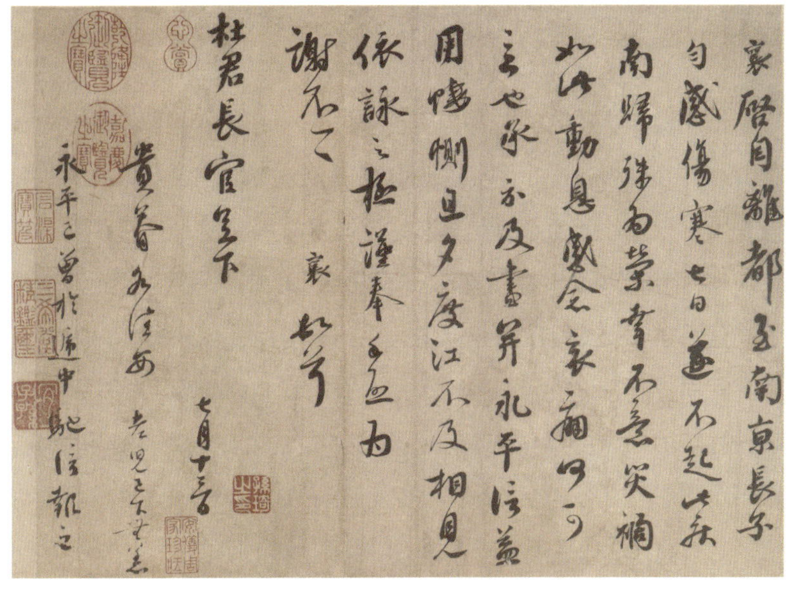

图 186 〔宋〕蔡襄《离都帖》，台北故宫博物院藏。

大意如下：我离开京城开封到达南京应天府时，长子蔡匀感伤寒，七天之后病故。此次南归本来是一件很荣幸的事，却不料遇此灾祸，一想起这事，就心痛得无法言语。承蒙你和永平都写信给我，我看了之后更加凄凉悲伤。我很快就要渡长江了，不能跟你见面了。十分想念，只能去信一封，其他不多说了。向你全家问好，祝上下老小都平安无恙。给永平的信已经交邮递员发走了。七月十三日。

蔡襄离京回闽的步伐从来没有如此沉重过。舟行至衢州时，蔡襄的夫人又因悲伤过度而病逝。蔡襄扶着两具灵柩，带着白发苍苍的老母亲，万念俱灰。但是，蔡襄的伤心旅程还远没有结束，若干年后，蔡襄还会调回京城，并再一次扶棺南下。

皇帝和宰相的棘手案子

至和元年（1054）七月，蔡襄升任开封知府，成了首都的“市长”。宋代很多官员进入核心领导层都是从这个职位跨上去的，但风险系数也很大，因为京城是全国权臣显贵集中的地方，各种关系复杂，稍有不慎就可能被贬。很快，两个棘手的案子发到了蔡襄手上。

仁宗皇帝要给刚刚去世的宠妃张氏以皇后礼仪来安葬，此事引来言官们一阵口诛笔伐，但仁宗皇帝很不甘心，继续让礼院讨论此事，礼院的办事人员就按皇帝意思办了，结果办事人员被人举报，案子发到了开封府。接着，有人告发 63 岁的老宰相陈执中纵容宠妾把家里的婢女活活打死了，案子同样被发到开封府。

这下好了，一个案子涉及皇帝，另一个案子涉及宰相，天上坠落的流星恰好砸到蔡襄头上，他没有因此荣耀高升，而是被砸下去了。最终的结果是蔡襄因办案不得力而被赫赫有名的“铁面御史”赵抃给弹劾了，爱惜羽毛的蔡襄只好引咎辞职。至和二年（1055）二月，蔡襄以母亲年老为理由请求到福建泉州任职，因为那里离他的老家仙游很近，朝廷批准了。

蔡襄一生的外任地点都是好地方，除洛阳和人间天堂杭州外，就是他的家乡福建。相比苏轼年轻时就出离四川，终生未能如愿回乡，蔡襄是幸福的。即便如此，蔡襄还是非常不愿意离开京城的，他才 44 岁，没犯什么大错，资历稳步积累，目前已经是龙图阁直学士，再熬几年就可以进入“两府三司”的核心了，这一下放又不知何时才能回京。此外，他身体不好，还有脚气病，年年复发，痛起来只能卧床休息。从开封到福建跋山涉水四千余里，会令他元气大伤。

悲伤告别开封

南下途中，蔡襄收到杜谊的来信，杜谊是杜衍的族侄，也就是蔡襄《离都帖》中的“杜君长官足下”。

杜谊，字汉臣，台州黄岩人。此人进入世人视野的方式并非才气和学识，而是孝行。史书上说杜谊的父亲脾气不好，经常打他，但杜谊却侍父极孝。他的父母去世以后，杜谊从十里外挑土给父母建坟茔，一共挑了三年，每晚睡在墓地旁，且一直食素。宋代守孝至深的人挺多的，但杜谊的守孝却有神异色彩。有人说白天能看见墓边有虎狼的足迹，但杜谊却安然无恙。还有一次刮台风，大石头都被刮走了，杜谊却毫发无损。地方官将这些不可思议的事汇报给朝廷，杜谊就成了孝子中的典范。

杜谊在皇祐四年（1052）调任永城县（今属河南商丘市）知县。到任后的第二年，他用自己的俸禄修了一座孔庙，也就是办了一所学校，还请蔡襄为这所学校写了篇文章。宋朝一些声望比较高的人，尤其是书法较好的人，往往对这种约稿都比较热心，他们认为普及教育和传播儒学是士大夫非常应该做的事。

杜谊任职的永城就在京杭大运河边，蔡襄南下要路过此地，所以杜谊写信约蔡襄一见。蔡襄收到杜谊的信时已经过了永城很远了，临近长江了，无法再与杜谊相见了，所以给杜谊回信告知此事，并将长子蔡匀病逝的情况一并告知。

扶柩归家的情况在宋代比较常见，因为宋人宦游是常态，文臣一般三年要换一个地方，所以客死异乡的官员或官员家属很多。加之古代交通不便，换任时要花很多时间在路途上，行程也比较艰苦，导致很多人死在赴任途中，比如范仲淹、文同，余靖死于旅途中，欧阳修的父亲客死于四川官舍，等等。一般来讲，官阶高一点的，本人或家属去世后国家会安排丧葬费，归乡沿途的官员也会按惯例负责相关事宜，而下僚官员就只能自己解决，解决不了的，只能就地安葬。黄庭坚的父亲去世后，家人无力负担从广东到江西修水的费用，只能让死者长眠于广东。蔡襄是朝中大员，沿途官员都会帮助护送他亲人的灵柩，这让他省了不少事。带着两具亲人灵柩回到家乡后，蔡襄在泉州、福州两地共任职五年，为老百姓干了很多实事，还写了有名的《荔枝谱》为家乡的荔枝做宣传。其间，他给大女婿谢仲规写过一封信（即《谢郎帖》，图 187）：

谢郎：春初将领，大娘以下各安。年下朱长官亦来泉州诊候。今见服药，日觉瘦倦。至于人事，都置之不复关意。眼昏不作书，然少宾客，省出入，如此情悰可知也。不一一。襄送。正月十日。

大意如下：谢郎，初春已到，向你全家问好。春节期间朱长官也来泉州看病了。我已经在服药了，感觉越来越消瘦疲倦。至于别的人和事，我都不再关心了。眼睛昏花，好久没有写信，宾客很少，我也很少出门。这样的情形估计你也能想象得到，不多说了。

谢仲规是福建晋江人，家族情形与蔡襄差不多，谢家是靠谢仲规的父亲读书而改变命运的，谢父曾官至尚书职方郎中。谢仲规也是进士出身，但官位不显，年五十即退休。谢仲规接到蔡襄的信后即前往探望生病的老岳父。

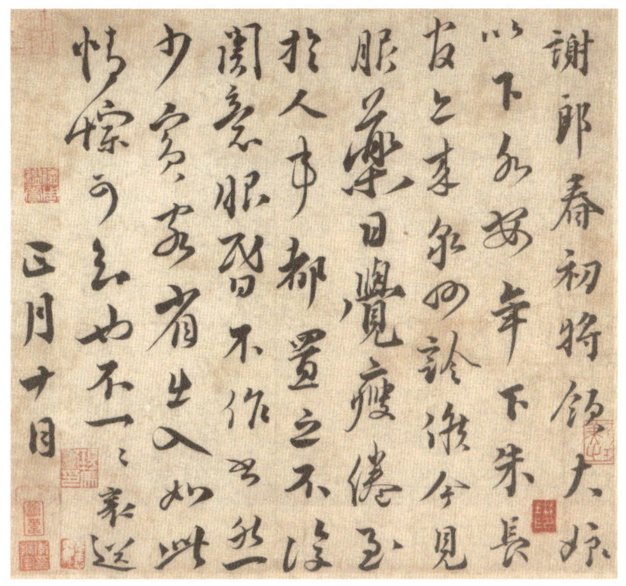

图 187 〔宋〕蔡襄《谢郎帖》，台北故宫博物院藏。

再次悲伤南下

嘉祐五年（1060），皇帝诏授蔡襄翰林学士，并再次命他担任开封知府。久病的蔡襄实在不想再长途跋涉，就上表请辞，希望继续留在泉州，但朝廷不准，他又请求改任杭州或扬州，朝廷还是不准。无奈之下，蔡襄只能带上年迈的老母亲再次北上开封。数年之后，蔡襄迫于英宗皇帝的诘难而调任杭州，第二年，他的母亲病逝于杭州，蔡襄只能再一次悲伤地扶柩南归。

在离开杭州后，蔡襄给一位朋友写了一封信（即《扶护帖》，图 188），文字如下：

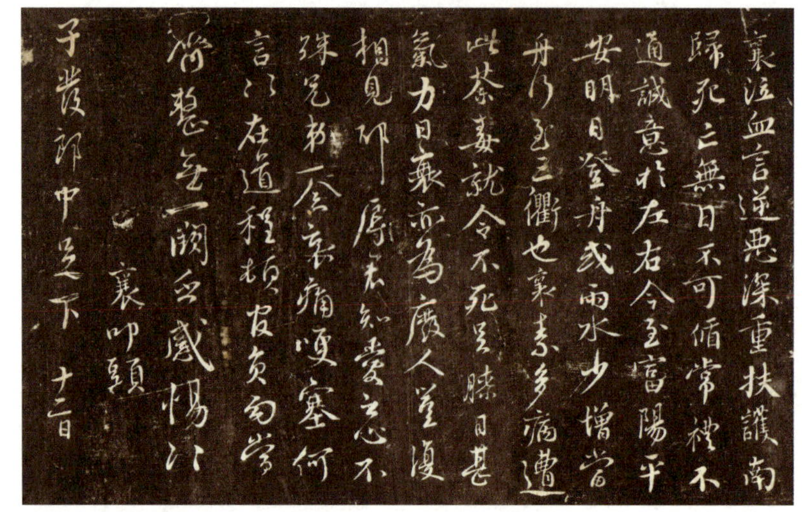
襄泣血言
逆惡深重扶護南
歸死亡無日不可循常禮不
通誠意於左右今至富陽平
安明日登舟或雨水少增當
舟行至三衢也襄素多病遭
此荼毒就令不死足膝日甚
氣力日衰亦為廢人豈復
相見耶辱君知愛之心不
殊兄弟一念哀痛哽塞何
言〻在道程頓官員勾當
齊整無一闕乏感愓〻
襄叩頭
子發郎中足下 十二日

图 188 〔宋〕蔡襄《扶护帖》拓本

襄泣血言：

逆恶深重，扶护南归，死亡无日，不可循常礼，不通诚意于左右。今至富阳，平安。明日登舟，或雨水少增，当舟行至三衢也。

襄素多病，遭此荼毒，就令不死，足膝日甚，气力日衰，亦为废人，岂复相见耶！辱君知爱之心，不殊兄弟，一念哀痛，哽塞何言！哽塞何言！在道程顿，官员勾当齐整，无一阙乏，感愓感愓！

襄叩头子发郎中足下，十二日。

大意是：我罪恶深重，扶护母亲的灵柩南归，感到自己也活不了多久了，所以就没有遵循正常的礼节，出发时没有及时告诉你。现在已经到达富阳，一切平安。明日登船再出发，如果雨水能稍微增加一些，就可以一直舟行至衢州了。我一向多病，现在遭遇这么重大的打击，脚和膝盖疼痛加剧，气力也日渐衰竭，就算不死，也成了废人了，怕是不能再与你相见了。你对我的知心爱护与兄弟无异，一想到这些就哀伤心痛，哽噎抽泣，不知该说些什么。途中每一程停歇时都有官员周密协助，什么都不缺，很感谢他们。

按宋人习俗，父母去世后，儿子扶柩途中只能光着脚走。蔡襄本来就有宿疾，脚气病也非常严重，还要经受各种跪拜，必然会元气大伤。回乡半年后，他的次子蔡旬又去世了，用“祸不单行”来形容此时的蔡襄最合适不过了。蔡襄悲痛万分，他在祭文中写道：

> 情莫若父子之亲，痛莫若死生之别。情深痛重，肠胃分裂。已焉哉！天实为之，谓之何哉！[1]

本来就衰弱不堪的蔡襄哀毁过度，预感到自己不久于人世，就想还了欠欧阳修多年的“笔债”。欧阳修年轻时写过一篇《洛阳牡丹记》，请蔡襄抄一遍，蔡襄答应了，但迟迟没有交稿。蔡襄拖着病体抄录了两份近 3000 字的《洛阳牡丹记》，一份给欧阳修，一份自己家藏。送抄本的人刚到欧阳修那里，蔡襄的讣告就随之而至，他留下未成年的一儿两女，驾鹤西去，享年 55 岁。

欧阳修悲痛不已，他为蔡襄撰写了墓志铭，又为蔡襄书写的《洛阳牡丹记》题了尾跋，分别留给自己的孩子和蔡襄未成年的幼子，以纪念两人深厚的友谊。

---

1 〔宋〕蔡襄撰，陈庆元等校注《蔡襄全集》，福建人民出版社，1999，717 页。

欧阳修人生剧终

熙宁四年（1071）六月，65 岁的欧阳修再一次向朝廷提交了辞职报告，这次他是认真的，无论朝廷怎么挽留，他都要回家养老了，因为他的身体实在撑不住了。从他写的一封信也可以看出他此时的身体状况（即《灼艾帖》，图 189），文字如下：

修启：

多日不相见，诚以区区，见发言曾灼艾，不知体中如何？来日修偶在家，或能见过。此中医者常有，颇非俗工，深可与之论榷也，亦有闲事思相见。不宣。

修再拜，学正足下。廿八日。

收信人的身份是“学正”，这是国子监管理学生的人，此信大意是：好多天不见你了，听我儿子欧阳发说你也曾艾灸，不知你身体如何了？（图 190）哪天我在家时，或许咱们可以见一面。我这儿一直有医生，医术非常高明，可以与他们好好探讨一下，另外我也有

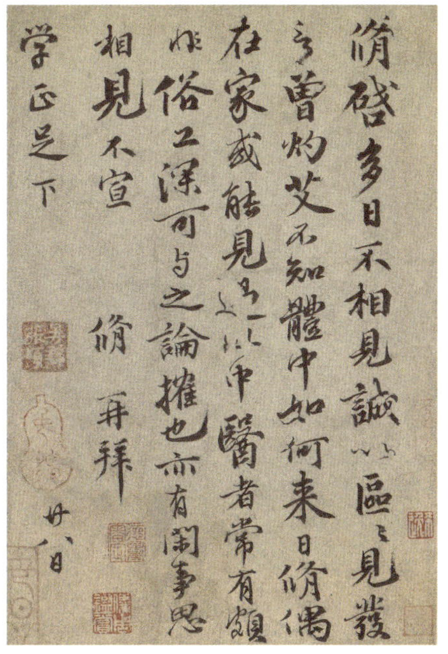

图 189 〔宋〕欧阳修《灼艾帖》，故宫博物院藏。

一些闲事想与你说说。

一直与医生打交道，可见欧阳修的身体确实不行了。欧阳修志在东归，神宗皇帝知道挽留不住，当然他也无意再将欧阳修安置在重要位置，以免影响变法的正常开展，于是欧阳修终于是退下来了。

活着就是赢家

庆历七年（1047），46 岁的尹洙死了。在抗击西夏的战场上，他是韩琦的助手，后来闹出了“水洛城事件”，最后因军费问题被贬到均州做酒税官，没几年就郁郁而终。他去世之前就已经穷得身无

图 190 〔宋〕李唐《灸艾图》局部，台北故宫博物院藏。农民如果生疮，可以理解为在太阳下暴晒导致热毒，可是很多士大夫也生疮，这多半与他们服食丹方有关。长期服食丹药会催毁一个人的身体，而艾灸则是他们的养身法之一。

分文了，还曾向范仲淹借钱，无法想象在他去世之后，尹家的孤儿寡母是怎么熬日子的。

当尹洙被贬时，韩琦和欧阳修也因“庆历新政”失败而被贬出朝廷。欧阳修是个快乐豁达的人，到哪儿他都“曾是洛阳花下客”“挥毫万字，一饮千钟”，在诗酒年华的同时收获了一路政声与文名。皇祐元年（1049），在外“流放”了四年的欧阳修返回朝廷，就一直安稳地在京城，并通过编修《新唐书》成就了自己在史学界的地位。

历经诸多事件的欧阳修，在政治上变得老练许多，至和二年（1055），48 岁的欧阳修做了一件大“买卖”，他上书皇帝请求罢免宰相陈执中（990—1059），陈执中在大臣中的口碑并不好，又纵容小老婆打死婢女。后来陈执中真被罢相了，上台的是欧阳修的亲密战友富弼与文彦博，二人并为宰相。富、文入相，对韩琦来说也是一件大好事，此时距他被贬已经十年了，不久之后，他也回到朝廷，开始向着人生新巅峰攀登了。

图 191　欧阳修像

死去的尹洙却再也没机会开启新的人生了。帝国的车轮滚滚前进，个人的生死荣辱如蝼蚁般被碾过，可仍然有人惦记着尹洙的遭遇。爬上枢密使位子的韩琦正式向仁宗皇帝请求追复尹洙原官职，仁宗皇帝同意了。再过了两年，欧阳修请求赐尹洙的遗孤官职，仁宗皇帝也答应了。想到尹洙的孩子，怕也只有欧阳修最能感同身受了，因为欧阳修也是幼年丧父，孤苦无依的母亲带着他从四川绵阳跋涉到湖北去投靠他的叔叔。（图 191）

尹洙虽沉冤得雪，但他去世得太早了，如果能熬过那几年，可能会出现一个历史意义与宋祁或欧阳修接近的尹洙了，而韩琦和欧阳修要是在当年的打压下没能熬过去，他们在历史上也不会有现在这么高的地位了。

坚决退休

65 岁是可退可不退的年龄，在当时，只要官员没犯大错，就可以一直工作到自己不想干了，所以很多人是老死在官任上的。欧阳修坚决想退休的原因大致有两条：

一是前一年王安石拜相，熙宁变法全面铺开，欧阳修作为保守派，站在了变法的对立面，所以他被“退居二线”，到蔡州（今河南汝阳）任职。

二是长年伏案使他的身体越来越不好，他有糖尿病、脚痛病，眼睛因练功而受伤，还经常牙疼，身体不断向他发出衰老的信号，让他情绪索然。

六月下旬，被批准退休的欧阳修从蔡州出发前往颍州（今安徽阜阳）。颍州并非欧阳修的祖籍地，但是他之前在颍州工作时觉得那里风景非常美，于是早早地在那里置业了。蔡州与颍州相邻，两地州府差不多在同一纬度上，相距才一百多公里，欧阳修只花了几天时间就到了。

归老尾声

颍州风景秀丽，但毕竟离开封有三百多公里，又不像杜衍所隐居的应天府（今河南商丘）那样地处南北水路交通要塞，所以能与欧阳修诗酒度晚年的人非常少，这让他感到了前所未有的孤独。在人生即将谢幕的时刻，一生都在乘风破浪的欧阳修虽然时时感觉自己的身体已经衰竭到了极限，但他的心却从来未曾甘于寂寞过。

平日里，欧阳修除了处理家务，仍然会跋一些碑拓，偶尔写写诗，再就是和朋友们通信，比如给韩琦和王拱辰寄诗等，可惜这些手迹大都遗失了，只有一幅《端明帖》（图 192）流传下来了：

修启：

修以衰病馀生，蒙上恩宽假，哀其恳至，俾遂归老。

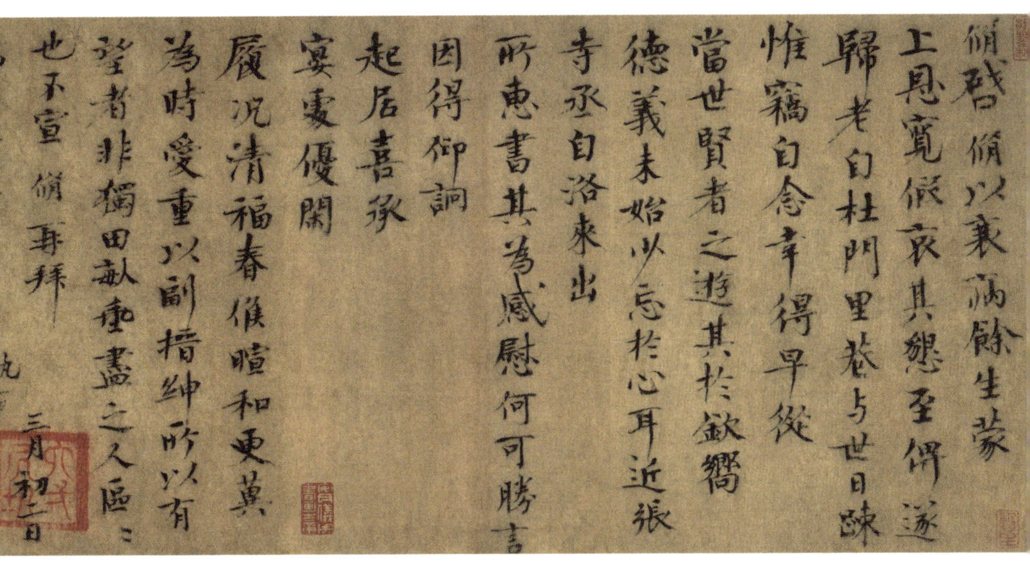

图 192 〔宋〕欧阳修《端明帖》，台北故宫博物院藏。

自杜门里巷，与世日疏。惟窃自念，幸得早从当世贤者之游，其于钦向德义，未始少忘于心耳。近张寺丞自洛来，出所惠书，其为感慰，何可胜言。因得仰词起居，喜承宴处优闲，履况清福。

春候暄和，更冀为时爱重，以副搢绅所以有望者，非独田亩垂尽之人区区也。不宣。

修再拜，端明侍读留台执事，三月初二日。

这封信大意如下：我大病未死，苟延残喘。蒙皇上恩典宽容，可怜我请求之恳切，我才得以归老。自从我生活于小巷子里，与外界的联系越来越少，不过暗自庆幸自己早年与当世的贤者有交往，他们对品德和道义的追求，我从来未曾忘怀。最近张寺丞从洛阳来，将你写的书信转交于我，我感激和宽慰的心情难以言表，也因此而得知你的起居状况，你生活悠闲，得享清福了。春天来了，你要根据时令变化多多保重身体，也好让那些尊敬和挂念你的士大夫们都感到安慰，这可不只是我这个乡下垂死之人的愿望。

这封信的收信人即是大名鼎鼎的司马光。欧阳修比司马光年长12岁，算是同一个时代的人，但司马光早年的名气比欧阳修差远了。这主要是因为欧阳修恰好赶上了范仲淹时代，积极参与了“庆历新政”，再加上文学才能出类拔萃，任台谏官时又敢说敢言，所以年轻时就名满天下。司马光文采不如欧阳修，性格还特别倔，所以在仁宗朝与英宗朝，他一直被埋没于北宋的纷纷冗官之中。

司马光在仕途上从隐到显的过程中，欧阳修是起过重要作用的。神宗即位之初，具有顾命大臣身份的欧阳修向神宗皇帝郑重推荐了司马光，他推荐的理由很硬核：仁宗晚年时，大臣们虽然都觉得该立皇子了，可谁也不敢随便发言，但司马光却什么也不怕，他极力上言，请求立赵曙为太子。赵曙就是英宗，也就是神宗的父亲，那还有什么好说的，这司马光肯定是自己人了，于是神宗就开始留意司马光。

司马光是一个对政事特别有主张的人，在神宗与王安石研究变法的过程中，司马光毫不隐晦地发表自己的不同看法，奏章一道接一道地上。神宗觉得这个人很有性格，对工作很上心，所以依然想重用他，但司马光不想妥协，自己的意见不被接受，他就干脆罢手，请求去洛阳专心编书，神宗答应了。于是在欧阳修正式提出退休申请的前一天，司马光被调任洛阳，从此绝口不为新法上书。司马光在洛阳的身份是“端明殿学士、翰林侍读学士、西京留守司御史台”，

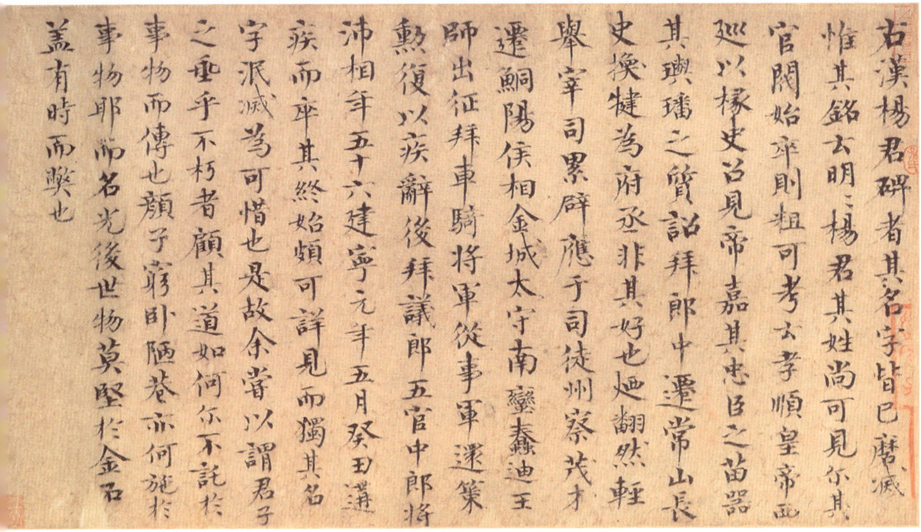

图 193 〔宋〕欧阳修《集古录跋尾》“汉杨君碑”段，台北故宫博物院藏。

所以欧阳修才在信的末尾称呼司马光为“端明侍读留台执事”。

欧阳修这封回信是用小楷写的，这是他擅长的书体。如果将他八年前写的《集古录跋尾》（图 193）与这封信相比较，可以看出给司马光的这封信在运笔和气息上比前者有较大差距，人之将亡，其气也衰。

写完这封信 5 个月后，欧阳修于颍州病逝，享年 66 岁。

苏轼为何送一担酒作为丧礼？

元丰六年（1083），陈季常的哥哥陈伯诚去世了，仍在黄州接受“改造”的苏轼犹豫着要不要去参加葬礼。虽然陈伯诚与他的关系一般，但陈季常却是他非常要好的朋友，按说应该去一趟。

思虑再三，苏轼还是决定不去了，因为与哥哥感情非常好的陈季常现在一定很悲痛，苏轼不想在这个特殊的时刻给他添乱，于是给陈季常写了一封慰问信（即《人来得书帖》，图 194），文字如下：

轼启：

人来得书，不意伯诚遽至于此，哀愕不已。宏才令德，百未一报，而止于是耶？季常笃于兄弟，而于伯诚尤相知照，想闻之无复生意。若不上念门户付嘱之重，下思三子皆未成立，任情所至，不自知返，则朋友之忧盖未可量。

伏惟深照死生聚散之常理，悟忧哀之无益，释然自勉，以就远业。轼蒙交照之厚，故吐不讳之言，必深察也。

本欲便往面慰，又恐悲哀中，反更挠乱，进退不皇，惟万万宽

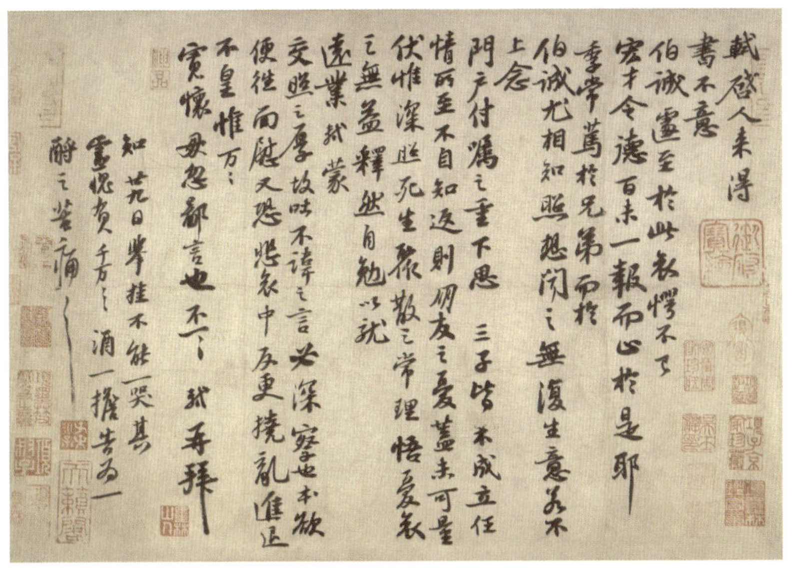

图 194 〔宋〕苏轼《人来得书帖》，故宫博物院藏。

怀，毋忽鄙言也。不一一。轼再拜。

（知廿九日举挂，不能一哭其灵，愧负千万，千万。酒一担，告为一酹之。苦痛，苦痛！）

大意如下：来人将你写的信送给我了，没想到伯诚突然这样，真是让我哀痛惊愕不已。伯诚有大才，品德又高尚，却一点回报都没享受到，就这么结束了吗？季常与兄弟感情深厚，与伯诚尤其相知相照，想来你跟着去的心都有了。要是不顾念上有家族门户之重托，下有尚未成家立业的三个孩子，任由自己的情绪泛滥而不知自返，那朋友们不知得有多担心你呢。你要明白死生聚散是人之常理，再忧愁哀伤也没有用，让内心释怀吧，多勉励自己，多为将来的大

图 195 《清明上河图》押运酒桶的弓箭手临行前在检查武器。

事而考虑。承蒙你对我相知相照，所以没有避讳，直言相劝了，想必你能理解。本来想去当面安慰你，又担心你在悲哀中，我去了反而添乱，所以进退两难。希望你一定要放宽心，不要忽视我说的话。不多说了，轼再拜。听说廿九日举挂，我不能前往哭灵，内心非常愧疚。送上一担酒，请代为祭奠亡灵。悲苦心痛！

按宋代礼节，接到讣告后，关系密切的朋友可以送银子，比如苏轼的父亲去世后，苏轼的老师欧阳修送了二百两银子，韩琦送了三百两。不送银子的可以送别的东西，所送物品按类别有专门称呼，如衣服称为“襚仪”，财物称为“赙仪”，香和酒则称为“奠仪”。苏轼为什么只送酒而不是送银两或其他东西呢？这其中还有一些特殊的原因。（图 195）

首先，苏轼在黄州时一直比较穷，没有固定收入，一大家子靠着那几十亩薄地弄点口粮，实在没有那么多银子可送，能拿得出手的衣服和其他财物自然也很少。

其次，葬礼中用酒，自古以来就存在，这大概是觉得人死后会入地府，以酒洒地就相当于为死者践行了。宋代士大夫的丧葬活动中有很多环节会用到酒，比如：给死者清洗身体后，将死者移至停尸间，这时候要将腊肉和酒都放在祭桌上，然后将酒倒在死者的东边；尸体安置好了之后，一般都要用白绢给死者做魂帛，魂帛被安置在椅子上，作为死者的灵座，椅子前面要放一张桌子，桌上放置果盘酒水，还要有专人侍候，一如死者生前一般；前来悼念的人如果是死者的生前挚友，则进门之后就要以酒洒地；关系一般的悼念者到达时，丧家也要在灵座前点香、浇茶、斟酒；悼念者在灵座前叩拜时也要以酒洒地；谋划安葬地时要以酒洒地，棺材刚送到墓地时以及下葬时也都要以酒洒地；还有一个耗酒量大的环节就是宴饮，宋代的酒度数都不高，一人喝几碗是常见的事，这意味着朋友越多，官位越高，用酒量会越大。（图 196）

即便用酒量大，陈季常这种官宦之家还会缺少那一担酒吗？还真可能缺，因为并不是有钱就能买到足够多的酒。宋代实行榷酒制度，也就是国家垄断酒的制造和销售，禁止私人酿酒售卖，而官酒供应量有限，还比较贵，如果突发重大事件需要大量用酒时，还真的很难买到。正是这个原因，朝廷对去世的重臣经常会有一项特殊恩典，即允许他的家属自己酿酒供丧葬使用，比如韩琦去世后，朝廷就恩赐他家可以酿酒。韩琦是三朝重臣，还是两朝顾命大臣，门亲故旧数量庞大，用酒量当然也会相当惊人，要是靠买官酒来办丧事，估计全城的官酒都要被他家买断了。陈伯诚的身份和地位还远

图 196 〔宋〕佚名《柳荫醉归图》。苏轼很能闹酒，但一喝就醉，醉了就睡，醒了接着闹。

不到能够自家酿酒的级别，但他的家族人脉很广，前去吊唁的宾客会很多，这样一来，酒就很有可能紧缺了，所以苏轼送一担酒作为丧礼是在帮丧家解决实际问题。

再次，苏轼经常自己酿酒。苏轼好酒天下皆知，不过他酒量小，几杯下肚就开始找地方睡觉，李公麟还曾画过苏轼的醉酒图。此外，苏轼还喜欢把酒当礼物送人。那么，苏轼的酒是从哪里来的？一担酒数量也不算少了，花钱买的可能性比较小，也不应该是朋友们送的，因为送酒一般不会送这么大量，那么极有可能是苏轼自己酿的。宋朝不许私人酿酒售卖，但是在比较偏远的乡下，自酿自喝是没有问题的。苏轼在黄州时写过不少酿酒的诗文，如元丰四年（1081）十月二十一日，苏轼在《饮酒说》中写道：

> 州酿既少，官酤又恶而贵，遂不免闭户自酝。曲既不佳，手诀亦疏谬，不甜而败，则苦硬不可向口。[1]

这段话的意思是：黄州的官酿酒本来就不多，既难喝又贵得要死，于是我免不了关起门来自己酿酒。酒曲质量不好，我的手艺也不熟练，酿出来的酒不甜，酿失败了，喝起来又苦又硬，没法喝。

苏轼在黄州还酿过蜜酒，酿造的方子来自四川老家一位姓杨的道士，他在《蜜酒歌》里写道："一日小沸鱼吐沫；二日眩转清光活；三日开瓮香满城。"[2] 从"一日""二日""三日"这些字眼不难想象，苏轼是如何每天趴在酒缸边上眼巴巴地等着酒酿出来。既然喜欢酿酒，那苏轼送到伯诚葬礼的酒极有可能就是他自己酿的了。

1 〔宋〕苏轼著，李之亮笺注《苏轼文集编年笺注　诗词附 10》，巴蜀书社，2011，330 页。

2　同上，226 页。

苏轼斗赢痔疾之后

被贬岭南后，湿热的气候让苏轼犯了严重的痔疾，年过花甲的东坡先生除了趴在床上呻吟，就只能像只螃蟹一样蹒跚，每天像坐在刺猬身上，这日子让他度日如年。

后来，苏轼发现一种食物对痔疾很有疗效——茯苓。茯苓一般生长于山上，不常遇到，苏轼就到处托人买，他曾就此事给表兄程正辅写过一封信（即《淡面帖》，图197），文字如下：

轼旧苦痔疾，盖二十一年矣。近日忽大作，百药不效。虽知不能为甚害，然痛楚无聊两月余，颇亦难当。出于无计，遂欲休粮以清净胜之，则又未能遽尔。但择其近似者，断酒断肉，断盐酢酱菜，凡有味物皆断，又断粳米饭，惟食淡面一味。其间更食胡麻、伏苓麨少许取饱。胡麻，黑脂麻是也。去皮，九蒸曝。白伏苓去皮，捣罗入少白蜜为麨，杂胡麻食之，甚美。如此服食已多日，气力不衰，而痔渐退，久不退转。辅以少气术，其效殆未易量也。

此事极难忍，方勉力必行之。惟患无好白伏苓，不用赤者，告

图 197 〔宋〕苏轼《淡面帖》拓本。

兄为于韶、英、南雄寻买得十来斤，乃足用，不足且旋致之，亦可。已一面于广州买去。此药时有伪者。柳子云尽老芋是也。若有松根贯之，却是伏神，亦与伏苓同，可用。惟乞辨其伪者。频有干烦，实为老病切要用者，敢望留念。幸甚幸甚！轼再拜。

（蜜此中虽有，亦多伪，如有真者，更求少许。既绝肉五味，只啖此麨及淡面，更不消别药，百病自去。此长年之真诀，但易知而难行耳。弟发得志愿甚坚，恐是因灾致福也。）

大意是：我苦于痔疾算来已有二十一年了。最近忽然严重发作，百药不灵。虽然知道这种病不会对身体有大伤害，但已经痛苦烦躁了两个多月，实在难以忍受。出于无奈，就打算靠断食让身体清净，从而缓解症状，但这个办法不能立即见效，只能采用近似的办法，断酒断肉，断盐、醋、酱菜，凡是有味道的都断了，又断了米饭，只吃淡面，也会吃一些胡麻茯苓麨来饱腹。胡麻就是黑芝麻，去皮，九蒸九晒。白茯苓去皮，捣碎后加入少许白蜜做成麨，和胡麻一起吃，非常美味。这样吃了一阵子，气力并没有衰减，而痔疾逐渐减轻了，一直没有再发作。又偶尔练习一些气功之术作为辅助，效果实在难以想象。这个治疗方法非常难以忍受，必须有坚强的毅力才能做到。只是苦于没有好的白茯苓，又不能用红茯苓，烦请兄长在韶州、英州、南雄找找，买上十来斤就够用了，不够用的时候再找你也来得及。我也托人在广州寻找购买了，这个药经常有假的，柳子说很多都是用老芋头冒充。如果看到茯苓中间有松根贯穿其中的，那是茯神，跟茯苓一样，可以用。请一定辨别假冒茯苓。总给你添麻烦，实在是因为年老多病确实需要这些东西，还望多多留心此事。（我这里虽然有白蜜，但多是假货，你如果见到真的，也帮我少买一些。断绝肉和五味之后，只吃这种麨和淡面，也不用别的药物，各种病痛自己就消失了。这是多年的真秘诀，只是知易而行难啊。老弟我现在意志和愿望非常坚定，也算是因灾得福了。）

信中提到的“麨”是将食材捣碎炒制而成的干粉。“白蜜”是结晶后的蜂蜜，一般产量较低，营养价值较高。“茯神”是指中间有松根贯穿而过的茯苓，有的茯苓会围绕松根生长，故而如此。信中说的红茯苓应该是土茯苓的一种，土茯苓和茯苓名字类似，但不是一种植物，土茯苓并不是真菌，也不依附于松根生长，而是一种独立生长的攀缘状灌木，根部形状和茯苓相似，也有药用价值，但功效不同。从信的内容可以看出，东坡先生真是“苦痔疾久矣”。

给身体里的虫子断食

痔疾与不良生活习惯有很大关联：爱吃辛辣食物；暴饮暴食；

酗酒；长时间保持同一姿势，比如坐着，站着，躺着；熬夜。

苏轼是四川人，辣对他来说是常态；他还是个有名的“吃货”，经常暴饮暴食，他在文章里说自己肥胖的时候腰围曾达“十围”（大约一米多），那真是一座肉山了；他还好喝酒，时常半夜三更喝到不省人事，醒了接着喝；作为一个爱好写作和书法的人，久坐也是难免的；熬夜更是经常的，翻他的文集，很多是夜里写的诗文，那都是当“夜猫子”的铁证。苏轼还是个喜欢在朋友圈“刷屏”的人，他无法独自承受身心的痛苦，必须要在文字里释放出来，结果从古到今的文人都知道他的痔疾。

为了治好痔疾。他翻烂了医书，尝试了各种药物，都没有很好的效果。有一天，他突然有所感悟，觉得残害他肛门的应该是一群可恶的虫子。为啥子会有这么一群虫子呢？那肯定是肛门周围的土壤太肥沃了！如此，唯一的方法就是断了它们的粮道。可是，给肛门里的虫子断食谈何容易啊！那得先管住自己的嘴巴。想想不能再吃美食了，东坡先生真是欲哭无泪！

奇遇仙药茯苓

一天苏轼上山游玩，发现了一味久闻大名但平时很少见的草药——茯苓。茯苓是寄生在马尾松或赤松根部的一种真菌，外形像芋头，表皮赤褐，肉色雪白，这种东西在北方不多见，因为它们适宜的生长温度在18—35度之间，多见于南方地区。古人不知道茯苓的生长原理，认为它们是聚集了松树的精气而成，就把它们敬为可使人长生不老的仙药，茯苓也因此而经常出现在道家的修炼书籍里。

在苏轼的时代，广东当地人对这个宝物的药用价值还不甚了解，但苏轼是手不释医书的文人，又从小喜欢松树，自然知道自己发现的是什么东西。他又拿出医书仔细核对和研究了半天，确信可以用这东西来治疗自己的痔疾。

有一天，苏轼做了一个梦，梦见当地的道士老何跟他说："茯苓吃多了上火，要配着胡麻吃才能调和"。苏轼问老何："胡麻是什么？"老何说："就是芝麻。"苏轼梦醒后很诧异，赶紧去翻医书，果然医书里写得很清晰："胡麻，一名油麻，一名狗虱，一名方茎，淳黑者名巨胜。"老何有个儿子，长得又黑又矮又胖，苏轼一看见他就联想到了茯苓，于是戏称这孩子是罗浮山下的茯苓精。碰巧这娃还没有正式的学名，老何请苏轼给取个名字，苏轼略一思索，就为他取名何苓之，字表丝。因为松树的根部如果长茯苓，那么上部就会长兔丝。

经过反复的研究和尝试，苏轼终于做出了治痔良药，然后把制作方法记在了自己的小本本上：茯苓自是仙家上药，但其中有赤筋脉，若不能去，服久不利人眼，或使人眼小。当削去皮，切为方寸块，银石器中清水煮。以酥软解散为度，入细布袋中。以冷水揉摆，如作葛粉状，澄取粉。而筋脉留布袋中，弃去不用。其粉以蜜和如湿香状，蒸过食之尤佳。胡麻但取纯黑脂麻，九蒸九曝，入水烂研，滤取白汁，银石器中，熬如作杏酪，汤更入。去皮核烂研枣，内与茯苓粉一处，搜和食之，尤有奇效。

这个方法非常之烦琐，尤其是黑芝麻的制作过程"九蒸九曝，入水烂研，滤取白汁"。别小看这几个字，操作起来是非常复杂的，这熬的不仅是黑芝麻，还有人的性子。

全面考察苏轼"斗痔"的过程，改善饮食和生活方式应该是关键，消化系统减负了，血液循环通畅了，痔疾消除是迟早的事，再以茯苓去湿安神，效果自然更好。

只想好好活着

病情得到缓解的苏轼心情舒畅，也开始思考以后的事情。他说“竹林七贤”中的嵇康知道自己会被杀，就写了一首《幽愤诗》，末尾有一句“采薇山阿，散发岩岫，永啸长吟，颐性养寿”，意思是隐居山林，不管尘世间俗事与礼法，好好地修身养性，延年益寿。可惜嵇康最后死于司马昭（211—265）的屠刀下，没能实现这个临终愿望。

想到嵇康的命运，苏轼悲从中来，他很自然地联想到以章惇为代表的新党对自己的政治迫害，此时的他非常能理解嵇康为何在临终时会向往那样的生活，他也不想再介入政治，只想保全性命，寿终正寝。

苏轼又想起唐代医学家孙思邈（541—682）在医书里说过一件事，古代有很多人都因为得恶疾后反而成仙，所以苏轼突然觉得这痔疾对他来说好像并非灾难，而是福祉。巧的是，让他因祸得福的竟然恰好就是道家的仙药茯苓，他冥冥中隐约感到自己似乎也可以成仙，至少能够长寿。有了这层感悟，苏轼就更加认真地服用茯苓和黑芝麻，并加强修炼道家功法。

苏轼的坚持取得了非常好的效果。在海南的几年，他非但没有被瘴气熏死，身体反而变得更好，气色也很不错。当他真的等到遇赦北还的消息后，内心的激动可想而知，他非常庆幸自己没有像嵇康那样死去，以后可以更好地“颐性养寿”。

东坡临终

元符三年（1100）五月，新登基的宋徽宗大赦天下，65 岁的苏轼终于把贬所往北挪了四百多公里，从海南的儋州移到了广西南端的合浦县。这段距离虽然短，但终于是活着离开海南了。

苏轼深知此去即是永别，他伤感地跟患难中的朋友一一道别。在海口渡海前，苏轼给老友赵梦得写了一封信（即《渡海帖》，图 198），全文如下：

> 轼将渡海，宿澄迈，承令子见访，知从者未归。又云，恐已到桂府。若果尔，庶几得于海康相遇。不尔，则未知后会之期也。
>
> 区区无他祷，惟晚景宜倍万自爱耳。匆匆留此纸令子处，更不重封，不罪不罪。
>
> 轼顿首，梦得秘校阁下。六月十三日。

信的大意是：我将渡海北归，此刻留宿澄迈。承蒙你的儿子来见我，我才知道你还没有回来。又说你可能已经到了桂府，如果真

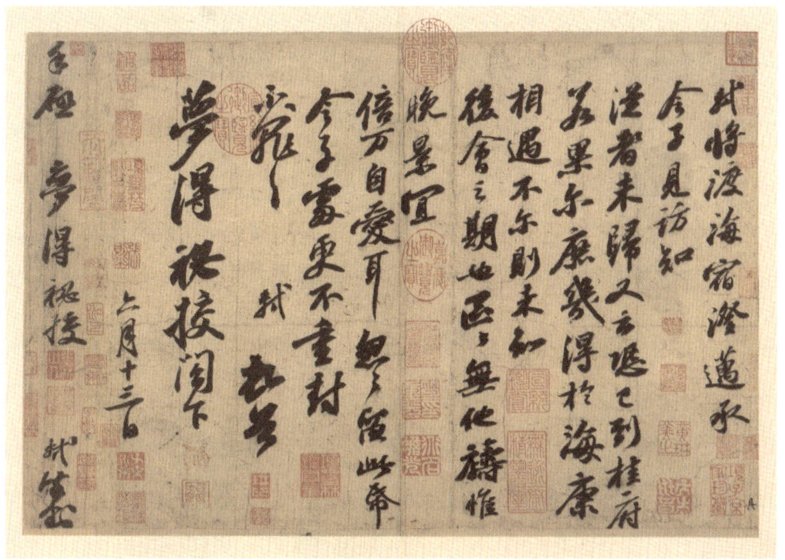

图 198 〔宋〕苏轼《渡海帖》，台北故宫博物院藏。

是这样，或许我们能够在海康见面。如果不行，就真不知道什么时候才能再相见了。没有别的祝福了，就希望你晚年一定要善待自己。匆忙之间留了这个纸条给你儿子，过后再给你写信，见谅。

这位赵梦得是广西人，有时也住在海南，他曾帮苏轼通信故旧，苏轼感恩，给赵梦得留了不少墨迹，比如为赵梦得的两个亭子题字，还为他抄写陶渊明和杜甫的诗及自己往年的旧作，这些墨迹多为赵梦得后人所保存。

信中那句“惟晚景宜倍万自爱耳”不只是对赵梦得的祝愿，也深切地透露出苏轼此时的心态。在岭南和海南经历了诸多生死磨难，仕途、政治都已不在他的考虑范围内，他只希望剩余的晚年时光能好好活着。

只求长寿

给赵梦得写完信后，苏轼就登船渡海了。海上苦雨终风，苏轼惊惧不已，他以为自己要死在海荒了，但风停雨住之后，平静壮丽的海面又让他笑傲苦难，他写下了“九死南荒吾不恨，兹游奇绝冠平生”的名句。与苏轼同时渡海的还有他那只名叫“乌嘴”的“汪星人”，它没上船，而是像鸭子一样泅水而过，惹来了一些吃瓜群众围观，让宠爱它的主人很是开心。

七月初四，苏轼到达合浦，他很期待在这里度过即将到来的中秋节。这个中秋节，苏轼不再像以往那样在意是否看得见月亮，他吟诵的不再是“但愿人长久，千里共婵娟”，也不是“中秋谁与共孤光，把盏凄然北望”，而只是关心如何养好身体，安度晚年。他在给朋友郑靖老的信中这样写道：

某须发尽白，然体力原不减旧，或不即死。圣泽汪洋，更一赦，或许归农，则带月之锄可以对秉也。

本意专欲归蜀，不知能遂此计否？蜀若不归，即以杭州为家。朱邑有言，子孙奉祠我，不如桐乡之民。不肖亦云。

然外物不可必，当更临事随宜。但不即死，归田可必也。公欲相从于溪山间，想是真诚之愿。水到渠成，亦不须预虑也。

此生真同露电，岂通把玩耶！某顿首。[1]

---

1 〔宋〕苏轼著，李之亮笺注《苏轼文集编年笺注 诗词附 7》，巴蜀书社，2011，354 页。

信的意思是：我虽须发尽白，但体力并没衰减，应该不会那么快死掉。皇上圣恩如海，再赦免我一回，或许我就回乡务农了，那么就可以倚着锄头拿着稻穗赏月了。我的本意是回四川老家，不知道能不能实现。如果不能回乡，那就去杭州安家。汉代的朱邑曾说：我的子孙后代祭祀我肯定不如桐乡的百姓用心。我也有这样的想法。但是世间事不可强求，到时候再说吧。只要不死，回去当一个农夫是没有问题的。你说想和我一起归隐溪山之间，看得出这是你真诚的心愿。一切都会水到渠成，也不用过早做打算。这一生真是像露珠一般短暂，像闪电一般迅速，哪能随意把玩呀！

虽然经历诸多磨难，但苏轼对自己身体很自信，他计划回去后一心归农，安度晚年，争取做长寿之人，这也可以解释他为何会在此时特别留意一个名叫苏佛儿的老人，并专门为此记文。苏佛儿 82 岁，双目还像孩童一样明亮，苏轼很感兴趣，他试图找出老人长寿的秘诀。苏佛儿从 12 岁起就斋居修行，没有成家，两个哥哥都是持戒念道之人，大哥 92 岁，二哥 90 岁。苏轼与他谈论生死之事，受益匪浅。

为了养生，苏轼写了一篇节制饮食的“自律公告”，规定自己只喝一小杯酒，吃一点点肉。假如有贵客光临，那就各增三倍，绝不能过量。如果有人请客，他就先把“自律公告”递上，要是请客的人做不到，他就不赴宴了。看来老爷子是下定决心要脱胎换骨了。他以前可是大碗喝酒，喝得不醉不休，大口吃肉，吃到大腹便便。没钱买酒，就自己酿酒；买不起羊肉，就发明了烤羊蝎子，还拿当时人们不爱吃的猪肉开刀，发明了“东坡肉”；在海南岛上，他大口吃生蚝，就连老鼠、蝙蝠、蛤蟆也要品尝一番。谁能想到晚年竟然过起了修行人的生活，他要养福、养气、养财，当然，最重要的是养命。

开怀过中秋

苏轼的中秋节夜宴是与合浦的地方官一起享用的，且看诗《留别廉守》：

> 编萑以苴猪，墐涂以涂之。小饼如嚼月，中有酥与饴。
>
> 悬知合浦人，长诵东坡诗。好在真一酒，为我醉宗资。[1]

诗的大意是：用芦苇和野草编的草垫把小猪裹起来，外面再涂一层湿红的黏土。吃着小巧的月饼像是在嚼月亮，月饼里有酥油和糖。预测合浦人应该会长久读诵我的诗。好在我有真一酒，用它犒劳像宗资一样贤良的地方官。

从诗的内容可知宴席上有烤猪肉，其具体制作方法如下：

将小猪宰杀后去除内脏，膛内放满枣子。用草垫裹好小猪，涂上湿红的黏土，架在火上烤。烧熟后去掉泥壳和草灰，涂上用米粉调制的糊液，放在热油锅中炸。出锅后切成块，加上佐料，隔水炖三天三夜，加醋酱食用。

诗中还提到了月饼，宋代的月饼很小，圆形，内有甜乳。宴席上喝的是大名鼎鼎的真一酒，说来这酒来头还有点神秘。数年前苏轼还在广东惠州时，有一晚，被一名姓邓的道士“夜袭”，道士带来

1 〔宋〕苏轼著，李之亮笺注《苏轼文集编年笺注 诗词附 11》，巴蜀书社，2011，456 页。

一个高个子怪人，那人身穿桄榔叶，手拎一酒壶，丰神映发，如传说中的吕洞宾。怪人问苏轼有没有喝过真一酒，苏轼说没有，怪人就把酒壶里的酒倒出来，三人开怀畅饮。而后怪人从袖中拿出一张纸，上面记载了酿制真一酒的方法和修养方法，纸尾落款“九霞仙人李靖”。从酒名可以看出这酒与道教有关，其功用就是养生和修炼，苏轼喝了一段时间后感觉效果不错，就随身携带以赠友朋。

苏轼还品尝了合浦的龙眼，以前他认为广东的荔枝很好吃，到合浦后，他发现这里的龙眼质味殊绝，可敌荔枝。

苏轼在合浦意外遇到了老友欧阳晦夫，两人相处甚欢。苏轼给欧阳晦夫写诗描绘自己这些年在岭南的形象：

携儿过岭今七年，晚途更著黎衣冠。
白头穿林要藤帽，赤脚渡水须花缦。
不愁故人惊绝倒，但使俚俗相恬安。
见君合浦如梦寐，挽须握手俱汍澜。[1]

在岭南这几年，他身穿当地少数民族的服饰，头戴藤编帽，光脚河中走，胡须编成花环的样子。老友们要是看到他这个样子一定大惊失色，曾经文质彬彬的士大夫怎么变成这种画风了呢？但当地的老百姓不以为怪，融入当地习俗的苏轼也心安理得，这种恬淡的精神里凝聚着一股浩然之气，深深感染了很多人。据说李公麟依此画了一幅《东坡笠屐图》和《东坡渡海图》。在李公麟看来，东坡的斗笠和短袍

1　樊庆彦编著《苏诗评点资料汇编》，山东人民出版社，2019，618 页。

下藏着的是一片大海，一个宇宙，这境界正如苏轼自己所说的“御风骑气与造物游”。“笠屐图”和“渡海图”从此也成为后代画家们画东坡时的两个母题，从元代到清代，不绝如缕。（图 199）

苏轼的这个中秋节就在这样一片祥和的氛围中度过了，仿佛是在跟过去的苦难道别，同时又在召唤着全新的生活。正当他准备在这里开始一段新生活时，朝廷又来了新诏令：改舒州团练副使，永州安置。永州在湖南，也就是说苏轼终于可以离开贬谪六年多的岭南了。他没有耽搁，立即起程，继续回家的路。

末路相知

当苏轼行至广州时，朝廷又有了新的诏命，恢复了苏轼朝奉郎的官衔，还让他挂名成都府玉局观的领导职位，而且除了京城开封外，允许他随处居住。苏轼彻底自由了，他一路北上，访朋会友。这时还有一个人高兴坏了，那就是米芾。苏轼是米芾多年的偶像，他要路过米芾所任职的真州地区，而且说了会去看望米芾。这么好的机会，一定要逮着东坡先生把自己藏的那些宝贝挨个儿题跋才行，米芾想想就乐不可支！

虽然米芾如此崇拜苏轼，苏轼也把他拉进了自己的朋友圈，但二人的交往一直是不平等的，因为米芾没有考中进士，这就没有了进入士大夫圈子的基本门槛，而且他诗文词赋也不太好，那就更没法让苏轼高看他了。他当时能引起苏轼的注意，完全是靠他锲而不舍的主动“追求”。

米芾比苏轼小 14 岁，苏轼名满天下时，米芾还是个孩子。米芾

图 199　苏东坡像

①〔明〕朱之蕃《东坡笠屐图》局部，广东省博物馆藏。

②〔明〕孙克弘《东坡先生笠屐图》拓本局部，明陈继儒《晚香堂苏帖》卷首。

③〔明〕费以耕《东坡笠屐图》局部，四川眉山三苏祠博物馆藏。

④　张大千《东坡居士笠屐图》局部，吉林省博物院藏。

32 岁那年才第一次去拜访了苏轼，那时米芾只是长沙的一个小办事员，不属于官员队伍，不过他去拜访苏轼的时机还是不错的，因为苏轼当时正在黄州接受“改造”，锋芒多少是要收敛一些的。

长沙与黄州相距四百多公里，米芾就用充满热情的双脚朝着偶像奔过去了。见面之后，苏轼的才气、人格魅力及在书画方面的造诣都给米芾留下了深刻印象，令他钦佩不已。更重要的是，苏轼为他指明了书法艺术的钻研方向，这对沉迷于书法的米芾来说具有灯塔般的意义。但在苏轼眼里，米芾只不过是在书法方面有点特殊才气的文艺青年。所以苏、米二人第一次具有历史意义的会面，就被苏轼轻描淡写地翻过去了。

米芾却被点燃了，他随后给苏轼写了很多封信。苏轼很少回信，一来他觉得米芾比较“诡”，所谓的藏品真真假假说不清；二来苏轼的兴趣点在诗文词赋，这是士大夫安身立命之本，至于书法，不过是修饰身份的锦衣，而米芾的短处就在诗文词赋，所以苏轼就以忙为由对米芾的书信置之不复。

苏、米的这种关系让人联想到李白和杜甫，他们在后世虽然平起平坐，但在他们自己的时代，甚至在他们过世后的很长一段时间里，小老弟杜甫都是没什么名气的小角色，与红得发紫的李白老大哥根本不在一个级别上。但米芾是个异人，他不断地在苏轼面前刷存在感，给他写信，请他题跋，请他点评自己的诗。米芾的坚持终于得到了回报，苏轼从黄州贬所回京任职后，就把米芾拉进了元祐士大夫的晏乐圈里，于是米芾的身影也开始出现在达官贵人的园林和书房，关于他逗乐的碎片也陆续出现在各种野史里。

有一回米芾又写了诗给苏轼看，苏轼却说，书迹还不错，诗也不错，但还不能当宝贝，因为你还活着，只有等你死后这东西才能当宝贝。苏轼这话挺伤人的，但米芾没有在意，相比很多正牌进士出身却睚眦必报的官员们来说，米芾的这种吞咽能力是令人佩服的。

久别重逢

建中靖国元年（1101）六月初一，苏轼终于出现在米芾面前，“方瞳正碧貌如圭”“玉立如山老健身”，64 岁的苏老爷子在岭南受了那么多苦，又长途跋涉几千里，居然仍然那么健康阳光，真是奇迹呀！米芾半信半疑之间，觉得眼前这个人不是凡人，这“小冠白”的装束，根本就是一个神仙呀！见到流放多年的骨灰级偶像，米芾及时把自己调节成一个垃圾桶，准备接受老先生对这些年苦难生活的吐槽。结果老先生啥也没说，一切都像什么也没发生过一样，只和他聊诗文书画和未来的规划——回四川老家务农。

有一天，苏轼卧病在床，听儿子读米芾的《宝月观赋》，没听完就突然坐起来了，击节叫好，称自己“知元章不尽”，此时的苏轼才深感自己以前不了解米芾，断言他将来必有大名。

久别重逢的两人都感觉到了对方非比寻常的新境界，这让他们欣喜异常，经常一起写诗、题跋、玩文房，除了见面外，也频繁通信，送信人腿都跑细了。在他们的会面中有一个很有意思的小插曲，米芾是这样记录的（即《紫金研帖》，图 200）：

苏子瞻携吾紫金研去，嘱其子入棺。吾今得之，不以敛。传世之物，岂可与清净圆明本来妙觉真常之性，同去住哉？

看样子这紫金砚不是米芾送给苏轼的，而是苏轼趁米芾不注意拿走的，后来又被米芾要了回来。不过，把米芾心爱的砚台据为己有也就罢了，还要带到棺材里去，这真的是苏轼交代给儿子的后事

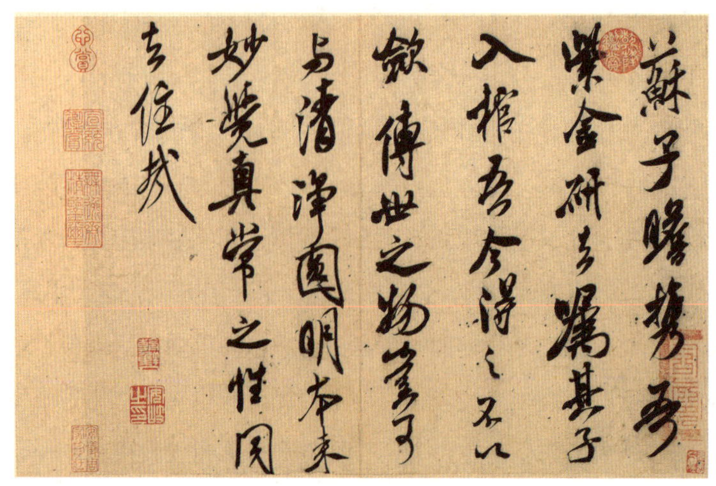

图 200 〔宋〕米芾《紫金研帖》，台北故宫博物院藏。

吗？“清净圆明本来妙觉真常之性”是佛教用语，说人的本性是清净的，圆满的，明了一切，永远不变，通过修行回归清净本性之后，自然不会再贪图世间俗物，米芾用这个词恭维苏轼，是说您老人家的境界都这么高了，砚台这种世间俗物怎能配与您呢？虽说是开玩笑，但“清净圆明本来妙觉真常之性”倒是很符合米芾此时对苏轼的认知和情感。

短暂的美好

米芾准备带老大哥去找离这儿不远的大词人贺铸（1052—1125），贺铸相貌奇特，人称“贺鬼头”，就是这个奇丑无比的人写出了“试问闲愁都几许，一川烟草，满城风絮，梅子黄时雨”的经典词句。巧的是，他的诗词竟然和苏轼的诗词多有意境和情感上的相似之处，比如贺铸悼念亡妻的《半死桐》就与苏轼的《江城子》不相上下，贺铸的忧国诗又与苏轼的豪放诗词风格类似。金代的元好问有一首著名的《鹧鸪天》，其中一句“多情却被无情恼，今夜还如昨夜长”，这前半句来自苏轼的《蝶恋花·春景》，后半句来自贺铸的《罗敷歌》，拼在一起竟毫无违和感。

贺铸还是一个书法玩家，曾跟米芾抢过蔡京的书法，要是苏、米、贺三人聚在一起，应该又会成就一段佳话。然而，不幸发生了，熬过了岭南瘴毒的苏轼却被江南水乡的热风酷暑击倒了，病来如山倒，他仅卧床一个多月后就颓然辞世。

米芾的第五十个中秋节就是在悲伤中为东坡先生写挽词，他一共写了五首，这很有分量。在当时，好友去世后一般要写两首挽词，少数会写三首，极其特殊的会写更多，比如仁宗去世后蔡襄写了七首，文同写了十首。不擅写诗的米芾居然为苏轼写了五首，这是为何呢？他挽诗中的“平生出处不同尘，末路相知太息频”道出了原因。

米芾的出身一直是他心里的一个“硬伤”，这出身包含两个方面：一是据传他的祖上是武将出身，母亲又是高太后的接生婆，很多人拿这个嘲笑米芾；二是米芾没有中进士，诗文写得也不是很好，这注定他不属于荣耀的士大夫群体。“末路相知”是米芾对他和苏轼长达二十年交情非常恰当的描述，饱含了米芾的心酸、欣慰与遗憾。

纵观米芾所写的五首挽诗，每一句都与他的泪水一样有温度。他甚至不顾被打击，写出了“忍死来还天有意，免称圣代杀文人”这样的句子，不得不说，米芾对苏轼的感情是非常深挚的。

多数书法家的同一种死因

嘉祐五年（1060）七月，朝廷重新起用蔡襄，诏授他翰林学士，权知开封府。这对于以济世为人生目标的士大夫来说是个好消息，但蔡襄却不想再去京城了，因为他已经乐于在福建老家工作，而且他的脚病愈发严重，难以承受遥远的路途，故而就以母亲年老和自身久病为由推辞了好几次，但朝廷就是不准。这年秋天，49 岁的蔡襄再次北上，临行前他给朋友写了一封信（即《脚气帖》，图 201）：

仆自四月以来，辄得脚气发肿，入秋乃减，所以不辞北行，然于湖山佳致未忘耳。三衢蒙书，无便，不时还答，惭惕惭惕。

此月四日交印，望日当行，襄又上。

信的大意是：自四月以来，我的脚气病一直发作，脚都肿了，到秋天才有所减轻，所以就北上开封了，可还是很惦记这里的湖光山色。之前收到你三封书信，一直没顾上回复，深感抱歉。我将在本月四日移交官印，十五号启程北上。

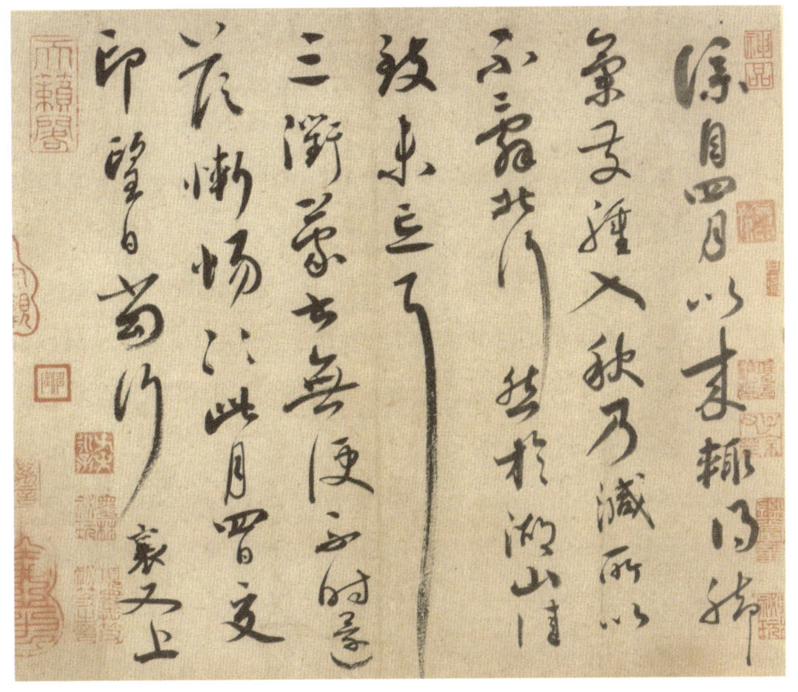

图 201 〔宋〕蔡襄《脚气帖》，台北故宫博物院藏。

脚气病难道不是脚发痒脱皮之类的小毛病吗？这也可以作为延迟赴任的理由吗？

受脚气折磨的书法家

大约 40 年后的元符三年（1100），同样的事情也发生在黄庭坚身上。那年哲宗去世，徽宗继位，元祐“罪臣”多被赦免，正在宜宾接受“改造”的黄庭坚也被平反了，朝廷派他去湖北任职。从宜宾去湖北，一路都可以坐船，他欣然接受。但还没到达工作地，朝廷又改主意了，命他回京工作。55岁的黄庭坚千难万愁，他给徽宗皇帝写信说：

臣到荆南，即苦痈疽发于背胁，痛毒二十余日，今方少溃，气力虚劣。重以累年脚气并起，艰难，全不堪事。[1]

意思是：我到湖北荆州后，背上就长了大毒疮，痛了二十多天，刚刚才开始溃烂，弄得我虚弱极了。加之多年的旧疾脚气病也一起发作，行动艰难，什么事也干不了。

黄庭坚不断上书请求改任，朝廷一直没有回复，为此，黄庭坚还在湖北停留了大半年。脚气病真的会如此严重吗？翻阅古代诸多信件，发现从魏晋至宋代，“脚气”竟然是一个出现频率相当高的词，而且病人大都十分痛苦。

梁武帝萧衍：“数朝脚气，转动不得，多有忧悬情也。”[2]（《数朝帖》）

怀素：“怀素贫道，频患脚气，异常忧闷也。”[3]（《律公帖》）

中唐大宰相李德裕给皇帝写信说：“风毒脚气，往往上冲，顷刻之间，心腹闷痛，饭食至少，筋力渐羸。”[4]

晁补之给皇帝写信说：“臣旧苦脚气，春夏加剧，深惧职事或致

---

1 〔宋〕黄庭坚《山谷集》（卷二十），《钦定四库全书影印版》集部（三）。

2 〔清〕严可均辑，冯瑞生审订《全梁文》（上），商务印书馆，1999，59页。

3 〔唐〕李群玉等撰，黄仁生、陈圣争校点《唐代湘人诗文集》，岳麓书社，2013，559页。

4 周绍良主编《全唐文新编》第3部第4册，吉林文史出版社，2000，8006页。

旷阙，伏望圣慈察臣诚恳，特赐除一外任合入差遣”。[1]

南宋爱国诗人陈亮给朱熹写信说：“入秋脚气殊作梗，意绪极不佳，欲作一书，数日方能下笔，又不成语言。”[2]

朱熹本人也是重症患者，他给朋友们写信说：“某前月脚气大作，两旬然后愈。又苦臂痛，中间小愈，今复大作，作字如此，它况可知。”[3]“到官半岁，前月忽苦脚气，手足俱痛，至今未平。”[4]“熹旧患脚气，近数发动，日加困重，不可支吾，欲乞守本官致仕，谨具状申建宁府。”[5]

看着这些大书法家对脚气病的描述，感觉这不仅仅是脚痛，简直连神经都痛了。看来蔡襄和黄庭坚苦辞圣旨，的确是无可奈何了。

脚气的病因及药方

“脚气”到底是什么病？为何会让人痛苦到无法承受？

脚气病最明显的临床症状就是脚出问题了，轻者瘙痒，略重者会开裂、化脓流黄水，更严重的会脚肿痛无法行走。除此之外，脚气病还会有很多并发症，比如长毒疮、容易疲劳等。为什么脚气病会有那么多并发症呢？

---

1 〔宋〕晁补之《鸡肋集》卷 52“足疾乞外任状”，见《景印文渊阁四库全书》集部（3）别集类（2）。

2 〔宋〕陈亮《陈亮集》，中华书局，1974，296 页。

3 〔宋〕朱熹撰，朱杰人、严佐之、刘永翔主编《朱子全书》第 25 册，上海古籍出版社、安徽教育出版社，2002，4911 页。

4 同上，4841 页。

5 同上，1059 页。

遍阅古代医书和现代研究成果，脚气病是历史悠久的老病了，病因主要有三种：服食过量丹药，患风寒湿气，得了特殊的传染病。

这三种病因虽不同，但对身体的伤害原理差不多。无论是中毒、风湿，还是细菌传染，从病态发展来说，一般都是身体其他器官先受损伤，然后才体现在足部。病情轻一点的，看不出明显症状，只是轻微脱皮；严重一点的，足部皮肤会瘙痒，长疱疹等；当身体器官严重受损时，足部就会严重肿胀、溃烂、无法行走，还会伴有其他表征，如头昏、心律不齐、大小便不畅通、精神不振作，等等。

这样看来，脚气病是身体受损伤、免疫系统被破坏后的反映。当脚部伤痛不堪忍受时，身体内部器官早就是朽木一根了。如此，平居已是痛苦不堪，更别说长途跋涉了。

明白了病理，大概就能弄清楚各位书法大咖的病因了。

梁武帝萧衍有长年服食丹药的习惯，他得脚气病应是情理之中。怀素有风痹病，病因是风寒湿气。李德裕在唐代炼丹人物中几乎可以排进前十了，他与一心追求长生不老的唐武宗一起炼制丹药，还研制出一种名叫“神羹”的美食，其主要原料就是雄黄与朱砂，这两种东西食用多了对人体损害极大，所以李德裕也可能得脚气病。

古人食丹药多为长生不死，宋人的情形却不完全一样。经过魏晋和唐代无数人的失败教训，宋人明白纯粹的矿物质丹药不能使人长寿，甚至会死人，所以他们改变了制药和食用方法，一般与草药一起吃，并辅之以内功的修炼，这种方式颇得宋代士大夫的喜爱。

宋人脚气病与丹药之间的紧密关系，可能与宋人对脚气病的认识不足有一定关系。欧阳修曾在一封信里对朋友说：“失音、脚气皆是下虚。”[1] 说明他认识到脚气病的根源不单在脚，而是“下虚”。朱熹久病成医，他说：“某衰病发歇不常，医者以为风气，非脚气，似亦有理。”[2]

梁武帝萧衍在兵败后被侯景围困，城中十余万人皆患脚气，死亡者十之八九。无独有偶，宋人何薳在《春渚纪闻》中也有相似的记载：“既而丙午年，金寇犯阙，太学生病脚气而死者大半，徐以病终。”[3] 这个“丙午年”就是1126年，即靖康之变的前一年，当时金兵围攻开封城，城里人一方面补给不足缺营养，另一方面尸体过多没人处理引发病毒传染。

很多人并不明白脚气是怎么回事，被误诊和下错药而致死者也不在少数。朱熹就是被下错药致死的。南宋画家赵孟坚对爱女的脚气病也没引起足够重视，以为是老毛病，熬熬就过去了，谁知女儿年纪轻轻就死了。难道没有治愈脚气病的良方吗？其实，为了对付脚气病，古代医师们付出了巨大努力，“威灵仙”就是重大发现。

威灵仙是一个很形象的名字，说明这药威猛、灵验，像是一种仙药。不过，威灵仙有“本尊”和伪品之别，有些草药长得与威灵仙很像，但并不是威灵仙，有的甚至还有毒，而只有“本尊”能治脚气病。李时珍在《本草纲目》中说：

其根每年旁引，年深转茂，一根丛须数百条，长者二尺许，初

1 〔宋〕欧阳修著，李之亮笺注《欧阳修集编年笺注（三）》，巴蜀书社，2007，188页。

2 〔宋〕朱熹撰，朱杰人、严佐之、刘永翔主编《朱子全书》第25册，上海古籍出版社、安徽教育出版社，2002，4911页。

3 〔宋〕何薳《春渚纪闻》，中华书局，1983，22页。

时黄黑色，干则深黑，俗称铁脚威灵仙以此。别有数种，根须一样，但色或黄或白，皆不可用。[1]

《苏沈良方》也提出了五种辨别威灵仙的方法："一味极苦，二色深黑，三折之脆而不韧，四折之微尘，如胡黄连状，五断处有黑白晕，谓之鸲鹆眼。"[2]此外，服这种药时要忌酒、忌茶。

黄庭坚的催命符

黄庭坚的脚气病应是由风寒湿气引发，他 31 岁那年给在徐州修黄楼的苏轼写信说："去九月到家，老儿病脚气，初甚惊人，会得善医诊视，今十去九矣。又苦寒嗽，未能良愈"。[3]

被贬彭水（重庆彭水）时，给唐彦道写信说："某既苦脚气，不便拜趋，因杜门已数月，虽须白面皱，尚能斋粥如曩时。"[4]

几年后，他自下一个贬谪地宜宾"获释"出来，在湖北待命时，给王泸州写信说："某比苦脚气时作，头眩、胫中痛，虽不妨寝饭，亦是老态渐出，因自杜门，不复与人间庆吊相接。"[5]这封信写于黄庭

---

1 〔明〕李时珍著，王庆国主校《〈本草纲目〉（金陵本）新校注》（上），中国中医药出版社，2013，706 页。

2 〔宋〕沈括、〔宋〕苏轼著，成莉校注《苏沈良方》，中国医药科技出版社，2012，25 页。

3 〔宋〕黄庭坚著，刘琳、李勇先、王蓉贵校点《黄庭坚全集》第 3 册，四川大学出版社，2001，1708 页。

4 同上，1770 页。

5 同上，1796 页。

坚去世的前几年，此时他的身体已极差，各种并发症已经非常明显。为了治病黄庭坚也想尽了一切办法。在这些方法里，他对丹方是很笃信的，因为吃完后他明显感觉到身体有好转，却不想这竟是一道道催命符。

黄庭坚最后一年多的时间是在广西宜州度过的，在此期间，他频繁与好友曾纡通信，请他寄好的丹药过来，如：

> 得所送钟乳、硫黄、建溪，极副所阙。感刻感刻。钟乳极得益，恨少耳。南方不可多服金石，荷教，意甚忠悫，然不肖稍阙此，辄欲作病，似血气各不同耳。
>
> ……所惠安公四十九炼金液，如尚有，更惠一两。昨病中，最得此药力也。[1]

因为身体原因，黄庭坚一般是严守酒禁的，但在宜州最后的两年时间里，他开怀畅饮，隔三差五就呼朋引伴喝个痛快，这无疑加重了他的病情。崇宁四年（1105），他凄苦地病逝于宜州，享年 60 岁。

蔡襄活了 55 岁，在那个年代他和黄庭坚都不算早逝，但如果不是脚气病，或许他们可以活得更久。尤其是蔡襄，他是有长寿基因的，他的母亲一直活到了 92 岁。

1　曾枣庄、刘琳主编《全宋文》第 106 册，上海辞书出版社、安徽教育出版社，2006，63 页。

死是一件很麻烦的事

唐代诗人刘禹锡曾感叹“世上空惊故人少，集中惟觉祭文多”，但他也不过活了70岁。文彦博活到91岁，那他得读多少姻亲故旧的祭文啊！这不，他传世的四份墨迹中，有两份都与葬礼有关。

亲王的“治丧委员会”

在古代，人有尊卑贵贱，生如此，死亦如之。能动用文人笔头的丧礼，其死者多半都是有身份的，若是贩夫走卒，死了便死了，哪有这么多的繁文缛节。文人士大夫们生前要争座位，排次序，死了也绝不能含糊，为了不起争执，大家都要按规矩来办事。

文彦博记录了郧王葬礼所作的准备工作（《护葬帖》，图202）：

> 适见报状，已差赵待制卨、张都知茂则、郧王葬礼使副送都厅，凡干葬礼事节，连牒护葬使司，并牒管勾，□贵早见集，仍看详牒语，周备如法修写。

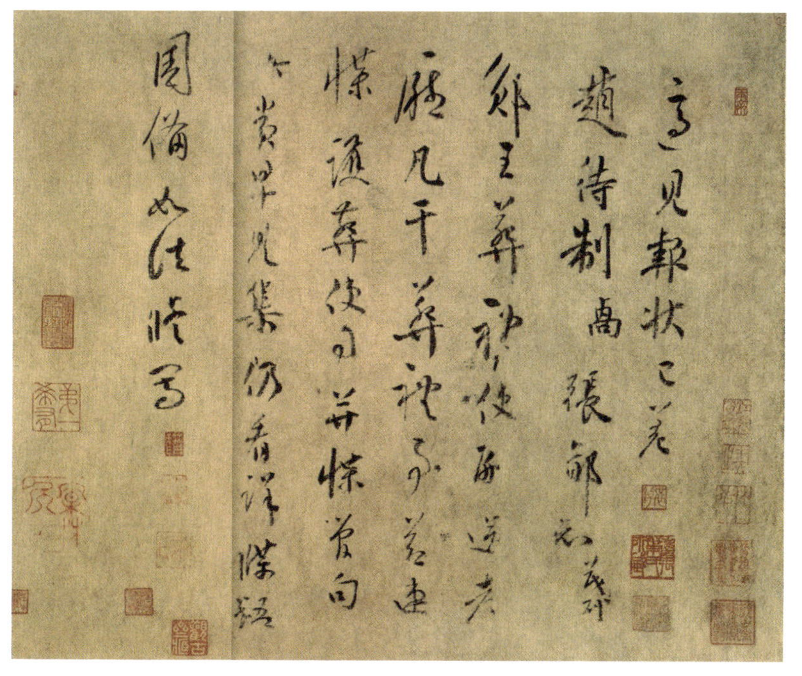

图 202 〔宋〕文彦博《三札帖卷 · 护葬帖》，故宫博物院藏。

大意是：我刚刚看到报来的情况，已经派天章阁待制赵卨、入内都知张茂则和郧王的葬礼使抄送了一份给都厅。凡是与葬礼有关的一切细节，请速速送往护葬使司，并发送到分管部门。希望能尽早看到所有细节的汇总。请仔细阅读相关材料，周密齐备地按规定书写。

由于葬礼的流程很多，必须有专门的机构来操办，“护葬使司”就是这样一个机构，相当于治丧委员会，但主要负责人并不固定，得根据死者的身份来确定。郧王是亲王，“治丧委员会”的负责人级别自然要高，根据帖的内容可知是文彦博在负责整个丧葬事宜，由于无法获知郧王的生卒年月，所以无法确认当时文彦博是不是已任宰相，即便不是，也应是级别很高的宰执大臣了。

赵卨和张茂则是文彦博的副手，他二人经常为人办丧事。赵卨（1027—1091），字公才，四川邛州（今四川邛崃）人，此时他的身份是天章阁待制。张茂则是北宋史上有名的宦官，与仁宗皇帝关系非常亲近，办事也很有能力，不输一些贤相名臣。此时张茂则的身份是入内都知，算是入内内侍省的二把手，入内内侍省是主管皇宫内务的部门。

宋代的丧葬礼仪有一些基本程序，如发讣告、为死者沐浴、饭含、制作表示身份的铭旌、小敛、入棺椁、大敛殡、定五服制度、定卜宅兆葬日、定明器、下帐启殡、朝祖，等等。在这些基本程序中，又因死者的身份而有细微的差别。比如铭旌，其样式是将一块绛色的帛扎在一根长竹竿上，在上面写上“某官某公之柩”。铭旌的宽度都是一样的，但长度则依死者的官品来定，三品以上长九尺，五品以上八尺，六品以下七尺。再如明器，也是按官品来定等级。诸多细节，不能出一点纰漏，否则就可能闹出大麻烦，所以文彦博在帖子里叮嘱“看详牒语，周备如法修写”。

韩琦的葬礼安排

大臣去世后，“治丧委员会”一般由两个人主持，一个是朝廷官员，代表朝廷，一个是皇帝内侍，代表皇帝个人，比如韩琦去世后：

遣勾当御药院李舜举，特赐其家银绢各二千五百两匹，又特遣入内都知张茂则，管勾葬事，又就差知安阳县吕景阳、相州观察判官陈安民专管勾葬事，许即坟造酒，以备支用，听数外留占吏卒。命同知礼院李清臣，即其丧祭奠，顾恤其家甚厚。上自为碑文，载琦大节，又篆其首，曰："两朝顾命定策元勋之碑。"[1]

这段话的意思是：派御药院的李舜举给韩琦家送了银二千五百两，绢二千五百匹，又特派入内都知张茂则负责丧葬事宜，又派安阳县县令吕景阳、相州观察判官陈安民负责具体事宜，允许韩家在墓侧造酒，以备葬礼时所用。最后又命同知礼院的李清臣到韩琦家参加下葬礼仪，给韩家非常优厚的抚恤。神宗皇帝还亲自为韩琦写碑文，记载他的生平大事，又为碑额题了篆书，内容为：两朝顾命定策元勋之碑。

虽然韩琦去世时只是相州知州，但由于他曾是三朝宰相，而且神宗皇帝和父亲英宗皇帝都是由韩琦主持扶上皇位的，所以韩琦的葬礼规格也很高。神宗皇帝得知韩琦去世的消息后，先派李舜举去慰问，他是御药院的人，御药院属入内内侍省，兼管礼文。李舜举带去的礼金是相当丰厚的，仅二千五百匹绢就是个大手笔，苏轼曾跟文同开玩笑，索要二百五十匹绢用来画画，文同说如果自己有二百五十匹绢，就可以辞官回家买地养老了。韩琦葬礼的负责人是张茂则，他算是皇帝内侍的代表。相州的官员陈安民和安阳县知县吕景阳是张茂则的副手，安阳县是相州的一个下属县。同知礼院的

1 〔宋〕李焘《续资治通鉴长编》（卷二百六十五）"神宗"，《钦定四库全书影印版》史部（二）。

李清臣是朝廷官方代表，他在韩琦下葬的特定时间点出现。

韩琦的葬礼安排里还有一项重要的事，即“允即坟造酒”，这是一项特殊照顾，因为宋代是不允许私人酿酒的，而公家酒的定额有时又不够用。一般来说，官位越高，朋友越多，葬礼上的用酒量越大，所以朝廷才特许韩家造酒以备葬礼之用。除了物质上的照顾，还有精神上的顾恤，即神宗亲自写碑文和撰碑额。

大臣的亲人去世以后，也常由政府治丧，如文彦博的母亲在洛阳去世时，河南府派教练师张熙负责治丧；富弼的夫人王氏去世时，朝廷也派了人去治丧。

书信里的丧仪

蔡襄的母亲卢太夫人去世后，蔡襄给一位朋友写了一封信（即《扶护帖》，见 484 页），信的开头是“襄泣血言：逆恶深重……”蔡襄对母亲极为孝敬，希望她健康长寿，卢太夫人也的确高寿，活了 92 岁。在那个时代，这个年龄实属异常难得，甚至在有些地方，老人以高龄去世是一件喜事，何以蔡襄对母亲的去世如此自责呢？

欧阳修的母亲郑氏去世后，他给韩琦的信是这么写的：

> 某叩头泣血：
>
> 罪逆哀苦，无所告诉，特蒙台念。远赐诲言。虽在哀迷，实知感咽。昨大祸仓卒，不知所归，遽来居颍，苟存残喘。承赐恤问，敢此勉述，其诸孤苦。不能具道。

秋序已冷，伏冀顺时，为国自重，哀诚所望。[1]

跟蔡襄的《扶护帖》类似，欧阳修也在信的开头用了“泣血”“罪逆哀苦”这种字眼。其实，对这两封信的理解要放在那个特定的时代。在新儒学兴盛的宋代，尤其是北宋前中期，丧葬期间的许多行为都要遵守特定的礼仪，写信也是如此。

人死之后，就需要给死者的亲朋好友和同僚写讣告，而收到讣告的人也会发慰问信和礼单等。这种书信不能随意写，必须按一定格式来，以表达对死者及其家人的尊重。当然也有特殊情况，就是趁此机会黑别人一把。比如嘉祐八年（1063）八月十二日，王安石的母亲病逝于京城，士大夫都依礼悼念，只有苏轼的父亲苏洵非但不循礼法，还写了一篇《辨奸论》讽刺王安石。比较讽刺的是，在二十多年后的某一天，他的儿子苏轼在“刑满释放”后，不仅没有对打压自己的王安石有所怨恨，还专程去看望退休的老宰相王安石，并为他的去世而真心痛惜。

司马光的《书仪》详细介绍了宋代书信里的丧仪，针对别人的父母、兄弟姐妹、子女去世后的书信都有不同格式的模板，当然在具体运用中也会灵活处理，稍加修改。蔡襄《扶护帖》中的“泣血言”“逆恶深重”“死亡无日”和欧阳修信中的“某叩头泣血”“罪逆哀苦”都可以对应《书仪》模板里的“某叩头泣血言”“偏罚罪深，无复生理”[2]。

---

1 〔宋〕欧阳修著，李之亮笺注《欧阳修集编年笺注（七）》，巴蜀书社，2007，597 页。

2 〔宋〕司马光《书仪》（卷九），《钦定四库全书影印版》经部（四）。

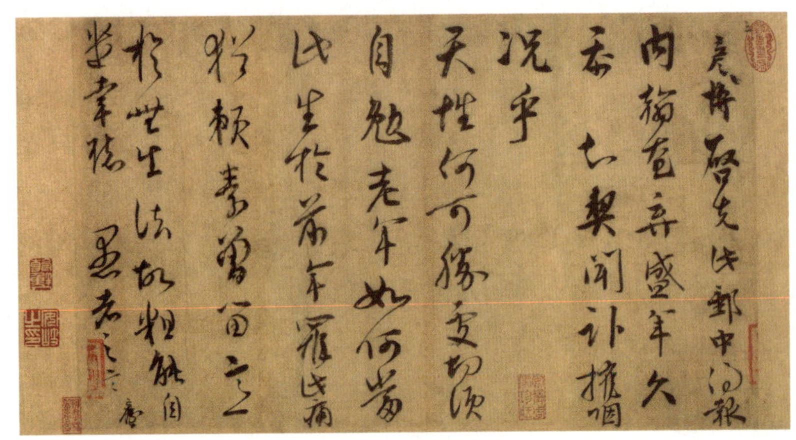

图 203 〔宋〕文彦博《内翰帖》，台北故宫博物院藏。

文彦博写过的一封悼亡信（《内翰帖》，图 203），文字如下：

彦博启：

先此邮中得报，内翰奄弃盛年。久忝知契，闻讣摧咽，况乎天性，何可胜处？切须自勉。

老年如何当此？生于前年罹此痛，犹赖素曾留意于无生法，故粗能自遣，幸听愚者之言。彦博。

大意是：我之前已经从邮递过来的讣告上得知消息了，内翰英年早逝。我们是多年老朋友了，听到这个消息后，我十分难过。何况你们是父子，这哀痛怎么能忍受得了！你一定要照顾好自己。我们老年人怎么才能挺得过去呢？我前年也遭遇此事，好在我平时留意佛法，所以能稍稍自我排遣，希望你也能听听我的劝告。彦博。

“内翰”即翰林，唐代称翰林为“内翰”，文彦博此处用这个词是一种古雅的称呼。“奄弃”指忽然舍弃，意思是永别、死亡。“无生法”即指佛法。此帖的前半部分大体遵循了对方子女去世时写悼亡信的基本格式，后半部分则转入非常个人化的安慰。

陈季常的哥哥去世以后，苏轼致信慰问（即《人来得书帖》，见495页）。信中的“不意伯诚遽至于此，哀愕不已”“于伯诚尤相知照，想闻之无复生意”“悟忧哀之无益，释然自勉”也都可以在《书仪》的模板中找到原型。

一般写信安慰对方的同时，也会送上一些礼物，这礼物也是很有讲究的，不同类别的礼物有不同的叫法。另外，一般要先送上慰问信及礼单，然后才将礼物送过去，这样方便礼记官记账。每封信都要有封皮，封皮要竖题，上面写“某人灵筵”，下面写“状谨封”，这三个字是写信时的常用语，大约是为了防备中途有人拆信，于是在信封上注明已封好，以便收信人识别。

书信里的丧仪还有很多种，都是大同小异，主要用以区别死者的身份和死者与收信人的关系，以及写信人与收信人的关系。在实际操作中，信件会写得灵活多样，毕竟表达人的感情是第一位的，如果完全照抄格式也就没有感情成分了，在遵循基本格式的前提下任情而写方能既得体又有真情实感。

总之，在古代，死是一件很麻烦的事，尤其是官位高的人。

参考文献

书画类：

〔唐〕韦续：《墨薮》，《景印文渊阁四库全书》子部（8）艺术类（1）。

〔唐〕张彦远：《法书要录》，《景印文渊阁四库全书》子部（8）艺术类（1）。

〔宋〕欧阳修：《集古录跋尾》，邓宝剑、王怡琳注释，人民美术出版社，2010。

〔宋〕朱长文纂辑：《墨池编》，何立民点校，浙江人民美术出版社，2019。

〔宋〕轶名：《宣和书谱》，顾逸点校，上海书画出版社，1984。

〔宋〕姜夔：《续书譜》，《景印文渊阁四库全书》子部（8）艺术类（1）。

〔明〕祝允明：《怀星堂集》，孙宝点校，西泠印社出版社，2012。

〔明〕文徵明：《文徵明诗文书画全集》，曹惠民、寇建军编注，中国言实出版社，2006。

〔明〕汪砢玉撰：《珊瑚网》，成都古籍书店，1985。

〔明〕郁逢庆纂辑：《郁氏书画题跋记》，赵阳阳点校，上海书画出版社，2020。

〔清〕王原祁等编：《御制佩文斋书画谱》，《景印文渊阁四库全书》子部（8）艺术类（1）。

〔清〕倪涛编：《六艺之一录总目》，钱伟强等校点，浙江人民美术出版社，2017。

〔清〕张照、梁诗正等：《石渠宝笈》，上海古籍出版社，1991。

卢辅圣主编：《中国书画全书》，上海书画出版社，2000。

上海市文物管理委员会、上海博物馆编：《宋人佚简》，上海古籍出版社，1990。

刘正成主编：《中国书法全集》，荣宝斋出版社，1997。

王连起主编：《宋代书法》，上海科学技术出版社、商务印书馆，2001。

启功、王靖宪主编：《中国法帖全集》，湖北美术出版社，2002。

林莉娜、何炎泉、陈建志编：《故宫法书新编　宋人墨迹集册》，台北故宫博物院，2013。

经部类：

〔宋〕郭忠恕、〔宋〕夏竦编：《汗简　古文四声韵》，李零、刘新光整理，中华书局，2010。

史部类：

〔宋〕李焘：《续资治通鉴长编》，〔清〕黄以周等辑补，上海古籍出版社，1986。

〔元〕脱脱等撰：《宋史》，中华书局，1985。

〔宋〕徐自明：《宋宰辅编年录》，《景印文渊阁四库全书》史部（12）职官类（1）。

〔明〕黄淮、杨士奇编：《历代名臣奏议》，上海古籍出版社，1989。

〔清〕黄本骥编：《历代职官表》，上海古籍出版社，2005。

子部类：

〔南北朝〕贾思勰：《齐民要术》，惠富平注，科学出版社，2019。

〔宋〕苏易简撰：《四库全书·谱录类·文房四谱》，中国书店，2018。

〔宋〕沈括、〔宋〕苏轼：《苏沈良方》，成莉校注，中国医药科技出版社，2012。

〔宋〕何薳：《春渚纪闻》，张明华点校，中华书局，1983。

〔宋〕朱胜非：《绀珠集》，《景印文渊阁四库全书》子部（10）杂家类（5）。

〔宋〕佚名：《锦绣万花谷》，上海古籍出版社，1991。

〔宋〕曾慥编纂：《类说校注》，王汝涛校注，福建人民出版社，1996。

〔宋〕胡仔纂集：《苕溪渔隐丛话》，廖德明校点，周本淳重订，人民文学出版社，1993。

〔宋〕费衮：《梁谿漫志》，骆守中注，三秦出版社，2004。

〔宋〕赵彦卫：《云麓漫钞》，张国星校，辽宁教育出版社，1998。

〔宋〕洪迈：《容斋三笔》，《景印文渊阁四库全书》子部（10）杂家类（2）。

〔宋〕谢维新：《古今合璧事类备要》，《景印文渊阁四库全书》集部（3）别集类（2）。

〔宋〕周密：《齐东野语》，黄益元校点，上海古籍出版社，2012。

〔明〕陆容：《菽园杂记》，李健莉校点，上海古籍出版社，2012。

〔明〕李时珍：《本草纲目（金陵本）》，王庆国主校，中国中医药出版社，2013。

〔明〕高濂：《遵生八笺》，刘立萍、李然等校注，中国医药科技出版社，2011。

〔清〕严可均辑：《全梁文》，冯瑞生审订，商务印书馆，1999。

逸凡点校：《唐宋八大家全集》，新世纪出版社，1997。

郭预衡、郭英德主编：《唐宋八大家散文总集（修订本）》，河北人民出版社，2013。

周绍良主编：《全唐文新编》，吉林文史出版社，2000。

曾枣庄、刘琳主编：《全宋文》，上海辞书出版社、安徽教育出版社，2006。

岳希仁编著：《宋诗绝句精华》，广西师范大学出版社，1996。

周振甫主编：《唐诗宋词元曲全集·全唐诗》，黄山书社，1999。

李之亮、张玉枝、贾滨选注：《咏物诗精华》，京华出版社，2002。

程千帆编选：《名家视角丛书　宋诗精选》，凤凰出版社，2018。

集部类：

〔唐〕李群玉：《唐代湘人诗文集》，黄仁生、陈圣争校点，岳麓书社，2013。

〔唐〕孟郊：《孟郊诗集笺注》，郝世峰笺注，河北教育出版社，2002。

〔南唐〕李煜：《李煜词集（附：李璟词集、冯延巳词集）》，上海古籍出版社，2016。

〔宋〕徐铉：《徐铉集校注（附徐锴集）》，李振中校注，中华书局，2018。

〔宋〕林逋：《林和靖集》，沈幼征校注，浙江古籍出版社，2015。

〔宋〕柳永：《柳永词集》，上海古籍出版社，2017。

〔宋〕范仲淹：《范仲淹全集》，李勇先、刘琳、王蓉贵点校，中华书局，2020。

〔宋〕余靖：《武溪集校笺》，黄志辉校笺，天津古籍出版社，2000。

〔宋〕尹洙：《尹洙集编年校注》，时国强校注，中华书局，2019。

〔宋〕梅尧臣:《梅尧臣集编年校注》，朱东润编年校注，上海古籍出版社，1980。

〔宋〕文彦博:《文潞公集》(上)，山西人民出版社，2008。

〔宋〕欧阳修:《欧阳修集编年笺注》，李之亮笺注，巴蜀书社，2007。

〔宋〕韩琦:《安阳集编年笺注》，李之亮、徐正英笺注，巴蜀书社，2000。

〔宋〕苏舜钦:《苏舜钦集编年校注》，傅平骧、胡问陶校注，巴蜀书社，1991。

〔宋〕蔡襄:《蔡襄全集》，陈庆元等校注，福建人民出版社，1999。

〔宋〕司马光等撰:《傅家集八十卷・清献集十卷》，上海古籍出版社，1987。

〔宋〕苏轼:《苏轼文集编年笺注・诗词附》，李之亮笺注，巴蜀书社，2011。

〔宋〕苏辙:《苏辙集》，中国戏剧出版社，2002。

〔宋〕黄庭坚:《黄庭坚全集》，刘琳、李勇先、王蓉贵校点，四川大学出版社，2001。

〔宋〕晁补之:《鸡肋集》,《景印文渊阁四库全书》集部（3）别集类（2）。

〔宋〕李新:《跨鳌集》,《景印文渊阁四库全书》集部（3）别集类。

〔宋〕周必大:《周必大全集》，王蓉贵、(日)白井顺点校，四川大学出版社，2017。

〔宋〕杨万里:《诚斋诗集笺证》，薛瑞生校证，三秦出版社，2011。

〔宋〕朱熹:《朱子全书》，朱杰人、严佐之、刘永翔主编，上海古籍出版社、安徽教育出版社，2002。

〔宋〕陈亮:《陈亮集》，中华书局，1974。

〔明〕杨慎编:《全蜀艺文志》，刘琳、王晓波点校，线装书局，2003。

〔清〕乾隆御定:《唐宋文醇》，乔继堂点校，上海科学技术文献出版社，2020。

刘德清:《欧阳修纪年录》，上海古籍出版社，2006。

蒋维锬:《蔡襄年谱》，厦门大学出版社，2000。

于北山:《杨万里年谱》，于蕴生整理，上海古籍出版社，2006。

后记

宋人笔迹里的密码

在读大学以前，我只是感觉自己的钢笔字写不好，不过还没有到令我难受的地步。念大学时，同寝室有个女生的钢笔字写得非常秀劲潇洒，我就开始对自己的字感到羞愧。后来，我虽然没有专门练，但竟然也慢慢写出一种我喜欢的字体来。到我准备考研时，我的笔记本读起来令我很享受，因此也不厌倦学习。

笔迹中是否透露了一些人性密码，我不能肯定。但在我所知的一些例子里，说完全没有，似乎也是不可能的。比如我父亲，他的钢笔字和毛笔字都偏瘦长，中宫收得很紧，而下摆却十分舒展，这让人想起嵇康，我父亲的性格就跟嵇康有点像。就我自己而言，握钢笔字所用的手势和力道与用毛笔有点像，如果对笔迹有点研究的人看了，也许能猜出，我早先的笔迹表明我是一个缺乏理智的人，而我现在的笔迹，却透露出我是一个懂得妥协、喜欢有秩序的人。

写完《千面宋人》以后，我更加认为笔迹与人性之间有一种默契的关系。

翻阅北宋前中期名臣墨迹，无论是从字形、格式，还是称呼，大致能想象他们中的很多人行事有度。苏轼有一次在朝中值班时，看到庭院里前辈大臣们留下的花木，非常感慨地回忆起他们的君子之风。

范仲淹留下了好几卷墨迹，他在起首写自己的名字“仲淹”时，都是写得小小的。字间距相对比较平均，字体比较宽博却又有点收敛，结尾的称呼非常周全。看范仲淹的字就会想象一位个头比较高大，行步中正，满脸诚实的人。范仲淹比宋仁宗年长21岁，胸怀家国天下、持身忠耿，即使被放逐在最偏僻的地方，他也会发光。因为有光，韩琦才会喊他一起去延安抗击入侵的西夏；因为有光，年过半百的范仲淹毅然奔赴战场；因为有光，才会披荆斩棘推进庆历新政，从此成为研究宋代文史不可回避的人物。范仲淹是宋人中的丰碑，也是中国士大夫中最杰出的代表之一，是灯塔。

“铁面御史”赵抃居然也留下了一卷墨迹，他的字写得偏瘦长，上下都束得比较紧，一看就能猜测他是一位比较谨慎的人。赵抃给我留下了深刻的印象，很多小事都能证明他是中国优秀士大夫的代表。尤其令我感动的是，他在江西任职期间，发现有些贫穷的官员死在江西后无钱回乡归葬，有的就地埋葬，有的则将灵柩寄放在寺庙里。赵抃下令造一百艘船，分发给客死当地的外地官员家属，让他们将死者运回家乡归葬祖坟。这一直击灵魂的义举，估计会令很多官员热泪盈眶。宋代很多官员都死在外地，而长途运送灵柩的费用又特别贵，以致很多人死后无法回到家乡。《千面宋人》里提到的人物，很多都是客死异乡，如范仲淹、余靖等，另外欧阳修和黄庭坚的父亲也都是客死异乡，黄庭坚因为家穷，父亲一直葬在广东。赵抃去世后，皇帝点名让苏轼来写墓志铭。

欧阳修与赵抃是同一年的。也许是欧阳修饱览古人碑拓，他的点画和结体都比较古雅，单个字欣赏起来饶有趣味，但不太在意章法，通篇不太在意字与字、行与行的呼应，这大概可理解为，欧阳修是个相对比较理智的人，但并不完全循规蹈矩。欧阳修比范仲淹小 18 岁，比仁宗大 3 岁，是宋代少有的在文学、史学、政治三大领域都有重要影响的人物，这可能是祖坟冒了三股青烟，可惜欧阳修去世后，并不愿意归葬祖坟。欧阳修一生贴得最紧的人可能是韩琦，欧阳修可能会不买范仲淹的账，但不会不买韩琦的账。韩琦交给他的事，他一般会迅速完成，以至于到最后两人成为政治盟友。欧阳修搞掉了北宋赫赫有名的将军狄青，帮韩琦打通了登上第一把军事交椅枢密使的最后一道屏障，狄青很快抑郁而终。韩琦当上宰相后，也不忘拉欧阳修一把，欧阳修最终坐上了副宰相的位置。政治上的成功帮他赢得了文学与史学上的话语权。

蔡襄的字常见有两种，一种是标准的楷体，另一种是行楷。如果收件人的身份十分尊贵，他往往会用楷体，比如给皇帝写信；或者是抄写存档资料，比如他自己的《茶录》，以及为欧阳修抄写的各种欧氏诗文。而一般的书信，他往往会用行楷。蔡襄是学霸，于书体一事，也是通晓法度，不逾矩。他的行楷很文气，点画轻重之间很有度，牵丝映带流转自如，却又不失严谨。他心情沉重时，用笔会比较沉静，遇到开心的事，他的点画也会飘起来。蔡襄的性格比较温和，对于人和事，都不特别计较，于人情世故又比较周全，上至皇亲国戚，中至同僚故旧，都愿意与他交往。加之他通晓书法，精于茶艺，熟知他的人更多。蔡襄拥有社交资本，却不往雅集中凑热闹，平日里只与几个特别相识的朋友玩文房，品茶艺。也许因为他是这么一位靠谱的人，所以很多人愿意帮助他。在宋代这么多士大夫中，蔡襄是相对比较幸运的一位，他年少即一举金榜题名，很早就踏入仕途。宦途平稳，即使偶有不顺，被外放的地方也主要是在自己的家乡福建。他最高位置达三司使，相当于财政部长，晚年病逝于老家，寿终正寝。

吕大防个子很高，声如洪钟，却面目清秀。从小行事稳重，对待家人像对待宾客，上朝时仪容整肃，给神宗皇帝留下了很好的印象，后来官至哲宗朝宰相。吕大防的字结体中正，笔画收敛，有古人风度。

曾布算不上字写得好的人，他的字结体比较方正，但有些笔画却常常“旁逸斜出”，感觉是个偶尔会出状况的人，也是一个不容易被搞定的人。曾布是唐宋八大家之一曾巩的弟弟，非常聪明而有心计，在王安石改革运动中，他使尽手腕，最后几乎是被改革派和反对派同时认定为小人，晚年贬死异乡，落入“奸臣传”。

苏轼的字迹可以分两种来看，一种是相对比较工整的楷体，另一种是相对比较放一点的行书。二者结合来看，苏轼是一位在守规矩与超越规矩之间不断徘徊的人。他本性忠直而善良，必要时候，他懂得低头。他落魄的时候会哭泣，得意的时候会好了伤疤忘了痛。但也许是受其父亲苏洵基因影响，有时候苏轼会表现出刻薄的一面。黄庭坚评苏轼的字有点“媚”，我觉得还挺是那么回事的。

黄庭坚是苏轼的学生，老师喜欢用诸葛笔坐着写字，学生喜欢用散卓笔站着写字。学生嘲笑老师的字像是石头压在蛤蟆上，老师嘲笑学生的字像死蛇缠在树上。黄庭坚从小学习写楷书，后来一直教人写楷书。等后来看到苏老师写的楷书后，就不敢擅为人师了。黄庭坚最有代表性的是他的“荡桨体”，看起来像一位穿着宽袍大袖、腰束玉带的君子携着一股风向你走过来。黄庭坚在政治上几乎从未得意过，而在学术上，无论是诗歌创作与理论，还是书法修为上，都算是开宗立派的人物。黄庭坚令我印象深刻的有两件事，一是他被贬重庆后，心情极度灰暗，倒不是因为无法享受京城里的各种繁华，而是痛苦于一个读书人，一个士大夫，被放逐到山沟里后他就没有存在价值了。后来他从孩子的读书声中领悟到，一个读书人，一个士大夫，即使被皇帝遗忘在无法想象的偏远山区里，他仍然可以通过教育当地儿童的方式彰显他的价值，他当上了山村老师，灵魂再次升华。第二件事，黄庭坚曾娶过两任名门闺秀，但两位夫人都早逝。黄庭坚警觉到自己可能“克妻”，所以不再娶妻，以免害了人家姑娘。黄母将自己的贴身使女给黄庭坚当小妾，小妾生了一个儿子，黄庭坚非常喜欢。小妾一直是侍女的身份，孩子们都不能叫她母亲。黄庭坚被贬后，全家日子过得十分辛苦。黄庭坚不懂耕种，家中事务，全是这位小妾操劳。黄庭坚最后被贬往广西宜州，大年三十途经长沙时，小妾不知道从哪里弄来一点吃食，全家人开开心心过了年。黄庭坚郑重地对孩子们说：以后你们都要叫她为“母亲”。这一声“母亲”，是拆除了一道壁垒。唉，王朝云跟随苏轼这么多年，病死贬所，也没能得到这个“恩赐”。

同样是写草书，杜衍的字比米芾的字要工整得多，杜衍行事沉稳，思虑周密，米芾天性烂漫，无所拘束，草书也是各有特色。

南宋第一任皇帝赵构的书法是可以用来观摹的，他留下的墨迹还挺多。赵构的笔迹有法度，有姿态。他不会在两种风格中徘徊，而是前后相对比较如一。看赵构的墨迹，大体能猜测他不会是一位头脑发热的人，他对自己很了解，就像他对书法的法度一样清醒。所以他在如此仓促、混乱的局面下能安然无事，寿终正寝。

翻阅上百封宋人墨迹，就像看到一个个鲜活的灵魂，古人所谓“见字如面”，大概就是这个意思吧！